MARTIAL

ÉPIGRAMMES

LIVRES I - VII

COLLECTION DES UNIVERSITÉS DE FRANCE
publiée sous le patronage de l'ASSOCIATION GUILLAUME BUDÉ

MARTIAL

ÉPIGRAMMES

TOME I

LIVRES I - VII

TEXTE ÉTABLI ET TRADUIT
PAR
H.-J. IZAAC

Cinquième tirage

PARIS
LES BELLES LETTRES
2012

Conformément aux statuts de l'Association Guillaume Budé, ce volume a été soumis à l'approbation de la commission technique, qui a chargé M. René Durand d'en faire la révision et d'en surveiller la correction en collaboration avec M. H.-J. Izaac.

95 boulevard Raspail, 75006 Paris
www.lesbelleslettres.com

Première édition 1930

ISBN : 978-2-251-01113-4
ISSN : 0184-7155

INTRODUCTION

« C'est un des écrivains les plus simples et les plus naturels qui nous restent de toute la littérature latine ».

G. Boissier.

I

L'Épigramme. Il existe dans chaque littérature un petit nombre d'auteurs qui, en s'attachant exclusivement à un genre mal défini jusqu'à eux, semblent se l'être approprié pour toujours. Tels sont chez nous La Fontaine, Racine et La Bruyère. Ce que ces grands écrivains ont fait pour la fable, la tragédie et le portrait, Martial paraît l'avoir fait pour l'épigramme.

En Grèce, ce ne fut à l'origine, comme son nom l'indique, qu'une courte inscription destinée à fixer sur un monument, public ou privé, le souvenir d'un grand homme ou d'un fait mémorable ; et, à Rome, les sept cents *elogia* en vers que M. Terentius Varron avait composés pour son livre d'*Imagines* n'étaient pas autre chose. Mais le genre ne tarda pas à évoluer. Peu à peu il empiéta sur le domaine de l'élégie et de la satire et il finit par admettre toute la gamme des sentiments humains : c'est ce qu'on peut voir dans les innombrables pièces de l'Anthologie Grecque, dont le classement est si malaisé [1].

1. « C'était toute la poésie en miniature », dit excellemment M. H. E. Butler (Post-Aug. Poet., p. 258).

L'épigramme se modifia aussi au point de vue de la forme : très courte au début, elle s'allongea et accueillit à peu près tous les mètres. Toutefois, dans cette foule de petites pièces auxquelles les incidents de la vie quotidienne donnaient lieu, il en était plus d'une d'un caractère satirique et dont les railleries mordantes, au ton souvent personnel, allaient même jusqu'au cynisme. Ce sont justement celles-là (faut-il s'en étonner?) qui paraissent avoir joui à Rome de la faveur la plus grande, et Catulle en a donné des modèles célèbres ; c'est d'elles que l'épigramme, au sens actuel du mot, a tiré sa signification et c'est à elles que, malgré qu'il se soit préoccupé de varier ses sujets [1], a bien l'air d'aller la prédilection secrète de Martial. Il est une particularité qui distingue cette espèce d'épigrammes : je veux parler de « la pointe » (*aculeus*, *mucro* ou *acumen*) que le dernier vers met en pleine lumière, mais que prépare tout le reste de la pièce. L'épigramme ne vaut souvent que par là : tout doit converger vers le trait final et, s'il ne porte pas juste, elle est insipide. Il nous est facile de comprendre le succès de ces menus poèmes dans un siècle qui, même dans les ouvrages les moins faits pour cela, pratiquait assidûment la recherche du trait.

Mais la fortune du genre n'avait pas attendu jusque-là, et Martial avait eu déjà de nombreux prédécesseurs. Il cite lui-même (I, préf.) comme ses modèles Catulle, Domitius Marsus, Albinovanus Pedo et Gaetulicus. Il aurait pu ajouter à ces noms ceux de Varron de l'Atax, de Licinius Calvus, l'ami de Catulle, de l'orateur Hortensius,

1. Nous trouvons pourtant parfois chez Martial toute une suite de pièces sur le même thème, et cela nous paraît bien monotone. Mais songeons que, en composant ses poèmes, Martial avait souvent en vue les lectures publiques, et que ses auditeurs ne voyaient peut-être là qu'une agréable ingéniosité et une heureuse fertilité d'invention dans le détail de l'expression.

de C. Memmius Gemellus, le protecteur de Lucrèce, et de bien d'autres auxquels on attribue des épigrammes érotiques ou satiriques. Au siècle d'Auguste, le genre fut cultivé par Domitius Marsus, Albinovanus Pedo, Gaetulicus, déjà cités, ainsi que par des femmes, Cornificia et Sulpicia. De grands poètes comme Virgile, Ovide, Lucain, des empereurs même, Auguste (après J. César), Tibère Néron, Nerva, ne le dédaignèrent pas [1]. Au temps de Martial, la mode est décidément aux épigrammes. La plupart de ceux qui se piquent de littérature ou simplement d'esprit en écrivent : il y avait même des poètes faméliques qui en tenaient marché (cf. II, 20 ; I, 66 ; XII, 46). Les libraires ne tardèrent pas à en publier des recueils qui, plus ou moins fondus les uns dans les autres, se sont conservés jusqu'à nous sous le titre d'*Anthologie Latine*. Ausone et Claudien attestent que le genre gardait son prestige aux derniers jours de l'Empire. Dans les temps modernes, il devait trouver encore de nombreux représentants, même en latin : qu'il suffise de citer Pogge en Italie, Érasme en Hollande, du Bellay en France, Owen en Angleterre. Chez nous, Clément Marot et les poètes de la Pléiade admirent et traduisent ces « plaisants épigrammes » de Martial, que Joachim du Bellay cite comme le modèle à imiter ; et si leur auteur paraît avoir été peu goûté de Montaigne et de Montesquieu, deux de nos écrivains « profonds », en revanche il a eu pour lui un suffrage qui, à lui seul, pourrait suffire : celui de Voltaire. Sans doute aurait-on

1. Les auteurs d'épigrammes sont énumérés par Pline le Jeune (*Ép.* V, 3, 5-6) et (partiellement) cités et appréciés par Tacite (*Dial. des Or.*, 10). Aulu-Gelle (XIX, 9) parle avec admiration de Valerius Aedituus, Porcius Licinus et Catulle (sur tous ces noms, voir Teuffel). Il y avait aussi, comme de tout temps, des épigrammes par lesquelles s'exerçait la malignité publique et qui couraient de bouche en bouche ou sous le manteau.

le droit d'y joindre celui de J.-M. de Heredia qui, dans ses *Trophées*, a si joliment traduit l'épigramme à Lupercus (I, 117). Et il ne faut pas que pareille faveur nous étonne. Combien de genres littéraires semblent mieux faits que celui-là pour plaire à l'esprit caustique du « Français né malin [1] » ?

II

Biographie de Martial. Celui dont il a fait la renommée n'est pas né à Rome : avec les deux Sénèques, Lucain, Quintilien et d'autres, il représente ce puissant rameau de la littérature latine que le premier siècle vit se greffer sur le tronc ibérique. Il vint au monde le 1er Mars, de 38 à 41 après J.-C., dans une petite ville de la Tarraconaise, Bilbilis (aujourd'hui Bambola, près d'El Catalayud), sur les bords du Salo. Il nous parle souvent avec amour de sa petite patrie (I, 49; IV, 55 ; X, 104; XII, 18, etc.). Ses parents [2] étaient sans aucun doute dans l'aisance — une aisance tout au moins relative — car ils purent lui faire donner une éducation soignée : ce qu'il regrette d'ailleurs dans ses moments de mauvaise humeur (IX, 73; V, 56). Comme tous les jeunes gens de ce temps-là qui voulaient arriver, comme son naïf Sextus (III, 38), il vint à Rome de bonne heure : entre sa 23e et sa 26e année [3]. Sans doute ses compatriotes,

1. M. Pierre Charron n'a-t-il pas récemment publié sous ce titre : *Les Épigrammes du Siècle*, un recueil fort bien accueilli du public ? (Éditions du Siècle).

2. Ils s'appelaient très probablement Fronto et Flaccilla et vécurent jusqu'à un âge avancé (cf. V, 34, 1).

3. Ces diverses dates sont inférées de X, 24, 5 qui nous apprend que, entre 95 et 98, il avait 57 ans, et de X, 103, 7, écrit au début de 98 ou à la fin de 97, où nous voyons qu'il était alors à Rome depuis 34 ans.

Sénèque, les deux frères de celui-ci et Quintilien, se firent-ils ses parrains : mais la chute de la maison des *Annaei*, impliqués dans la conjuration de Pison en 65, le força à chercher de nouveaux protecteurs. Il éprouva de grandes difficultés à les découvrir : Juvénal s'accorde avec lui pour déclarer avec amertume que les Mécène et les Pollion n'avaient pas fait école. Que de fois il dut se heurter à une dédaigneuse indifférence, ou même subir des affronts de nature à en décourager un autre moins fortement trempé en vue du combat pour la vie! Il peut se moquer de Selius qui court les promenades à la mode dans l'espoir d'y pêcher un bon dîner (II, 14) : rien ne nous prouve qu'il n'ait pas dû parfois en faire autant. Cela peut, dans une certaine mesure, servir d'excuse à telles de ses flagorneries qui nous répugnent le plus : il est difficile à un sac vide, a dit Kant, de se tenir debout. Mais malgré la gêne et les humiliations qu'elle entraînait pour lui, il semble n'avoir jamais rien voulu faire pour s'assurer par son travail une position indépendante, bien qu'il y fût incité par diverses personnes de son entourage et notamment par Quintilien (II, 90). Il préféra faire partie de cette domesticité d'un rang un peu plus élevé (*minores amici*) dont aimaient à s'entourer les grands personnages, ceux qu'il appelle *domini regesque*. On peut croire qu'il figura au nombre de leurs clients les plus empressés à recevoir leurs dons — sinon à leur rendre des visites par trop matinales et qui le conduisaient trop loin (I, 70 ; II, 5 ; III, 36 et 46 ; V, 22 ; VII, 73 ; X, 58, etc.). Il est au reste probable que, malgré la dureté de cœur qu'il reproche aux riches, plus d'un d'entre eux fut heureux de compter dans sa clientèle un poète aussi populaire et tint à récompenser dignement son talent et ses menues attentions. Tels furent, sans aucun doute, plusieurs membres de la maison impériale, Parthenius, Crispinus, Earinus, ainsi que d'illustres personnages comme Terentius Priscus, le poète « homme du monde » Stella, Faustinus, Julius Cerealis, Julius Proculus, Julius Martialis, Atedius Melior, Antonius Primus, le vainqueur de Bédriac [1]. Il sut aussi gagner des amitiés littéraires dévouées : l'âpre Juvénal, auquel il envoie des fruits de sa propriété (VII, 91) et dont il plaint le sort après son propre retour en Espagne (XII, 18) ; le docte Quintilien, le premier professeur d'éloquence appointé par l'État, auquel il manifeste — peut-être un peu pour cette raison — une déférence respectueuse (II, 90) ; enfin, une foule de « gens-de-lettres » ses compatriotes, comme Decianus d'Emerita, avocat et philosophe ; Canius Rufus, de Gadès, historien et poète ; l'avocat Licinianus, le jurisconsulte Maternus, tous deux de Bilbilis. Il ne faut pas oublier Pline le Jeune, le grand seigneur homme de lettres, qui ne lui donna pas que des éloges, — non plus que Silius Italicus, l'auteur des *Punica*. On ne s'est pas étonné de ne pas voir le grave Tacite au nombre de ses relations, mais on a été plus surpris de ne pas y compter le poète Stace. Cela a même donné lieu à un petit problème d'histoire littéraire que Nisard, Friedlaender et G. Boissier se sont efforcés d'élucider [2]. Ce fut à la générosité de ses protecteurs bien plus qu'à la vente de ses livres, quel qu'en ait été le débit [3], que

1. « Le premier gascon dont on ait gardé la mémoire » (G. Boissier : *Le Poète Martial*, dans *Tacite*, p. 306).

2. Stace et Martial devaient d'autant moins s'ignorer qu'ils travaillaient à peu près dans le même genre ; mais la « manière » de Stace paraît avoir été plus goûtée de la cour impériale. De cette rivalité provient sans doute le manque de sympathie réciproque entre les deux poètes, motivé à la fois par une conception différente de l'art, une question d'amour-propre et une compétition d'intérêts.

3. Citons ici un joli passage de l'historien de la Berge. « Avant de quitter Rome, le proconsul que ses devoirs appelaient pour trois

Martial dut de vivre à Rome autrement que dans la misère. Il paraît d'ailleurs avoir exagéré sa pauvreté[1], dans le dessein probable d'attirer sur lui l'attention — et les attentions — de ceux qui s'intéressaient à sa personne. Sans doute la vie était-elle chère à Rome en ces temps-là : mais le train de maison du poète n'en dénote pas moins un certain bien-être. Il avait des esclaves (VIII, 67) et des mules (VIII, 61) : même au début, il avait déjà un secrétaire (I, 101). S'il lui fallut passer bien des années dans son troisième étage du Quirinal où rien n'indique toutefois qu'il se soit déplu, nous le voyons à la fin (V, 22; IX, 18 ; X, 58) habiter une petite maison bien à lui, dans les mêmes parages, et non loin du temple de Flore. Il avait donc pignon sur rue. D'assez bonne heure, il posséda aussi une petite ferme près de Nomentum : une ferme bien modeste, sans doute, et qui ne rendait guère en dehors d'un cru passable (I, 105); une vraie ferme de poète, dans le genre du moulin d'Alphonse Daudet ; — mais si la toiture faisait eau, de riches protecteurs étaient là pour la faire réparer ; et si, par une malchance insigne, la toge du poète se trouvait aussi délabrée que ses tuiles, ils n'hésitaient certainement pas à couvrir sa personne après sa maison (VII, 36). Il semble d'ailleurs (X, 92) que

ans au fond d'une province, l'officier qui allait s'enfermer dans son camp sur les bords du Danube ou dans les montagnes de l'Écosse, ne manquaient pas d'emporter le petit volume, et au loin, quand ils le rouvraient, la ville, à regret quittée, apparaissait à leur imagination et se donnait à leur souvenir, animée et vivante avec ses aspects pittoresques, ses palais, ses temples, ses rues immenses, sa population cosmopolite et affairée, et tout le pêle-mêle de ses habitudes journalières et de ses bruyants plaisirs ». (*Essai sur le Règne de Trajan*, p. 241). Martial est fier de son succès : il se dit lui-même « toto notus in orbe » (I, 1, 2). Cf. aussi II, 6, 5-8 ; II, 91, 4 ; III, 95 ; V, 13 ; VI, 82 ; X, 9 etc.

1. Martial rappelle les mendiants professionnels : comme la leur, sa façon de demander est, suivant les circonstances, obséquieuse, hargneuse ou plaintive.

ce domaine était sensiblement moins pauvre que le poète ne le donne à entendre. Ses amis furent peut-être plus généreux qu'il ne veut bien le dire.

En tout cas, les espoirs qu'il avait fondés sur la bienveillance impériale furent déçus. Il entra en relations avec la cour du Palatin au cours de l'an 80 et à l'occasion de la publication de son *Liber Spectaculorum*, dont les différentes pièces, toutes de circonstance, célèbrent l'inauguration de l'amphithéâtre des Flaviens. Boissier a très bien expliqué pourquoi les vers du poète durent plaire aux nouveaux maîtres du monde : on tenait en haut lieu à faire oublier au peuple le nom de Néron. Titus lui accorda le *jus trium liberum* : la mort l'empêcha malheureusement de pousser plus loin ses faveurs, mais Martial avait reçu des encouragements et peut-être des promesses. Aussi ne renonça-t-il pas à ses ambitions. Il pensa qu'il devrait à Domitien ce qu'il n'avait pu tenir de son frère et dans cette attente il ne cessa de vanter sans mesure les vertus de l'empereur-dieu et de ses affranchis. Domitien lut ses poèmes, il daigna les louer, renouvela les privilèges octroyés à l'auteur par son frère, y ajouta même le titre honorifique de *tribunus militum semestris* qui élevait Martial au rang de chevalier, mais le laissa sans autre récompense. Le poète obtint bien le droit de cité pour d'autres (III, 95, 11) — c'était là une grâce qui ne coûtait rien au trésor impérial — mais une demande d'argent ne fut pas prise en considération. Une autre fois (IX, 18) il sollicita une concession d'eau pour sa maison de Rome ainsi que pour sa maison des champs. Cette faveur paraissait d'autant moins extraordinaire que Stace venait de l'obtenir pour sa villa des environs d'Albe : il ne semble pas pourtant qu'elle lui ait été accordée : l'heureux bénéficiaire eût remercié sur tous les tons. S'être répandu pour rien, ou à peu près, en d'aussi honteuses adulations, s'être dégradé aux yeux du lecteur pour plaire au maître suprême, et être si peu payé de tant de bassesses ! En vérité, Martial n'a pas eu de chance avec le Germanique, et ce qui est le plus surprenant, ce n'est pas qu'il l'ait tant flatté pendant sa vie, mais qu'il ne l'ait pas déchiré davantage après sa mort.

La vie de Martial à Rome était bien monotone. Il ne quittait la ville que pour revoir sa ferme ou pour rendre visite à ses amis dans leurs diverses villégiatures. Une seule fois, nous le voyons faire un voyage d'agrément dans la Gaule Cisalpine (III, 1 et 4), mais il n'y séjourna pas longtemps : l'amertume du ton, où perce déjà le regret, prouve que le poète, en quittant la capitale, avait obéi à un accès de mauvaise humeur. A Rome, il passait la journée partie à rendre hommage à ses patrons — car sa réputation lui en avait valu plusieurs — partie à fréquenter les cercles littéraires (III, 28 ; IV, 61), ou bien à se promener sous les portiques où se donnait rendez-vous la société élégante et oisive. Se baigner, causer, dîner, boire et dormir étaient ses principales occupations ; le reste du temps, il l'employait à écrire ses épigrammes, mais il se plaint souvent que l'accomplissement de ses devoirs de société lui ôte la satisfaction de polir ses ouvrages en même temps qu'il l'empêche de jouir des biens de la vie. Ces ennuis aigrirent peu à peu son caractère et, à mesure qu'il avança en âge, le joug auquel il s'était lui-même attaché lui parut de plus en plus pesant. Il ne pouvait plus souffrir la présence de ces riches sans cœur ni esprit, ni de ces rastaquouères sans scrupules au milieu desquels il avait vécu jusque-là ; et il ne pouvait guère non plus, pour échapper à leur compagnie, s'enfuir à chaque instant dans sa ferme de Nomentum (II, 38). C'est pourquoi il finit par se dégoûter du séjour de Rome. Le regret de sa chère Bilbilis, du ciel riant de l'Espagne, de ses lacs tièdes, de ses sources fraîches et de ses ombrages, qui ne l'avait peut-être jamais quitté, le reprit avec plus de force : il se sentit en proie à une incurable nostalgie. D'autre part, depuis l'accession au pouvoir de Trajan, il ne devait plus être bien en cour : les temps étaient changés, et il avait trop loué jadis Domitien et Regulus. Il fit le rêve de retourner dans sa chère Celtibérie et de réparer ainsi la folie qu'il avait commise en l'abandonnant. Mais c'était là, pour sa modeste bourse, une grosse entreprise : il ne pouvait en venir à bout avec ses seules ressources : pour partir d'abord, il lui fallait un viatique, et ensuite là-bas, pour vivre à son aise, quelque chose encore comme une sportule... Il eut la chance de trouver deux protecteurs pour aider à l'accomplissement de son double vœu : l'un à Rome, et ce fut le généreux Pline le Jeune (Lettres III, 21), et l'autre dans sa propre ville natale. Il y avait en effet, à Bilbilis même, une riche veuve, du nom de Marcella, à laquelle le talent de Martial inspirait l'admiration la plus vive. Elle prit à cœur de faciliter au poète son voyage de retour, qu'il accomplit en 98 ; elle lui fit même don pour ses vieux jours (XII, 31) d'une propriété plus avantageuse que la ferme de Nomentum, que son nouveau domaine semble lui avoir fait oublier, car il n'en parle plus. Aussi célèbre-t-il les qualités de cœur et d'esprit de cette grande dame avec un sincère enthousiasme [1] (XII, 21). Elle ne réussit pas pourtant,

1. On a même voulu que Martial l'ait épousée à son retour. Mais cette opinion, fondée sur une fausse interprétation du mot *domina* (XII, 31, 7) paraît aujourd'hui abandonnée. Selon toutes les probabilités, Martial ne se maria jamais. Il est vrai qu'il fait parfois allusion à une femme qui aurait vécu sous son toit (IV, 22 ; VII,

et quoi qu'il en ait dit d'abord (vers 9-10), à lui faire oublier Rome. Sans doute la vie de la capitale du monde était-elle fatigante et souvent odieuse : mais que de dédommagements et de compensations pour un homme du caractère de Martial ! Dans la mélancolique préface qui ouvre le douzième livre, nous le voyons se lamenter douloureusement sur les biens perdus : un auditoire spirituel et fin, prompt à saisir toutes les nuances de la pensée, les bibliothèques, les théâtres, les cercles littéraires, les plaisirs de toute espèce de la grande cité, tout cela lui inspire les regrets les plus cuisants ; et la malveillance naturelle des rustres de province vient encore les aviver. Comme il était loin, le temps où le poète, encore tout à la joie du retour, vantait à son ami Juvénal les charmes de sa ville natale enfin retrouvée ! Il acheva pourtant d'y vieillir dans un bonheur relatif comme toutes les choses humaines, et s'y éteignit au début du second siècle, mais pas plus tard que l'année 104. Il n'avait guère plus de soixante-cinq ans.

III

L'œuvre de Martial. Telle qu'elle nous est arrivée à travers les âges, l'œuvre de Martial ne comprend que des épigrammes. En tête des manuscrits, — de

95 ; XI, 84), mais il s'adresse à elle avec un manque de respect qu'une femme légitime n'eût pu supporter (XI, 43 et 104) ; il semble dire enfin qu'il aurait eu une fille (VII, 95, 8 et peut-être X, 65, 11). Mais il y aurait de la naïveté à prendre à la lettre les plaisanteries d'un écrivain qui cherche avant tout, et même à ses propres dépens, à amuser la galerie. Le plus sûr est de s'en tenir au jugement du professeur Sellar : « Le ton général de ses épigrammes est celui d'un célibataire bon vivant, qui ne connaissait rien des soucis ou des consolations de la vie de famille ». (Extracts from Martial, préface.)

ceux du moins qui nous l'ont conservé, — figure un livre non catalogué, qui porte simplement le titre de *Epigrammaton liber* et que les éditeurs ont parfois désigné, en raison de son contenu, par celui de *Liber Spectaculorum*. Il comprend trente-deux pièces, dont trente sont consacrées aux jeux donnés par Titus en 80. Il est sans doute très mutilé.

Viennent ensuite quatorze [1] livres d'*Épigrammes* pourvues de titres (*lemmata*) sans authenticité, bien que certains paraissent remonter fort loin. Le treizième, intitulé *Xenia*, et le quatorzième, intitulé *Apophoreta*, ne renferment, en laissant de côté les courtes préfaces en vers, que des distiques, dont chacun est accompagné d'un titre fourni (il nous le dit) par Martial lui-même [2]. Pour être tout à fait complet, on peut y joindre :

1° Un fragment de deux vers, donné par le scholiaste de Juvénal (ad Sat. IV, 38), et que les éditeurs placent diversement (ici Epigr. liber, 33) ; 2° deux épigrammes bien douteuses, conservées dans l'Anthologie Latine (26 et 276 Riese) ; 3° enfin, vingt-deux épigrammes d'une authenticité plus que douteuse, qu'Adrien de Jonghe (Junius), leur premier éditeur, dit avoir recueillies dans les glossaires et les vieux manuscrits. Nous savons par Martial lui-même (I, 113) qu'il avait aussi publié un recueil de poésies de jeunesse ; mais rien ne nous en est parvenu et nous n'avons aucun renseignement sur ce point en dehors de l'assertion de l'auteur.

1. Quatre d'entre eux sont précédés de préfaces en prose où l'auteur s'explique sur son œuvre (I, II, VIII, XII). Il y a aussi une courte lettre-préface en prose au début du livre IX.

2. Ces distiques ont été écrits pour servir d'étiquettes ou de devises à des cadeaux adressés à des amis à l'occasion des Saturnales, ou à des présents dont les hôtes généreux formaient une loterie dans des dîners de gala.

Le tableau de la vie. Il n'est pas d'ouvrage où la société contemporaine se reflète avec plus d'intensité que dans les poèmes de Martial : il n'avait assurément pas tort, quand il déclarait que Rome pouvait tout entière se reconnaître et se contempler dans son livre (VIII, 3, 20) et y retrouver la saveur même de l'homme (*hominem sapit*, X, 4, 10). « L'homme, la vie, *homo*, *vita*, ces mots dont il se sert volontiers sont ce qui caractérise le mieux son œuvre. Aucune autre dans la littérature latine n'est plus vivante et plus sincère. Il n'use guère des idées générales, qui sont le fond de la poésie de son temps ; il n'a jamais recours à ces descriptions vagues dont tout le monde se contente autour de lui. Tout se tourne, dans ses ouvrages, en détails exacts et précis. Il nous apprend, heure par heure, comment un grand seigneur emploie sa journée ; il nous guide successivement dans tous les quartiers où un parasite espère trouver quelqu'un qui l'invite à dîner ; on pourrait refaire la route après lui. Quand il flâne par les rues de Rome, il note les gens qu'on y rencontre d'ordinaire, les marchands d'allumettes soufrées, ceux qui débitent des salaisons ou des pois chauds, ceux qui vont offrir dans les cabarets leurs saucisses fumantes, les mendiants de toute espèce, depuis le petit juif que sa mère a dressé à demander l'aumône jusqu'au pauvre naufragé qui raconte d'une voix lamentable la tempête où il a pensé périr et montre le tableau qui la représente. C'est ainsi qu'il se complaît à énumérer les petits faits qui nous mettent sous les yeux la vie de tous les jours » (G. Boissier, Tacite, p. 311). Parmi ces menus faits, il en est dont les auteurs de satires et d'épigrammes ne sont d'ordinaire que trop friands : ce sont ceux que fournit la chronique scandaleuse. Martial n'ignore pas combien ils peuvent contribuer au succès d'un livre tel que le sien et l'on ne saurait dire qu'il les a dédaignés ; il en est même loin ; mais il nous donne sa parole qu'il n'a pas voulu, dût-il y perdre bien des lecteurs, que son œuvre servît d'aliment à la médisance. Il a entendu ne blesser personne, même parmi les gens de la plus humble condition (I, préf.), et il a épargné jusqu'à ceux qui lui inspiraient un ressentiment légitime (VII, 12, 3). A l'égard des morts puissants (Néron, Domitien) aussi bien que des criminels ou des vicieux des temps antérieurs, il n'a pas eu de scrupules ; mais quand il s'agissait des vivants, une crainte l'a toujours retenu : celle de faire de la peine et de passer pour un méchant homme [1]. Il s'est proposé, nous dit-il, de « parler des vices sans toucher aux personnes » (X, 33, 10. Cf. encore VII, 72 ; X, 3 ; X, 5). Tel est évidemment le principe qui l'a guidé dans le choix des noms propres dont il a fait usage. Sans doute il en est beaucoup d'authentiques : ceux de ses protecteurs, de ses amis, des célébrités de son époque, des gens auxquels il s'adresse, en un mot, de tous ceux qu'il a l'intention de complimenter. Toutefois, le nombre des noms fictifs l'emporte. Certains de ceux-ci représentent un type déterminé : ainsi Fidentinus est le plagiaire, Selius le parasite, Ligurinus « l'auteur qui vous assassine de ses productions » ; Postumus, Zoilus et d'autres figurent des variétés diverses de patrons peu sympathiques ; de là parfois des séries d'épigrammes qui s'enchaînent et s'éclairent l'une par l'autre, les noms cités étant même quelquefois réels, mais seulement quand l'épigramme est inoffensive [2]. Martial

1. Pourquoi refuser de le croire et supposer plutôt chez lui un vulgaire calcul de prudence? Rien n'autorise à le faire. Méfions-nous du travers reproché à Tacite : *omnia in deterius trahere*.

2. Cf. Cassius, I, 69 et III, 20 ; — Cordus, II, 57 et V, 23 ; — Bassus, III, 47 et III, 58 ; — Candidus, II, 24 et 43 ; III, 26 et 46 ; XII, 38 ; — Apollodotus, V, 21 et V, 54 ; — Gellia, I, 33 ; III, 55 ; IV,

emprunte aussi au passé historique des noms symboliques, par lesquels il désigne des catégories toujours vivantes : ainsi nous trouvons (II, 32) les noms de trois favoris de César, d'Auguste et de Néron, employés pour signifier ces grands personnages qui subordonnent toujours la justice à leurs caprices. D'autres ne sont que des noms de convention ou particuliers à certains milieux sociaux qu'ils décèlent : ainsi Thaïs, Lycoris, Chioné, Chloé, Phyllis, Lesbia, Glycera, Lalagé sont des demi-mondaines dont le nom se retrouve partout, dans la comédie comme dans la poésie légère. Enfin il est des noms dont on ne saurait dire s'ils sont authentiques ou fictifs (Cordus, Bassus, etc.), et d'autres qui s'appliquent à des personnages différents, ou encore tantôt à un personnage réel, tantôt à un ou plusieurs personnages imaginaires [1]. La conclusion qui ressort de tout cela, c'est que non seulement Martial a évité de fournir à la malignité publique une matière toute fraîche, mais encore qu'il a cherché à la dérouter et à rendre impuissante toute tentative de sa part d'identifier les personnages de son livre.

Peu importe d'ailleurs le nom dont il revêt les personnages qu'il nous présente : l'essentiel, à nos yeux, est qu'ils soient vraiment vivants. Or, c'est là une qualité que nul ne leur contestera. On sent tout de suite que Martial les coudoyait quotidiennement dans la rue, qu'il dînait avec eux et devait supporter par force, tout le long du jour, leurs travers, leurs mauvaises habitudes ou leur grossièreté. Il n'est pas de tableau plus coloré, je vou-

20 ; V, 17 ; V, 29 ; VI, 90 ; VIII, 81 ; — Galla, II, 25, 34 ; III, 51, 54, 90 ; IV, 38, 58 ; VII, 18, 58 ; IX, 4, 37 ; X, 75, 95, etc. ; — Zoilus, III, 29 ; XI, 12 et 37, et peut-être ailleurs ; à moins que ce nom ne soit donné par le poète à plusieurs personnages, ainsi que ceux de Galla, de Gellia, etc., ce qui est encore possible.

1. Sur cette question, consulter l'*Index nominum*.

drais pouvoir dire plus « grouillant », de la Rome impériale que celui qu'il en a tracé. « Il prit la vie pour sujet, écrit excellemment M. Ker, au lieu d'une mythologie fripée[1] ou de l'enflure tragique. Et quel pêle-mêle de détails la vie présente lui offrait! Damerets, coureurs d'argent et pique-assiettes, faiseurs d'embarras et brouillons, avocats, hommes de loi, maîtres d'école, colporteurs, barbiers, savetiers, jockeys, architectes, commissaires-priseurs, endettés, fâcheux, badauds, médecins, plagiaires, philosophes, hypocrites, empoisonneurs, jongleurs et acrobates, l'esclave devenu chevalier ou le chevalier dépourvu de toute aptitude, les petites manies personnelles, les travers et les vices de la société à la mode ! Il décrit une toge ou une coupe, un tableau ou une statue, le festin d'un riche débauché, les services d'un dîner ou les produits d'une ferme, une serre, un arc de triomphe, un lion dans l'amphithéâtre, les jeux publics, les terrains d'exercice, les bains et les saturnales. Il nous donne un poème d'anniversaire ou un épithalame, le panégyrique d'un ami ou d'une dame romaine, l'éloge de la tendresse conjugale ou fraternelle, ou d'une vie bien réglée, les éléments du bonheur, la mort d'un excellent homme, des épitaphes, des vers sur l'éruption du Vésuve, sur un fragment du navire Argo, ou sur un insecte incrusté dans l'ambre. La liste pourrait s'allonger sans fin. » (Martial : introd., p. XIV).

1. Encore y a-t-il chez Martial un peu trop de mythologie : l'expression y perd en précision et en simplicité, et il tombe parfois dans le cliché quand il ne tombe pas dans le rébus. Mais d'une manière générale il a su donner à ses dieux une figure nouvelle en les humanisant plaisamment. Il leur prête une simplicité et une bonhomie qui nous mettent tout de suite à l'aise avec eux, mais cela ne va pas sans un grain d'irrévérence narquoise. C'est là justement un trait qui ne devait pas toujours plaire à Domitien et à sa cour. Cf. entre autres IX, 3 ; 34 ; 36.

La moralité. Mais si le tour de main et le coloris du peintre sont dignes de notre approbation, il n'en est pas de même de sa moralité. Celle de Martial est assurément déplorable. L'historien Macaulay l'a très bien dit dans un passage d'une de ses lettres, célèbre de l'autre côté du détroit. « Je viens de parcourir sept livres de Martial, écrit-il, et j'ai appris environ trois cent soixante de ses meilleurs vers. Son mérite me paraît résider non dans l'esprit, mais dans la succession rapide de vivantes images. Je le voudrais moins nauséabond. C'est une aussi grande brute qu'Aristophane. C'est assurément un écrivain adroit et charmant. Parfois il serre de près Aristophane. Mais en dehors de ses indécences, sa servilité et sa tendance à la mendicité me dégoûtent. Dans sa situation, — car il était chevalier romain — un degré de plus dans le sentiment de la dignité personnelle s'imposait. Je tiens largement compte de la différence des mœurs; mais il ne peut jamais avoir été *comme il faut*[1], en aucun siècle ni chez aucun peuple, pour un homme de marque, — un homme accompli, — un homme vivant avec les grands, — de passer sa vie à demander de l'argent, des vêtements, des friandises, et d'adresser des bordées d'injures à ceux qui ne voulaient rien lui donner. » (Life and Letters, chap. XIV.) Certaines de ces attaques nous font même songer à une sorte de chantage possible de la part du poète : il y a des mendiants qui ont de ces procédés, quand la police n'y met pas ordre. Il est vrai que Martial n'est pas plus sévère pour les autres que pour lui-même. Non seulement les vices de la société de son temps ne lui inspirent d'ordinaire aucune indignation, mais encore il se complaît souvent dans leur peinture : jamais homme ne fut mieux fait pour s'accommoder à toutes les turpitudes

1. En français dans le texte.

qui s'étalaient ou se cachaient autour de lui[1] ; aucune laideur, aucune déchéance ne semblent avoir soulevé son cœur de dégoût[2] : il se contente de s'en amuser, toujours prêt d'ailleurs à une indulgence sans pareille pour qui lui fait des cadeaux. Peut-être toutefois y aurait-il de l'injustice à ne le juger que par ses écrits. Il a appréhendé lui-même la sévérité du lecteur à ce sujet et protesté à l'avance que « si sa page est libertine, sa vie fut honnête » (I, 48). Il est vrai que ses plaisanteries et ses jeux de mots attestent plutôt de sa part peu de délicatesse qu'un penchant véritable pour la débauche ; mais il n'en est pas moins regrettable qu'il n'éprouve aucune honte à s'attribuer les vices et les goûts les plus répugnants (I, 46 ; XI, 43 et 104) et même à en pousser l'expression jusqu'au sadisme (V, 46). Ici, nous sommes forcés d'arrêter le poète, il a vraiment dépassé la mesure : la plaisanterie, la « littérature » ne sauraient aller aussi loin, mais seulement la folie érotique. De plus — et sur ce point il est bien difficile de le défendre[3] — il a prodigué à Domitien et à ses ministres les flatteries les plus indignes, où l'hyperbole va se perdre dans l'absurde. Toute poésie semble avoir disparu de cet amas de louanges aussi insipides que monotones. Martial a fini par dégoûter sa propre Muse.

1. « Martial fut l'enfant du siècle : il tint de lui sa force et sa faiblesse » H. E. Butler, Post-Aug. Poetry, p. 286.

2. Cf. cependant XII, 43 ; IX, 41 et d'autres.

3. On l'a essayé pourtant. Un savant professeur anglais, M. Verrall, a fait valoir que « le culte de l'empereur était la meilleure et la plus véritable forme que prenait la religion dans cette période « inter-religieuse »... Lorsque les provinciaux appelaient l'empereur *deus*, ils prenaient la voie la plus simple pour dire que l'Empire méritait de leur part, comme auraient pu le faire des êtres humains, de la gratitude et de la vénération ». — « Et c'est bien ainsi, conclut-il, que l'entendait Martial » (cité par M. Ker, I, p. XVI). D. Nisard et G. Boissier ont aussi plaidé, en faveur du poète, les circonstances atténuantes, mais en se plaçant à d'autres points de vue. Cf. Boissier, Rel. Rom., I, p. 169-70).

Il reste cependant que le fond de l'âme et du caractère de l'homme n'était pas mauvais. Le vice est plus d'une fois chez lui combattu par une vertu contraire : s'il a flatté Domitien, il a aussi célébré l'héroïsme des âmes républicaines, du « grand » Caton, de Thraséas, d'Arria, de Porcia ; il a flétri avec force l'assassinat de Cicéron et de Pompée (III, 66 et V, 59) ; il a même formellement condamné « la Bête », ce Néron qui avait si bien su se concilier, qui avait même gardé après sa mort, les sympathies de la populace. Le poète avait d'ailleurs des goûts faciles et innocents, exposés par lui bien des fois (I, 55 ; II, 90 ; V, 20 ; V, 78 ; VI, 43 ; IX, 22 ; X, 47), et qui attestent une profonde simplicité de cœur. Il aimait la campagne et il a écrit sur la vie aux champs des vers délicieux (cf. III, 58 ; IV, 64, et les épigrammes citées plus haut) : or, remarque Nisard, « il n'y a que les bonnes gens qui aiment la campagne et qui sachent en parler avec cet accent. » Il savait apprécier le charme de l'amitié et il l'exprima parfois avec une véritable poésie du cœur (I, 39 ; IX, 52). Il avait encore cet amour de l'enfance, des « tout petits », que ne connaissent guère les âmes vraiment corrompues. Avec quelle émotion pénétrante, quelle tendresse mélancolique et d'une sincérité qui va jusqu'aux larmes, n'a-t-il pas parlé de la petite Erotion enlevée à son affection (V, 34 et 37 ; X, 61), de la jeune Antulla, ravie par la mort à des parents désespérés (I, 114 et 116), ou de cette mignonne Canacé, dont le gracieux visage fut consumé par un mal affreux (XI, 91) ! Quelle puissance de sympathie dans le court poème funèbre que lui inspire la mort de ce petit Urbicus qui n'avait pas encore achevé sa troisième année et faisait déjà la joie du foyer familial ! [1]

1. « M. was a child-lover before he was a man of letters ». H. E. Butler, Post-Aug. Poet., p. 274.

On sent passer à travers l'œuvre du poète latin ce flot de douleur qui traverse toutes les conditions de la vie humaine : ses vers en sont tout imprégnés. La douceur des mœurs de Martial se révèle encore par bien d'autres détails : c'est ainsi que le décès des gens de sa maisonnée — de ces inférieurs toujours empressés à lui faciliter la vie et à se dévouer pour son bonheur comme pour son bien-être, — lui cause toujours les regrets les plus vifs et les plus touchants (I, 88 et 101) : il ne manque pas d'honorer leur dépouille mortelle avec la plus religieuse sollicitude et en trouvant chaque fois qu'il ne saurait assez faire pour conserver leur souvenir. D'autre part, avec quelle indignation ne s'élève-t-il pas contre une mauvaise mère, coupable d'oublier ses enfants pour ne penser qu'à son amant (II, 34), ou contre une dame romaine qui a assommé de son miroir sa femme de chambre, parce que celle-ci l'avait mal coiffée (II, 66) ! Non, celui qui a écrit des vers aussi pénétrés de tendresse humaine ne saurait avoir été un méchant homme [1].

Le lettré. C'était à coup sûr un fin lettré et un maître dans l'art de la composition et du style. La composition est chez lui vraiment classique, et la plupart de ces pièces fugitives sont des bijoux merveilleusement ciselés :

1. Dans ses *Études sur les Poètes latins de la Décadence*, Nisard a consacré nombre de pages sinon à disculper, du moins à excuser la moralité de Martial. Le critique ne saurait laver le poète de tout reproche, et il ne l'a pas essayé : mais il a fort bien montré l'influence que le siècle, la société où il vécut, les goûts du temps, enfin son éducation, sa situation et son genre de vie eurent sur ses mœurs. Il ne semble pas d'ailleurs que l'immoralité de Martial ait choqué ses contemporains (et c'est peut-être tant pis pour eux) : dans la lettre bien connue où il vante sa bonhomie autant que son esprit, l'honnête Pline le Jeune ne paraît même pas se douter qu'il soit répréhensible à cet égard. Considérons enfin que le christianisme n'était pas venu jeter sur le monde des vivants son voile de pudeur

ni rhétorique, ni boursouflure, ni remplissage[1] ; l'ensemble est bien posé, le trait est net et précis : on sent dans la main de l'ouvrier une parfaite maîtrise d'elle-même. Quant au style, il n'est pas possible de déployer plus de fertilité d'invention, d'originalité et de sens du pittoresque dans le choix de l'image ou de la métaphore, plus d'ingéniosité dans le détail de l'expression, que Martial sait toujours renouveler, même quand de grands écrivains s'en sont servis avant lui[2]. Il portait du reste un véritable tempérament de lettré et l'on comprend qu'il ait toujours fait la joie, plus ou moins avouée, des humanistes : ses imitations de Catulle, par exemple, ne sont-elles pas de l'humanisme le plus pur[3] ? C'était un amoureux du vieux latin, dont il savait apprécier la forte sève et la verdeur si originale, même dans sa rusticité première. Le choix des termes est généralement savoureux, et si l'expression est parfois cynique au point de ne pouvoir passer dans une traduction littérale, il lui arrive aussi de s'élever à la poésie la plus heureusement nuancée

et, en faisant de la chasteté la principale des vertus de l'homme, créer une atmosphère morale qui eût déconcerté l'antiquité païenne. Cf. de la Berge : *Trajan*, p. 242-3.

1. « C'est un des écrivains les plus simples et les plus naturels qui nous restent de toute la littérature latine » (G. Boissier, *Tacite*, p. 287).

2. « Dans bien des cas, on trouve que le créancier en titre est en toute justice le débiteur, tant la phrase ou le tour ont gagné par leur nouveau contexte » W. C. Summers, The Silver Age of Lat. Litt. p. 103.

3. Cf. I, 109, et Catulle, II, III ; — I, 92, et Catulle, XXI, XXIII, XXIV ; — I, 7, et Catulle, XLIX. On en peut dire autant de ses imitations de l'*Anthologie Grecque*. Cf. V, 34 (in fine) et une épigramme célèbre de Méléagre ; — V, 53, et *Anthol. palatine*, XI, 214 ; — VI, 19, et *Anthol. palatine*, XI, 141 ; — VI, 53, et *Anthol. palatine*, XI, 257. — De même encore il parodie plaisamment les *encomia* des poètes et nous donne, pour ainsi dire, des *encomia* à rebours (III, 93 ; IV, 4 ; IX, 29 et 37 ; X, 67, XI, 21, etc.) Et que dire de cette espèce de litanie au gladiateur Hermès (V, 24) ?

et la plus délicate. Quand il exprime ses rêves de vie simple et paisible ou qu'il compose une sorte d'oraison funèbre en vers pour un être dont la perte lui est douloureuse, il est exquis de goût et de tact, de mesure et d'à-propos. Toutefois, il est surtout homme d'esprit, et il le montre dans les alliances ou les oppositions de mots neuves et piquantes, dans l'art avec lequel il sait suspendre l'intérêt, dans sa façon imprévue et si plaisante de présenter les détails : que d'esprit, par exemple, dans l'usage qu'il fait parfois de la mythologie, et que d'ingéniosité dans la pointe [1] par laquelle il termine presque toutes ses épigrammes ! Avec quel amour il la prépare, l'aiguise et la cisèle ! Le lecteur y est insensiblement conduit sans le savoir, même quand le poète a l'air de s'amuser en route ; et soudain elle s'échappe de la gaine du vers, preste et lumineuse, comme l'éclair sort du nuage qu'il illumine tout entier. C'est là vraiment le triomphe de Martial et la raison pour laquelle les épigrammes de la plupart de ses imitateurs paraissent insignifiantes auprès des siennes. Martial a sur eux l'avantage d'avoir « la manière » ; il y excelle, et nul plus que lui peut-être ne mérite qu'on lui applique le jugement célèbre de La Bruyère sur Rabelais : s'il peut faire le charme de la canaille, il est digne aussi d'être le mets des plus délicats.

1. « La pointe, qu'elle dépende d'un calembour, ou d'une phrase à double sens, ou d'une signification nouvelle donnée à un mot, ou d'une antithèse, ou d'une analogie (παρὰ προσδοκίαν), est ingénieusement amenée. Et les mots tombent à leurs places avec un à-propos qui suggère l'idée d'un *puzzle* : le lecteur sent qu'aucun autre mot n'aurait pu être employé » (M. Ker, Introd., p. XIII).

IV

Chronologie des Épigrammes. Lorsque Martial avait écrit, lu au public ou adressé à ses amis un certain nombre de ses petites pièces, il avait coutume d'en former un volume (*libellus*) qu'il allait porter chez le libraire : il nous a même donné parfois le nom et l'adresse de son éditeur[1]. L'ordre adopté par les manuscrits n'est certainement pas toujours celui de la publication. Quel est donc l'ordre véritable ?

Ce point a fait l'objet des recherches de bien des philologues, mais nul n'a plus contribué que Friedlaender à l'élucider. Dans plusieurs dissertations, dans des articles de revues savantes, dans son *Histoire des Mœurs romaines d'Auguste aux Antonins* (1862 et années suivantes) — le tout repris ou résumé dans la préface de son édition de Martial (1886) — il semble avoir à peu près fixé la chronologie des *Epigrammes*. Voici, sous la forme la plus succincte, le résultat de ses travaux :

Liber spectaculorum	80 ap. J.-C.
Livre XIII (Xenia)	décembre 84 ou 85.
Livre XIV (Apophoreta)	décembre 84 ou 85.
Livres I-II	probablement publiés ensemble à la fin de 84 ou au début de 85, puis séparément.
Livre III	87 ou 88.
Livre IV	Saturnales de 88.
Livre V	automne de 89.
Livre VI	été ou automne de 90.
Livre VII	décembre de 92.

1. Cf. I, 2 ; 117, 13 ; IV, 72 ; XIII, 3.

Livre VIII	année 93.
Livre IX	été de 94.
Livre X	1re édition (perdue) : Saturnales de 95. 2e édition (la nôtre) : avril-octobre 98.
Livre XI	commencement de 97.
Livre XII	hiver de 101 ou printemps de 102.

Une question reste en suspens : y a-t-il eu pour le douzième livre deux rédactions, l'une plus courte, donnée en Espagne et offerte à Terentius Priscus à l'occasion du retour de ce dernier, l'autre plus complète, adressée et publiée à Rome ? Stobbe et Friedlaender l'ont pensé : dans ce cas, la première serait de la fin de 101 et la deuxième du début de 102. Cette hypothèse expliquerait la chronologie de certaines épigrammes. D'autre part, Friedlaender fournit quelques raisons de supposer que le *Liber Spectaculorum* renfermerait plusieurs pièces (nos 9, 17, 18, 22, 25 *b*, par exemple) introduites dans une édition postérieure à celle de l'an 80 et qui se rapporteraient aux jeux donnés par Domitien vers 85 ou 86. Les deux premiers livres paraissent avoir été publiés tout d'abord ensemble (cf. III, 1, 3-6 : *librum priorem*) ; ils auraient ensuite fait l'objet de publications séparées, fort probablement avec l'adjonction de nouvelles pièces destinées à les grossir.

V

La versification de Martial. Les trois sortes de vers le plus ordinairement employés par Martial sont :

1° Le distique élégiaque, c'est-à-dire la réunion d'un

hexamètre dactylique complet et d'un hexamètre dactylique syncopé (pentamètre). Martial a modelé son distique sur celui des écrivains classiques et pris fort peu de libertés avec les lois qui le régissent. Au point de vue de la prosodie, il a allongé deux fois, conformément à l'usage archaïque, une désinence verbale (IX, 101, 4 et XIV, 77, 2) et deux fois la désinence *us* de la 2e déclinaison (X, 89, 1 et VII, 44, 1) ; peut-être aussi la désinence *a* de la 1re (Spect. 2, 8, 10). Il a parfois abrégé, comme Catulle et Virgile, la désinence verbale en *o* et le nomin. en *o* de la troisième déclinaison. Pour la métrique, les fins de vers contraires à l'usage ne sont pas très rares, mais on ne les trouve guère que là où le choix des mots ne lui laissait pas d'autre alternative : par ex., nous rencontrons à la fin de l'hexamètre des mots de 4 ou 5 syllabes, comme *Amphitheatrum*, *Caecilianus*, *Maecenatis*, etc. Dans les derniers livres, quelques vers sont irréguliers à cet égard (X, 12, 1 Apollineas Vercellas ; XII, 1, 1 aerios pityonas ; XI, 84, 17 hircus habet cor ; XII, 17, 9, vivat apud te) : mais ce sont des exceptions. Le pentamètre se termine quelquefois par des mots de 3, 4, 5, et même 6 syllabes (V, 1, 2 : inimicitiae), ou encore par des monosyllabes, tels que *est*, sans élision précédente (VII, 51, 6 liber est ; XII, 68, 6 et hic). L'élision est fréquente au 1er pied de la 2e moitié du pentamètre, plus rare au 2e (cf. IV, 29, 12 : VII, 73, 6). La 1re moitié se compose de spondées plus fréquemment que chez Ovide, mais moins souvent que chez Catulle. On sent chez Martial le souci de la correction et de la régularité classiques.

2° L'hendécasyllabe phalécien, formé d'une base spondaïque, quelquefois trochaïque ou iambique, d'un dactyle et de trois trochées. Ici encore Martial a été plus sévère que d'autres poètes, surtout Catulle : il n'a employé que le spondée au 1er pied et n'a jamais admis de substitut pour le dactyle du 2e. Dans les fins de vers monosyllabiques, le monosyllabe final est toujours précédé d'un autre monosyllabe (cf. IX, 24, 15 : non vult).

3° Le choliambe ou trimètre iambique scazon, qui ne diffère du trimètre régulier que par le spondée du 6e pied et l'obligation de l'iambe au 5e. On ne compte chez Martial que quatorze trimètres choliambiques purs. Au 1er et au 3e pied, il préfère le spondée ou le dactyle : il a employé une fois ce dernier au second (III, 64, 1). Il a admis l'anapeste comme substitut du spondée assez souvent au 1er pied, très rarement au 3e, et presque toujours pour faire entrer un nom propre dans le vers. Quant au tribraque, il l'admet aux quatre premiers pieds, mais jamais au 1er et au 3e à la fois.

En dehors de ces trois différents mètres, on trouve encore chez Martial les suivants :

1° Le mètre bucolique, composé d'un trimètre iambique suivi d'un dimètre (I, 49 ; III, 14 ; IX, 77 ; XI, 59).

2° Le second mètre bucolique, c'est-à-dire un trimètre iambique scazon suivi d'un dimètre (I, 61).

3° L'iambique sénaire ou trimètre iambique (VI, 12 ; IX, 77).

4° L'hexamètre ou vers héroïque (I, 53 ; VI, 64).

5° Le vers sotadique ou tétramètre ionique majeur (–́ – ◡◡) catalectique (III, 29 : au 3e pied le groupe –́ – ◡◡ est remplacé par le groupe –́ ◡ – ◡).

Ajoutons que les mètres dont use Martial ne sont jamais pris au hasard : ils sont choisis avec la préoccupation constante de mettre la forme en harmonie avec le fond. Ici encore Martial apparaît comme un artiste consommé. Son habileté à manier les rythmes poétiques nous fait souvent penser à notre La Fontaine, c'est-à-dire à un maître comme lui dans l'art de modeler le vers sur la pensée ou le sentiment qu'il exprime.

VI

Les manuscrits de Martial Les manuscrits de Martial que nous possédons peuvent se répartir en trois familles, dont chacune remonte à une recension différente dont l'archétype est perdu. Le nom du réviseur de la seconde nous est connu : c'était un noble romain nommé Torquatus Gennadius et il publia sa recension en 401 ap. J.-C.

La première famille, qui plus d'une fois est seule à fournir la bonne leçon, est caractérisée par ce fait que, dans les passages scabreux, elle remplace d'ordinaire le mot brutal par un terme plus convenable, tout en conservant le sens et même souvent le mètre. Elle est la seule à nous donner le *Liber Spectaculorum*. Il est probable que celui-ci est fort mutilé, car si nous comparons la relation de Martial avec celles de Suétone et de Dion, nous constatons qu'il n'y est à peu près rien dit des dernières attractions ou des derniers incidents. Si le livre n'était pas incomplet, il faudrait croire que Martial s'est arrêté en chemin : ce qui n'est guère admissible.

Les manuscrits de cette classe sont malheureusement peu nombreux ; d'autre part, en dehors du *Livre des Spectacles*, ils donnent non l'œuvre complète, mais un choix de poèmes. Ils sont au nombre de trois :

H originaire de France, apporté à Naples par Sannazar et passé de là à la bibliothèque de Vienne. C'est un florilège du début du ɪxᵉ siècle, dont Haupt a le premier signalé la valeur (Vindobonensis 277).

R actuellement à Leyde (fonds de Voss). Il date du ixe siècle et a appartenu à la bibliothèque du monastère de Cluny (Bibl. de Leyde, q 86).

T (Thuaneus), provenant du fonds de Thou et à la Bibl. Nationale (8071). C'est une copie médiocre de H, mais qui nous en a transmis le texte pour les parties disparues : service inappréciable.

A la seconde famille appartiennent :

L (Lucensis) découvert à Lucques. C'est le plus ancien (xiie siècle) : il est aujourd'hui à Berlin (fonds latin 612).

P (Palatinus), autrefois à Heidelberg, aujourd'hui au Vatican sous le n° 1696 (xve siècle).

Q (cod. Arondellianus), à présent au British Museum (Arondel. 136 : xve siècle).

f, de la bibliothèque des Médicis, aujourd'hui à Florence [Bibl. Laurentienne, XXXV, 39] : xve siècle.

W (Wittianus), court fragment découvert à Pérouse par C. de Witte (xiiie siècle).

La troisième famille est la plus nombreuse. Elle dérive probablement d'un archétype du temps de Charlemagne, transcrit lui-même sur un antique ms. en capitales. Citons :

E (Edinburgensis), du xe siècle, à la bibliothèque de la Faculté de droit d'Edinburgh.

X du ixe ou xe siècle : à la Bibliothèque Nationale (fonds lat. 8067).

A du xie siècle : à Leyde actuellement (Fonds de Voss : q56).

V (Vaticanus), du xe siècle : a appartenu à Fulvio Orsini, et se trouve au Vatican (lat. 3294).

On peut citer encore :

Epored. (Eporediensis), fragment découvert à Ivrée (xie siècle).

B (XIIe siècle) : à la Bibliothèque de Leyde (Fonds de Voss : Q 121).

G (XIIe siècle) : à la Bibliothèque de Wolfenbüttel (n° 157).

C (XIVe siècle) : à la Bibliothèque de Leyde (Fonds de Voss : F 89).

F (XVe siècle) : à Florence (Bibl. Laurentienne XXXV, 38) ; mélange de leçons de la 2e et de la 3e famille.

Il faut ajouter un certain nombre de florilèges dont plusieurs ont de l'importance. Ce sont :

Fris. (Frisingensis) découvert à Freising et aujourd'hui à Munich (6292). Il est du XIe siècle.

N (Nostradamensis), à Paris (Bibl. Nationale, fonds latin 188) : il date du XIIIe siècle.

D (Diezianus), à Berlin (n° 60) : il est du XIVe siècle.

Enfin, on désigne sous le nom de M les variantes, d'origine diverse, que le savant Bongars (1554-1612) a jadis inscrites en marge d'un exemplaire de l'édition de Paris de 1539 dont il se servait. Ce livre est aujourd'hui à la Bibliothèque de Berne (G 152).

VII

Éditions. Les éditions de Martial sont trop nombreuses pour qu'on puisse les énumérer toutes ici. Donnons d'abord les premières parues :

Édition *princeps* publiée à Rome en 1470 sans nom de ville ni date (Réimpression moins bonne en 1474).

Édition de Ferrare de 1471, rarissime, mais sans grande valeur.

Éditions de Venise de 1472 « ex recensione Georgii Alexandrini » ; — de 1474 « cum commentario D. Calderini » ; — de 1475 « cura G. Merulae ».

Édition de Rome de 1473, fondée sur les mss de la 3e famille, comme l'a montré Schneidewin.

Édition d'Alde Manuce (1501) qui servit de base aux éditions immédiatement suivantes.

Édition de Junius (Adrien de Jonghe, savant latiniste et médecin hollandais). Amsterdam, 1559 et 1566.

Édition de Gruter (Francfort, 1602).

L'édition de P. Schryver (Scriverius), donnée à Leyde en 1618-19, effaça toutes les précédentes. Elle était enrichie d'études, de commentaires et de notes critiques de Scaliger, Juste-Lipse, Rutgers, Pontano, Broda, Turnèbe, Ange Politien.

En 1656, parut à Leyde l'édition de Schrevel (Schrevelius). Le texte était amélioré par la collation d'un nouveau ms. (Q). Elle fut réimprimée en 1661 et 1670 avec notes de Gronov.

En 1825, Lemaire publia son édition en 3 volumes, compilation sans grand discernement des éditions précédentes, et où se manifestait plus de fantaisie que de science. Elle était basée sur le texte de Schrevel. E. Weber (1833) ne fit qu'apporter quelques corrections au texte de Lemaire; mais F. Schmieder étudia avec beaucoup de soin le *Liber Spectaculorum* (1837). — Ce fut à Schneidewin que revint l'honneur de publier la première édition de Martial fondée sur une étude complète et un classement rationnel des manuscrits. Il donna d'abord, en 1842, une grande édition de plus de 800 pages avec apparat critique détaillé; puis, en 1853, une *editio minor*, avec texte revu (Coll. Teubner). Schneidewin avait renouvelé le texte: Friedlaender en fit autant pour le commentaire. Après s'y être préparé par de longues études d'ensemble et de détail, il publia à Leipzig, en 1886, une édition en deux volumes qui fait toujours autorité et dont les notes explicatives (en allemand) sont devenues le fondement de toutes les éditions partielles parues ensuite en Europe ou en Amérique à l'usage des classes [1]. Il ne semble pas que depuis de grands progrès aient été réalisés pour l'interprétation [2], mais il n'en est pas ainsi pour le texte lui-même que l'édition Gilbert (Leipzig, Teubner, 1885, 1896, 1912) et surtout l'édition Lindsay (Clarendon Press, Oxford, 1902) sont venues améliorer sensiblement. Enfin il ne serait pas juste d'oublier l'édition donnée par J. D. Duff dans le *Corpus Poetarum Latinorum* de Postgate (G. Bell, 1905), non plus que l'édition critique publiée par C. Giarratano chez Paravia (1919), et l'édition Heræus, parue chez Teubner en 1925.

Quant aux études particulières auxquelles a donné lieu l'œuvre de Martial, voici les plus marquantes :

Corrections de Heinsius, en marge de l'édition de Gryphe de 1533 et recueillies par Schneidewin. (L'exemplaire de Heinsius est à la bibliothèque de Leyde).

A. de Rooy : Conjecturae criticae in Martialem. Utrecht, 1764.

A. Brandt : De Martialis poetae vita et moribus. Berlin, 1853.

L. Friedlaender : De temporibus librorum Martialis Domitiano imperatore editorum. Königsberg, 1862. — De temporibus libr. Martialis X et XI, *ibid.*, 1865. — De nonnullis locis corruptis in Mart. epigr. *ibid.*, 1867. —

1. Les plus récentes sont en Angleterre celle de MM. Bridge et Lake (Oxford, 1908) et aux États-Unis celle de M. E. B. Post (Boston, 1908).

2. Antérieurement à l'édition Friedlaender, J. Flach avait donné à Tubingue (1881) une édition soignée du 1er livre, et en Angleterre avaient paru des Extraits fort consciencieux par Paley et Stone (1868), Stephenson (1881), Sellar et Ramsay (1884 : bonne introduction).

Recensio locorum in Mart. XIV epigr. libris corruptorum, Regimontii 1878. — De codice Martialis T. Regimontii 1879.

Osk. Guttmann : Observationes in M. Valerium Martialem. Breslau, 1866.

P. Giese : De personis a Martiale commemoratis. Greifswald, 1872.

Paukstadt : De Mart. Catulli imitatore. Halis Sax. 1876.

E. Wagner : De Martial poetarum Augusteae aetatis imitatore. Koenigsb. 1880.

A. Dau : De Martialis libellorum ratione temporibusque. Rostock, 1887.

E. Stephani : De Martiale verborum novatore, Breslau, 1889.

W. M. Lindsay : Ancient editions of Martial. Oxford, Parker, 1902.

C. Giarratano : De M. Val. Mart. re metrica. Naples, 1908.

E. Pertsch : De Val. Mart. poet. graecorum imitatore. Berlin, 1911.

Il faudrait ajouter d'innombrables articles dans toutes les revues savantes du monde moderne.

Comme études d'histoire et de littérature, on peut citer :

Friedlaender : *Histoire des Mœurs Romaines d'Auguste aux Antonins*, 9e et 10e ed. par Wissowa, Leipzig, 1921, 4 vol. — Préface de son édition de Martial de 1886, t. I.

De la Berge : *Essai sur le Règne de Trajan.* Paris, 1877 (Bibl. des Htes Études).

Steph. Gsell : *Essai sur le Règne de Domitien.* Thorin, 1893.

D. Nisard : *Études sur les poètes latins de la Décadence*, t. I. 1834.

G. Boissier : *Le Poète Martial* (Revue des Deux Mondes, t. CLX et dans son *Tacite*, Hachette, 1903)[1].

F. Plessis : La Poésie Latine. Paris, 1909.

H. E. Butler : Post-Augustan Poetry. Oxford, 1909.

V. J. Craig. Martial's Witt and Humour. Philadelphie, 1912.

C. Marchesi, Marziale : Gênes, 1914.

VIII

Traductions. Les traductions de Martial, tant en vers qu'en prose, ne manquent pas, mais peu sont à retenir : par ex. en italien, celle de G. Graglia (Londres, 1782) ; en allemand, celles de Zimmermann (1783) et de A. Berg (1864), en vers. L'Angleterre n'avait guère que la traduction médiocre de la Collection Bohn : mais M. W. C. A. Ker a donné en 1919, dans la Loeb Classical Library, une traduction nouvelle supérieure à toutes les précédentes : elle m'a été fort utile. La France possède, entre autres, deux traductions de Martial : celle de Verger, Dubois et Mangeart (1834-35), parue dans la collection Panckoucke et réimprimée par la librairie Garnier, et celle de Ch. Nisard dans la Collection des Auteurs Latins de Didot (1842). Faites d'après le texte de la très

1. Il n'est pas de lecture plus solide et plus attrayante à la fois que ce dernier travail. C'est un modèle. — Pour les renseignements topographiques, si utiles quand on lit Martial, consulter le *Lexique de Topographie Romaine* de L. Homo (Paris, Klincksieck, 1900). C'est le plus précis et le plus consciencieux des guides.

médiocre édition Lemaire, toutes deux présentent à peu près les mêmes erreurs ; et il serait difficile de les compter. Le style de la traduction Nisard a un peu plus d'aisance, mais c'est aux dépens de l'exactitude. Le traducteur ne se gêne pas, au besoin, pour ajouter ses propres calembours à ceux du poète (cf. III, 91, in fine). En somme, le travail était tout entier à refaire. La réputation de Martial en France nous a paru mériter que la tâche fût entreprise.

IX

De la présente édition. J'ai pris pour base l'excellente édition de M. Lindsay et ne m'en suis écarté qu'en un petit nombre de passages. Quant aux variantes, je n'ai retenu que celles qui m'ont paru offrir quelque intérêt. J'ai généralement laissé de côté les pures bévues de copistes : omissions ou répétitions de mots, de lettres ou de syllabes, confusions de lettres, transcriptions fantaisistes des noms propres, etc. Ce n'est pas que ces erreurs de plume n'aient leur valeur pour le classement des mss : mais ce classement est fait aujourd'hui et je n'avais pas à le refaire. Quant à la traduction, je me suis efforcé, tout en serrant le texte du plus près possible, de conserver les qualités essentielles de mon modèle : le tour alerte, dégagé et sans prétentions, la bonhomie spirituelle et narquoise, l'allure, (sauf dans les passages où le poète a recherché un style savant), à la fois naturelle et distinguée de la conversation chez l'homme du monde qui se pique d'élégance, enfin ce mélange, particulier peut-être à Martial, et si savoureux, de l'expression réaliste la plus audacieuse et de l'expression poétique la plus raffinée. J'ai dû parfois atténuer la crudité du texte, dont l'équivalent exact aurait dû être cherché dans les bas-fonds de notre langue [1]. J'espère que personne ne songera à m'en faire un reproche [2].

1. M. Ker a usé d'un autre procédé. Dans les passages scabreux, le traducteur anglais s'est récusé lui-même et a donné la traduction italienne de Graglia. Il est singulier que celle-ci choque moins que la traduction anglaise ou française. Serait-ce que l'italien est resté plus près de la nature, et s'est moins asservi aux exigences du cant ou de l'étiquette ? Je ne sais, mais il est intéressant de noter cette impression littéraire dans l'excellent livre de M. Ker.

2. Je ne saurais dire combien ce livre doit à la revision, aussi vigilante que sûre, de M. René Durand. C'est pour moi un plaisir de le reconnaître, et le faire savoir au lecteur n'est que justice.

Un certain nombre de notes indispensables à l'intelligence du texte n'ont pu trouver place au bas de la traduction. Un astérique placé après le numéro de l'appel indiquera au lecteur qu'elles sont reportées à la fin du volume, dans l'appendice.

CONSPECTUS SIGLORUM

Primae familiae (α) codices hi sunt :

H	Hauptii florilegium Vindobonense 277	(Saec. IX in.)
R	Vossianum florilegium Leidense Q 86	(Saec. IX)
T	Thuaneum florilegium Parisinum 8071	(Saec. IX-X)

Secundae familiae (β) codices hi sunt :

L	Lucensis nunc Berolinensis fol. 612	(Saec. XII)
P	Palatinus Vaticanus 1696	(Saec. XV)
Q	Arondellianus Musei Britannici 136	(Saec. XV)
	Florentinus Bibl. Laurentianae XXXV 39	(Saec. XV)

Tertiae familiae (γ) codices hi sunt :

E	Edinburgensis Bibl. Facultatis Aduocatorum	(Saec. X in.)
A	Vossianus Leidensis primus Q 56	(Saec. XI)
X	Puteanus Parisinus lat. 8067	(Saec. X)
V	Vaticanus 3294	(Saec. X-XI)

Alii codices :

B	Vossianus Leidensis secundus Q 121	(Saec. XII)
G	Gudianus Wolfenbuttelensis 157	(Saec. XII)
C	Vossianus Leidensis tertius F 89	(Saec. XIV)
F	Florentinus Bibl. Laurentianae XXXV 38	(Saec. XV)

Praeterea duo florilegia hic illic citantur :

Fris.	Excerpta Frisingensia Bibl. Monacensis	(Saec. XI)
N	Florilegium Parisinum Nostradamense	(Saec. XIII)

ς = Italorum codices et libri quorum propriae lectiones coniecturae fere habendae sunt.

M = marginales Bongarsii adnotationes de quarum origine et fide non constat.

ω = consensus codicum omnium qui praesto sunt praeter eos qui nominatim citantur.

MARTIAL

—

ÉPIGRAMMES

ÉPIGRAMMES DE MARTIAL

[SPECTACLES]

I

Que la barbare Memphis ne vante plus le prodige de ses pyramides ; que l'industrieuse Assyrie ne s'enorgueillisse plus de sa Babylone ; que le temple de Diane [1] ne fasse plus la gloire des Ioniens efféminés et que l'autel fait de cornes multiples [2] laisse tomber dans l'oubli le nom de Délos ; que les Cariens, outrant leurs louanges, ne portent plus aux nues leur Mausolée [3] en équilibre dans le vide des airs. Toute œuvre humaine le cède à l'amphithéâtre de César [4] : la renommée n'en célébrera plus qu'une à la place de toutes les autres.

II

Aux lieux où le colosse radié [5] contemple les astres de si près, et où s'élèvent, au milieu de la voie, de hauts échafaudages, rayonnait l'odieux palais d'un farouche despote, et déjà une demeure unique se dressait sur l'empla-

1. A Éphèse.
2. Allusion à un autel, fait de cornes entrelacées sans lien, qui s'élevait à Délos et passait pour l'œuvre d'Apollon.
3. Tombeau de Mausole, roi de Carie, construit par sa femme Artémise.
4. L'amphithéâtre des Flaviens, commencé par Vespasien, achevé par Titus, et devenu plus tard le Colisée.
5. Une statue de Néron, haute de cent pieds, qui avait appartenu à la Maison Dorée. Vespasien fit remplacer la tête de Néron par celle du Soleil, parée de sept rayons, et transporter la statue sur la Voie Sacrée. Adrien la fit placer à l'entrée du Colisée, et c'est d'elle que ce dernier tira son nom.

M. VALERI MARTIALIS
EPIGRAMMATON LIBER

I

BARBARA pyramidum sileat miracula Memphis,
  Ass*yri*us iactet nec Babylona labor;
nec Triviae templo molles laudentur *Io*nes,
  dissimulet De*l*on cornibus ara frequens;
aëre nec vacuo pendentia Mausolea
  laudibus inmodicis Cares in astra ferant.
Omnis Caesareo cedit labor Amphitheatro,
  unum pro cunctis fama loquetur opus.

II

Hic ubi sidereus propius uidet astra colossus
  et crescunt media pegmata celsa via,
invidiosa f*e*ri radiabant atria regis
  unaque iam tota stabat in urbe domus;
hic ubi conspicui uenerabilis Amphitheatri
  erigitur moles, stagna Neronis erant;
hic ubi miramur uelocia munera thermas,
  abstulerat miseris tecta superbus ager;

Epigrammaton Liber. *Hunc libellum non habent* βγ : XIX-XXX *habet H*; — X, XXV, XXV *b*, XXIX, XXX *habet R*; — *cetera* (*praetermissis* XXV, XXV *b*, XXIX, XXX) *habet T* : *cuius codicis, cum ex H parum diligenter descriptus sit, testimonium negligi potest quotiens H est integer.*

I 2 Assyrius *Alciati* : assiduus *T* || **3** Iones *Scaliger* : honores *T* **4** Delon *I. F. Gronov* : Deion *T*

II 3 feri ς : fieri *T* || **11** sibi ς : *om. T*

cement de la ville tout entière ; où l'amphithéâtre érige à tous les yeux son auguste masse, c'était l'étang de Néron ; où nous admirons les thermes, si promptement achevés par la générosité de César, une fastueuse campagne avait dépouillé les pauvres gens de leurs foyers ; là où le portique de Claude déploie ses vastes ombrages, finissaient les derniers bâtiments du palais impérial. Rome a été rendue à elle-même et, sous ton gouvernement, César, le peuple fait ses délices de ce qui ne charmait jadis que son maître.

III

Où trouver une nation assez reculée, un peuple assez sauvage, César, pour ne pas fournir de spectateur à ta capitale ? Le paysan de Thrace est venu de l'Hémus qui garde le souvenir d'Orphée, ainsi que le Sarmate qu'alimente le sang de son cheval [1] * et l'homme qui boit le flot du Nil à sa source dont il sait le secret, et celui dont la vague de la mer la plus lointaine heurte le rivage. L'Arabe est accouru, les Sabéens sont accourus, et les Ciliciens ont été aspergés de la rosée de leur propre safran [2] *. Leur chevelure nouée en un chignon [3] *, les Sicambres sont venus, ainsi que les Éthiopiens à la chevelure tordue d'une autre guise. Divers sont les langages de ces peuples : mais ils s'accordent tous entre eux, César, quand ils te proclament le vrai père de la patrie.

IV

Cette foule dangereuse pour la paix publique et ennemie d'un tranquille repos a été donnée au peuple en spectacle et l'arène n'a pu contenir les coupables. Le délateur subit l'exil qu'il prodiguait. Le voilà exilé, le délateur; il a été chassé de la cité ausonienne. On peut porter ce bonheur au nombre des dépenses de l'empereur [4] *.

Claudia diffusas ubi porticus explicat umbras,
ultima pars aulae deficientis erat.
Reddita Roma sibi est et sunt te praeside, Caesar,
deliciae populi, quae fuerant domini.

III

Quae tam seposita est, quae gens tam barbara, Caesar,
ex qua spectator non sit in urbe tua?
Venit ab Orpheo cultor Rhodopeïus Haemo,
venit et epoto Sarmata pastus equo,
et qui prima bibit deprensi flumina Nili,
et quem supremae Tethyos unda ferit;
festinauit Arabs, festinauere Sabaei,
et Cilices nimbis hic maduere suis.
Crinibus in nodum tortis uenere *Sygambri*,
atque aliter tortis crinibus Aethiopes.
Vox diuersa sonat populorum, tum tamen una est,
cum uerus patriae diceris esse pater.

IV

Turba grauis paci placidaeque inimica quieti,
quae semper miseras sollicitabat opes,
traducta est † Getulis † nec cepit harena nocentis:
et delator habet quod dabat exilium.
Exulat Ausonia profugus delator ab urbe:
haec licet inpensis principis adnumeres.

III 9 tortis ς *Giarr. Heraeus* : torti *T Gilbert Lindsay* || Sygambri *Heraeus* : Sicambri *T Lindsay* Sugambri *Duff*.

IV 3 Getulis *cod* : Geticis ς tradita Gaetulis *Schryver* ferulis *Zingerle* caculis *Schenkl* gerulis *Munro* oculis *Guttmann* cunctos *Friedlaender* Gaetula excepit *F. Leo Dau* caueis *proposuit Heraeus* [*Cf.* **III, 30, 3** *ubi idem cod. habet* getulà *pro* togula] || **5-6** nouum epigramma *Schneidewin*, *Friedlaender*, *Duff*.

V

Que Pasiphaé se soit unie d'amour au taureau de Crète, n'en doutez pas ; nous avons vu le fait, l'antique mythologie a reçu confirmation. Que l'antiquité, César, cesse de s'émerveiller d'elle-même : tout ce que la renommée célèbre, l'arène le réalise pour toi.

VI

Que le belliqueux Mars soit à ton service avec ses armes invincibles, cela ne suffit pas, César : Vénus, elle aussi, est à ton service.

VI b

Le lion abattu dans la vaste vallée de Némée, exploit illustre et vraiment digne d'Hercule, voilà ce que redisait la Renommée. Que l'antique légende se taise : car, après les spectacles que tu as donnés, César, [nous devons désormais reconnaître qu]'une femme [peut accomplir semblable prouesse [1]].

VII

De même qu'en Scythie, enchaîné à son rocher, Prométhée nourrit jadis l'insatiable oiseau de sa poitrine trop puissante, ainsi Lauréolus [2], attaché à une croix bien réelle, a offert sa chair nue en pâture à un ours de Calé-

1. Dion et Suétone s'accordent pour dire qu'une partie des 9000 animaux massacrés pour l'inauguration de l'amphithéâtre furent égorgés par des femmes. Celles qui se livraient à ce sport étaient d'ailleurs méprisées comme les gladiateurs eux-mêmes. (L'addition est de Buecheler.)

2. Laureolus était un voleur fameux qui, arrêté, fut livré aux bêtes après avoir été crucifié. On avait au temps de Caligula composé un mime sur ce sujet, et le rôle de Lauréolus fut tenu plus tard par un acteur qui, au moment du châtiment, disparaissait pour faire place à un criminel, que l'on suppliciait à sa place.

V

Iunctam Pasiphaen Dictaeo credite tauro :
  uidimus, accepit fabula prisca fidem.
Nec se miretur, Caesar, longaeua uetustas :
  quidquid fama canit, praestat harena tibi.

VI

Belliger inuictis quod Mars tibi seruit in armis,
  non satis est, Caesar, seruit et ipsa Venus.

VI b

Prostratum uasta Nemees in ualle leonem
  nobile et Herculeum fama canebat opus.
Prisca fides taceat : nam post tua munera, Caesar,
  hoc *iam* femineo *Marte fatemur agi*.

VII

Qualiter in Scythica religatus rupe Prometheus
  adsiduam nimio pectore pauit auem,
nuda Caledonia sic uiscera praebuit urso
  non falsa pendens in cruce Laureolus.
Viuebant laceri membris stillantibus artus
  inque omni nusquam corpore corpus erat.
Denique supplicium *dignum tulit : ille parentis*
  uel domini iugulum foderat ense nocens,

V 4 praestat *T* : donat ς

VI b *separatum habet T, cum* **VI** *coniungit* ς || **2** et ς : *om. T* || **4** *corr. et suppl. Buecheler* : hoc etiam femineo [*cetera desunt*] *T* haec iam feminea dicimus [uidimus] acta manu ς

VII 7 *suppl. Schneidewin*

donie. Ils vivaient, ces membres déchirés dont les fibres ruisselaient de sang, et ce corps tout entier n'avait nulle part forme de corps. Bref, [il a subi] le supplice [qu'il méritait : car un père] ou un maître, la gorge transpercée, avait succombé sous l'épée de ce misérable ; ou bien dans sa folie il avait dépouillé les temples de l'or dont ils ont le dépôt secret, ou encore, Rome, il avait approché de toi une torche sauvage. Par sa scélératesse, il avait surpassé les atrocités relatées par l'antique légende, cet homme pour lequel ce qui n'avait encore été qu'une fiction est devenu un châtiment réel.

VIII

Dédale, à l'heure où un ours de Lucanie te mettait ainsi en pièces, comme tu aurais voulu avoir tes ailes !

IX

Promené d'abord par toute l'arène, César, ce rhinocéros a procuré à tes yeux un spectacle qu'il n'avait pas fait espérer. Quelle terrible colère l'enflammait, la corne pointée en avant ! Quel taureau monstrueux, pour lequel un taureau n'était qu'un mannequin ! [1] *

X

De sa gueule ingrate, un lion déloyal avait blessé celui qui le dressait : il avait osé ensanglanter des mains qui lui étaient si familières ; mais il a subi la peine qui convenait à un si grand crime, et lui qui n'avait pu endurer le fouet, il a dû endurer les javelots. Quelles doivent être les mœurs des hommes sous un prince qui veut que le naturel des bêtes féroces s'adoucisse !

XI

Tournant sur lui-même, tête basse, dans l'arène sanglante, un ours, empêtré dans la glu, a été privé de tout

templa uel arcano demens spoliauerat auro,
subdiderat saeuas uel tibi, Roma, faces.
Vicerat antiquae sceleratus crimina famae,
in quo, quae fuerat fabula, poena fuit.

VIII

Daedale, Lucano cum sic lacereris ab urso,
quam cuperes pinnas nunc habuisse tuas !

IX

Praestitit exhibitus tota tibi, Caesar, harena
quae non promisit proelia rhinoceros.
O quam terribilis exarsit pronus in iras !
Quantus erat taurus, cui pila taurus erat !

X

Laeserat ingrato leo perfidus ore magistrum,
ausus tam notas contemerare manus,
sed dignas tanto persoluit crimine poenas,
et qui non tulerat uerbera, tela tulit.
Quos decet esse hominum tali sub principe mores,
qui iubet ingenium mitius esse feris !

XI

Praeceps sanguinea dum se rotat ursus harena,
inplicitam uisco perdidit ille fugam.

IX 4 taurus *T* : cornu ς *Schryver*
X 6 qui iubet ς : cui iuuat *T*

moyen de fuir. Plus d'épieux désormais : que leur fer brillant chôme dans sa gaine et que le javelot cesse de voler, balancé à tour de bras. Que le chasseur saisisse sa proie dans le vide des airs, si l'on fait appel à l'art de l'oiseleur pour prendre les bêtes féroces ! [1] *

XII

Parmi les sanglants incidents de la chasse offerte par César, un javelot léger s'étant enfoncé dans le flanc d'une laie pleine, un marcassin s'est élancé de la blessure de la malheureuse mère. O barbare Lucine, fut-ce là un enfantement? Elle eût voulu mourir frappée de traits plus nombreux, s'ils avaient dû ouvrir à tous ses petits une voie, si lamentable fût-elle. Comment nier que Bacchus [2] * ait été mis au monde par la mort de sa mère? Un dieu a pu naître ainsi, soyez-en sûrs : c'est bien ainsi qu'est née une bête sauvage !

XIII

Frappée d'un trait fatal et succombant à sa blessure, une laie pleine a perdu la vie en même temps qu'elle l'a donnée. Oh ! qu'elle était sûre d'elle-même, la main qui a balancé ce fer ! Ce fut, à mon avis, celle de Lucine. En mourant, cette laie éprouva la puissance des deux Dianes : l'une délivra la mère, et l'autre mit à mort la bête * [3].

XIV

Une laie près de son terme, déjà alourdie par le fruit de ses entrailles, a mis bas un marcassin : sa maternité fut due à une blessure. Le jeune sanglier ne resta pas inanimé, mais, tandis que sa mère tombait expirante, il se prit à courir. Oh! que d'ingéniosité dans les surprises du hasard !

Splendida iam tecto cessent uenabula ferro,
nec uolet excussa lancea torta manu;
deprendat uacuo uenator in aëre praedam,
si captare feras aucupis arte placet.

XII

Inter Caesareae discrimina saeua Dianae
fixisset grauidam cum leuis hasta suem,
exiluit partus miserae de uulnere matris.
O Lucina ferox, hoc peperisse fuit?
Pluribus illa mori uoluisset saucia telis,
omnibus ut natis triste pateret iter.
Quis negat esse satum materno funere Bacchum?
sic genitum numen credite: nata fera est.

XIII

Icta graui telo confossaque uulnere mater
sus pariter uitam perdidit atque dedit.
O quam certa fuit librato dextera ferro!
Hanc ego Lucinae credo fuisse manum.
Experta est numen moriens utriusque Dianae,
quaque soluta parens quaque perempta fera est.

XIV

Sus fera iam grauior maturi pignore uentris
emisit fetum, uolnere facta parens;
nec iacuit partus, sed matre cadente cucurrit.
O quantum est subitis casibus ingenium!

XII 1 saeua ς : seua *T* || **3** matris ς : mortis *T* || **7-8** *nouum epigr. Friedlaender* : *initium sequentis Gilbert*
XIII 6 soluta ς : salute *T* || fera ς fama *T*
XIV cum **XIII** *coniungit T* || **3** partus *T* : fetus *N*

XV

Comme ton plus beau titre de gloire, Méléagre, pâlit devant le mérite de Carpophore ! Qu'est-ce que la défaite d'un sanglier [1] ? Quant à lui, il a, en le transperçant de son épieu, brisé l'élan d'un ours, le plus puissant qu'aient vu naître les hauteurs du pôle arctique, il a abattu un lion prodigieux, d'une taille encore inconnue, et qui paraissait né pour l'étreinte d'Hercule ; enfin, d'un coup porté de loin, il a étendu un léopard en plein bond. Et à l'heure où il recevait enfin le prix de ses victoires, ses forces étaient encore intactes !

XVI

Un taureau emporté dans les airs s'est élevé du milieu de l'arène jusqu'aux cieux : ce ne fut pas là l'œuvre de l'art, mais de la piété [2].

XVI b

Un taureau avait transporté Europe à travers les mers, domaine de son frère [3] : de nos jours, un taureau a porté Hercule jusqu'aux astres [4]. Compare à présent, Renommée, les deux animaux, celui de César et celui de Jupiter : si le fardeau était pareil, le premier l'a porté plus haut.

XVII

Si, pieusement et à la façon des suppliants, se prosterne devant toi, César, un éléphant qui tout à l'heure était pour un taureau un si terrible adversaire, il n'agit pas ainsi par ordre ou sous la direction de son cornac : crois-en ma parole, lui aussi reconnaît en toi notre dieu.

1. Le sanglier de Calydon.
2. Peu clair : sans doute simple fragment. Il s'agit probablement d'une machine de théâtre (*artis*).
3. Allusion à l'enlèvement d'Europe par Jupiter, frère de Neptune.
4. Il s'agit d'un *bestiarius*, costumé en Hercule, projeté en l'air par un taureau.

XV

Summa tuae, Meleagre, fuit quae gloria famae,
  quantast Carpophori portio, fusus aper!
Ille et praecipiti uenabula condidit urso,
  primus in Arctoi qui fuit arce poli,
strauit et ignota spectandum mole leonem,
  Herculeas potuit qui decuisse manus,
et uolucrem longo porrexit uulnere pardum.
  Praemia cum *tandem* ferre*t*, adhuc potera*t*.

XVI

Raptus abît media quod ad aethera taurus harena,
  non fuit hoc artis, sed pietatis opus.

XVI b

Vexerat Europen fraterna per aequora taurus:
  at nunc Alciden taurus in astra tulit.
Caesaris atque Iouis confer nunc, fama, iuuencos :
  par onus ut tulerint, altius iste tulit.

XVII

Quod pius et supplex elephas te, Caesar, adorat
  hic modo qui tauro tam metuendus erat,
non facit hoc iussus, nulloque docente magistro,
  crede mihi, nostrum sentit et ille deum.

XV 1 famae ς : sume *T* || **2** quanta est ς : quantum est *T* quantula *de Jongh* tanta est (?) *Lindsay* || **4** arce *T* : axe *Scaliger* || **8** tandem *Schneid.* : laudem *T* laudis *Ald.* laudum *Ellis* || ferret *edd.* : ferre *T* || adhuc poterat *edd.* : adhuc poteram *T* at hic pateram *Heraeus cum lacuna post u.* 7.

XVI 1 ad ς : *om. T*

XVI b *cum* **XVI** *coniungit* ς || **3** confer nunc fama *Heinsius* : conferre nunc stama α confert nunc stegma [schema] ς

XVIII

Habitué à lécher la main de son dompteur sans lui inspirer d'inquiétude, un tigre, issu des monts de l'Hyrcanie dont il était la gloire sans rivale, a sauvagement déchiré, d'une dent pleine de rage, un lion féroce : fait étrange et dont aucun siècle n'offre d'exemple ! Il n'a rien osé de tel, aussi longtemps qu'il vécut dans les profondeurs des forêts; depuis qu'il est parmi nous, sa férocité s'est accrue.

XIX

Un taureau qui, aiguillonné par le feu, venait, d'un bout à l'autre de l'arène, d'enlever les mannequins et de les lancer jusqu'aux astres, n'a pu résister aux assauts d'une corne plus puissante ; il a péri à la fin, en s'imaginant qu'un éléphant était aussi aisé à jeter en l'air qu'un mannequin.

XX

Comme un côté de l'amphithéâtre réclamait Myrinus, l'autre Triumphus, César, des deux mains, fit signe qu'il les accordait tous les deux. Il ne pouvait mieux mettre fin à cet amusant débat. O spirituelle bonté d'un prince invincible !

XXI

Tout ce que, d'après la renommée, le Rhodope put voir dans le spectacle que lui donna Orphée, l'arène, César, vient de le mettre sous tes yeux. On a vu ramper des rochers et courir une forêt merveilleuse, telle que fut, paraît-il, le bois des Hespérides. Des bêtes fauves de

XVIII

Lambere securi dextram consueta magistri
tigris, ab Hyrcano gloria rara iugo,
saeua ferum rabido lacerauit dente leonem :
res noua, non ullis cognita temporibus.
Ausa est tale nihil, siluis dum uixit in altis :
postquam inter nos est, plus feritatis habet.

XIX

Qui modo per totam flammis stimulatus harenam
sustulerat raptas taurus in astra pilas,
Occubuit tandem cornuto †adore† petitus,
dum facilem tolli sic elephanta putat.

XX

Cum peteret pars haec Myrinum, pars illa Triumphum,
promisit pariter Caesar utraque manu.
Non potuit melius litem finire iocosam.
O dulce inuicti principis ingenium !

XXI

Quidquid in Orpheo Rhodope spectasse theatro
dicitur, exhibuit, Caesar, harena tibi.
Repserunt scopuli mirandaque silua cucurrit,
quale fuisse nemus creditur Hesperidum.

XIX 3 cornuto adore *cod.* : cornuto ardore ς *Buecheler* [*id est* « flammis de cornibus »] cornu potiore *Schneid.* cornuto ut ab ore *Friedlaend.* cornu maiore *Gilbert* « *fort.* cornu truciore » *Lindsay*, cornuta mole *Heraeus* [*An* cornuto et ab ore ?]

XX 2 promisit ς : promisce *H* promisti *Lemaire in notis*

toute espèce s'y mêlaient au bétail, et de nombreux oiseaux planaient au-dessus du magicien-poète : mais il a péri lui-même, déchiré par un ours insensible. Sur ce seul point la légende s'est trouvée contredite [1].

XXI b

Si la terre s'est subitement ouverte pour livrer passage à une ourse qui allait broyer Orphée, ce fut là un coup d'Eurydice [2].

XXII et XXIII

Les piqueurs aiguillonnaient craintivement un rhinocéros, et depuis longtemps la colère du terrible fauve se concentrait, si bien qu'on désespérait d'assister au combat annoncé. Enfin, la fureur qu'on lui avait connue auparavant revint au monstre : sur sa double corne, il enlève un ours énorme aussi aisément qu'un taureau envoie jusqu'aux astres les mannequins qu'on lui jette, d'un geste aussi sûr que celui de la vaillante main de notre encore si jeune Carpophore, lorsqu'elle dirige les épieux noriques [3]. On l'a vu soulever sans peine d'un coup de tête deux taurillons à la fois ; le buffle farouche et le bison n'ont pu lui résister. Pour le fuir, un lion s'est jeté tête première sur les lances. Va donc, populace, et plains-toi après cela qu'on te fasse trop attendre !

1. Allusion à un incident des jeux. On avait voulu représenter au naturel la légende d'Orphée charmant avec sa lyre les bêtes féroces : mais un ours mal dressé déchira le magicien-poète, ce qui était contraire à la tradition.

2. Texte de Housman. Ne pouvant rejoindre Orphée sur la terre, Eurydice s'arrange ainsi pour qu'il revienne la trouver aux Enfers.

3. Le Norique (Tyrol, Styrie et Carinthie actuels) était célèbre pour la qualité de son fer. Pline, H. N., 34, 41.

Adfuit inmixtum pecori genus omne ferarum
et supra uatem multa pependit auis,
ipse sed ingrato iacuit laceratus ab urso.
Haec ta*ntum* res est facta παρ' ἱστορίαν.

XXI b

Orphea quod subito tellus emisit hiatu
*urs*am *e*lis*ur*am, uenit ab Eurydice.

XXII

Sollicitant pauidi dum rhinocerota magistri
seque diu magnae colligit ira ferae,
desperabantur promissi proelia Martis;
sed tandem rediit cognitus ante furor.
Namque grauem cornu gemino sic extulit ursum,
iactat ut inpositas taurus in astra pilas:
Norica tam certo uenabula dirigit ictu [XXIII]
fortis adhuc teneri dextera Carpophori.
Ille tulit geminos facili ceruice iuuencos,
illi cessit atrox bubalus atque uison:
hunc leo cum fugeret, praeceps in tela cucurrit.
I nunc et lentas corripe, turba, moras.

XXI 8 tantum *Housman* : tamen *H* || παρ' ἱστορίαν *Housman* : ita pictoria *H* [ITAPICTORIĀ]

XXI b 2 ursam elisuram *Housman* : uersam is amur *H* uersa miramur *T* hiatu, mersa — miramur? — uenit *Haupt Lindsay* mira) mur? mersa *Gilbert* mersum, miramur? *Munro* (versam miramur? *Buecheler* ursam inuasuram *Postgate Duff*

XXII 6 inpositas ς : impossita *H* || **7-12** *epigr. XXIII cum XXII iunctum in H T testatur Heraeus iungendumque docuit Ellis : nouum epigr. fecerunt Itali* || **7** Norica tam *H* : Dorica quam ς || **12** I ς : *om. H*

XXIV

Qui que tu sois, tardif spectateur accouru de lointains rivages, qui pour la première fois assistes en ce jour aux jeux sacrés [1] *, ne te laisse pas abuser par les navires de la Bellone navale [2] * et par des flots pareils à ceux des mers : ici tout à l'heure était la terre. Tu ne veux pas me croire ? Attends que Mars soit lassé de ce combat maritime : dans quelques instants, tu diras : « Ici, tout à l'heure, était la mer ».

XXV

Si cette nuit [3] *, Léandre, les flots t'ont épargné, cesse de t'en étonner : ces flots étaient ceux de César !

XXV b

Le téméraire Léandre se dirigeait vers ses chères amours. Épuisé, il était près d'être submergé par les vagues grossissantes, quand, dans sa détresse, il adressa, dit-on, cette prière aux flots qui le pressaient : « Épargnez-moi à l'aller, ne m'engloutissez qu'à mon retour. »

XXVI

Un essaim bien exercé de Néréides a joué sur toute l'étendue des flots et dessiné sur les eaux souples une suite variée de tableaux [4] *. On a pu voir un trident nous menacer de ses dents toutes droites, une ancre de sa pointe recourbée ; nous eûmes l'illusion d'une rame, l'illusion d'un bateau ; nous crûmes voir briller la constellation des héros de Laconie [5] * chère aux matelots et s'enfler de larges voiles à la courbure nettement tracée. Qui a imaginé de telles merveilles au sein des flots limpides ? Ou Thétis a enseigné ces jeux, ou elle les a appris elle-même [6] *.

XXIV

Si quis ades longis serus spectator ab oris,
cui lux prima sacri muneris ista fuit,
ne te decipiat ratibus naualis Enyo
et par unda fretis, hic modo terra fuit.
Non credis ? specta, dum lassant aequora Martem :
parua mora est, dices « Hic modo pontus erat. »

XXV

Quod nocturna tibi, Leandre, pepercerit unda
desine mirari : Caesaris unda fuit.

XXV b

Cum peteret dulces audax Leandros amores
et fessus tumidis iam premeretur aquis,
sic miser instantes adfatus dicitur undas :
« Parcite dum propero, mergite cum redeo. »

XXVI

Lusit Nereïdum docilis chorus aequore toto
et uario faciles ordine pinxit aquas.
Fuscina dente minax *recto* fuit, ancora curvo :
credidimus remum credidimusque ratem,
et gratum nautis sidus fulgere Laconum
lataque perspicuo uela tumere sinu.
Quis tantas liquidis artes inuenit in undis ?
aut docuit lusus hos Thetis aut didicit.

XXIV 3 ne ς : nec *H*
XXV b *cum XXIV coniungit* α || **4** cum redeo *H* : dum redeo *R Schryver*
XXVI 3 recto *Rooy* : nectho α nexu ς

XXVII

Si l'antiquité, César, eût produit un Carpophore, la terre sauvage de Porthaon [1] n'eût pas eu de bête à redouter ; Marathon n'eût pas tremblé devant un taureau [2], l'ombreuse vallée de Némée devant un lion, l'Arcadie devant le sanglier du Ménale. S'il eût armé ses mains, l'hydre aurait péri en une seule fois ; un seul coup lui eût suffi pour abattre la Chimère tout entière [3]. Il serait capable d'atteler les taureaux au souffle de flamme sans l'aide de la Colchidienne [4]*, il pourrait triompher des deux monstres de Pasiphaé [5]*. Si jamais vient à se renouveler la légende du monstre marin, il délivrera à lui seul Hésione et Andromède [6]*. Passons en revue les illustres travaux d'Hercule : il est plus glorieux d'avoir dompté le même jour deux fois dix bêtes féroces.

XXVIII

Ce fut l'œuvre d'Auguste de mettre en ce lieu [7]* des flottes aux prises et de troubler les flots par les accents de la trompette navale. Comme c'est là peu de chose auprès de ce qu'a fait notre empereur ! Thétis et Galatée [8]* ont vu au sein des eaux des monstres inconnus d'elles [9]*, Triton a contemplé, dans la poussière d'écume des flots, des chars aux roues brûlantes [10]* et il a cru voir passer les coursiers de son divin maître ; et Nérée, tandis qu'il préparait de sauvages combats pour les navires en proie aux fureurs de la guerre, frémit d'horreur d'aller à pied parmi les eaux limpides. [11]*. Tout ce que l'on peut

1. Porthaon était roi de Calydon en Étolie : c'est une allusion au sanglier de Méléagre.

2. Capturé par Thésée. Bücheler écrit, moins bien, Parthaon.

3. L'hydre de Lerne avait cent têtes qu'il fallait abattre d'un seul coup, sans quoi elles renaissaient, et la Chimère en avait trois, une de lion, une de chèvre, et une de dragon ; en outre, lion par le haut du corps, elle était chèvre par le milieu et dragon par le bas.

XXVII

Saecula Carpophorum, Caesar, si priscà tulissent,
non *Porthaoniam* barbara terra fera*m*,
non Marathon taurum, Nemee frondosa leonem,
Arcas Maenalium non timuisset aprum.
Hoc armante manus hydrae mors una fuisset,
huic percussa foret tota Chimaera semel.
Igniferos possit sine Colchide iungere tauros,
possit utramque feram uincere Pasiphaes.
Si *ue*tus aequorei revocetur fabula monstri,
Hesionen soluet solus et Andromedan.
Herculeae laudis numeretur gloria : plus est
bis denas pariter perdomuisse feras.

XXVIII

Augusti labor hic fuerat committere classes
et freta nauali sollicitare tuba.
Caesaris haec nostri pars est quota? uidit in undis
et Thetis ignotas et Galatea feras ;
uidit in aequoreo feruentes puluere currus
et domini Triton isse putauit equos :
dumque parat saeuis ratibus fera proelia Nereus,
horruit in liquidis ire pedestris aquis.
Quidquid et in Circo spectatur et Amphitheatro,
id diues, Caesar, praestitit unda tibi.

XXVII 2 *Sic Buecheler* : non amarathon cum barbara terra fera *H* pauisset nullas b. t. feras *Gilbert* monstra quibus fudit b. t. fera *Heraeus* || **7** igniferos *H* : ignipedes ς || iungere *Gronov* : uincere *H* || **8** possit *H* : posset ς || **9** si uetus *Heraeus* : situs *H* si sit ut *Heinsius edd.*

XXVIII 6 domini ς : domi *H* || **8** ire ς : om. *H* || **10** id diues, Caesar *Housman Duff* : diues Caesarea *H Lindsay Gilbert Giarratano* Caesar, io *Heinsius Heraeus* || tibi *H* : trabe *Senger*

voir au Cirque et dans l'Amphithéâtre, une eau riche en prodiges, César, l'a mis sous tes yeux. Qu'il ne soit plus parlé du lac Fucin ou de l'étang du sinistre Néron [1]* : les siècles futurs ne connaîtront que cette naumachie !

XXIX

Priscus prolongeait sans fin le combat ; Vérus faisait de même, et leur valeur depuis de longs moments maintenait la balance égale entre eux : l'assistance réclama bien des fois un double congé. Mais César voulut obéir à la loi qu'il avait établie lui-même : lutter, bouclier déposé, jusqu'à ce que l'un des combattants levât le doigt. Il fit ce qu'il avait le droit de faire : à maintes reprises il fit porter aux deux adversaires des plats et des dons d'argent [2]*. A la fin pourtant cette lutte indécise trouva un terme : pareils dans le combat, ils tombèrent pareillement. A l'un et à l'autre César fit alors remettre le glaive de bois et la palme de la victoire : tel fut le prix de leur valeur et de leur adresse. Ce fait ne s'est produit sous aucun autre prince que toi, César : deux combattants et deux vainqueurs !

XXX

Levé par les molosses agiles, un daim fuyait devant eux et usait de tous les stratagèmes possibles pour retarder leur poursuite : enfin il s'arrêta aux pieds de César, suppliant et dans l'attitude de la prière; et les chiens ne touchèrent pas à cette proie.....

.....Il dut cette faveur au fait d'avoir reconnu l'empereur. César est dieu ; sacrée, vraiment sacrée est sa puissance ; soyez-en assurés, car les bêtes n'ont pas appris à mentir.

Fucinus et *diri* taceantur stagna Neronis :
hanc norint unam saecula naumachiam.

XIX

Cum traheret Priscus, traheret certamina Verus,
esset et aequalis Mars utriusque diu,
missio saepe uiris magno clamore petita est ;
sed Caesar legi paruit ipse suae ; —
lex erat, ad digitum posita concurrere *parma* : —
quod licuit, lances donaque saepe dedit.
Inuentus tamen est finis discriminis aequi :
pugnauere pares, subcubuere pares.
Misit utr*i*que rudes et palmas Caesar utrique :
hoc pretium uirtus ingeniosa tulit.
Contigit hoc nullo nisi *te sub* principe, Caesar :
cum duo pugnarent, uictor uterque fuit.

XXX

Concita ueloces fugeret cum damma Molossos
et varia lentas necteret arte moras,
Caesaris ante pedes supplex similisque roganti
constitit, et praedam non tetigere canes.
. . . .
haec intellecto principe dona tulit.
Numen habet Caesar : sacra est haec, sacra potestas,
credite : mentiri non didicere ferae.

11 diri *Heinsius* : tigri *H* pigri ς duri *Friedlaender* Teucri *Housman* || *Epigrammatum* XXVII-XXX *ordo in* H *hic est* : XXIX-XXVII-XXX-XXVIII.

XXIX 5 posita *H* : -am *R* || parma *Wagner* : palma *H* -am *R* || **9** misit utrique *Scaliger* : m. utrisque *H* m. utriusque *R* || **11** te sub *Scaliger* : tibi *α*

XXX *inter* **XXVII** *et* **XXVIII** *habet H*

XXXI

Pardonne à mes improvisations : il ne mérite pas de te déplaire, César, celui qui s'empresse à te plaire.

XXXII

Le céder à un plus fort, c'est se classer au second rang pour la valeur ; mais amère est la victoire qu'un adversaire plus faible remporte sur vous.

XXXIII

Dynastie flavienne, de combien ton troisième représentant a amoindri ton prestige ! Autant valait, ou presque, n'avoir pas eu les deux autres !

XXXI (XXXII)

Da ueniam subitis : non displicuisse meretur,
festinat, Caesar, qui placuisse tibi.

XXXII (XXXI)

Cedere maiori uirtutis fama secunda est.
Illa grauis palma est, quam minor hostis habet.

XXXIII

Flavia gens, quantum tibi tertius abstulit heres !
paene fuit tanti, non habuisse duos.

XXXI-XXXII *ex florilegiis quibusdam primus addidit Iunius*
XXXII 1 uirtutis *edd* : uirtuti *codd.*
XXXIII *ex Scholiastis in Juven. Sat. IV, 38 primus addidit Schryver* || *in fine libri XI posuit Friedlaender, alienum certe ab Epigrammaton libro.*

LIVRE PREMIER

ÉPIGRAMMES DE MARTIAL

LIVRE I

J'espère avoir montré dans mes petits volumes assez de réserve pour que personne ne puisse se plaindre à leur sujet, parmi ceux qui ont pour eux le témoignage de leur conscience [1*]. Leurs badinages, en effet, ne portent jamais atteinte au respect dû aux personnes même de la plus basse condition ; et cette discrétion fut si peu connue des anciens auteurs qu'ils ont fait abus non seulement des noms réels, mais encore des grands noms. Puisse ma renommée être achetée moins cher et que la dernière des qualités appréciées en moi soit l'esprit ! Que la franchise de mes plaisanteries éloigne tout malicieux interprète et que nul ne s'avise d'écrire à son tour mes épigrammes : il faut manquer de scrupules pour exercer son ingéniosité sur le livre d'autrui. Quant au réalisme des expressions licencieuses, c'est-à-dire quant au style propre à l'épigramme, j'essayerais de l'excuser, si j'en avais le premier donné l'exemple : mais c'est ainsi qu'écrivent et Catulle, et Marsus, et Pedo, et Gaetulicus, et quiconque se fait lire [2*]. Si pourtant il se trouve quelque lecteur d'une pruderie assez affectée pour me refuser la permission de parler latin [3*] à quelque page que ce soit, il peut se contenter de cette préface ou plus simplement du titre. On n'écrit d'épigrammes que pour ceux qui ont l'habitude d'assister aux jeux floraux [4*]. Que Caton ne pénètre point dans mon théâtre [5*], ou sinon, qu'il regarde. Je crois ne pas outrepasser mes droits en terminant cette épître par des vers.

Tu connaissais les rites chers à la folâtre Flore, leurs gais badinages, et le peu de retenue de la foule : dès lors, sévère Caton, pourquoi es-tu entré au théâtre ? Ne serais-tu donc entré que pour sortir ?

M. VALERI MARTIALIS EPIGRAMMATON

LIBER I

1 SPERO me secutum in libellis meis tale temperamentum ut de illis queri non possit quisquis de se bene senserit, cum salua infimarum quoque personarum reuerentia ludant ; quae adeo antiquis auctoribus defuit ut nominibus non tantum ueris abusi sint, sed et magnis. 2 Mihi fama uilius constet et probetur in me nouissimum ingenium. 3 Absit a iocorum nostrorum simplicitate malignus interpres nec epigrammata mea scribat : inprobe facit qui in alieno libro ingeniosus est. 4 Lasciuam uerborum ueritatem, id est epigrammaton linguam, excussarem, si meum esset exemplum : sic scribit Catullus, sic Marsus, sic Pedo, sic Gaetulicus, sic quicumque perlegitur. 5 Si quis tamen tam ambitiose tristis est ut apud illum in nulla pagina latine loqui fas sit, potest epistola vel potius titulo contentus esse. 6 Epigrammata illis scribuntur qui solent spectare Florales. 7 Non intret Cato theatrum meum, aut si intrauerit, spectet. 8 Videor mihi meo iure facturus si epistolam uersibus clusero :

Nosses iocosae dulce cum sacrum Florae
festosque lusus et licentiam uolgi,
cur in theatrum, Cato seuere, uenisti ?
an ideo tantum ueneras, ut exires ?

Epist. *titulum* VALERIVS MARTIALIS LECTORI SVO SALVTEM *habet* γ *om. ceteri codd.* || **1** sed et *omnium cod. lectionem esse asseuerat Heraeus.* || **4** scribit γ : scripsit β || **5** latine loqui ω : latina eloqui β
I-II *om.* β *ante Epist u. 19 habet* γ.

I

Le voici, ce fameux poète que tu lis, que tu veux lire, ce Martial connu dans le monde entier [1] * pour ses piquants volumes d'épigrammes, et auquel, lecteur ami des lettres [2] *, tu as donné, tandis qu'il est en vie et doué de sentiment, une gloire que fort peu de poètes obtiennent après le bûcher funèbre.

II

Toi qui veux avoir partout avec toi mes petits volumes et souhaites leur compagnie pour un long voyage, achète ceux-ci, que le parchemin condense en de courtes pages. Réserve ta bibliothèque [3] * aux gros livres : moi, je peux tenir dans une seule main. Il ne faut pourtant pas te laisser ignorer où je suis à vendre et errer au hasard par toute la ville. Je serai pour toi le plus sûr des guides. Demande l'affranchi du docte Lucensis, Secundus, derrière le parvis du temple de la Paix [4] * et le forum de Pallas [5] *.

III

Tu préfères habiter les boutiques de l'Argilète, alors que, ô mon petit livre, ma bibliothèque t'offre si large place ! Tu ignores, hélas ! tu ignores le caractère dédaigneux de cette Rome maîtresse du monde : crois-moi, le peuple de Mars a le goût trop difficile. Nulle part sarcasmes plus vifs : les jeunes gens, les vieillards, les enfants même ont des nez de rhinocéros [6] *. Quand vous aurez entendu un immense « bravo », à l'instant même où vous envoyez des baisers, on vous bernera jusqu'aux étoiles. Mais tu ne veux plus subir les innombrables ratures de ton maître, tu ne veux plus qu'une plume sévère barre tes badinages : il te tarde, étourdi, d'essayer tes ailes à travers les souffles du ciel. Va, fuis : mais tu aurais pu être plus en sûreté à la maison.

I

Hic est quem legis ille, quem requiris,
toto notus in orbe Martialis
argutis epigrammaton libellis :
cui, lector studiose, quod dedisti
uiuenti decus atque sentienti,
rari post cineres habent poetae.

II

Qui tecum cupis esse meos ubicumque libellos
  et comites longae quaeris habere uiae,
hos eme, quos artat breuibus membrana tabellis :
  scrinia da magnis, me manus una capit.
Ne tamen ignores ubi sim uenalis et erres
  urbe uagus tota, me duce certus eris :
libertum docti Lucensis quaere Secundum
  limina post Pacis Palladiumque forum.

III

Argiletanas mauis habitare tabernas,
  cum tibi, parue liber, scrinia nostra uacent.
Nescis, heu, nescis dominae fastidia Romae :
  crede mihi, nimium Martia turba sapit.
Maiores nusquam rhonchi : iuuenesque senesque
  et pueri nasum rhinocerotis habent.
Audieris cum grande sophos, dum basia iactas,
  ibis ab excusso missus in astra sago.
Sed tu ne totiens domini patiare lituras
  neue notet lusus tristis harundo tuos,
aetherias, lasciue, cupis uolitare per auras :
  i, fuge ; sed poteras tutior esse domi.

III *hab.* *H* || 5 rhonchi ω : runt α || 12 i *om.* *H* || tutior ω : -ius *Q*

IV

S'il arrive, César, que ta main s'approche de mes petits volumes, déride ce front qui gouverne le monde. Vos triomphes eux-mêmes ont coutume de tolérer les plaisanteries et un général ne rougit pas de fournir matière à des bons mots. L'air dont tu regardes Thymélé et le mime Latinus [1], daigne le prendre pour lire mes vers. Un censeur peut autoriser d'innocents badinages : ma page est libertine, mais ma vie est honnête.

V

Je t'offre une naumachie, tu m'offres des épigrammes : tu veux, je présume, Marcus, nager avec ton livre [2].

VI

Quand un aigle emporta un enfant [3] dans les hautes régions de l'air, ce fut sans mal que son fardeau subit l'emprise de ses serres craintives [4] : à présent, les lions de César se laissent attendrir par leur proie naturelle et un lièvre se joue sans danger dans leur monstrueuse gueule [5] *. Quel est, à ton avis, le plus grand de ces deux prodiges ? Par l'un comme par l'autre se manifeste la toute-puissance : l'un est l'œuvre de César, l'autre de Jupiter.

VII

La colombe de mon cher Stella [6] *, cette merveille — je le dirai, dût Vérone [7] * m'entendre — a surpassé, Maximus, le moineau de Catulle. Mon ami Stella l'emporte sur ton Catulle autant qu'une colombe sur un moineau.

1. Thymélé était une danseuse et Latinus un acteur de mimes. Juvénal accouple aussi leurs noms (Sat. I, 36). Domitien les appréciait fort, bien qu'il fût sévère pour la censure des mœurs.
2. L'empereur le jettera à l'eau. Cf. IX, 58, 8. Dialogue supposé entre Domitien et le poète.
3. Ganymède.
4. Elles avaient peur de le blesser.

IV

Contigeris nostros, Caesar, si forte libellos,
terrarum dominum pone supercilium.
Consueuere iocos uestri quoque ferre triumphi,
materiam dictis nec pudet esse ducem.
Qua Thymelen spectas derisoremque Latinum,
illa fronte precor carmina legas.
Innocuos censura potest permittere lusus :
lasciua est nobis pagina, uita proba.

V

Do tibi naumachiam, tu das epigrammata nobis :
uis, puto, cum libro, Marce, natare tuo.

VI

Aetherias aquila puerum portante per auras
inlaesum timidis unguibus haesit onus :
nunc sua Caesareos exorat praeda leones
tutus et ingenti ludit in ore lepus.
Quae maiora putas miracula ? summus utrisque
auctor adest : haec sunt Caesaris, illa Iouis,

VII

Stellae delicium mei columba,
Verona licet audiente dicam,
uicit, Maxime, passerem Catulli.
Tanto Stella meus tuo Catullo
quanto passere maior est columba.

IV *hab. H* || **8** proba αγ AVSONIVS [XXVIII, 4, 6] : proba est β
V 1 naumachiam γ : -as β
VI 5 utrisque β : utrique γ
VII 1 *uerba* delicium columba *Stellae poematis titulum fuisse putat Gilbert*

VIII

En suivant les principes du grand Thraséas et du parfait Caton sans cesser de tenir à la vie, en ne courant point te jeter, la poitrine nue, sur des épées [1] dégainées, tu agis, Decianus, au gré de mes vœux. Je fais fi du héros qui achète sa renommée au prix d'un sang prodigue de lui-même : j'aime celui qui peut être loué sans pour cela mourir.

IX

Tu veux à la fois, Cotta, passer pour un joli homme et un grand personnage : impossible : un joli homme, Cotta, n'est jamais grand [2].

X

Gemellus aspire à la main de Maronilla : il est plein d'ardeur, il la presse, il la supplie, il la comble de cadeaux. Elle est donc bien belle ? Loin de là, il n'est rien de plus laid. Qu'y a-t-il donc en elle qui attire et qui plaise ? Elle tousse [3].

XI

Quand chaque chevalier n'a touché que dix bons de vin, pourquoi, Sextilianus, en bois-tu le double à toi seul ? L'eau chaude eût depuis longtemps manqué aux domestiques qui l'apportent, si tu ne buvais, Sextilianus, ton vin pur [4].

XII

Sur la route qui mène aux fraîches hauteurs de Tibur chères à Hercule, au point où fument les eaux sulfureuses de la blanche Albula, la quatrième borne milliaire

1. C'est ainsi que se tua Caton d'Utique.
2. Jeu de mots sur *pusillus* « petit » et « insignifiant ».
3. L'héritage n'est pas loin.
4. Dans des spectacles de gala, on remettait à chaque chevalier 10 jetons de cuivre donnant droit chacun à une coupe de vin. Sextilianus en boit le double : c'est heureux qu'il n'y mette pas d'eau, car il en mettrait aussi le double et les autres en manqueraient.

VIII

Quod magni Thraseae consummatique Catonis
dogmata sic sequeris saluos ut esse uelis,
pectore nec nudo strictos incurris in ensis,
quod fecisse velim te, Deciane, facis.
Nolo uirum facili redemit qui sanguine famam,
hunc uolo, laudari qui sine morte potest.

IX

Bellus homo et magnus uis idem, Cotta, uideri :
sed qui bellus homo est, Cotta, pusillus homo est.

X

Petit Gemellus nuptias Maronillae
et cupit et instat et precatur et donat.
Adeone pulchra est ? Immo foedius nil est.
Quid ergo in illa petitur et placet ? Tussit.

XI

Cum data sint equiti bis quina nomismata, quare
bis decies solus, Sextiliane, bibis ?
Iam defecisset portantis calda ministros,
si non potares, Sextiliane, merum.

XII

Itur ad Herculei gelidas qua Tiburis arces
canaque sulphureis Albula fumat aquis,

VIII *hab. T* || **2** saluos αβ : talis γ
X *hab. T* || **1** gemellus αβ : gemellus uenustus γ [*in lemmate* DE GEMELLO α : DE VENVSTO βγ] || **4** petitur αγ : appe- β
XI *hab. T* || **1** quina αγ : bi- β
XII *hab. T* || **1** Herculei gelidas βγ *Lindsay* : Herculeas gelidi α *Schneidewin Gilbert Heraeus*

à partir de la ville toute voisine marque un domaine rural [1], un bois sacré et des champs aimés des Muses. Là, une colonnade rustique offrait ses ombrages pendant l'été : qu'il s'en est fallu de peu que cette colonnade ne commît hélas ! un crime inouï ! Car elle s'est écroulée soudain au moment où, sous sa masse formidable, Régulus venait de se promener dans sa voiture à deux chevaux ! Pour sûr la Fortune a redouté nos plaintes : elle n'était pas de force à braver de si âpres malédictions. A présent, le dommage subi a lui-même du charme ; il valait vraiment la peine de courir ce danger: tant qu'elle était en place, la toiture ne pouvait attester la providence divine.

XIII

Au moment où la chaste Arria présentait à son Paetus bien-aimé le poignard que, de sa propre main, elle venait d'arracher de sa chair : « Tu peux m'en croire, dit-elle : je ne souffre pas de la blessure que je me suis faite ; mais celle que tu vas te faire, voilà, Paetus, celle dont je souffre. »

XIV

Nous avons assisté, César, aux tours d'adresse, aux ébats et aux divertissements des lions [2] — car l'arène t'offre aussi ce spectacle — lorsqu'un lièvre s'échappait tant de fois des mâchoires caressantes qui l'avaient happé et courait çà et là à travers une gueule béante. Comment se peut-il qu'un lion vorace épargne la proie qu'il a saisie ? Mais ce lion est à toi, dit-on : donc il peut le faire [3].

1. C'est la propriété de Régulus, le fameux délateur, un des protecteurs de Martial.
2. Cf. épigr. 6.
3. C'est-à-dire : tu lui inspires ta propre clémence (nous savons ce qu'il faut penser de cette flatterie).

rura nemusque sacrum dilectaque iugera Musis
signat uicina quartus ab urbe lapis.
Hic rudis aestivas praestabat porticus umbras,
heu quam paene novum porticus ausa nefas !
nam subito conlapsa ruit, cum mole sub illa
gestatus biiugis Regulus esset equis.
Nimirum timuit nostras Fortuna querelas,
quae par tam magnae non erat inuidiae.
Nunc et damna iuuant ; sunt ipsa pericula tanti :
stantia non poterant tecta probare deos.

XIII

Casta suo gladium cum traderet Arria Paeto,
quem de uisceribus strinxerat ipsa suis,
« Si qua fides, uulnus quod feci non dolet,' » inquit,
« sed tu quod facies, hoc mihi, Paete, dolet. »

XIV

Delicias, Caesar, lususque iocosque leonum
uidimus—hoc etiam praestat harena tibi—
cum prensus blando totiens a dente rediret
et per aperta uagus curreret ora lepus.
Vnde potest auidus captae leo parcere praedae ?
Sed tamen esse tuus dicitur : ergo potest.

5 umbras αγ : auras β || **12** deos βγ : deum α
XIII *hab.* *T* || **2** strinxerat αβ : trax- γ || **3** feci ω : -it β || **4** tu quod β : quod tu αγ
XIV *hab.* *T* || **2** hoc αγ : hos β

XV

Julius, toi que je ne saurais faire passer après aucun de mes familiers, si une longue confiance et des droits déjà anciens ont quelque valeur, déjà l'année où tu compteras tes soixante consuls approche et ta vie pourtant compte à peine un petit nombre de jours. Il ne serait pas à propos d'ajourner des plaisirs qui, tu le vois, peuvent t'être refusés ; ne regarde comme à toi que ce qui a été. Des soucis, des labeurs qui s'enchaînent t'attendent : les joies ne s'attardent pas avec nous : elles fuient à tire d'ailes. Saisis-les de tes deux mains, presse-les de toute la force de tes bras [1]* : même alors, elles nous échappent souvent et se dérobent à notre plus solide étreinte. Il n'est pas sage, crois-moi, de dire : « Je vivrai » ; il est trop tard de vivre demain : vis aujourd'hui.

XVI

Tantôt bonnes, tantôt passables, plus souvent mauvaises, telles sont mes épigrammes : un livre, Avitus, ne se fait pas autrement.

XVII

Titus insiste pour que je plaide, et il me dit souvent : « Cela rapporte gros ». Cela rapporte gros aussi, Titus, de cultiver le sol [2]*.

XVIII

Comment peux-tu te plaire, Tucca, à mélanger au vieux falerne le moût mis en réserve dans des jarres du Vatican [3]* ? Quel bien si grand t'ont fait les vins les plus détestables ? Ou quel mal t'ont fait les plus généreux [4]* ? Pour nous, cela ne tire pas à conséquence, mais c'est

XV

O mihi post nullos, Iuli, memorande sodales,
si quid longa fides canaque iura ualent,
bis iam paene tibi consul tricensimus instat,
et numerat paucos uix tua uita dies.
Non bene distuleris uideas quae posse negari,
et solum hoc ducas, quod fuit, esse tuum.
Exspectant curaeque catenatique labores,
gaudia non remanent, sed fugitiua uolant.
Haec utraque manu conplexuque adsere toto :
saepe fluunt imo sic quoque lapsa sinu.
Non est, crede mihi, sapientis dicere « Viuam » :
sera nimis uita est crastina : uiue hodie.

XVI

Sunt bona, sunt quaedam mediocria, sunt mala plura
quae legis hic : aliter non fit, Auite, liber

XVII

Cogit me Titus actitare causas
et dicit mihi saepe « Magna res est. »
Res magna est, Tite, quam facit colonus.

XVIII

Quid te, Tucca, iuuat uetulo miscere Falerno
in Vaticanis condita musta cadis?
Quid tantum fecere boni tibi pessima uina?
aut quid fecerunt optima uina mali?
De nobis facile est, scelus est iugulare Falernum

XV 1 sodales β : -is γ || **5** quae γ : quod β || **10** fluunt β : - ent γ *Schneidewin Friedlander*

XVI *hab. R* || **2** fit αβ : sit γ

XVIII. *hab R* || **6** saeua mero αβ : uina cado γ

un crime d'empoisonner le falerne et de faire absorber au vin de Campanie des toxiques mortels. Tes convives ont peut-être mérité la mort : mais une amphore si précieuse ne la méritait pas.

XIX

Si ma mémoire est bonne, tu possédais, Aelia, quatre dents : un premier accès de toux t'en enleva deux, et un second emporta les deux autres ; te voilà rassurée à présent et tu peux tousser toute la journée : un troisième accès n'a plus rien à faire là.

XX

Dis-moi, quelle démence t'a frappé ? Sous les regards de tes nombreux invités, seul, Caecilianus, tu manges gloutonnement tes bolets ! Que te souhaiterai-je, qui soit digne d'une si vorace bedaine et d'une pareille goinfrerie ? — Que tu avales un bolet de l'espèce de celui qu'avala Claude [1].

XXI

Dirigée contre un roi, la main qui par erreur frappa un de ses gardes [2] se condamna à périr dans le feu du sacrifice. Mais ce prodige de sévérité, un ennemi généreux ne put l'admettre : il arracha aux flammes le héros et lui rendit la liberté. Cette main que Mucius eut la force de plonger dans le brasier au mépris de la douleur, Porsenna ne put en souffrir la vue. L'erreur de cette main a grandi son renom et sa gloire : si elle ne s'était pas égarée, l'exploit eût été moindre.

1. L'empereur Claude, empoisonné par un plat de champignons. Cf. Juvénal V, 147.
2. C'est l'histoire de Mucius Scaevola et de Porsenna (cf. VIII, 30). Elle avait sans aucun doute été mise sur la scène.

et dare Campano toxica saeua mero.
Conuiuae meruere tui fortasse perire :
amphora non meruit tam pretiosa mori.

XIX

Si memini, fuerant tibi quattuor, Aelia, dentes :
expulit una duos tussis et una duos.
Iam secura potes totis tussire diebus :
nil istic quod agat tertia tussis habet.

XX

Dic mihi, quis furor est? turba spectante uocata
solus boletos, Caeciliane, uoras.
Quid dignum tanto tibi uentre gulaque precabor?
Boletum qualem Claudius edit, edas.

XXI

Cum peteret regem, decepta satellite dextra
ingessit sacris se peritura focis.
Sed tam saeua pius miracula non tulit hostis
et raptum flammis iussit abire uirum ;
urere quam potuit contempto Mucius igne,
hanc spectare manum Porsena non potuit.
Maior deceptae fama est et gloria dextrae :
si non errasset, fecerat illa minus.

XX *hab. R* || furor est ω : furorem *R*
XXI *1-6 hab. R*

XXII

Pourquoi fuir à présent, lièvre, les terribles mâchoires d'un lion paisible? Elles n'ont pas appris à broyer d'aussi faibles animaux. Ces griffes se réservent pour des nuques puissantes ; quelques gouttes de sang ne peuvent réjouir pareille soif. Le lièvre est la proie des chiens ; il ne saurait emplir une vaste gueule. Un gamin de la Dacie n'a pas à redouter les armes de César.

XXIII

Tu n'invites personne à dîner, Cotta, en dehors de tes compagnons de bain, et seules les salles de bains te fournissent tes convives. Je m'étonnais que tu n'eusses jamais, Cotta, songé à m'inviter : je vois à présent que j'ai dû te déplaire nu.

XXIV

Tu vois, Décianus, cet homme à la chevelure négligée dont tu redoutes toi-même l'air austère, qui ne parle que des Curius et des Camille, ces champions de la liberté de Rome ? Ne te fie pas à sa mine : il fut femme hier.

XXV

Livre enfin tes œuvres au public, Faustinus, et produis un ouvrage, poli par ton docte esprit, que ne puissent ni condamner la cité où régnèrent Cécrops et Pandion [1], ni passer sous silence et négliger nos sages. La Gloire est arrêtée à ta porte : hésites-tu à la faire entrer, et cela te fâche-t-il de recevoir le prix de tes travaux ? Permets à des écrits destinés à vivre après toi de vivre dès maintenant grâce à toi : la gloire vient trop tard à des cendres.

1. Athènes, modèle du goût.

XXII

Quid nunc saeua fugis placidi, lepus, ora leonis ?
frangere tam paruas non didicere feras.
Seruantur magnis isti ceruicibus ungues
nec gaudet tenui sanguine tanta sitis.
Praeda canum lepus est, uastos non implet hiatus :
non timeat Dacus Caesaris arma puer.

XXIII

Inuitas nullum nisi cum quo, Cotta, lauaris
et dant conuiuam balnea sola tibi.
Mirabar quare numquam me, Cotta, uocasses :
iam scio me nudum displicuisse tibi.

XXIV

Aspicis incomptis illum, Deciane, capillis,
cuius et ipse times triste supercilium,
qui loquitur Curios adsertoresque Camillos ?
Nolito fronti credere : nupsit heri.

XXV

Ede tuos tandem populo, Faustine, libellos
et cultum docto pectore profer opus,
quod nec Cecropiæ damnent Pandionis arces
nec sileant nostri praetereantque senes.
Ante fores stantem dubitas admittere Famam
teque piget curae praemia ferre tuae ?
Post te uicturae per te quoque uiuere chartae
incipiant : cineri gloria sera uenit.

XXII *hab. T* || **1** nunc *codd. Gilbert Lindsay Heraeus* : non *Dousa Schneidewin Friedlaender*
XXIII *hab. T*
XXIV *hab. T*

XXVI

Sextilianus [1], tu bois autant que cinq rangs de chevaliers à toi tout seul ; en buvant de l'eau autant de fois, tu risquerais de t'enivrer. Et tu ne mendies pas seulement les bons de vin de tes voisins de spectacle, mais encore tu vas quêter les jetons de ceux qui occupent les sièges les plus éloignés. Tout ce raisin n'a jamais passé par les pressoirs péligniens, ces grappes n'ont pas mûri sur les coteaux de l'Étrurie [2]* : la jarre précieuse que tu mets à sec date du vieil Opimius ; c'est d'une cave de massique que sortent ces amphores enfumées. Va chercher au cabaret un fond de tonneau de Lalétanie, Sextilianus, si tu bois plus de dix rasades.

XXVII

La nuit dernière, je t'avais dit, Procillus — sans doute après avoir vidé une dizaine de demi-setiers — de venir dîner avec moi aujourd'hui. Tu as cru tout de suite que c'était pour toi affaire conclue, et tu as secrètement pris note de paroles inspirées par l'ivresse : précédent par trop dangereux ! Je déteste le convive qui a si bonne mémoire, Procillus [3]* !

XXVIII

Si l'on se figure qu'Acerra pue le vin de la veille, on se trompe : Acerra boit toujours jusqu'au matin.

XXIX

Le bruit court, Fidentinus, que tu lis mes vers au public tout comme s'ils étaient de ton cru. Si tu veux

1. Cf. épigr. 11.

XXVI

Sextiliane, bibis quantum subsellia quinque
solus : aqua totiens ebrius esse potes ;
nec consessorum uicina nomismata tantum,
aera sed a cuneis ulteriora petis.
Non haec Paelignis agitur uindemia prelis
uua nec in Tuscis nascitur ista iugis,
testa sed antiqui felix siccatur Opimi,
egerit et nigros Massica cella cados.
A copone tibi faex Laletana petatur,
si plus quam decies, Sextiliane, bibis.

XXVII

Hesterna tibi nocte dixeramus,
quincunces puto post decem peractos,
cenares hodie, Procille, mecum.
Tu factam tibi rem statim putasti
et non sobria uerba subnotasti
exemplo nimium periculoso :
μισῶ μνάμονα συμπόταν, Procille.

XXVIII

Hesterno fetere mero qui credit Acerram,
fallitur : in lucem semper Acerra bibit.

XXIX

Fama refert nostros te, Fidentine, libellos
non aliter populo quam recitare tuos.

XXVI 4 petis β *edd.* : bibis γ *Schneidewin* || **9** Laletana *codd.* Laeetana *Friedlaender* [*ad I, 49, 22*]
XXVIII *hab. R*

qu'ils soient dits de moi, je t'enverrai mes poèmes à titre gracieux ; mais si tu veux les faire passer pour tiens, achète du moins mon silence [1].

XXX

Diaulus était chirurgien : il s'est fait croque-mort. C'est ainsi que, de la façon qui était à sa portée, il est devenu *clinicus* [2].

XXXI

O Phébus, Encolpos, les délices du centurion Pudens, fait vœu de t'offrir toute la chevelure qui pare sa tête, lorsque son maître aura eu la joie d'obtenir le grade, dû à son mérite, de primipilaire. Veuille, Phébus, que ses longs cheveux tombent sous le fer le plus tôt possible, tandis qu'aucun duvet n'ombre ses joues délicates et que ses boucles éparses parent son cou blanc comme lait ; et pour que le maître et l'esclave jouissent longtemps de tes faveurs, fais qu'il soit tondu bien tôt, mais qu'il ne devienne que tardivement un homme.

XXXII

Je ne t'aime pas, Sabidius, sans pouvoir dire pourquoi. Je ne peux dire qu'une chose : je ne t'aime pas.

XXXIII

Gellia a perdu son père. Elle ne le pleure point quand elle est seule : survient-il quelqu'un, les larmes jaillissent à son commandement. Point d'affliction, Gellia, chez celui qui recherche les éloges : la douleur véritable est celle à laquelle on se livre sans témoins.

1. Cf. I, 66, 14 qui met ce sens hors de doute.
2. Jeu de mots intraduisible, le mot grec κλίνη désignant à la fois le lit du malade et le brancard sur lequel on portait les cadavres au bûcher. Cf. I, 47.

Si mea uis dici, gratis tibi carmina mittam :
si dici tua uis, hoc eme, ne mea sint.

XXX

Chirurgus fuerat, nunc est uispillo Diaulus :
coepit quo poterat clinicus esse modo.

XXXI

Hos tibi, Phoebe, uouet totos a uertice crines
Encolpos, domini centurionis amor,
grata Pudens meriti tulerit cum praemia pili.
Quam primum longas, Phoebe, recide comas,
dum nulla teneri sordent lanugine uoltus
dumque decent fusae lactea colla iubae ;
utque tuis longum dominusque puerque fruantur
muneribus, tonsum fac cito, sero uirum.

XXXII

Non amo te, Sabidi, nec possum dicere quare :
hoc tantum possum dicere, non amo te.

XXXIII

Amissum non flet cum sola est Gellia patrem,
si quis adest iussae prosiliunt lacrimae.
Non luget quisquis laudari, Gellia, quaerit,
ille dolet uere qui sine teste dolet.

XXIX *hab. T* || **4** hoc ς βγ : *om. T* haec en *Schneidewin*
XXXI *1-2 hab. T*
XXXII *hab. R*
XXXIII *hab. R*

XXXIV

C'est toujours la porte non gardée et même librement ouverte, Lesbie, que tu fais l'amour, et tu ne songes pas à cacher tes joyeux ébats : un spectateur te procure plus de plaisir qu'un amant, et il n'est pas pour toi de joies d'amour si elles restent secrètes. Pourtant la courtisane écarte les témoins à l'aide d'un rideau et d'un verrou, et les cloisons des bouges du *Submemmium* [1] ne laissent guère filtrer le jour. Que Chione du moins ou Ias [2] t'apprennent la pudeur : les dernières des dévergondées et des prostituées se cachent, fût-ce à l'intérieur des monuments funèbres. Mon blâme te paraît-il trop sévère ? Je ne veux pas, Lesbie, que tu te laisses surprendre : mais je ne te défends pas de te faire besogner.

XXXV

J'écris, dis-tu, des vers trop libres et un maître d'école ne saurait les dicter à ses élèves. Tu le déplores, Cornélius : mais ces petits volumes sont comme des maris pour leurs femmes : ils ne sauraient plaire s'ils étaient émasculés. Aurais-tu l'idée de me faire composer un chant d'hyménée dans un autre style que celui des chants d'hyménée ? Qui songe à vêtir les jeux Floraux [3] et à autoriser chez les courtisanes la pudeur qui convient à la robe des matrones ? Tel est le genre imposé aux vers badins : ils ne sauraient être goûtés, s'ils ne chatouillent les sens. Quitte donc cette sévérité : pardonne, de grâce, à mes plaisanteries et à mes badinages, et ne te mets pas en tête de châtrer mes poèmes. Il n'est rien de plus répugnant que Priape devenu prêtre de Cybèle.

1. C'était le quartier où habitaient les courtisanes.
2. Noms quelconques de courtisanes.
3. Cf. préface du livre I, note 4.

XXXIV

Incustoditis et apertis, Lesbia, semper
liminibus peccas nec tua furta tegis,
et plus spectator quam te delectat adulter
nec sunt grata tibi gaudia si qua latent.
At meretrix abigit testem ueloque seraque
raraque Submemmi fornice rima patet.
A Chione saltem vel ab Iade disce pudorem :
abscondunt spurcas et monumenta lupas.
Numquid dura tibi nimium censura videtur ?
deprendi ueto te, Lesbia, non futui.

XXXV

Versus scribere me parum seueros
nec quos praelegat in schola magister,
Corneli, quereris : sed hi libelli,
tamquam coniugibus suis mariti,
non possunt sine mentula placere.
Quid si me iubeas thalassionem
uerbis dicere non thalassionis ?
quis Floralia uestit et stolatum
permittit meretricibus pudorem ?
Lex haec carminibus data est iocosis,
ne possint, nisi pruriant, iuuare.
Quare deposita seueritate
parcas lusibus et iocis rogamus,
nec castrare uelis meos libellos :
Gallo turpius est nihil Priapo.

XXXIV *1-5 et 8-10 hab. T* || **6** Submemmi *Lindsay Heraeus* : Summemmi *vel* Summummi [sub-*L*] βγ [*deest* α] Summœni ς *uulgo* || **7** ab Iade β : ab laude γ Laide [*del.* ab] ς || **10** futui βγ : subigi α
XXXV 11 ne possint γ : nec possunt β

XXXVI

Si tu obtenais, Lucanus, ou bien toi, Tullus, une destinée pareille à celle des deux héros de Lacédémone, fils de Léda [1], une noble rivalité de tendresse éclaterait entre vous deux ; car chacun de vous demanderait à mourir le premier à la place de son frère. Et celui qui aurait le premier abordé le séjour des Ombres [2] dirait à l'autre : « Vis, mon frère, l'espace de ta vie et l'espace de la mienne. »

XXXVII

Tu soulages ton ventre, et tu n'en rougis pas, dans de l'or — pauvre vase ! et d'autre part, Bassus, tu bois dans du verre. Ta fiente a donc plus de prix que ta boisson.

XXXVIII

Les vers que tu lis au public, Fidentinus, sont de moi ; mais quand tu les lis si mal, ils commencent à être de toi [3].

XXXIX

S'il se trouve quelque part un homme à mettre au nombre des amis les plus rares, tels que ceux que l'antique légende et les vieux récits ont connus ; qui soit imprégné des arts de la Minerve attique et latine, et honnête en toute simplicité de cœur ; qui soit le gardien de l'honneur, l'admirateur de la vertu, et dont la bouche n'adresse jamais aux dieux de prière secrète ; que soutienne enfin l'énergie d'une grande âme, — je veux bien mourir, si Décianus n'est pas celui-là !

1. Castor et Pollux.
2. Ces deux frères modèles s'appelaient l'un Cn. Domitius Afer Titius Marcellus Curvius Lucanus et l'autre Cn. Domitius Tullus Martial les désigne ailleurs (V, 28, 3) sous le nom de *fratres Curvii*.
3. Cf. 29.

XXXVI

Si, Lucane, tibi uel si tibi, Tulle, darentur
qualia Ledaei fata Lacones habent,
nobilis haec esset pietatis rixa duobus,
quod pro fratre mori uellet uterque prior,
diceret infernas et qui prior isset ad umbras :
« Viue tuo, frater, tempore, uiue meo. »

XXXVII

Ventris onus misero, nec te pudet, excipis auro,
Basse, bibis uitro : carius ergo cacas.

XXXVIII

Quem recitas meus est, o Fidentine, libellus :
sed male cum recitas, incipit esse tuus.

XXXIX

Si quis erit raros inter numerandus amicos,
quales prisca fides famaque nouit anus,
si quis Cecropiae madidus Latiaeque Mineruae
artibus et uera simplicitate bonus,
si quis erit recti custos, mirator honesti
et nihil arcano qui roget ore deos,
si quis erit magnae subnixus robore mentis :
dispeream si non hic Decianus erit.

XXXVI 5 et qui γ : si qui β
XXXVII *hab. TR* || 2 Basse α : Bassa βγ
XXXVIII *hab. R*
XXXIX *hab. T* || 5 mirator αβ : imitator γ

XL

Toi qui fronces le sourcil et lis ces vers à contre-cœur, puisses-tu, vilain jaloux, envier tout le monde sans que personne te porte envie !

XLI

Un homme d'esprit, telle est l'idée, Caecilius, que tu te fais de toi-même. Il n'en est rien, tu peux m'en croire. Qu'es-tu donc ? Un bouffon. Tu es du même acabit que le colporteur transtévérin [1], qui va troquant de jaunâtres allumettes soufrées contre du verre brisé ; que celui qui vend à un cercle de badauds des pois chiches bouillis ; que l'éleveur et le charmeur de vipères ; que les jeunes esclaves à bas prix des marchands de salaisons ; que le gargotier enroué qui promène à la ronde ses saucisses fumantes dans ses casseroles chaudes ; qu'un poète des rues sans grand talent ; qu'un impudique maître à danser de Gadès ; que la bouche impertinente d'un vieux débauché. Cesse donc enfin, Caecilius, de te croire ce que tu es seul à te croire, toi qui te figures être de force à surpasser Gabba par tes traits d'esprit, et même Tettius Caballus [2]. Il n'est pas donné à tout le monde d'avoir le nez fin [3] : qui badine avec une lourde effronterie n'est pas un Tettius, mais un simple *caballus* [4].

XLII

Porcia venait d'apprendre la mort de son époux Brutus et sa douleur cherchait les armes qu'on avait éloi-

1. Les commerces ingrats et les métiers misérables s'exerçaient dans les quartiers pauvres d'au delà du Tibre.
2. Gabba était un bouffon de la maison d'Auguste (cf. X, 101 et Juv. XI, 162). Il est probable qu'il en était de même de Tettius Caballus, sur le nom duquel joue Martial.
3. Cf. 3, note 3.
4. C'est-à-dire « une rosse ».

XL

Qui ducis uultus et non legis ista libenter,
omnibus inuideas, liuide, nemo tibi.

XLI

Vrbanus tibi, Caecili, uideris :
non es, crede mihi. Quid ergo? uerna,
hoc quod Transtiberinus ambulator
qui pallentia sulphurata fractis
permutat uitreis, quod otiosae
uendit qui madidum cicer coronae,
quod custos dominusque uiperarum,
quod uiles pueri salariorum,
quod fumantia qui tomacla raucus
circumfert tepidis cocus popinis,
quod non optimus urbicus poeta,
quod de Gadibus improbus magister,
quod bucca est uetuli dicax cinaedi.
Quare desine iam tibi uideri,
quod soli tibi, Caecili, uideris,
qui Gabbam salibus tuis et ipsum
posses uincere Tettium Caballum.
Non cuicumque datum est habere nasum :
ludit qui stolida procacitate,
non est Tettius ille, sed caballus.

XLII

Coniugis audisset fatum cum Porcia Bruti
et subtracta sibi quareret arma dolor,

XL *hab. R* || **1** qui ω : quid *R*
XLI *4-20* [*cum XLII-XLVII*] *om.* β *folio amisso* || **2** uerna γ : uerna es β || **6** madidum *codd.* : calidum *Heinsius* tepidum *Flach* || **11** Urbicus [*nomen proprium*] *Schryver* || **17** posses *codd.* : -is *Schryver*

gnées d'elle. « Ignorez-vous encore, s'écria-t-elle, qu'on ne peut interdire la mort à personne ? Je croyais que la fin de mon père [1]* vous l'avait appris ». Elle dit et d'une bouche avide elle avale des charbons ardents. Va donc, foule importune, lui refuser le fer !

XLIII

Nous étions chez toi soixante invités, Mancinus, et l'on ne nous a hier rien servi qu'un sanglier. Point de ces raisins tardifs que l'on garde attachés aux ceps, ni de ces pommes sucrées dont la douceur rivalise avec celle des gâteaux de miel, ni de ces poires que l'on suspend au bout d'un long brin de genêt ou de ces grenades d'Afrique dont les grains rappellent par leur coloration les roses éphémères ; la rustique Sassina ne nous avait pas envoyé ses fromages coniques, ni le Picénum les olives de ses jarres. Un sanglier sans plus ! Encore était-il de bien chétive taille et de ceux que pourrait abattre un nain sans armes. Au surplus, on ne nous en a rien donné ; nous n'avons tous fait que le contempler : c'est tout pareillement qu'on nous sert [2] un sanglier dans l'arène. Souhaitons, après cette façon d'agir, qu'on ne te serve jamais de sanglier, mais puisses-tu toi-même être servi au même sanglier que Charidème [3] !

XLIV

Je décris les bonds capricieux des lièvres et les jeux des lions en deux feuillets, l'un plus long, l'autre plus court : ainsi je fais deux fois la même chose. Si tu vois là un abus, Stella, fais-moi toi aussi servir du lièvre deux fois !

1. Elle était la fille de Caton d'Utique et avait épousé Brutus en secondes noces.

2. Jeu de mots sur *ponere*, à la fois « mettre sous les yeux du spectateur », « exposer aux bêtes » et « faire servir à table ».

3. On suppose qu'il s'agit de quelque criminel déchiré dans l'arène par un sanglier.

« Nondum scitis » ait « mortem non posse negari ?
credideram fatis hoc docuisse patrem. »
Dixit et ardentis auido bibit ore fauillas.
I nunc et ferrum, turba molesta, nega.

XLIII

Bis tibi triceni fuimus, Mancine, uocati
et positum est nobis nil here praeter aprum ;
non quae de tardis seruantur uitibus uuae
dulcibus aut certant quae melimela fauis ;
non pira quae longa pendent religata genesta
aut imitata breuis Punica grana rosas ;
rustica lactantis nec misit Sassina metas
nec de Picenis uenit oliva cadis :
nudus aper, sed et hic minimus qualisque necari
a non armato pumilione potest.
Et nihil inde datum est ; tantum spectauimus omnes :
ponere aprum nobis sic et harena solet.
Ponatur tibi nullus aper post talia facta,
sed tu ponaris cui Charidemus apro.

XLIV

Lasciuos leporum cursus lususque leonum
quod maior nobis charta minorque gerit
et bis idem facimus, nimium si, Stella, uidetur
hoc tibi, bis leporem tu quoque pone mihi.

XLII *hab. T om.* β || 4 fatis *G* : satis αγ
XLIII *hab. T om.* β || 6 grana α : mala γ || 7 lactantes α*XV* : -entes *EG* || Sassina *Heinsius edd.* [*cf. Plin. N. H. XI 241*] : sasina α fuscina γ fi- ς

XLV

De peur que le peu d'étendue des petits volumes publiés par moi ne rende mon labeur stérile, répétons plutôt l'homérique Τὸν δ'ἀπαμειβόμενος [1].

XLVI

Quand tu me dis : « Je me hâte ; fais ta besogne », Hédylus, ma vigueur languit aussitôt et retombe dans l'inertie. Fais-moi attendre : retenu, j'irai plus vite. Hédylus, si tu te hâtes, dis-moi de ne pas me hâter.

XLVII

Naguère médecin, Diaulus est à présent croque-mort : ce que fait le croque-mort, le médecin le faisait déjà [2].

XLVIII

Les dompteurs n'ont pu arracher des taureaux à cette gueule énorme au travers de laquelle, proie à la fuite rapide, va et vient un lièvre : fait plus surprenant encore, il s'échappe plus agile des mâchoires de son ennemi, et quelque chose passe en lui du courage de la noble bête. Il n'est pas plus en sûreté quand il court par l'arène déserte et la cage où on l'enferme ne le garde pas aussi fidèlement. Si tu veux, lièvre effronté, éviter les morsures des chiens, tu as pour refuge la gueule d'un lion.

1. C'est-à-dire : si le public trouve mon livre trop petit pour l'acheter, grossissons-le par des répétitions. Ces deux mots sont répétés à satiété par Homère. C'est une critique des gros livres et de leurs naïfs admirateurs.
2. Cf. I, 30.

XLV

Edita ne breuibus pereat mihi cura libellis,
  dicatur potius Τὸν δ' ἀπαμειβόμενος.

XLVI

Cum dicis « Propero, fac si facis, » Hedyle, languet
  protinus et cessat debilitata Venus.
Expectare iube : uelocius ibo retentus.
  Hedyle, si properas, dic mihi ne properem.

XLVII

Nuper erat medicus, nunc est uispillo Diaulus :
  quod uispillo facit, fecerat et medicus.

XLVIII

Rictibus his tauros non eripuere magistri,
  per quos praeda fugax itque reditque lepus ;
quodque magis mirum, uelocior exit ab hoste
  nec nihil a tanta nobilitate refert.
Tutior in sola non est cum currit harena,
  nec cauea tanta conditur ille fide.
Si uitare canum morsus, lepus improbe, quaeris,
  ad quae confugias ora leonis habes.

XLV *om.* β || **2** *sic ed. a. 1473* : apamibomenon *codd.* ἀπαμειβόμενος ? *Friedlaender*

XLVII *hab. R om.* β || **1** nuper erat *codd.* : qui fuerat PAUL. FEST. *p. 369 Müll.*

XLVIII *hab. T* || **3** uelocior ω : -iter *L* || **4** a βγ : e α || **6** cauea ς : — eae βγ *Lindsay in Corr. et Add.* -eat *T*

XLIX

Toi dont les populations de la Celtibérie ne sauraient taire le nom, gloire de notre Espagne, Licinianus [1], tu vas voir la haute Bilbilis, illustre par ses chevaux et ses armes, et le Caius [2] à la tête chenue, et le Vadaveron sacré aux cimes abruptes, et le délicieux bocage de la charmante Boterdum, séjour aimé de la féconde Pomone. Tu te baigneras dans les flots tranquilles du tiède Congedus et dans les eaux paisibles des lacs, demeure des nymphes ; et si tes membres en sortent alanguis, tu les retremperas dans le lit peu profond du Salo qui glace le fer [3]. Là, la forêt de Vobesca te fournira d'elle-même pour ta table un gibier que tu pourras percer de tes traits sans aller bien loin. Tu amortiras la chaleur d'un azur sans nuage en te plongeant dans le Tage riche en or, à l'ombre de ses arbres touffus ; ta soif ardente sera apaisée par les eaux glacées de Dercenna et de Nutha, celles-ci plus froides que la neige. Mais lorsque le blanc décembre et l'hiver brutal déchaîneront les rauques mugissements de l'Aquilon, tu regagneras les rivages ensoleillés de Tarragone et ta chère Lalétanie. Là tu immoleras des daims pris aux souples mailles de tes filets et des sangliers nés dans ton domaine ; tu forceras le lièvre malgré ses ruses à l'aide d'un cheval vigoureux, et tu laisseras les cerfs à ton fermier [4]. Le bois voisin descendra jusque dans ton foyer, qu'entoureront des enfants d'esclaves mal peignés. Tu inviteras le chasseur [5], et il

1. Voir l'index.
2. Haute montagne voisine des Pyrénées. Cf. IV, 55, 2.
3. Les eaux du Salo passaient pour donner une excellente trempe à l'acier. Flach entend par *breui* : « au cours éphémère ».
4. La chasse aux cerfs étant trop fatigante, ou peut-être trop dangereuse.
5. « Le chasseur ton voisin. » Les chasseurs aiment à se réunir.

XLIX

Vir celtiberis non tacende gentibus
nostraeque laus Hispaniae,
uidebis altam, Liciniane, Bilbilin,
equis et armis nobilem,
senemque Ca*i*um niuibus, e*t* fractis sacrum
Vadaueronem montibus,
et delicati dulce Boterdi nemus,
Pomona quod felix amat.
Tepidi natabis lene Congedi uadum
mollesque Nympharum lacus,
quibus remissum corpus adstringes breui
Salone, qui ferrum gelat.
Praestabit illic ipsa figendas prope
Voberca prandenti feras ;
aestus serenos aureo franges Tago
obscurus umbris arborum ;
auidam rigens Dercenna placabit sitim
et Nutha, quae uincit niues.
At cum December canus et bruma impotens
Aquilone rauco mugiet,
aprica repetes Tarraconis litora
tuamque Laletaniam.
Ibi inligatas mollibus dammas plagis
mactabis et uernas apros
leporemque forti callidum rumpes equo,
ceruos relinques uilico.

XLIX 4 equis *codd.* : aquis *Flach* || **5** senemque γ : sterilemque β || Caium *Vossius* [*cf. IV 55, 2*] : caluum β catum γ || et fractis *de Jongh* : effractis *codd.* || **11** adstringes β : -as γ || **14** Voberca γ *Lindsay Heraeus* : Voberca *uel* Vobisca β Vobesca ς *uulgo* || **17** rigens β : rec- γ || Dercenna β *edd.* : Derceita γ *Heraeus* || **18** nutha β : nymeam γ || **21** repetes γ : -ens β || **22** laletaniam γ : lacet β [*unde* Lacet- *Friedlaender cf. ad I 26, 9*] || **28** cinctum ς : -us *codd.* || **29**

viendra à ton appel prendre place à ta table : il sera tout près. Point de chaussure à lunule [1], point de toge, point de vêtements exhalant l'odeur de la pourpre [2] ; tu ne connaîtras plus l'odieux appariteur liburnien [3], le client qui a toujours à se plaindre, les exigences des veuves [4]. Un accusé livide ne viendra pas interrompre ton profond sommeil, mais tu feras la grasse matinée. Qu'un autre obtienne un retentissant et frénétique bravo ; pour toi, prends en pitié les heureux du monde, et jouis avec simplicité des joies véritables, tandis que ton ami Sura [5] se fait applaudir. On peut sans abus revendiquer pour une vie véritable le restant de ses jours, quand on a déjà assez fait pour la renommée.

L

Si tu appelles ton cuisinier Mistyllos, Aemilianus, pourquoi n'appellerais-je pas le mien Taratalla [6] ?

LI

Point de nuque, si elle n'est de première grandeur, qui convienne aux lions féroces : pourquoi fuis-tu ces mâchoires, lièvre présomptueux [7] ? Tu voudrais peut-être qu'elles descendent des taureaux puissants jusqu'à toi et qu'elles rompent ce cou invisible pour elles ? N'espère pas la gloire d'une si haute destinée : tu es une proie trop chétive pour recevoir la mort d'un tel ennemi.

1. Chaussure ornée d'un croissant d'argent que portaient les sénateurs et les grands personnages.
2. L'odeur de la pourpre était très forte. Cf. IX, 62.
3. Employé dans les cours de justice.
4. Les riches veuves étaient fort courtisées, d'où leur caractère difficile.
5. L. Licinius Sura.
6. Plaisanterie inspirée par un vers d'Homère, Iliade I, 465.
7. Il est présomptueux en supposant qu'elles peuvent daigner le dévorer.

Vicina in ipsum silua descendet focum
infante cinctum sordido ;
uocabitur uenator et ueniet tibi
conuiua clamatus prope ;
lunata nusquam pellis et nusquam toga
olidaeque uestes murice ;
procul horridus Liburnus et querulus cliens,
imperia uiduarum procul ;
non rumpet altum pallidus somnum reus,
sed mane totum dormies.
Mereatur alius grande et insanum sophos :
miserere tu felicium
ueroque fruere non superbus gaudio,
dum Sura laudatur tuus.
Non inpudenter uita quod relicum est petit,
cum fama quod satis est habet.

L

Si tibi Mistyllos cocus, Aemiliane, uocatur,
dicatur quare non Taratalla mihi ?

LI

Non facit ad saeuos ceruix, nisi prima, leones :
quid fugis hos dentes, ambitiose lepus ?
Scilicet a magnis ad te descendere tauris
et quae non cernunt frangere colla uelis.
Desperanda tibi est ingentis gloria fati :
non potes hoc tenuis praeda sub hoste mori.

uocabitur uenator β : uenabitur uocatus γ || **37** mereatur *codd.* ; mercetur ς || **42** quod satis est *codd.* : quod sat est *dubitanter proposuit Gilbert*

L *hab. T* || **2** dicatur αβγ [*etiam P teste Heraeo*] : -etur ς

LI *hab. T* || **2** ambitiose βγ : -osa α || **4** uelis α *Lindsay* : uelint βγ *Heraeus* || **5** fati βγ : facti *T*

LII

Je te recommande, Quintianus, mes petits volumes, — si toutefois je peux appeler miens ces volumes que lit au public certain poète de tes amis[1]. S'ils se plaignent de leur pénible servitude, fais-toi leur champion et fournis caution pour eux[2] ; et lorsqu'il se donnera pour leur propriétaire, déclare qu'ils sont à moi et que je les ai affranchis[3]. Si tu cries cela trois et quatre fois, tu ramèneras le plagiaire à la pudeur.

LIII

Tu as glissé dans mes œuvres, Fidentinus, une page de toi, une seule, mais une page qui porte indubitablement la marque de son auteur[4]* et aux yeux de tous[5]* convainc ton œuvre d'un vol manifeste. C'est ainsi que, mêlant à elles son grossier tissu, la cape graisseuse du Lingon[6]* souille par son contact les robes de ville au violet pourpre; ainsi les vases de terre d'Arretium insultent aux coupes de cristal; ainsi le noir corbeau, égaré par hasard sur les rives du Caystre, paraît au milieu des cygnes de Léda un objet de risée; ainsi, quand un bois sacré retentit des notes variées de l'oiseau de l'Attique[7]*, une pie impudente vient troubler les plaintes de la compatriote de Cécrops. Mes livres n'ont besoin ni de témoin ni de juge : ta page se dresse contre toi et te dit en face: « Tu es un voleur ! »

LIV

S'il y a encore, Fuscus, quelque place à prendre dans ton affection (car tu as bien des amis de côté et d'autre),

1. Fidentinus. Cf. I, 29 et 38, et plus loin, 53 et 72.
2. Revendique pour eux la liberté comme injustement tenus en esclavage. Métaphores empruntées à la langue du droit.
3. Ou : « lancés de ma main, publiés ». Jeu de mots.

LII

Commendo tibi, Quintiane, nostros—
nostros dicere si tamen libellos
possum, quos recitat tuus poeta— :
si de seruitio graui queruntur,
adsertor uenias satisque praestes,
et, cum se dominum uocabit ille,
dicas esse meos manuque missos.
Hoc si terque quaterque clamitaris,
inpones plagiario pudorem.

LIII

Vna est in nostris tua, Fidentine, libellis
pagina, sed certa domini signata figura,
quae tua traducit manifesto carmina furto.
Sic interpositus uil*l*o contaminat uncto
urbica Lingonicus Tyrianthina bardocucullus,
sic Arretinae uiolant crystallina testae,
sic niger in ripis errat cum forte Caystri,
inter Ledaeos ridetur coruus olores,
sic ubi multisona feruet sacer Atthide lucus,
inproba Cecropias offendit pica querelas.
Indice non opus est nostris nec iudice libris,
stat contra dicitque tibi tua pagina « Fur es. »

LIV

Si quid, Fusce, uacas adhuc amari—
nam sunt hinc tibi, sunt et hinc amici—,
unum, si superest, locum rogamus,

LIII *1-3 et 6-12 hab. T* || **3** carmina αβ : cri- γ || **4** interpositus γ : -to β || uillo *Heinsius* : uitio γ uilis β || **9** Atthide βγ : alite *T*

s'il reste un tout petit coin dans ton cœur, que ce soit là mon lot. Ne me repousse pas en me considérant comme un nouveau venu : tous tes plus vieux intimes, au début, ne furent pas autre chose. Qu'il te suffise d'examiner si le nouvel ami est d'étoffe à faire un vieil ami.

LV

Veux-tu sommairement connaître les vœux de ton ami Marcus, Fronton, gloire éclatante de l'armée et du barreau? Les voici : avoir à soi un petit domaine — pas bien grand — et jouir en négligé des loisirs d'une modeste situation. Se peut-il que l'on hante les mosaïques glaciales en marbre de Laconie pour y apporter stupidement le bonjour du matin, quand on peut, riche des dépouilles du bois et de la plaine, vider devant son foyer ses filets pleins, amener le poisson qui frétille au bout du crin qu'il secoue, et retirer son miel doré d'un pot de terre rouge? quand une grasse fermière surcharge pour vous une table mal rabotée [1] * et que la cendre non achetée de votre [2] foyer vous cuit les œufs de vos propres poules ? Puisse cette vie déplaire à quiconque je déplais, je le lui souhaite, ainsi que de vivre, le teint livide [3] *, au milieu des devoirs de société qu'impose la ville.

LVI

Tourmentée par de perpétuels orages, la vendange est toute trempée : le voudrais-tu, cabaretier, que tu ne pourrais nous vendre du vin pur.

LVII

Tu me demandes, Flaccus, quel genre de maîtresse j'aime et quel genre je n'aime pas. Je ne la veux ni trop facile ni trop difficile : c'est le juste milieu qui me plaît. Je ne souhaite pas plus les tortures que la satiété.

nec me, quod tibi sim nouus, recuses :
omnes hoc ueteres tui fuerunt.
Tu tantum inspice qui nouus paratur
an possit fieri uetus sodalis.

LV

Vota tui breuiter si uis cognoscere Marci,
clarum militiae, Fronto, togaeque decus,
hoc petit, esse sui nec magni ruris arator,
sordidaque in paruis otia rebus amat.
Quisquam picta colit Spartani frigora saxi
et matutinum portat ineptus Haue,
cui licet exuuiis nemoris rurisque beato
ante focum plenas explicuisse plagas
et piscem tremula salientem ducere saeta
flauaque de rubro promere mella cado?
pinguis inaequales onerat cui uilica mensas
et sua non emptus praeparat oua cinis?
Non amet hanc uitam quisquis me non amat, opto,
uiuat et urbanis albus in officiis.

LVI

Continuis uexata madet uindemia nimbis :
non potes, ut cupias, uendere, copo, merum.

LVII

Qualem, Flacce, uelim quaeris nolimue puellam?
nolo nimis facilem difficilemque nimis.
Illud quod medium est atque inter utrumque probamus :
nec uolo quod cruciat nec uolo quod satiat.

LV 3 petit γ : -et β || **7** exuuiis β : exuti γ || beato β : -ti γ || explicuisse β : expos- γ || **14** urbanis β : -us γ

LVI *hab. R*

LVII *hab. R* || **3** probamus $\alpha\beta$: -atur γ *Anthologia Salmasiana* || **4** cruciat..... satiat *codd.* : satiet..... cruciet *Anthol. Salmasiana*

LVIII

Un marchand d'esclaves m'a demandé cent mille sesterces pour le prix d'un jeune garçon : j'ai ri, mais Phébus les a donnés sur-le-champ. Ma verge en a de la peine et se plaint de moi secrètement, tandis qu'on approuve Phébus à mes dépens. Mais d'autre part sa verge a valu à Phébus un joli petit don de deux millions de sesterces [1] : donnez-m'en autant, j'achèterai à plus haut prix.

LIX

La sportule [2]* que je reçois à Baïes est de cent *quadrantes*. Au sein de tous les plaisirs, qu'est-ce que cette allocation de famine ? Rends-moi les bains obscurs de Lupus et de Gryllus [3]* : quand je dîne si mal, Flaccus, à quoi bon me baigner si bien ?

LX

Tu as beau, lièvre, entrer dans la vaste gueule de ce farouche lion, le lion n'en regarde pas moins ses mâchoires comme vides. Sur quelle croupe bondir, quelles épaules écraser de son poids ? Les profondes morsures qu'il fait aux jeunes taureaux, où les faire ? Pourquoi fatigues-tu vainement le maître et roi des forêts ? Il ne se nourrit que de bêtes de choix.

LXI

Vérone aime les vers de son savant [4]* poète et Virgile fait le bonheur de Mantoue ; la terre où jaillit la source Aponus [5]* doit sa renommée à son Tite-Live, et à Stella aussi bien qu'à Flaccus ; le Nil aux inondations

1. Sans doute quelque riche vieille l'a-t-elle ainsi récompensé des marques de tendresse qu'il lui avait données.

LVIII

Milia pro puero centum me mango poposcit :
risi ego, sed Phoebus protinus illa dedit.
Hoc dolet et queritur de me mea mentula secum
laudaturque meam Phoebus in invidiam.
Sed sestertiolum donauit mentula Phoebo
bis decies : hoc da tu mihi, pluris emam.

LIX

Dat Baiana mihi quadrantes sportula centum :
inter delicias quid facit ista fames ?
Redde Lupi nobis tenebrosaque balnea Grylli :
tam male cum cenem, cur bene, Flacce, lauer ?

LX

Intres ampla licet torui lepus ora leonis,
esse tamen uacuo se leo dente putat.
Quod ruet in tergum uel quos procumbet in armos,
alta iuuencorum uolnera figet ubi ?
Quid frustra nemorum dominum regemque fatigas ?
non nisi delecta pascitur ille fera.

LXI

Verona docti syllabas amat uatis,
Marone felix Mantua est,
censetur Aponi Liuio suo tellus
Stellaque nec Flacco minus,
Apollodoro plaudit imbrifer Nilus,

LVIII 3 secum γ : mecum β
LIX *hab. T* || **4** lauer α : -or βγ
LX 5 nemorum dominum γ : dominum nemorum β
LXI 1 syllabas *codd.* : -bos *Crusius* || **3** Aponi β *Lindsay* : -no γ -na ς || **5** plaudit β : gaudet γ

fécondes admire son Apollodore [1] ; le pays des Péligniens retentit du nom d'Ovide ; l'éloquente Cordoue proclame la gloire des deux Sénèques et de Lucain, le poète sans rival ; la folâtre [2] Gadès fait ses délices de son Canius, Emerita [3] de mon ami Decianus. Quant à toi, Licinianus, tu seras l'orgueil de notre Bilbilis, et elle ne m'oubliera pas non plus.

LXII

La chaste Laevina, qui ne le cédait point aux antiques Sabines, et qui, quelque peu folâtre que fût son mari, l'emportait encore sur lui par sa vérité, en livrant sa personne tantôt au Lucrin et tantôt à l'Averne, en se laissant caresser par les eaux de Baïes, a fini par prendre feu : elle a quitté son époux pour suivre un jeune amant ; Pénélope elle arriva, Hélène elle repartit.

LXIII

Tu me pries de te lire mes épigrammes : je m'y refuse. Tu désires non les écouter, Céler, mais les lire en public.

LXIV

Tu es jolie, on le sait, et jeune, cela est exact, et riche, qui peut le nier ? Mais quand tu te vantes à l'excès, Fabulla, tu n'es plus ni riche, ni jolie, ni jeune.

LXV

Quand je dis *ficus*, tu en ris comme d'un barbarisme, et tu veux, Caecilianus, que je dise *ficos* [4]. J'appellerai *ficus* les fruits qui viennent à l'arbre ; quant à tes propres figues [5], Caecilianus, je les appellerai *ficos*.

1. Sans doute quelque écrivain contemporain inconnu de nous.
2. A cause de ses danseuses.
3. Emerita Augusta, ville de Lusitanie, auj. Merida.
4. Le mot *ficus* est un nom hétéroclite.
5. Des polypes ou peut-être des hémorroïdes.

Nasone Paeligni sonant,
duosque Senecas unicumque Lucànum
facunda loquitur Corduba,
gaudent iocosae Canio suo Gades,
Emerita Deciano meo :
te, Liciniane, gloriabitur nostra
nec me tacebit Bilbilis.

LXII

Casta nec antiquis cedens Laeuina Sabinis
et quamvis tetrico tristior ipsa uiro
dum modo Lucrino, modo se demittit Auerno,
et dum Baianis saepe fouetur aquis,
incidit in flammas : iuuenemque secuta relicto
coniuge Penelope uenit, abît Helene.

LXIII

Vt recitem tibi nostra rogas epigrammata. Nolo :
non audire, Celer, sed recitare cupis.

LXIV

Bella es, nouimus, et puella, uerum est,
et diues, quis enim potest negare ?
Sed cum te nimium, Fabulla, laudas,
nec diues neque bella nec puella es.

LXV

Cum dixi ficus, rides quasi barbara uerba
et dici ficos, Caeciliane, iubes.
Dicemus ficus, quas scimus in arbore nasci,
dicemus ficos, Caeciliane, tuos.

LXII *hab. T*
LXIII *hab. R*
LXIV *hab. T* || **3** cum $\alpha\gamma$: dum β
LXV *hab. R* || **2** Caeciliane α PRISCIANVS : Caeciliane *uel* Laetiliane $\beta\gamma$ Laetiliane CHARISIVS *Heraeus* || **3** dicemus $\alpha\beta\gamma$ CHARISIVS PRISCIANVS : -amus PROBVS || ficus $\beta\gamma$ CHARISIVS PRISCIANVS : ficos α PROBVS || **4** dicemus $\alpha\beta\gamma$ PROBVS PRISCIANVS : -amus CHARISIVS || ficos α *et* [*ut uidetur*] $\beta\gamma$ CHARISIVS : ficus PROBVS PRISCIANVS

LXVI

Tu es dans l'erreur, cupide détrousseur de mes livres, qui t'imagines qu'on peut devenir poète au prix que coûte un manuscrit ou un rouleau de vulgaire papyrus : les bravos ne s'achètent pas pour six ou dix sesterces [1]. Mets-toi en quête de poèmes qui n'aient pas vu le jour et d'ouvrages encore sur le métier qu'un homme est seul à connaître : de feuillets vierges que leur père lui-même a scellés et garde enfermés dans un écrin, et que le contact d'une barbe rude n'a pas rendus rugueux [2]. Un livre connu ne saurait changer de maître ; mais si tu peux en trouver qui n'aient pas encore été polis sur leurs bords à la pierre ponce ni élégamment parés de leurs baguettes et de leurs enveloppes de parchemin, achète-les : j'en ai d'ailleurs à ta disposition, et nul ne le saura. Quiconque lit au public l'œuvre d'un autre et aspire à la gloire, doit acheter non pas son livre, mais son silence.

LXVII

« Tu es un homme trop libre », ne cesses-tu de me dire, Cérylus. Qui est-ce qui dit de toi, Cérylus : « C'est un homme libre [3] * » ?

LXVIII

Quoi que fasse Rufus, il n'est rien au monde pour Rufus en dehors de sa Naevia. Qu'il soit gai, qu'il pleure, qu'il se taise, il parle d'elle. Il dîne, il porte des santés, il demande, il refuse, il fait un signe : il n'y a que Naevia ;

1. 1 fr. 60 ou 2 fr. 70 selon la qualité de l'édition.
2. Le rouleau, tenu à deux mains pour la lecture, venait naturellement frotter la barbe du lecteur ; il perdait ainsi son poli et se hérissait de menues aspérités.

LXVI

Erras, meorum fur auare librorum,
fieri poetam posse qui putas tanti,
scriptura quanti constet et tomus uilis :
non sex paratur aut decem sophos nummis.
Secreta quaere carmina et rudes curas
quas nouit unus scrinioque signatas
custodit ipse uirginis pater chartae,
quae trita duro non inhorruit mento :
mutare dominum non potest liber notus.
Sed pumicata fronte si quis est nondum
nec umbilicis cultus atque membrana,
mercare : tales habeo ; nec sciet quisquam.
Aliena quisquis recitat et petit famam,
non emere librum, sed silentium debet.

LXVII

« Liber homo es nimium, » dicis mihi, Ceryle, semper.
  In te quis dicit, Ceryle : « Liber homo est » ?

LXVIII

Quidquid agit Rufus, nihil est nisi Naeuia Rufo.
  Si gaudet, si flet, si tacet, hanc loquitur.
Cenat, propinat, poscit, negat, innuit : una est
  Naeuia ; si non sit Naeuia, mutus erit.

LXVI 3 constet β : -at γ || **4** sophos nummis γ : nummis sophos β

LXVII *hab.* *T* || **1-2** ceryle γ : caerule [cer-] αβ Choerile ς || **2** quis *Wagner* : qui *codd.* || dicit αβ : degit γ || est αβ : es γ || *sic distinxit Wagner* : in te qui dicit, Ceryle, liber homo est *Lindsay* [*in textu*] in te qui dicit..... homo est ? [*interrogatiue i. e. impudensne debet uocari ?*] *Lindsay* [*in adn.*] *Heraeus*

LXVIII *hab.* *T* || **3** innuit *codd.* : *scribendum fortasse* annuit ||

point de Naevia et le voilà muet ! Hier, il donnait le bonjour à son père dans une lettre : « Naevia, lumière de mes yeux, mit-il, Naevia, mon rayon de soleil, salut » ! — Naevia lit ces mots, et rit, le front baissé. Il n'y a pas que Naevia au monde : pourquoi, grand benêt, as-tu perdu le sens [1] * ?

LXIX

Tarentos [2] *, qui aimait, Maximus, à montrer fièrement sa statue de Pan, s'est mis à présent à montrer de même Canius [3] *.

LXX

Va, ô mon livre, présenter tes salutations à ma place ; il te faut aller, courtois messager, à l'élégante demeure de Proculus. Tu veux savoir la route à suivre : la voici. Tu dépasseras le temple de Castor proche de celui de l'antique Vesta et de la maison de ses vierges prêtresses. De là, tu prendras par la Rampe Sacrée [4] * pour te rendre au Palatin vénérable, où brillent tant de statues de notre glorieux empereur. Ne t'arrête pas, émerveillé, devant l'énorme colosse [5] * au front paré de rayons qui est heureux de surpasser l'ouvrage de Rhodes. Tourne, dès que tu seras à l'endroit où se trouve le sanctuaire de Lyaeus toujours ivre et où se dresse le dôme de Cybèle [6] *, avec ses Corybantes en peinture. Tout de suite après sur la gauche il te faudra aller vers une façade brillante [7] * et l'atrium d'une haute demeure. Dirige-toi vers elle sans crainte d'être rebuté, sans redouter un seuil trop fier : aucune porte ne s'ouvre plus volontiers toute grande. Il n'est pas non plus de maison à laquelle Phébus et les neuf sœurs soient plus étroitement attachés. Si le maître te dit : « Pourquoi ne vient-il pas lui-même ? », excuse-moi en ces termes : « Parce que ces poèmes, quelle qu'en soit la valeur, un visiteur diligent n'eût jamais pu les écrire ».

Scriberet hesterna patri cum luce salutem,
« Naeuia lux » inquit « Naeuia lumen, haue. »
Haec legit et ridet demisso Naeuia uultu.
Naeuia non una est : quid, uir inepte, furis ?

LXIX

Coepit, Maxime, Pana qu*i* solebat,
nunc ostendere Canium Tarentos,

LXX

Vade salutatum pro me, liber : ire iuberis
ad Proculi nitidos, officiose, lares.
Quaeris iter, dicam. Vicinum Castora canae
transibis Vestae uirgineamque domum ;
inde sacro ueneranda petes Palatia cliuo,
plurima qua summi fulget imago ducis.
Nec te detineat miri radiata colossi
quae Rhodium moles uincere gaudet opus.
Flecte uias hac qua madidi sunt tecta Lyaei
et Cybeles picto stat Corybante tholus.
Protinus a laeua clari tibi fronte Penates
atriaque excelsae sunt adeunda domus.
Hanc pete : ne metuas fastus limenque superbum :
nulla magis toto ianua poste patet,
nec propior quam Phoebus amet doctaeque sorores.
Si dicet « Quare non tamen ipse uenit ? »,
sic licet excuses « Quia qualiacumque leguntur
ista, salutator scribere non potuit ».

5 scriberet βγ : scripserat α || **8** una βγ : uana *T*
LXIX 1 qui *ed. a. 1473 Lindsay* : quae *codd. Housman Heraeus*
LXX *1-16 hab. T 1-2 hab. R* || **9** hac βγ : haec *T* || **10** tholus βγ : torus α || **13** ne αβ : nec γ || **15** propior β *edd.* : proprior γ potior α || amet αγ : -at β

LXXI

Buvons six coupes à Laevia, sept à Justina, cinq à Lycas, quatre à Lydé, trois à Ida. Que le nom de chacune de mes amies soit salué par autant[1] de rasades de Falerne qu'il compte de lettres ; et puisque aucune ne vient, viens du moins toi, Sommeil !

LXXII

Tu t'imagines, Fidentinus, être poète grâce à mes vers, et tu veux passer ainsi pour tel. C'est de la sorte qu'Aeglé se croit une belle dentition après avoir acheté des os et de l'ivoire ; c'est ainsi que, plus noire que la mûre prête à tomber, Lycoris s'admire sous le fard de sa céruse. Pareillement et par le même procédé[2] qui fait de toi un poète, quand tu seras chauve, tu pourras être chevelu.

LXXIII

Personne dans toute la ville qui eût envie de toucher à ta femme pour rien, Caecilianus, quand il suffisait de le vouloir : mais depuis que tu la fais garder, considérable est la foule de ses galants. Tu es homme d'esprit[3] !

LXXIV

Il était ton amant : tu pouvais pourtant, Paula, le nier. Le voici ton mari : peux-tu encore le nier, Paula?

LXXV

Préférer donner à Linus la moitié plutôt que lui prêter le tout, c'est préférer ne perdre que la moitié.

1. C'était l'usage de boire à la santé des convives autant de coupes que leur nom comptait de lettres.
2. L'emploi des postiches.
3. Il a su tirer parti de l'attrait du fruit défendu.

LXXI

Laeuia sex cyathis, septem Iustina bibatur,
quinque Lycas, Lyde quattuor, Ida tribus.
Omnis ab infuso numeretur amica Falerno,
et quia nulla uenit, tu mihi, Somne, ueni.

LXXII

Nostris uersibus esse te poetam,
Fidentine, putas cupisque credi ?
Sic dentata sibi uidetur Aegle
emptis ossibus Indicoque cornu ;
sic quae nigrior est cadente moro,
cerussata sibi placet Lycoris.
Hac et tu ratione qua poeta es,
caluus cum fueris, eris comatus.

LXXIII

Nullus in urbe fuit tota qui tangere uellet
uxorem gratis, Caeciliane, tuam,
dum licuit : sed nunc positis custodibus ingens
turba fututorum est : ingeniosus homo es.

LXXIV

Moechus erat : poteras tamen hoc tu, Paula, negare.
Ecce uir est : numquid, Paula, negare potes?

LXXV

Dimidium donare Lino quam credere totum
qui mauolt, mauolt perdere dimidium.

LXXI 2 lycas γ : lycis β || **3** infuso γ : eff- β
LXXII 3 sibi β : tibi γ
LXXIII *hab. T* || **2** caeciliane [ce-] βγ *edd.* : meciliane α Maeciliane *Schneidewin probante Postgate* || **4** fututorum β *edd.* : -rorum γ salitorum α
LXXIV *hab. T*

LXXVI

O toi dont l'amitié est la précieuse récompense de mes travaux, Flaccus, espoir de la ville d'Anténor[1] qui t'a vu grandir, renvoie à plus tard les chants inspirés des Muses et les chœurs de danses des neuf sœurs : ces vierges divines ne te donneront jamais un sou. Qu'attends-tu de Phébus ? Les écus sont enfermés dans le coffre de Minerve[2] : elle est avisée, elle : à elle seule, elle prête l'argent à tous les dieux[3]* ! Que peuvent donner les lierres de Bacchus[4]* ? Mais l'arbre de Pallas incline la chevelure bariolée de ses branches, tout noir sous le poids de ses fruits[5]*. A part ses sources, ainsi que les guirlandes et les lyres de ses déesses, l'Hélicon n'a pour tout apanage que de sonores, mais bien stériles bravos. Qu'as-tu à faire avec Cirrha[6]* ou avec la nymphe nue du Permesse[7]* ? Le forum romain est plus près et il est plus riche. C'est là qu'on entend sonner les gros sous : mais autour de nos estrades et de nos chaires improductives ne retentissent que les baisers des admirateurs[8]*.

LXXVII

Charinus se porte bien, et pourtant il est pâle. Charinus boit sobrement, et pourtant il est pâle. Charinus digère bien, et pourtant il est pâle. Charinus se tient au soleil, et pourtant il est pâle. Charinus farde sa peau, et pourtant il est pâle. Charinus est un lèche-vagin et pourtant il est pâle[9]*.

1. Padoue. Cf. Virg. *En.* I, 246.
2. Minerve est la patronne des orateurs (cf. X, 19, 14-15) : M. insinue que la profession d'avocat est lucrative (cf. I, 17, 2 ; II, 30, 5).

LXXVI

O mihi curarum pretium non uile mearum,
Flacce, Antenorei spes et alumne laris,
Pierios differ cantus que choros que sororum ;
aes dabit ex istis nulla puella tibi.
Quid petis a Phoebo ? nummos habet arca Mineruae ;
haec sapit, haec omnes fenerat una deos.
Quid possunt hederae Bacchi dare ? Pallados arbor
inclinat uarias pondere nigra comas.
Praeter aquas Helicon et serta lyrasque dearum
nil habet et magnum, sed perinane sophos.
Quid tibi cum Cirrha ? quid cum Permesside nuda ?
Romanum propius diuitiusque forum est.
Illic aera sonant : *at* circum pulpita nostra
et steriles cathedras basia sola crepant.

LXXVII

Pulchre ualet Charinus et tamen pallet.
Parce bibit Charinus et tamen pallet.
Bene concoquit Charinus et tamen pallet.
Sole utitur Charinus et tamen pallet.
Tingit cutem Charinus et tamen pallet.
Cunnum Charinus lingit et tamen pallet.

LXXVI 3 cantusque chorosque β *Friedlaender Heraeus* : cantus citharamque γ *Lindsay* || **8** uarias γ : -os β -o *Schmieder* || **9** dearum β : deo- γ || **10** sed perinane γ : semper inane β || **11** permesside nuda β : permessidis unda γ parnaside nuda *Q* || **13** at *edd.* : ad *codd.*

LXXVII *hab. T* || **6** cunnum Charinus lingit βγ : lingua nefas carinus *α*.

LXXVIII

Comme un mal dévorant rongeait sa gorge innocente et qu'une noire infection étendait ses ravages jusqu'à sa face, Festus, après avoir, lui-même l'œil sec, consolé ses amis en larmes, prit la décision de descendre vers les eaux du Styx. Il n'a pas voulu cependant défigurer son visage d'honnête homme par un poison secret, ni, en se privant de nourriture, mettre fin par un long supplice à une destinée malheureuse ; mais il a terminé une existence sans tache par une mort toute romaine et il a délivré son âme par un plus noble trépas [1]. Cette mort, la Renommée peut la mettre au-dessus de celle du grand Caton [2] : Festus était l'ami de César [3].

LXXIX

Tu fais toujours l'avocat, Attalus, et toujours l'homme d'affaires ; qu'il y ait ou qu'il n'y ait pas quelque chose à faire, tu fais toujours, Attalus, quelque chose. Si affaires et causes viennent à te manquer, tu fais, Attalus, le conducteur de mules. Attalus, de peur de n'avoir plus rien à faire, fais-toi mourir [4] *.

LXXX

La dernière nuit de ta vie, Canus, tu as quêté la sportule [5] * : ce qui t'a tué, je crois, c'est de n'en avoir reçu qu'une [6] *.

LXXXI

Tu te sais fils d'esclave, et tu l'avoues gentiment, Sosibianus, quand tu salues ton père du nom de « Maître » [7] *.

1. Le suicide par l'épée a quelque chose de plus noble, et de plus digne d'un Romain.
2. Caton d'Utique.
3. M. veut dire que Festus avait des raisons d'aimer la vie que Caton, ennemi du dictateur, n'avait pas.

LXXVIII

Indignas premeret pestis cum tabida fauces
inque ipsos uultus serperet atra lues,
siccis ipse genis flentes hortatus amicos
decreuit Stygios Festus adire lacus.
Nec tamen obscuro pia polluit ora ueneno
aut torsit lenta tristia fata fame,
sanctam Romana uitam sed morte peregit
dimisitque animam nobiliore rogo.
Hanc mortem fatis magni praeferre Catonis
fama potest : huius Caesar amicus erat.

LXXIX

Semper agis causas et res agis, Attale, semper :
est, non est quod agas, Attale, semper agis.
Si res et causae desunt, agis, Attale, mulas.
Attale, ne quod agas desit, agas animam.

LXXX

Sportula, Cane, tibi suprema nocte petita est.
Occidit puto te, Cane, quod una fuit.

LXXXI

A seruo scis te genitum blandeque fateris,
cum dicis dominum, Sosibiane, patrem.

LXXVIII 2 ipsos ω *edd.* : suos *P Flach sic interpretans « qui morbo implicitus artissime cum eo coniunctus est »* || **7** sanctam γ : -*ta* β || romana β : -nam γ || **8** rogo β : uita *unde* uia ς
LXXI *hab. R*

LXXXII

Cette colonnade qui, s'étant écroulée dans un nuage de poussière, étale ses ruines sur toute sa longueur, de quel grand malheur elle a failli en tombant se rendre coupable ! Régulus s'était promené en voiture sous son toit et il venait de se retirer lorsqu'elle a tout à coup cédé à son propre poids, et — dès qu'elle n'a plus craint pour les jours de son maître — elle est tombée sur le sol sans l'ensanglanter : dommage sans importance ! Après avoir, Régulus, eu à redouter un si grave sujet de plainte, comment nier que la bienveillance des dieux te protège, quand, par considération pour toi, ils ont voulu qu'un monument s'abattît sans faire de mal ?

LXXXIII

Ton caniche, Manneia, te lèche le visage et les lèvres : je ne m'étonne plus que les chiens aiment les excréments.

LXXXIV

Quirinalis ne croit pas devoir prendre femme, bien qu'il souhaite des enfants, et il a su résoudre la difficulté : il besogne ses servantes, et remplit ainsi sa maison et ses champs de petits esclaves-chevaliers. Quirinalis est un vrai *pater-familiae* [1].

LXXXV

Un crieur public qui aimait à plaisanter vendait des coteaux bien cultivés et quelques arpents d'excellente terre aux portes de la ville. « C'est se tromper, dit-il, que de croire Marius dans la nécessité de vendre : il ne doit

1. Jeu de mots intraduisible : *familia* est pris dans son double sens de « famille » et « troupeau d'esclaves ».

LXXXII

Haec quae puluere dissipata multo
longas porticus explicat ruinas,
en quanto iacet absoluta casu !
Tectis nam modo Regulus sub illis
gestatus fuerat recesseratque,
uicta est pondere cum suo repente,
et, postquam domino nihil timebat,
securo ruit incruenta damno.
Tantae, Regule, post metum querelae
quis curam neget esse te deorum,
propter quem fuit innocens ruina ?

LXXXIII

Os et labra tibi lingit, Manneia, catellus :
non miror, merdas si libet esse cani.

LXXXIV

Vxorem habendam non putat Quirinalis,
cum uelit habere filios, et inuenit
quo possit istud more : futuit ancillas
domumque et agros implet equitibus uernis.
Pater familiae uerus est Quirinalis.

LXXXV

Venderet excultos colles cum praeco facetus
atque suburbani iugera pulchra soli,
« Errat » ait « si quis Mario putat esse necesse
uendere : nil debet, fenerat immo magis. — »

LXXXII 3 en quanto β : in tanto γ
LXXXIII *hab. T* || **1** manneia γ *Lindsay Heraeus* : maneia *T Schneidewin Gilbert* mannella β

rien ; au contraire, il prête de l'argent » — « Pourquoi donc vend-il ? » — « Il a tout perdu en ce lieu : esclaves, troupeau et récolte : c'est pour cela qu'il ne l'aime point. » Qui donc aurait mis l'enchère sans vouloir aussi perdre tous ses biens ? C'est ainsi que Marius n'a pu se défaire d'un domaine malfaisant[1].

LXXXVI

Novius est mon voisin et je puis lui donner la main de ma fenêtre. Qui n'envierait mon sort et ne me croirait heureux à toutes les heures de ma vie, quand il m'est si aisé de jouir d'une étroite amitié ? Or il vit pour moi aussi éloigné que Terentianus, qui gouverne présentement Syène sur la rive du Nil. Je ne peux ni dîner avec lui, ni seulement le voir ou l'entendre, et on ne saurait trouver par toute la ville quelqu'un qui soit pour moi à la fois si près et si loin. Il faut que je déménage ou qu'il déménage lui-même. Qu'il devienne le voisin ou le co-locataire de Novius, celui qui ne veut pas le voir !

LXXXVII

Pour ne pas sentir, Fescennia, le vin que tu as bu hier, tu avales sans modération des pastilles de Cosmus[2]. Ces drogues blanchissent tes dents, mais elles restent sans effet quand un rot remonte du fond de ton gouffre intérieur. Mais que dis-je ? Ne sent-elle pas plus mauvais, cette infection mêlée à des parfums, et, en se chargeant d'une double odeur, ton haleine ne porte-t-elle pas plus loin ? Renonce donc à des tromperies connues de tous et à des subterfuges déjà découverts : sois ivre franchement.

1. Jeu de mots sur *noxius*, qui signifie à la fois « nuisible à la santé de qui l'habite » et « nuisible à la bourse du propriétaire qui ne peut le vendre ».
2. Célèbre parfumeur de ce temps, qui avait ses spécialités.

« Quae ratio est igitur? » — « Seruos ibi perdidit omnes
et pecus et fructus ; non amat inde locum. »
Quis faceret pretium nisi qui sua perdere uellet
omnia? Sic Mario noxius haeret ager.

LXXXVI

Vicinus meus est manuque tangi
de nostris Novius potest fenestris.
Quis non inuideat mihi putetque
horis omnibus esse me beatum,
iuncto cui liceat frui sodale?
Tam longe est mihi quam Terentianus,
qui nunc Niliacam regit Syenen.
Non conuiuere, nec uidere saltem,
non audire licet, nec urbe tota
quisquam est tam prope tam proculque nobis.
Migrandum est mihi longius uel illi.
Vicinus Novio uel inquilinus
sit, si quis Nouium uidere non uolt.

LXXXVII

Ne gravis hesterno fragres, Fescennia, uino,
pastillos Cosmi luxuriosa uoras.
Ista linunt dentes iantacula, sed nihil obstant,
extremo ructus cum redit a barathro.
Quid quod olet grauius mixtum diapasmate uirus
atque duplex animae longius exit odor?
Notas ergo nimis fraudes deprensaque furta
iam tollas et sis ebria simpliciter.

LXXXVI *hab. T* || 8 nec uidere αγ : non uidere β
LXXXVII *hab. T* || 3 obstant *C edd.* : -ent α -at βγ || 4 redit αβ : uenit γ || 8 tollas αγ : -es β

LXXXVIII

Alcimus, toi que la mort vient de ravir à ton maître dans la fleur de tes jeunes années et que la terre de Lavicum [1] recouvre d'un gazon léger, reçois, non pas un bloc branlant de marbre de Paros, présent caduc qu'un labeur stérile offre à des cendres, mais de vulgaires branches de buis, des pampres à l'ombre épaisse et ce gazon verdoyant grâce à la rosée de mes larmes. Reçois-les, cher enfant, en témoignage de ma douleur : ces [2] présents funèbres vivront [3] à jamais pour toi. Quand Lachésis aura jusqu'au bout filé mes années, je n'en veux pas d'autres pour mes cendres.

LXXXIX

On te voit sans cesse, Cinna, chuchoter à l'oreille de chacun ; et ce que tu dis, tout le monde pourtant peut l'entendre. Tu ris à l'oreille, tu te plains, tu accuses, tu te lamentes, tu chantes à l'oreille ; tu portes des jugements, tu te tais, tu cries à l'oreille, et cette manie est à tel point enracinée en toi que tu nous fais souvent à l'oreille, Cinna, l'éloge de César [4].

XC

Je ne voyais jamais, Bassa, d'homme à tes côtés et aucune fâcheuse histoire ne te donnait jamais d'amant. Empressées autour de toi, une foule de personnes de ton sexe te rendaient à toute heure toute sorte de services sans que jamais homme approchât : aussi te prenais-je, j'en fais l'aveu, pour une Lucrèce. Mais c'est toi, Bassa

1. Il était enseveli sur le bord de la *Via Lavicana*.
2. *Hic* oppose les végétaux aux marbres ; d'autres entendent « ici, en ce lieu ».
3. C'est-à-dire « se répéteront sans cesse ».
4. Éloge qu'il a pourtant toutes les raisons du monde de faire à voix haute.

LXXXVIII

Alcime, quem raptum domino crescentibus annis
Labicana leui caespite uelat humus,
accipe non Pario nutantia pondera saxo,
quae cineri uanus dat ruitura labor,
sed faciles buxos et opacas palmitis umbras
quaeque uirent lacrimis roscida prata meis
accipe, care puer, nostri monimenta doloris :
hic tibi perpetuo tempore uiuet honor.
Cum mihi supremos Lachesis perneuerit annos,
non aliter cineres mando iacere meos.

LXXXIX

Garris in aurem semper omnibus, Cinna,
garrire et illud teste quod licet turba.
Rides in aurem, quereris, arguis, ploras,
cantas in aurem, iudicas, taces, clamas,
adeoque penitus sedit hic tibi morbus,
ut saepe in aurem, Cinna, Caesarem laudes.

XC

Quod numquam maribus iunctam te, Bassa, uidebam
quodque tibi moechum fabula nulla dabat,
omne sed officium circa te semper obibat
turba tui sexus, non adeunte uiro,
esse uidebaris, fateor, Lucretia nobis :
at tu, pro facinus, Bassa, fututor eras.

LXXXVIII *hab. T* || **2** Labicana β *Heraeus* : Laui- αγ *edd.* || **3** accipe αγ : aspice β || **5** faciles αγ : fragiles β || buxos αβ : buxus γ || **8** uiuet βγ : -it α || **9** supremos.... annos βγ : -us... -us α || perneuerit βγ : peruenerit α

LXXXIX 2 garrire βγ : garris ς || **5** adeoque β : adeone γ

XC *hab. T* || **1** iunctam βγ : cunctam *T unde* cinctam *Schryver* || **3** omne sed αγ : omnis et β || **6** fututor βγ : adulter α || **9** es αβ : est γ

— ô scandale ! — qui les besognais ! Tu as l'audace d'accoupler deux sexes identiques et ton clitoris monstrueux remplit frauduleusement le rôle du mâle. Tu as imaginé une énigme inouïe, digne du Sphinx thébain : un adultère commis sans la participation d'un homme !

XCI

Tu ne publies pas tes vers, Lélius, mais tu critiques les miens. Mets fin à tes critiques, ou publie les tiens.

XCII

C'est souvent que Cestos se plaint à moi, les larmes aux yeux, des attouchements de ton doigt, Mamurianus. Point n'est besoin du doigt : prends Cestos tout entier, si c'est là, Mamurianus, tout ce qui te manque. Mais si tu ne possèdes ni un foyer, ni un châssis de grabat démuni de couvertures, ni une coupe ébréchée comme celle de Chione ou d'Antiope [1] ; si un manteau jauni [2] et bariolé par les ans est suspendu à tes reins et si un casaquin gaulois ne couvre que la moitié de tes fesses, si tu n'as pour toute nourriture que le relent d'une cuisine enfumée et si, à quatre pattes, tu bois avec le chien une eau malpropre, ce n'est pas dans ton cul (si l'on peut appeler cul ce qui n'a jamais rien à expulser), mais bien dans l'œil qui te reste que j'enfoncerai mon doigt; et ne va pas m'accuser de jalousie ou de malveillance. Bref, Mamurianus, ne [cherche un Ganymède] que le ventre plein.

1. Noms quelconques de courtisanes pauvres.
2. D'autres entendent « gras, crasseux ».

Inter se geminos audes committere cunnos
mentiturque uirum prodigiosa Venus.
Commenta es dignum Thebano aenigmate monstrum,
hic ubi uir non est, ut sit adulterium.

XCI

Cum tua non edas, carpis mea carmina, Laeli.
Carpere uel noli nostra uel ede tua.

XCII

Saepe mihi queritur non siccis Cestos ocellis,
tangi se digito, Mamuriane, tuo.
Non opus est digito : totum tibi Ceston habeto,
si dest nil aliud, Mamuriane, tibi.
Sed si nec focus est nudi nec sponda grabati
nec curtus Chiones Antiopesue calix,
cerea si pendet lumbis et scripta lacerna
dimidiasque nates Gallica paeda tegit,
pasceris et nigrae solo nidore culinae
et bibis inmundam cum cane pronus aquam :
non culum, neque enim est culus, qui non cacat olim,
sed fodiam digito qui superest oculum ;
nec me zelotypum nec dixeris esse malignum.
Denique pedica, Mamuriane, satur.

XCI *hab. R*

XCII 5 nudi nec βγ : nec nudi α || **6** Antiopesue αβ : -que γ || **8** paeda *Heraeus* [*uerbum Gothicum* = χιτών] : peda β *Lindsay* praeda α palla γ braca *Heinsius* || **11-12** *sic* αβ : non culum digito neque enim est qui non cacat olim culus sed fodiam γ || **13** nec me βγ: non me α

XCIII

A côté de son fidèle Fabricius repose Aquinus, heureux d'être descendu le premier au séjour élyséen. Leur double autel funèbre atteste leur grade de primipile ; mais plus digne encore de considération est le texte de l'épitaphe assez courte : » Tous deux étaient unis par les liens sacrés d'une vie glorieuse et, ce que la renommée n'a pas souvent à célébrer, ils étaient amis » [1]*.

XCIV

Tu chantais mal, Aeglé, au temps où l'on te besognait. A présent tu chantes bien : mais tu n'es plus à caresser.

XCV

Si tu cries sans cesse, si tu interromps les avocats, Aelius, ce n'est pas pour rien : tu reçois de l'argent pour te taire.

XCVI

Si tu veux bien, ô mon vers [2]*, et si cela ne t'ennuie pas, je te prie de dire quelques mots à l'oreille de mon ami Maternus, de manière qd'il soit seul à les entendre. Cet amateur, lui diras-tu, de manteaux sombres, qui ne porte que laine bétique ou drap gris, qui estime que des gens vêtus d'écarlate ne sont plus des hommes et qui appelle vêtements de femmes les étoffes violettes, a beau vanter les teintes naturelles et ne porter que des nuances sombres, il a une moralité vert-clair [3]*. Il te demandera d'où vient que je tiens la vertu de cet homme pour suspecte. Nous nous baignons ensemble ; il ne lève jamais les yeux, mais il dévore du regard les sodomites et il ne contemple jamais leurs verges sans un mouvement des lèvres. Tu veux savoir de qui il s'agit? Son nom m'a échappé.

XCIII

Fabricio iunctus fido requiescit Aquinus,
qui prior Elysias gaudet adisse domos.
Ara duplex primi testatur munera pili :
plus tamen est, titulo quod breuiore legis :
« Iunctus uterque sacro laudatae foedere uitae,
famaque quod raro nouit, amicus erat. »

XCIV

Cantasti male, dum fututa es, Aegle.
Iam cantas bene : basianda non es.

XCV

Quod clamas semper, quod agentibus obstrepis, Aeli,
non facis hoc gratis : accipis, ut taceas.

XCVI

Si non molestum est teque non piget, scazon,
nostro rogamus pauca uerba Materno
dicas in aurem sic ut audiat solus.
Amator ille tristium lacernarum
et baeticatus atque leucophaeatus,
qui coccinatos non putat uiros esse
amethystinasque mulierum uocat uestes,
natiua laudet, habeat et licet semper
fuscos colores, galbinos habet mores.
Rogabit unde suspicer uirum mollem.
Vna lauamur : aspicit nihil sursum,
sed spectat oculis deuorantibus draucos
nec otiosis mentulas uidet labris.
Quaeris quis hic sit ? Excidit mihi nomen.

XCIII 1 aquinus γ : amicus β [*sed in lemmate* DE TVMVLO AQVINI] || **2** adisse γ : ab- β || **4** plus tamen est β : inscriptum γ [*an ex glossemate?*] || legis β : -es γ || **5** iunctus γ : funcius β [*ut uidetur*] || **6** quod raro γ : quod raros β *unde* quos raros *Rooy*

XCVII

Quand tous vocifèrent, c'est alors seulement, Naevolus, que tu parles, et tu t'imagines être un défenseur et un avocat. A ce compte, il n'est personne qui ne puisse être éloquent. Mais voici que tout le monde se tait : Naevolus, prends la parole[1].

XCVIII

Diodorus va en justice, Flaccus, et il a la goutte aux pieds. Mais il ne donne rien à son avocat : c'est avoir la goutte aux mains.

XCIX

Naguère, tu ne possédais pas tout à fait deux millions de sesterces, mais tu te montrais, Calenus, si large, si généreux, si magnifique, que tous tes amis t'en souhaitaient dix. La divinité a entendu nos vœux et nos prières et dans l'espace de sept mois, si je ne me trompe, quatre décès t'ont valu cette somme-là. Mais toi, comme si l'on t'avait non pas légué, mais ravi cette fortune, tu es tombé, pauvre homme, dans un tel dénuement que le plus somptueux de tes banquets, celui que tu ne donnes qu'une fois dans tout le cours de l'année, n'arrache à ta lésinerie que de la monnaie de cuivre, et que nous, tes vieux amis, à nous sept, nous ne te coûtons qu'une demi-livre d'argent de mauvais aloi[2]. Quelles prières adresser au ciel en récompense de tant de générosité ? Il faut te souhaiter cent millions de sesterces, Calenus. Si notre vœu se réalise, tu mourras de faim.

1. Nævolus est victime de sa timidité, ou de son insuffisance.

2. Friedlaender croit qu'il s'agit d'une demi-livre d'argenterie et imagine par suite que l'avare Calenus vend sa vieille vaisselle pour traiter ses hôtes.

XCVII

Cum clamant omnes, loqueris tunc, Naeuole, tantum,
et te patronum causidicumque putas.
Hac ratione potest nemo non esse disertus.
Ecce, tacent omnes : Naeuole, dic aliquid.

XCVIII

Litigat et podagra Diodorus, Flacce, laborat.
Sed nil patrono porrigit : haec cheragra est.

XCIX

Non plenum modo uicies habebas,
sed tam prodigus atque liberalis
et tam lautus eras, Calene, ut omnes
optarent tibi centies amici.
Audît vota deus precesque nostras
atque intra, puto, septimas Kalendas
mortes hoc tibi quattuor dederunt.
At tu sic quasi non foret relictum,
sed raptum tibi centies, abisti
in tantam miser esuritionem,
ut conuiuia sumptuosiora,
toto quae semel apparas in anno,
nigrae sordibus explices monetae,
et septem ueteres tui sodales
constemus tibi plumbea selibra.
Quid dignum meritis precemur istis ?
Optamus tibi milies, Calene.
Hoc si contigerit, fame peribis.

XCVII *hab. T.*
XCIX *hab. T* || **12** apparas βγ :-res *T* || **17** optamus αγ : -emus β

C

Afra a des « petites mamans » et des « petits papas » : mais de ces papas et de ces mamans, on peut la dire la grand'maman [1].

CI

Lui dont la main, jadis confidente de mes travaux, était un trésor pour son maître et s'était fait connaître des Césars [2], le jeune Démétrius, a été dépouillé de ses années en fleur : ses trois lustres ne s'étaient accrus que de quatre étés [3]. Je n'ai pas voulu cependant qu'il descendît esclave vers le sombre séjour du Styx, lorsqu'un mal pernicieux le consumait et l'enveloppait dans ses mailles scélérates : je lui ai fait abandon, sur son lit de douleur, de tous les droits que j'avais sur lui comme maître. Il méritait que ce bienfait le rendît à la santé. Il en a senti en expirant tout le prix et il m'a appelé son « patron », au moment de se diriger, libre, vers les rivages des Enfers.

CII

Celui qui a peint ta Vénus, Lycoris, était, je suppose, un peintre qui voulait faire sa cour à Minerve [4].

CIII

Si les dieux me faisaient don d'un million de sesterces, disais-tu, Scaevola, au temps où tu n'étais pas encore tout à fait chevalier [5], oh ! quelle vie que la mienne ! comme je dépenserais ! Comme je ne me priverais de rien ! Les Dieux complaisants ont souri et ils ont exaucé ton vœu. Depuis, ta loge est beaucoup plus crasseuse, ton manteau plus râpé et le cuir de ta chaussure a été rapiécé

1. Afra est une vieille femme qui fait des mignardises.
2. Titus et Domitien.
3. Il avait donc 19 ans.
4. Allusion au jugement de Pâris : le peintre a enlaidi à dessein sa Vénus pour plaire à Minerve.
5. Il fallait pour cela 400.000 sesterces, qu'il n'avait pas encore.

C

Mammas atque tatas habet Afra, sed ipsa tatarum
dici et mammarum maxima mamma potest.

CI

Illa manus quondam studiorum fida meorum
et felix domino notaque Caesaribus,
destituit primos uiridis Demetrius annos :
quarta tribus lustris addita messis erat.
Ne tamen ad Stygias famulus descenderet umbras,
ureret implicitum cum scelerata lues,
cauimus et domini ius omne remisimus aegro :
munere dignus erat conualuisse meo.
Sensit deficiens sua praemia meque patronum
dixit ad infernas liber iturus aquas.

CII

Qui pinxit Venerem tuam, Lycori,
blanditus, puto, pictor est Mineruae.

CIII

« Si dederint superi decies mihi milia centum »
dicebas nondum, Scaeuola, iustus eques,
« qualiter o uiuam, quam large quamque beate ! »
Riserunt faciles et tribuere dei.
Sordidior multo post hoc toga, paenula peior,
calceus est sarta terque quaterque cute :

CI 3 uirides β : uiridesque γ || **7** aegro γ : ergo β
CIII 6 est *codd.* : et *Heinsius* || terque β : bisque γ || **7** semper γ : tibi nunc β || **11** in ius o ς : iniusto γ illuso β

trois ou quatre fois. On te sert dix olives, et tu en mets toujours en réserve la plus grande partie, tu veux qu'un seul service suffise à deux repas et tu bois cette lie épaisse qu'est le vin rougeâtre de Veies ; tu achètes pour un as de pois chiches bouillis et tu fais l'amour pour un as [1]. Allons en justice, ô fraudeur, ô dépositaire infidèle ! Ou jouis de la vie, Scaevola, ou rends aux dieux ton million [2] !

CIV

Le léopard porte un joug de fantaisie sur sa nuque tachetée, les tigres féroces endurent le fouet sans se révolter, les cerfs mâchent les freins d'or de leurs rênes, les ours de Libye obéissent à la bride ; aussi monstrueux que celui qui, d'après la légende, ravagea Calydon, un sanglier se laisse diriger par un licou de pourpre, d'affreux bisons traînent des chars de guerre et, docile aux ordres de son noir cornac, le pachyderme ne se refuse pas à exécuter des danses gracieuses. Qui ne croirait assister à des spectacles donnés par les dieux [3] ? Et pourtant on les néglige comme moins importants quand on voit les lions chasser un humble gibier et l'agilité peureuse des lièvres les fatiguer. Ils les lâchent, les reprennent, les caressent après les avoir saisis, et dans leur gueule leur proie trouve une plus grande sécurité. Ils se plaisent à leur offrir des mâchoires entre-bâillées et formant passage, et à retenir craintivement leurs dents de peur de broyer une proie si tendre ; et cela, au moment même où ils viennent de terrasser des taureaux. Cette clémence n'est pas l'effet du dressage, mais les lions savent bien au service de qui ils sont [4].

1. C'est-à-dire avec les courtisanes de la plus basse espèce.
2. Épigr. analogue à l'épigr. 99.
3. Ou bien : dignes que les dieux y assistent.
4. Ils veulent imiter l'empereur.

deque decem plures semper seruantur oliuae,
explicat et cenas unica mensa duas,
et Veientani bibitur faex crassa rubelli,
asse cicer tepidum constat et asse Venus.
In ius, o fallax atque infitiator, eamus :
aut uiue aut decies, Scaeuola, redde deis.

CIV

Picto quod iuga delicata collo
pardus sustinet inprobaeque tigres
indulgent patientiam flagello,
mordent aurea quod lupata cerui,
quod frenis Libyci domantur ursi
et, quantum Calydon tulisse fertur,
paret purpureis aper capistris,
turpes esseda quod trahunt visontes
et molles dare iussa quod choreas
nigro belua non negat magistro :
quis spectacula non putet deorum ?
Haec transit tamen, ut minora, quisquis
uenatus humiles uidet leonum,
quos uelox leporum timor fatigat.
Dimittunt, repetunt, amantque captos,
et securior est in ore praeda,
laxos cui dare peruiosque rictus
gaudent et timidos tenere dentes,
mollem frangere dum pudet rapinam,
stratis cum modo uenerint iuuencis.
Haec clementia non paratur arte,
sed norunt cui seruiant leones.

CIV 5 frenis γ : -no β || **10** non β : nihil γ nil ς

CV

Toutes les fois, Ovidius [1], que le vin mûri sur le sol de Nomentum compte de nombreux jours, sa vieillesse chargée d'ans le dépouille de sa rudesse native et même de son nom : une vieille amphore peut porter l'étiquette qu'il lui plaît.

CVI

Tu verses fréquemment de l'eau dans ton vin, Rufus, et quand un ami familier t'y oblige [2], par extraordinaire tu bois une once [3] de falerne abondamment mouillé. Serait-ce que Naevia t'a promis une nuit de bonheur, et préfères-tu attendre de la sobriété les délices d'une victoire certaine? Mais tu soupires, tu gardes le silence, tu gémis : elle n'a pas voulu! Tu peux donc boire sans compter des rasades quadruples [4] et noyer dans le vin pur ton cruel chagrin. A quoi bon te ménager, Rufus? Il te faut dormir.

CVII

Tu me dis souvent, mon bien cher Lucius Julius : « Traite quelque grand sujet : tu es un paresseux ! ». Donne-moi des loisirs, mais tels que ceux que jadis un Mécène avait créés à son Horace et à son Virgile : j'essayerais alors de bâtir une œuvre destinée à traverser les âges et à sauver mon nom des flammes du bûcher. Les taureaux se refusent au joug s'il leur faut labourer des terres stériles ; un sol gras fatigue, mais la peine qu'il donne est en elle-même pleine de charmes.

1. Celui-ci possédait à Nomentum une ferme voisine de celle de Martial (cf. VII, 93).
2. En buvant lui-même à sa santé.
3. Pas même cinq centilitres.
4. Des *trientes*, dit le texte. Le *triens* = 4 unciae ou cyathi = 0 l. 18.

CV

In Nomentanis, Ouidi, quod nascitur aruis,
  accepit quotiens tempora longa, merum
exuit annosa mores nomenque senecta :
  et quidquid uoluit, testa uocatur anus

CVI

Interponis aquam subinde, Rufe,
et si cogeris a sodale, raram
diluti bibis unciam Falerni.
Numquid pollicita est tibi beatam
noctem Naeuia sobriasque mauis
certae nequitias fututionis ?
Suspiras, retices, gemis : negauit.
Crebros ergo licet bibas trientes
et durum iugules mero dolorem.
Quid parcis tibi, Rufe ? dormiendum est.

CVII

Saepe mihi dicis, Luci carissime Iuli,
  « Scribe aliquid magnum : desidiosus homo es. »
Otia da nobis, sed qualia fecerat olim
  Maecenas Flacco Vergilioque suo :
condere uicturas temptem per saecula curas
  et nomen flammis eripuisse meum.
In steriles nolunt campos iuga ferre iuuenci :
  pingue solum lassat, sed iuuat ipse labor.

CV 1 aruis γ *Heraeus* : agris β *Lindsay*
CVI 3 diluti bibis β : dilutibilis γ || **4** est β : es γ || **7** negauit β: -bit γ || **8** licet bibas γ : bibas licet β || **9** dolorem γ : pudorem β
CVII *hab.* *T* || **1** carissime ω : clar- *P* || **7** nolunt campos αβ : campos nolunt

CVIII

Tu possèdes — et puisse-t-elle durer et prospérer pendant de longues années — une demeure magnifique à la vérité, mais sise au delà du Tibre ; tandis que mon galetas a vue sur les lauriers de la promenade d'Agrippa [1], et que j'ai déjà vieilli dans ce quartier. C'est un vrai voyage, Gallus, que d'aller chez toi t'apporter mes salutations matinales. Ce n'est pas qu'il n'en vaille la peine, même si tu demeurais plus loin. Mais c'est peu de chose qu'un seul client de plus chez toi : c'est beaucoup, Gallus, que cet unique client de moins chez moi. J'irai plus souvent te saluer en personne à la dixième heure [2] : dans la matinée, mon livre te donnera le bonjour à ma place.

CIX

Issa est plus coquine que le moineau de Lesbie, Issa est plus pure qu'un baiser de colombe, Issa est plus caressante que toutes les fillettes, Issa est plus précieuse que les perles de l'Inde, Issa est la petite chienne chérie de Publius. Si elle se plaint, vous croiriez qu'elle parle ; elle comprend la tristesse et la joie. Elle repose appuyée sur la nuque et elle dort de telle sorte qu'on ne l'entend même pas respirer. Pressée d'un besoin naturel, elle n'a jamais souillé la couverture de la moindre goutte, mais elle vous éveille d'une patte caressante, vous invite à la descendre du lit et demande à se soulager. Il y a dans cette petite chienne tant de chaste retenue qu'elle ignore l'amour ; et nous ne trouvons pas d'époux qui soit digne

1. Il s'agit du Portique d'Agrippa, dans le Champ de Mars. Cf. Homo, Lex. de topogr. rom. au mot *Porticus Vipsania*.
2. C'était l'heure du dîner.

CVIII

Est tibi—sitque precor multos crescatque per annos—
pulchra quidem, uerum Transtiberina domus :
at mea Vipsanas spectant cenacula laurus,
factus in hac ego sum iam regione senex.
Migrandum est, ut mane domi te, Galle, salutem :
est tanti, uel si longius illa foret.
Sed tibi non multum est unum si praesto togatum :
multum est, hunc unum si mihi, Galle, nego.
Ipse salutabo decuma te saepius hora :
mane tibi pro me dicet hauere liber.

CIX

Issa est passere nequior Catulli,
Issa est purior osculo columbae,
Issa est blandior omnibus puellis,
Issa est carior Indicis lapillis,
Issa est deliciae catella Publi.
Hanc tu, si queritur, loqui putabis;
sentit tristitiamque gaudiumque.
Collo nixa cubat capitque somnos,
ut suspiria nulla sentiantur;
et desiderio coacta uentris
gutta pallia non fefellit ulla,
sed blando pede suscitat toroque
deponi monet et rogat leuari.
Castae tantus inest pudor catellae,
ignorat Venerem ; nec inuenimus

CVIII 3 Vipsanas βγ : Vipsanias *Rooy Gilbert* [*per synizesin*] || **6** est ω : es *X* || **9** te saepius γ : uel serius β || **10** hauere β : auere *corr.* auete [*ut uidetur*] γ aueto *C G Schneidewin*

CIX *per totum carmen* Issa γ : Ipsa β || **8** collo γ : colla β || nixa β : ne- γ || **13** monet et rogat leuari β : rogat et monet eleuari γ

d'une vierge si tendre. Pour que son heure dernière ne la lui enlève pas tout à fait, Publius en reproduit l'image sur un tableau où tu verras une Issa si ressemblante que même Issa ne se ressemble pas autant à elle-même. En un mot, mets Issa à côté de son portrait : ou tu les croiras toutes deux vivantes, ou tu croiras que toutes deux sont peintes [1].

CX

Tu te plains, Vélox, que j'écrive des épigrammes trop longues. Toi-même, tu n'écris jamais rien. C'est les faire trop courtes [2].

CXI

Puisque le renom de ta sagesse éclairée égale ton zèle envers les dieux et que ta piété elle-même n'est pas inférieure à ton talent, celui-là ne sait pas honorer le mérite par des dons appropriés qui s'étonne, Régulus, que l'on t'offre un livre et que l'on t'offre de l'encens [3].

CXII

Quand je ne te connaissais pas encore, je t'appelais mon seigneur et maître. A présent, je te connais à fond : tu ne seras plus pour moi que Priscus [4].

CXIII

Tous ces badinages où se plurent jadis ma jeunesse et même mon enfance [5], ces bluettes dont moi-même j'ai presque perdu le souvenir, si tu veux mal employer tes

1. Cette épigramme a été imitée avec un art consommé par J. du Bellay dans son poème sur son petit chien Peloton (Jeux Rustiques).

2. Le comparatif de supériorité, généralement adopté, a bien moins de saveur.

3. Ces vers accompagnaient sans doute le don d'un livre et d'un peu d'encens.

4. Cf. II, 68. Martial s'attendait à des cadeaux qui ne sont pas venus : aussi ne veut-il plus d'un *patronus* aussi chiche.

5. Il s'agit ici d'un recueil de poésies de jeunesse. Cf. introd., p. 9 et p. 15, note 2.

dignum tam tenera uirum puella.
Hanc ne lux rapiat suprema totam,
picta Publius exprimit tabella,
in qua tam similem uidebis Issam,
ut sit tam similis sibi nec ipsa.
Issam denique pone cum tabella :
aut utramque putabis esse ueram,
aut utramque putabis esse pictam.

CX

Scribere me quereris, Velox, epigrammata longa.
Ipse nihil scribis : tu breuiora facis.

CXI

Cum tibi sit sophiae par fama et cura deorum,
ingenio pietas nec minor ipsa tuo :
ignorat meritis dare munera, qui tibi librum
et qui miratur, Regule, tura dari.

CXII

Cum te non nossem, dominum regemque vocabam ;
nunc bene te novi : iam mihi Priscus eris.

CXIII

Quaecumque lusi iuuenis et puer quondam
apinasque nostras, quas nec ipse iam noui,
male conlocare si bonas uoles horas

CX *hab. T*

CXI 1 deorum β : laborum γ *Schneidewin Gilbert* reorum *Heinsius* || **2** tuo ς *Weber Duff alii* : suo *codd. Schneidewin Flach* [*qui coll. I 6, 3 et I 78, 2 sic interpretatur « quod nempe ad hanc pietatem maxime quadrat cum pietas atque ingenium consummatissima sint. »*] *Gilbert Lindsay Heraeus*

CXII *hab. R* || **2** nunc αβ : dum γ

CXIII 1 puer quondam γ : quondam puer β

bonnes heures et si tu es ennemi de ton repos, lecteur, demande-les à Quintus Pollius Valerianus. C'est grâce à lui qu'il n'est pas loisible à mes bagatelles de périr.

CXIV

Ce parc, Faustinus, proche de ta demeure, ces quelques champs et ces prés bien arrosés, Faenius Telesphorus en est le possesseur. C'est ici qu'il a enseveli les restes de sa fille et qu'il a consacré ce nom, que tu lis, d'Antulla par une épitaphe où il eût convenu que le sien fût plutôt gravé. Il eût été plus juste que le père descendît vers les ombres du Styx : mais puisque la destinée ne l'a pas voulu, qu'il vive pour rendre hommage à ces cendres.

CXV

Une jeune fille a envie de moi (sois jaloux, Procillus !) : elle est plus blanche que le cygne sans tache, que l'argent, que la neige, que le lys, que la fleur du troëne. Mais je raffole d'une autre qui est plus noire que la nuit, que la fourmi, que la poix, que le choucas, que la cigale [1]. Tu étais déjà prêt à te pendre de désespoir : si je te connais bien, Procillus, tu conserveras la vie [2].

CXVI

Ce petit bois, ces jolis arpents de sol cultivé, Faenius [3] les a consacrés comme un éternel hommage à des cendres. Dans ce tombeau repose Antulla trop tôt ravie aux siens ; c'est là que son père et sa mère viendront mêler leurs cendres à celles d'Antulla. Si quelqu'un a envie de ce petit domaine, je l'engage à n'y plus penser : il restera à jamais au service de ses maîtres.

1. Parodie en raccourci des *encomia* des poètes. On est tenté de songer au chant du Cyclope dans Ovide (*Metam.* XIII, 789).
2. Tu es trop attaché à la vie pour la quitter ainsi : d'autant plus qu'il n'y a pas là de quoi me jalouser, et qu'elle me fera souffrir.
3. Cf. 114.

et inuidebis otio tuo, lector,
a Valeriano Pollio petes Quinto,
per quem perire non licet meis nugis.

CXIV

Hos tibi uicinos, Faustine, Telesphorus hortos
  Faenius et breue rus udaque prata tenet.
Condidit hic natae cineres nomenque sacrauit
  quod legis Antullae, dignior ipse legi.
Ad Stygias aequum fuerat pater isset ut umbras :
  quod quia non licuit, uiuat, ut ossa colat.

CXV

Quaedam me cupit,—inuide, Procille !—
loto candidior puella cycno,
argento, niue, lilio, ligustro :
sed quandam uolo nocte nigriorem,
formica, pice, graculo, cicada.
Iam suspendia saeua cogitabas :
si noui bene te, Procille, uiues.

CXVI

Hoc nemus aeterno cinerum sacrauit honori
  Faenius et culti iugera pulchra soli.
Hoc tegitur cito rapta suis Antulla sepulcro,
  hoc erit Antullae mixtus uterque parens.
Si cupit hunc aliquis, moneo, ne speret agellum :
  perpetuo dominis seruiet iste suis.

CXIV 5 *sic* γ : et Stygias sed dum fuerat pater ire sub umbras β [*unde coni.* iret ut *Gilbert*] || **6** uiuat βγ : uiuit ς

CXV *hab. T* || **2** loto α : to- βγ || **4** sed *om. T* || quandam βγ : quen-α || **5** graculo αβ : gragulo γ || **7** uiues αβ : uiuis γ

CXVI *hab. T* || **1** aeterno βγ : -um α || honori αβ : -re γ || **2** pulchra αγ : pauca β

CXVII

Toutes les fois, Lupercus, que tu me rencontres : « Veux-tu, me dis-tu incontinent, que je t'envoie un petit esclave pour lui remettre ton volume d'épigrammes? Je te le rendrai tout de suite après l'avoir lu ». Point n'est besoin, Lupercus, que tu harasses ton esclave. La route est longue s'il veut venir jusqu'au Poirier [1]; au surplus, j'habite au troisième étage, et il est fort haut. Il t'est facile de trouver plus près de toi ce que tu désires. Sans doute il t'arrive tous les jours de passer près du quartier de l'Argilète [2]. A l'opposé du forum de César [3] il est une boutique dont la porte, du haut en bas toute revêtue d'inscriptions [4], te permettra de lire d'un coup d'œil les noms de tous les poètes. C'est là qu'il faut venir me chercher. Tu n'auras même pas à adresser une demande [5] à Atrectus (tel est le nom que porte le patron de la boutique) : prenant dans le premier ou le deuxième casier [6] où je niche, il te tendra pour cinq deniers [7] * un Martial poli à la pierre ponce et élégamment enveloppé de pourpre. « Tu ne vaux pas cela », vas-tu dire. Tu es homme d'esprit, Lupercus!

CXVIII

Celui qui n'a pas assez de la lecture de cent épigrammes, celui-là, Caedicianus, il n'est pas assez de maux pour lui [8] *.

1. Cf. Homo : Lex. *Ad Pirum*.
2. Par une tmèse plaisante, le poète a scindé dans le texte le nom du quartier de l'Argilète pour suivre une fausse étymologie populaire (Argi letum).
3. Le forum Julium.
4. Les libraires avaient coutume d'afficher les noms des poètes dont ils détenaient les œuvres, et même des extraits de celles-ci.
5. Atrectus devinera et préviendra ses désirs : tout le monde ne veut-il pas lire Martial?
6. Les casiers le plus à portée de la main.

CXVII

Occurris quotiens, Luperce, nobis,
« Vis mittam puerum » subinde dicis,
« cui tradas epigrammaton libellum,
lectum quem tibi protinus remittam ? »
Non est quod puerum, Luperce, uexes.
Longum est, si uelit ad Pirum uenire,
et scalis habito tribus, sed altis.
Quod quaeris propius petas licebit.
Argi nempe soles subire Letum :
contra Caesaris est forum taberna
scriptis postibus hinc et inde totis,
omnis ut cito perlegas poetas :
illinc me pete. Nec roges Atrectum—
hoc nomen dominus gerit tabernae— ;
de primo dabit alteroue nido
rasum pumice purpuraque cultum
denarîs tibi quinque Martialem.
« Tanti non es » ais ? Sapis, Luperce.

CXVIII

Cui legisse satis non est epigrammata centum,
nil illi satis est, Caediciane, mali.

CXVII 1 occurris γ :-it β || **6** uelit β : -is γ || **8** propius petas β : petas propius γ || **13** pete β : petes γ || nec γ *Q*: ne *P* si *Heinsius*
CXVIII *hab. T* || **2** Caediciane αγ : Deciliane β [*an* Maeciliane ? *cf. ad 73, 2*]

LIVRE II

ÉPIGRAMMES DE MARTIAL

LIVRE II

Martial à son cher Décianus, salut.

Tu vas te récrier : « Qu'ai-je besoin d'une épître préliminaire ? N'est-ce pas faire assez pour toi que de lire tes épigrammes? Au surplus, que vas-tu dire ici que tu ne puisses dire en vers? Je vois bien pourquoi la tragédie et la comédie admettent une lettre-préface[1] : elles ne sauraient parler en leur propre nom ; mais les épigrammes n'ont pas besoin d'un héraut, et leur propre langue, avec ses malices, leur suffit : à n'importe quelle page, à leur gré, elles font une épître. Ne fais pas, s'il te plaît, cette chose grotesque : ce serait mettre sur la scène un acteur dansant revêtu de la toge. Enfin, vois si tu as envie de combattre un rétiaire avec une férule. Quant à moi, je me range au nombre de ceux qui protestent tout de suite ». — Par Hercule, je le crois, Décianus, tu dis vrai. Et que serait-ce si tu savais à quelle épître, et de quelle longueur, tu allais avoir affaire ! Aussi qu'il en soit fait à ton gré ! Ce sera grâce à toi que ceux dont la main sera tombée par hasard sur ce volume arriveront sans lassitude à la première page.

1. Sur l'emploi de ces épîtres, cf. Quint. (VII, 3, 31), qui parle de deux poètes tragiques discutant par ce moyen du langage propre à la tragédie. Stace a joint à ses *Silves* des épîtres de ce genre.

M. VALERI MARTIALIS EPIGRAMMATON

LIBER II

VALERIVS MARTIALIS DECIANO SVO SAL.

« [1] QVID nobis » inquis « cum epistola ? parum enim tibi praestamus, si legimus epigrammata ? quid hic porro dicturus es quod non possis uersibus dicere ? [2] Video quare tragoedia aut comoedia epistolam accipiant, quibus pro se loqui non licet : epigrammata curione non egent et contenta sunt sua, id est mala, lingua : in quacumque pagina uisum est, epistolam faciunt. [3] Noli ergo, si tibi uidetur, rem facere ridiculam et in toga saltantis inducere personam. [4] Denique videris an te delectet contra retiarium ferula. [5] Ego inter illos sedeo qui protinus reclamant. » [6] Puto me hercules, Deciane, verum dicis. [7] Quid si scias cum qua et quam longa epistola negotium fueris habiturus ? [8] Itaque quod exigis fiat. Debebunt tibi si qui in hunc librum inciderint, quod ad primam paginam non lassi peruenient.

Epist. *om.* γ || **1** parum enim β *Lindsay Heraeus* : parumne ς *uulgo* || dicturus ω : daturus *PQ* || uersibus ς : uerbis *codd.* || **2** quare tragoedia aut comoedia β [qua tr. aut qua co. P] *Heraeus* : quare tr. atque co. *Schneidewin Gilbert Lindsay Giarratano* quare tragoedi aut comoedi ς || id est mala *om. ed. a. 1473* || **3** et in ς : et dein *codd.* || saltantis *Pontanus* : —ti β — temς

I

Tu aurais certes pu présenter un triple cent d'épigrammes, mais qui t'aurait supporté et lu jusqu'au bout, mon pauvre livre? Apprends, au contraire, les avantages d'un tout petit volume. Le premier, c'est que je gaspille moins de papier; le second, c'est que mon copiste aura fini dans l'espace d'une heure, et ainsi il ne sera pas forcé de se consacrer à mes seules bagatelles; le troisième, c'est que, si tu trouves par hasard un lecteur, tu auras beau être mauvais d'un bout à l'autre, tu ne le rebuteras pas. Le convive pourra te lire une fois sa boisson préparée, et même avant que la coupe placée devant lui ait commencé à tiédir [1]. Te crois-tu donc suffisamment protégé par tant de brièveté? Hélas! que de lecteurs vont encore te trouver trop long!

II

La Crète a donné un grand nom, l'Afrique un plus grand encore: la victoire a procuré l'un à Scipion et l'autre à Metellus [2]*. La Germanie en a valu un plus glorieux à qui a subjugué le Rhin; et tu étais encore enfant, César, quand tu étais digne de ce titre [3]*. Ton frère a mérité de partager avec votre père le triomphe remporté sur l'Idumée [4]*: mais la palme conquise sur les Chattes, elle est à toi tout entière.

III

Sextus, tu ne dois rien; rien tu ne dois, Sextus: je le reconnais. Pour être un débiteur, Sextus, il faut être à même de payer.

1. On servait parfois le vin chaud, surtout en hiver, et, s'il l'était trop, on le laissait refroidir dans la coupe.

I

Ter centena quidem poteras epigrammata ferre,
sed quis te ferret perlegeretque, liber?
At nunc succincti quae sint bona disce libelli.
Hoc primum est, brevior quod mihi charta perit;
deinde, quod haec una peragit librarius hora,
nec tantum nugis seruiet ille meis;
tertia res haec est, quod si cui forte legeris,
sis licet usque malus, non odiosus eris.
Te conuiua leget mixto quincunce, sed ante
incipiat positus quam tepuisse calix.
Esse tibi tanta cautus breuitate uideris?
Ei mihi, quam multis sic quoque longus eris!

II

Creta dedit magnum, maius dedit Africa nomen,
Scipio quod uictor quodque Metellus habet;
nobilius domito tribuit Germania Rheno,
et puer hoc dignus nomine, Caesar, eras.
Frater Idumaeos meruit cum patre triumphos:
quae datur ex Chattis laurea, tota tua est.

III

Sexte, nihil debes, nil debes, Sexte, fatemur:
debet enim, si quis soluere, Sexte, potest.

I *hab.* *T* ‖ 3 sint ω : sunt γ sit *T* ‖ 5 peragit αβ : peraget γ
II *hab.* *T* ‖ 3 domito αβ : -ino γ
III *hab.* *R*

IV

Ammianus, comme tu es gentil pour ta mère ! Comme ta mère est gentille pour toi, Ammianus ! Elle t'appelle frère, tu l'appelles sœur. Pourquoi ces noms assez suspects vous séduisent-ils ? Pour quelle raison n'aimez-vous pas à être ce que vous êtes ? Vous ne voyez là qu'une manière de jeu et de badinage ? Détrompez-vous : la mère qui veut être une sœur, elle ne se plaît à être ni mère, ni sœur.

V

Que je perde la santé, Décianus, si je ne souhaite de passer avec toi les jours entiers et les nuits tout entières ! Mais il y a deux mille pas qui nous séparent : ce qui en fait quatre mille puisqu'il me faut revenir. Souvent tu n'es pas chez toi ; même quand tu t'y trouves, tu fais consigner ta porte : tout ton temps est pris ou par tes plaidoiries ou par tes plaisirs. Pour te voir cependant, je ne répugne pas à faire deux mille pas ; mais pour ne pas te voir, j'ai de la répugnance à en faire quatre mille.

VI

Va donc à présent insister pour me faire publier mes petits volumes ! A peine as-tu lu deux pages que tes yeux, Severus, courent au bout du rouleau, et que tu es en proie à d'interminables bâillements ! Ce sont pourtant ces épigrammes que, quand je te les relisais, tu m'arrachais si souvent des mains pour les copier, et encore sur des tablettes Vitelliennes[1] ! Ce sont elles que tu portais l'une après l'autre, en ta poche, dans tous les dîners, dans les salles de spectacle : oui, ce sont elles

1. Sorte de tablettes, fines et délicates, dont on se servait surtout pour les messages d'amour. Cf. XIV, 8 et 9.

IV

O quam blandus es, Ammiane, matri !
quam blanda est tibi mater, Ammiane !
fratrem te uocat et soror uocatur.
Cur uos nomina nequiora tangunt ?
Quare non iuuat hoc quod estis esse ?
Lusum creditis hoc iocumque ? Non est :
matrem, quae cupit esse se sororem,
nec matrem iuuat esse nec sororem.

V

Ne ualeam, si non totis, Deciane, diebus
et tecum totis noctibus esse uelim.
Sed duo sunt quae nos disiungunt milia passum :
quattuor haec fiunt, cum rediturus eam.
Saepe domi non es ; cum sis quoque, saepe negaris :
uel tantum causis uel tibi saepe uacas.
Te tamen ut uideam, duo milia non piget ire ;
ut te non uideam, quattuor ire piget.

VI

I nunc, edere me iube libellos.
Lectis uix tibi paginis duabus
spectas eschatocollion, Seuere,
et longas trahis oscitationes.
Haec sunt, quae relegente me solebas
rapta exscribere, sed Vitellianis ;
haec sunt, singula quae sinu ferebas
per convivia cuncta, per theatra ;

IV 7 matrem β : mater γ
V *hab.* *T* || **3** disiungunt α : distingunt (-guunt) βγ
VI 6 exscribere β : scribere γ || **14** deficis β : deficit γ

— ou d'autres meilleures encore, que tu ignores. De quoi me sert que mon livre soit assez mince pour qu'aucun cylindre de rouleau ne soit moins épais, s'il te faut trois jours pour le lire en entier ? On ne vit jamais amateur plus indifférent. Cèdes-tu si promptement à la fatigue du voyage, et, quand tu as à trotter jusqu'à Bovilles, veux-tu dételer devant le temple des Muses[1] ? Va donc à présent insister pour me faire publier mes petits volumes.

VII

Tu déclames joliment, Atticus, et tu fais de jolies plaidoiries : tu écris de jolies chroniques, tu fais de jolis vers, tu composes de jolis mimes, de jolies épigrammes ; tu traites joliment des points de grammaire et joliment des questions d'astrologie ; tu as une jolie voix, Atticus, et tu danses joliment ; tu pinces joliment de la cithare et tu joues joliment à la paume. Il n'est rien que tu fasses bien ; mais tu fais joliment toutes choses. Veux-tu donc que je te dise ce que tu es ? Tu es un grand faiseur d'embarras.

VIII

Si tu trouves, lecteur, dans ces feuillets, quelques passages ou trop obscurs ou d'un latin douteux, la faute n'en est pas à moi : c'est le copiste qui les a gâtés en se pressant d'arriver pour toi au bout du compte de ses vers. Que si tu te dis que le coupable, ce n'est pas lui, mais bien moi, alors je te croirai totalement dénué d'intelligence. « Mais pourtant, dis-tu, ces vers sont mauvais ». Comme si j'étais capable de nier l'évidence ! Oui, ils sont mauvais : mais toi, tu n'en fais pas de meilleurs.

1. Le bourg de Bovilles était à 12 milles de Rome ; le temple des Muses, près de la porte Capène.

haec sunt aut meliora si qua nescis.
Quid prodest mihi tam macer libellus,
nullo crassior ut sit umbilico,
si totus tibi triduo legatur?
Numquam deliciae supiniores.
Lassus tam cito deficis uiator,
et cum currere debeas Bouillas,
interiungere quaeris ad Camenas?
I nunc, edere me iube libellos.

VII

Declamas belle, causas agis, Attice, belle;
historias bellas, carmina bella facis;
componis belle mimos, epigrammata belle;
bellus grammaticus, bellus es astrologus,
et belle cantas et saltas, Attice, belle;
bellus es arte lyrae, bellus es arte pilae.
Nil bene cum facias, facias tamen omnia belle,
uis dicam quid sis? Magnus es ardalio.

VIII

Si qua uidebuntur chartis tibi, lector, in istis
siue obscura nimis siue latina parum,
non meus est error: nocuit librarius illis
dum properat uersus adnumerare tibi.
Quod si non illum sed me peccasse putabis,
tunc ego te credam cordis habere nihil.
« Ista tamen mala sunt. » Quasi nos manifesta negemus!
Haec mala sunt, sed tu non meliora facis.

VII *1-5 et 8 hab. R* || **1** Attice α : Attale βγ || **5** Attice αβ : Attale γ || **6** *prius* es *om.* γ || bellus es a. p. γ : bellus et a. p. β **7** facias tamen *Fris.* : facis tamen βγ || **8** quid βγ : qui α || ardalio ω : hardalio β

VIII *hab. R* || **7** negemus ω : negamus *R*

IX

J'ai écrit à Naevia : mais elle n'a pas répondu : je ne l'aurai donc pas. Mais, je pense, ce que j'ai écrit, elle l'a lu [1] * : donc j'aurai la belle.

X

Tu ne m'embrasses, Postumus, que de la moitié d'une lèvre. J'en suis heureux ; mais tu peux même supprimer la moitié de cette moitié. Veux-tu me faire une grâce encore plus grande et vraiment ineffable? Garde pour toi, Postumus, cette moitié tout entière.

XI

Si tu vois, Rufus, passer Selius le front assombri par un nuage; si tu le vois arpenter si tard le portique [2] * ; si sa morne physionomie tait quelque lugubre secret; si son nez s'allonge vilainement presque à toucher le sol ; si de sa main droite il se frappe la poitrine et s'arrache les cheveux, ce n'est pas qu'il ait à déplorer la triste fin d'un ami ou d'un frère ; ses deux fils sont bien vivants, et je fais des vœux pour qu'il les conserve ; il n'est rien arrivé de fâcheux à sa femme, ni à ses meubles, ni à ses esclaves ; son fermier pas plus que son intendant ne lui ont fait le moindre tort. Quelle est donc la cause de son chagrin ? Il dîne chez lui.

XII

Que faut-il en penser ? tes baisers sentent la myrrhe et autour de toi flotte invariablement une odeur étrangère. Ceci m'est suspect, Postumus, que tu sentes bon toujours. Postumus, il ne sent pas bon celui qui sent toujours bon.

IX

Scripsi, rescripsit nil Naeuia, non dabit ergo.
Sed puto quod scripsi legerat : ergo dabit.

X

Basia dimidio quod das mihi, Postume, labro,
laudo : licet demas hinc quoque dimidium.
Vis dare maius adhuc et inenarrabile munus ?
Hoc tibi habe totum, Postume, dimidium.

XI

Quod fronte Selium nubila uides, Rufe,
quod ambulator porticum terit seram,
lugubre quiddam quod tacet piger uoltus,
quod paene terram nasus indecens tangit,
quod dextra pectus pulsat et comam uellit :
non ille amici fata luget aut fratris,
uterque natus uiuit et precor uiuat,
salua est et uxor sarcinaeque seruique,
nihil colonus uilicusque decoxit.
Maeroris igitur causa quae ? Domi cenat.

XII

Esse quid hoc dicam quod olent tua basia murram
quodque tibi est numquam non alienus odor ?
Hoc mihi suspectum est, quod oles bene, Postume, semper :
Postume, non bene olet qui bene semper olet.

IX *hab. T*
X *hab. T* || **3** maius ω : minus *T*
XI *1, 4-6, 10 hab, T* || **2** seram γ : sera β || **4** indecens tangit ω : tangit indecens β || **9** -que ω : -ue ς || **10** quae γ : quae est β *om. T* || cenat βγ : cena est *T*
XII *hab. T* || **1** murram ω : murra γ

XIII

Le juge demande de l'argent, l'avocat en demande aussi. Mon avis, Sextus ? Paye ton créancier[1].

XIV

Il n'est rien que ne tente, rien que n'ose Selius toutes les fois qu'il se voit à la fin dans la nécessité de dîner chez lui. Il court au portique d'Europe[2]* et te prodigue, Paulinus, ainsi qu'à tes pieds, rivaux de ceux d'Achille, ses flatteries sans fin. Si le portique d'Europe ne lui a rien rapporté, alors il prend le chemin des *Saepta*[3]* pour voir si le fils de Philyra ou celui d'Aeson lui seront plus propices. Déçu encore sur ce point, il se rend au temple des deux déesses de Memphis[4]* et va s'asseoir, ô génisse éplorée, sur les sièges de tes fidèles. De là il se dirige vers le toit que supportent cent colonnes[5]* et ensuite vers le monument dû à la générosité de Pompée, avec ses deux bouquets d'arbres[6]*. Il ne dédaigne ni les bains de Fortunatus ni ceux de Faustus, ni les sous-sols ténébreux de Gryllus ou l'antre d'Eole de Lupus[7]* : quant aux bains publics[8]*, il s'y baigne coup sur coup et sans arrêt. Après avoir tout essayé, mais en butte à la mauvaise volonté du ciel, il sort du bain et court de nouveau vers les buis du tiède portique d'Europe, pour voir si quelque ami n'y dirige pas tardivement ses pas. Par toi-même, par la jeune beauté que tu portas sur ton dos, amoureux Taureau[9]*, je t'en supplie, invite Selius à ta table !

XV

On ne te voit jamais boire à la santé de personne : mais c'est par bonté de cœur, Hormus, non par orgueil[10]*.

1. Mieux vaut payer tout bonnement son créancier que de se laisser mener en justice par lui.

XIII

Et iudex petit et petit patronus :
solvas censeo, Sexte, creditori.

XIV

Nil intemptatum Selius, nil linquit inausum,
cenandum quotiens iam uidet esse domi.
Currit ad Europen et te, Pauline, tuosque
laudat Achilleos, sed sine fine, pedes.
Si nihil Europe fecit, tunc Saepta petuntur,
si quid Phillyrides praestet et Aesonides.
Hinc quoque deceptus Memphitica templa frequentat,
adsidet et cathedris, maesta iuuenca, tuis.
Inde petit centum pendentia tecta columnis,
illinc Pompei dona nemusque duplex ;
nec Fortunati spernit nec balnea Fausti,
nec Grylli tenebras Aeoliamque Lupi :
nam thermis *iterumque* iterumque iterumque lauatur.
Omnia cum fecit, sed renuente deo,
lotus ad Europes tepidae buxeta recurrit,
si quis ibi serum carpat amicus iter.
Per te perque tuam, uector lasciue, puellam,
ad cenam Selium tu, rogo, taure, voca.

XV

Quod nulli calicem tuum propinas
humane facis, Horme, non superbe.

XIV 1 linquit ω : inquit γ *L* || **5** tunc β : tum γ || **7** hinc βγ *Lindsay* : hic ς *Schryver Friedlaender Heraeus* || **13** iterumque *ter Lindsay Heraeus* : *bis tantum* γ iterum ternis iterumque *Heinsius Gilbert*

XVI

Zoïle est malade : cette fièvre est l'effet de ses couvertures. Supposons-le bien portant [1] : quel besoin aura-t-il de ses couvre-pieds d'écarlate ou d'un matelas apporté du Nil ou d'un autre plongé dans la teinture de Sidon à l'odeur violente [2] * ? Ne faut-il pas être vraiment malade pour étaler de si extravagantes richesses ! Qu'as-tu à faire avec les médecins ? Envoie promener tous les Machaons [3]*. Tu veux guérir ? Prends mes couvertures [4] *.

XVII

Il y a une coiffeuse assise [5] * à l'entrée même de la rue de Subura [6] *, à l'endroit où sont suspendus les fouets sanglants destinés aux supplices et où de nombreux savetiers [7] * font vis-à-vis au Quartier des Potiers. Mais cette coiffeuse, Ammianus, ne rase pas ; elle ne rase pas, te dis-je. Que fait-elle donc ? elle écorche [8] *.

XVIII

Je cours — j'en rougis, mais il faut l'avouer, Maximus — après tes invitations à dîner : mais toi, tu cours après celles d'un autre : nous voici donc égaux. Au lever du jour, je viens t'apporter mes salutations : on me dit que tu es déjà sorti pour porter les tiennes : nous voici donc encore égaux. Moi-même je te fais escorte et je fais le laquais devant mon arrogant patron : mais toi, tu en escortes un autre : nous voici donc encore égaux. C'est bien assez d'être esclave, je ne veux plus être un esclave d'esclave. Celui qui est patron, Maximus, ne doit pas avoir de patron.

1. Jeu de mots : *sanus* signifie « bien portant » et « sain d'esprit ». Même jeu de mots sur *morbus*.

XVI

Zoilus aegrotat : faciunt hanc stragula febrem.
Si fuerit sanus, coccina quid facient?
quid torus a Nilo, quid Sidone tinctus olenti?
ostendit stultas quid nisi morbus opes?
Quid tibi cum medicis? dimitte Machaonas omnis.
Vis fieri sanus? stragula sume mea.

XVII

Tonstrix Suburae faucibus sedet primis,
cruenta pendent qua flagella tortorum
Argique Letum multus obsidet sutor :
sed ista tonstrix, Ammiane, non tondet,
non tondet, inquam. Quid igitur facit? Radit.

XVIII

Capto tuam, pudet heu, sed capto, Maxime, cenam,
tu captas aliam : iam sumus ergo pares.
Mane salutatum uenio, tu diceris isse
ante salutatum : iam sumus ergo pares.
Sum comes ipse tuus tumidique anteambulo regis,
tu comes alterius : iam sumus ergo pares.
Esse sat est seruum, iam nolo uicarius esse.
Qui rex est regem, Maxime, non habeat.

XVI *hab.* *T* || 3 tinctus ω : cinctus ς || olenti ω : olent γ || 4 Quid γ : Quis αβ [Qui (?) *PQ*]
XVIII *1-4 et 7-8 hab.* *T* || 8 Maxime αβ : Postume γ [*sed* Maxime *in v. 1 et in lemmate* AD MAXIMVM]

XIX

Tu t'imagines que je fais mon bonheur d'un dîner, Zoïle? mon bonheur d'un dîner, et surtout à ta table? Il doit prendre son repas dans la rue d'Aricie [1], l'hôte qui met son bonheur à s'asseoir à ta table, Zoïle.

XX

Paulus achète des poésies, et Paulus lit au public ses poésies [2] : ce qu'on achète, n'a-t-on pas le droit de le dire à soi?

XXI

Aux uns tu donnes des baisers, aux autres, Postumus, tu offres la main. Tu dis : « Que préfères-tu? Choisis ». Je préfère la main [3].

XXII

Qu'ai-je à faire avec vous, ô Phébus, ô Neuf Sœurs? Voici que la muse de la plaisanterie fait du tort à son propre poète! Jusqu'ici Postumus ne m'embrassait jamais que de la moitié d'une lèvre; voici à présent qu'il m'embrasse des deux!

XXIII

Je ne dirai pas, quand même vous me le demanderiez sans répit, qui est le Postumus de mon petit livre : je ne le dirai pas : quel besoin ai-je, en effet, d'offenser ces embrassades qui peuvent si bien se venger?

1. Cette rue était le rendez-vous des mendiants, parce qu'il y passait beaucoup de gens allant à la campagne ou en revenant. Cf. Juv. IV, 116.
2. C'est aussi le travers de Fidentinus.
3. Il craint d'être asphyxié par son haleine. Cf. épigr. 10 et les deux suivantes. Cf. aussi II, 15.

XIX

Felicem fieri credis me, Zoile, cena ?
felicem cena, Zoile, deinde tua ?
Debet Aricino conuiua recumbere cliuo,
quem tua felicem, Zoile, cena facit.

XX

Carmina Paulus emit, recitat sua carmina Paulus.
Nam quod emas possis iure uocare tuum.

XXI

Basia das aliis, aliis das, Postume, dextram.
Dicis « Vtrum mavis ? elige. » Malo manum.

XXII

Quid mihi uobiscum est, o Phoebe nouemque sorores ?
ecce nocet uati Musa iocosa suo.
Dimidio nobis dare Postumus ante solebat
basia, nunc labro coepit utroque dare.

XXIII

Non dicam, licet usque me rogetis,
qui sit Postumus in meo libello,
non dicam : quid enim mihi necesse est
has offendere basiationes,
quae se tam bene uindicare possunt ?

XIX *3-4 hab. T*
XX *hab. R* || 2 *om.* β || iure vocare α : dicere iure γ
XXI *hab. T*
XXII *hab. T*
XXIII 2 Qui β *edd.* : quid γ [*praeter unum X*] quis *X* ς

XXIV

Tu me disais : « Si la fortune, cruelle pour toi, t'assigne le triste sort d'accusé, je m'attacherai à toi, en habits de deuil et plus pâle que toi l'inculpé ; si elle veut que tu sois condamné à quitter la terre de tes aïeux, — à travers les mers, à travers les récifs, j'irai, compagnon de ton exil ». Elle t'accorde les richesses. Est-ce qu'elles vont aller à tous les deux ? M'en donnes-tu la moitié ? Est-ce-trop [1]* ? Candidus, me donnes-tu seulement quelque chose ? Tu entends être mon compagnon de misère : mais si la divinité favorable tourne vers toi un visage souriant, tu entends, Candidus, jouir seul de ton bonheur.

XXV

Sans te donner jamais, tu dis toujours oui, Galla, à mes prières. Si tu trompes toujours, je t'en supplie, Galla, dis-moi non désormais [2]*.

XXVI

Si la respiration de Naevia est sifflante, si sa toux est âpre, si de temps à autre elle envoie des crachats sur ta poitrine, tu t'imagines, Bithynicus, avoir déjà atteint ton but [3]* ? Erreur ! Naevia veut te cajoler : elle ne meurt pas.

XXVII

Quand Selius tend ses filets en vue d'un bon dîner, prends-le avec toi pour t'applaudir, soit que tu fasses une lecture publique, soit que tu plaides. « Bien réussi ! Que de vigueur ! Quelle prestesse ! Malin, cela [4]* ! bravo ! parfait ! » — « C'est là ce que je voulais. Tu as déjà gagné ton dîner : tais-toi ».

XXIV

« Si det iniqua tibi tristem fortuna reatum,
squalidus haerebo pallidiorque reo :
si iubeat patria damnatum excedere terra,
per freta, per scopulos exulis ibo comes. »
Dat tibi diuitias : ecquid sunt ista duorum ?
Das partem ? Multum est ? Candide, das aliquid ?
Mecum eris ergo miser : quod si deus ore sereno
adnuerit, felix, Candide, solus eris.

XXV

Das numquam, semper promittis, Galla, roganti :
si semper fallis, iam rogo, Galla, nega.

XXVI

Quod querulum spirat, quod acerbum Naeuia tussit,
inque tuos mittit sputa subinde sinus,
iam te rem factam, Bithynice, credis habere ?
Erras : blanditur Naeuia, non moritur.

XXVII

Laudantem Selium cenae cum retia tendit
accipe, siue legas siue patronus agas :
« Effecte ! graviter ! cito ! nequiter ! euge ! beate ! » —
« Hoc volui ! Facta est iam tibi cena, tace ».

XXIV *hab. T, 7-8 hab. R* || **5** duorum ω : deorum γ || **6** Multum est ? *Gilbert Lindsay Heraeus* : « Multum est » *Schneidewin Duff*

XXVI *hab. T* || **2** tuos ω : suos ς

XXVII 3 cito γ : *om.* β st. ! *Schneidewin male cf. Heraeus* || **4** *Sic distinguunt Duff Heraeus* [*dubitat Lindsay* : *cf. tamen VI 60* (*61*), *4, quod Duff apte apponit*] : hoc uolui *Selio continuant Gruter alii*

XXVIII

Ris longuement, Sextillus, au nez de qui te traite d'inverti, et tends vers lui ton médius [1] ! Mais d'autre part tu n'aimes ni les jeunes garçons, Sextillus, ni les femmes, et la bouche brûlante de Vetustina ne te dit rien. Tu n'as aucun de ces goûts-là, je le reconnais, Sextillus. Qu'aimes-tu donc ? Je ne sais, mais toi, tu sais bien que deux choses restent encore [2] *.

XXIX

Tu vois, Rufus, cet individu qui se prélasse au premier rang des sièges [3] * : même à cette distance, on voit briller sa main parée de sardoines. Son manteau a bien des fois absorbé la pourpre de Tyr [4] * et sa toge est d'une étoffe faite pour surpasser la neige immaculée. Sa chevelure luisante emplit de son parfum tout le théâtre de Marcellus [5] *, et ses bras, épilés et glabres, offrent aux yeux une éclatante blancheur ; ses lacets de soulier, qui ne sont même pas vieux d'un jour, retombent sur sa chaussure à lunule [6] * ; un souple cuir revêt d'écarlate son pied sans le blesser, et nombre de mouches parsèment son front d'étoiles. En veux-tu savoir la raison ? Enlève ses mouches, et tu la liras [7] *.

XXX

Je priais par aventure quelqu'un de me prêter vingt mille sesterces, ce qui, même s'il m'en eût fait cadeau, ne l'aurait pas beaucoup gêné, car je m'adressais à un riche et vieil ami, dont le coffre-fort détient [8] * des richesses surabondantes. Il me répond : « Tu veux être riche ? Fais-toi avocat ». Donne-moi ce que je demande, Gaius : je ne demande pas de conseil !

1. En signe d'outrage et de dérision. Ce geste passait aussi pour écarter les effets du mauvais œil.

XXVIII

Rideto multum qui te, Sextille, cinaedum
dixerit et digitum porrigito medium.
Sed nec pedico es nec tu, Sextille, fututor,
calda Vetustinae nec tibi bucca placet.
Ex istis nihil es fateor, Sextille : quid ergo es ?
Nescio, sed tu scis res superesse duas.

XXIX

Rufe, uides illum subsellia prima terentem,
cuius et hinc lucet sardonychata manus
quaeque Tyron totiens epotauere lacernae
et toga non tactas uincere iussa niues,
cuius olet toto pinguis coma Marcelliano
et splendent uolso bracchia trita pilo,
non hesterna sedet lunata lingula planta,
coccina non laesum pingit aluta pedem,
et numerosa linunt stellantem splenia frontem.
Ignoras quid sit ? Splenia tolle, leges.

XXX

Mutua uiginti sestertia forte rogabam,
quae uel donanti non graue munus erat :
quippe rogabatur felixque uetusque sodalis
et cuius laxas arca flagellat opes.
Is mihi « Diues eris, si causas egeris » inquit.
Quod peto da, Gai : non peto consilium.

XXIX 1 terentem γ *L f edd.* : tenentem *PQF* ‖ **3** totiens γ : quo tiens β ‖ **5** Marcelliano βγ [*praeter E*] *Lindsay* [*cf. Suet. Vesp. 19 et Inscript. Dessau 7505*] : Marcellino *G* [« *fort. recte* » *Lindsay*, *confert Heraeus* « *Metellinus* »] Marcelliniano *É* Marcellano *Saumaise Heraeus qui confert* « *Lucullanus* » ‖ **8** pingit β : cingit γ ‖ **10** quid ω : qui ς ‖ leges ω : legas *XV*

XXX *hab. T*‖**3** felixque αγ : fidusque β‖uetusque βγ : uerusque *T*

XXXI

J'ai souvent possédé Chrestina. Tu veux savoir combien on a de plaisir avec elle ? Au delà, Marianus, de tout ce qu'on peut rêver.

XXXII

J'ai un procès avec Balbus : toi, Ponticus, tu ne veux pas offenser Balbus [1]*. J'en ai un autre avec Licinus : celui-ci est également un gros personnage. Mon voisin Patrobas [2]* empiète souvent sur mon champ : tu n'oses pas marcher contre un affranchi de César. Laronia ne reconnaît pas que je lui ai prêté mon esclave, et elle le garde : tu me réponds : « Elle est sans enfants, elle est riche, elle est vieille, elle est veuve ». Il ne fait pas bon, par ma foi, se faire l'esclave d'un protecteur esclave lui-même [3]* : qu'il commence par être libre, celui qui souhaitera d'être mon maître.

XXXIII

Pourquoi je ne te donne pas de baisers, Philaenis ? Tu es chauve. Pourquoi je ne te donne pas de baisers, Philaenis? Tu es rousse. Pourquoi je ne te donne pas de baisers, Philaenis ? Tu es borgne. Celui qui baise tout cela, Philaenis, [a des goûts contre nature].

XXXIV

Tout entière à ta passion pour Philéros, que tu as acheté [4]* au prix de toute ta dot, tu laisses, Galla, tes trois enfants mourir de faim. Tu pousses à ce point la complaisance pour un vagin blanchi par les ans, auquel pas même un chaste amour ne saurait plus convenir. Puissent les dieux faire à jamais de toi la maîtresse de Philéros, ô mère qui vaux encore moins cher que Pontia [5]* !

XXXI

Saepe ego Chrestinam futui. Det quam bene quaeris ?
Supra quod fieri nil, Mariane, potest.

XXXII

Lis mihi cum Balbo est, tu Balbum offendere non uis,
Pontice. Cum Licino est : hic quoque magnus homo est.
Vexat saepe meum Patrobas confinis agellum :
contra libertum Caesaris ire times.
Abnegat et retinet nostrum Laronia seruum :
respondes « Orba est, diues, anus, uidua. »
Non bene, crede mihi, seruo seruitur amico :
sit liber, dominus qui uolet esse meus.

XXXIII

Cur non basio te, Philaeni ? calua es.
Cur non basio te, Philaeni ? rufa es.
Cur non basio te, Philaeni ? lusca es.
Haec qui basiat, o Philaeni, fellat.

XXXIV

Cum placeat Phileros tota tibi dote redemptus,
tres pateris natos, Galla, perire fame.
Praestatur cano tanta indulgentia cunno
quem nec casta potest iam decuisse Venus.
Perpetuam di te faciant Philerotis amicam,
o mater, qua nec Pontia deterior.

XXXI *hab. R* || **1** futui ω : tetigi α || det ω : sed *R*
XXXII *hab. T* || **3** Patrobas αγ : Protas β || **5** Laronia αγ : Laetoria β
XXXIII *1-3 hab. T* || **1-4** Philaeni ω : Philene γ || **2** rufa *T* [*fort. P*] *edd.* : ruffa β russa γ
XXXIV **6** Pontia γ: Pontica β [*id est Medea*]

XXXV

Puisque tu as des jambes qui rappellent les cornes de la lune, tu pourrais bien, Phébus, prendre des bains de pieds dans un rhytium [1].

XXXVI

Je ne te voudrais pas de boucles frisées, ni non plus une chevelure en broussailles ; je ne voudrais pas que ta peau fût d'une blancheur éclatante, je ne la voudrais pas sale non plus ; je ne te souhaite point la barbe des porteurs de mitres [2]* ni celle des accusés ; je n'aime pas que l'on soit homme à l'excès, Pannychus, ni qu'on le soit trop peu. Or, tes jambes se hérissent de poils et une toison velue se dresse sur ta poitrine : mais tu as, Pannychus, une âme épilée [3]*.

XXXVII

Tout ce qu'on te sert, tu l'escamotes de droite et de gauche : pointes de tétines de truie, côtelettes de porc, coq de bruyère servi pour deux, demi-mulet [4]* et loup tout entier, filet de murène et cuisse de poulet, pigeon arrosé de son jus, tout cela vient s'engouffrer dans ta serviette toute trempée, et tu la remets ensuite à ton jeune esclave pour la porter chez toi. Quant à nous, nous restons tous à table sans avoir plus rien à y faire. Si tu as quelque vergogne, rends-nous notre dîner : ce n'est pas pour demain, Caecilianus, que je t'ai invité [5]*.

XXXVIII

Tu voudrais savoir, Linus, ce que me rapporte ma ferme de Nomentum? Voici ce qu'elle me rapporte : le plaisir, Linus, de ne pas te voir [6]*.

1. Sorte de corne à boire, de forme demi-circulaire. (Phébus est bancal.)

XXXV

Cum sint crura tibi similent quae cornua lunae,
in rhytio poteras, Phoebe, lauare pedes.

XXXVI

Flectere te nolim, sed nec turbare capillos;
splendida sit nolo, sordida nolo cutis;
nec *mitratorum* nec sit tibi barba reorum :
nolo uirum nimium, Pannyche, nolo parum.
Nunc sunt crura pilis et sunt tibi pectora saetis
horrida, sed mens est, Pannyche, uolsa tibi.

XXXVII

Quidquid ponitur hinc et inde uerris,
mammas suminis imbricemque porci
communemque duobus attagenam,
mullum dimidium lupumque totum
muraenaeque latus femurque pulli
stillantemque alica sua palumbum.
Haec cum condita sunt madente mappa,
traduntur puero domum ferenda :
nos accumbimus otiosa turba.
Vllus si pudor est, repone cenam :
cras te, Caeciliane, non uocaui.

XXXVIII

Quid mihi reddat ager quaeris, Line, Nomentanus ?
Hoc mihi reddit ager : te, Line, non uideo.

XXXV *hab. T* || **1** sint ω : sunt γ || similent αβγ *Lindsay Heraeus* simulent *uulg.*

XXXVI *1-2, 5-6 hab. R* || **1** sed *om. R.* || **3** nec mitratorum *Housman* : nec tibi mitrarum [-tharum] *codd.* [*Friedlaender confert X 18,4* (togae) *et V 8, 12* (lacernas) *non apte, ut videtur*]

XXXVII *1-2, 4-5, 10-11 hab. T* || **6** stillantemque ω : stell- γ || alica *edd.* : hal- *codd.* || **11** uocaui ω: uocabo α

XXXVIII *hab. T* || **2** reddit ω : -et γ

XXXIX

Tu fais présent d'étoffes écarlates et violettes à une femme notoirement adultère. Veux-tu lui faire le cadeau qu'elle mérite ? Envoie-lui une toge[1].

XL

C'est à tort qu'on dit Tongilius en proie à une brûlante fièvre demi-tierce. Je connais les subterfuges de notre homme : il a faim et soif. A présent il tend des filets pleins de ruses aux cailles dodues et il présente l'hameçon au mulet et au loup. Que l'on filtre le Cécube et les vins qu'a vus mûrir le consulat d'Opimius ; que le falerne coloré soit mis dans de petits flacons ! Tous les médecins ont ordonné les bains à Tongilius. Grands sots ! Vous croyez que c'est de la fièvre ? C'est de la gourmandise[2] *.

XLI

« Ris, si tu es avisée, ô jeune beauté, ris ». Ainsi s'est exprimé le poète pélignien[3] *, si je ne me trompe ; mais il ne l'a pas dit pour toutes les jeunes femmes, et en admettant même qu'il l'ait dit pour toutes les jeunes femmes, il ne l'a pas dit pour toi : toi, tu n'es pas une jeune femme, et tu n'as plus, Maximina, que trois dents : encore ont-elles tout à fait la couleur de la poix et du buis. C'est pourquoi, si tu veux bien t'en rapporter à ton miroir et à mon jugement, tu ne dois pas moins appréhender le rire que Spanius le vent et Priscus le coude du passant[4] *, que Fabulla les averses avec sa couche de craie et Sabella le soleil avec sa céruse. Revêts un air plus sévère que l'épouse de Priam ou la femme de son fils

1. La loi forçait les courtisanes ainsi que les femmes prises en flagrant délit d'adultère à porter la toge dans les rues.

XXXXI

Coccina famosae donas et ianthina moechae :
uis dare quae meruit munera ? Mitte togam.

XL

Vri Tongilius male dicitur hemitritaeo.
Noui hominis fraudes : esurit atque sitit.
Subdola tenduntur crassis nunc retia turdis,
hamus et in mullum mittitur atque lupum.
Caecuba saccentur quaeque annus coxit Opimi,
condantur parco fusca Falerna uitro.
Omnes Tongilium medici iussere lauari :
o stulti, febrem creditis esse ? Gula est.

XLI

« Ride si sapis, o puella, ride »
Paelignus, puto, dixerat poeta :
sed non dixerat omnibus puellis.
Verum ut dixerit omnibus puellis,
non dixit tibi : tu puella non es,
et tres sunt tibi, Maximina, dentes,
sed plane piceique buxeique.
Quare si speculo mihique credis,
debes non aliter timere risum,
quam uentum Spanius manumque Priscus,
quam cretata timet Fabulla nimbum,
cerussata timet Sabella solem.
Voltus indue tu magis seueros,

XL *hab. T* || **2** fraudes αβ : mores γ || **3** turdis βγ : ceruis α || **5** saccentur γ : sicc- β sinc- *T* || **6** condantur β [*praeter L*] : -untur *T* -atur γ *L* || fusca β γ : fusa α

XLI *6-7, 9-23 hab. T, sed alio ordine dispositos* || **6** et ω : nam α || **10** -que αγ : -ue β || **13** seueros ω : saeuos *T* || **18** labella ω : puella γ

aîné[1] : fuis les mimes du comique Philistion[2], ainsi que les festins trop libres et tous ces propos, échappés à un spirituel enjouement, qui descellent de jeunes lèvres par de transparents éclats de rire[3]. Pour toi, il te sied de t'asseoir à côté d'une mère en deuil, d'une veuve désolée ou d'une sœur qui pleure un frère plein de tendresse, et de n'avoir des loisirs que pour les Muses de la tragédie. Oui, écoute mes conseils, et pleure, si tu es avisée, ô jeune beauté, pleure.

XLII

Zoïle, pourquoi souilles-tu l'eau de la piscine en y trempant ton anus ? Mais veux-tu la rendre encore plus sale ? Plonges-y ta tête[4].

XLIII

« Tout est commun entre amis ». — Voici, Candidus, la voici ta façon de comprendre cette communauté de biens que tu proclames jour et nuit d'une voix grandiloquente ! Toi, tu te revêts d'une toge trempée dans les eaux de ce Galèse qui rappelle Lacédémone[5], ou que Parme a filée pour toi avec des laines de choix ; mais la mienne, le premier mannequin[6]* qui, dans l'amphithéâtre, a subi les assauts furieux et les cornes d'un taureau ne voudrait pas qu'elle passât pour lui appartenir. Le pays de Cadmus[7]* t'a envoyé des manteaux tyriens : on ne donnera jamais trois sesterces de ma robe d'écarlate. Tu as des tables en cédratier de Libye que soutiennent des pieds d'ivoire : ma table de hêtre repose sur des briques[8]*.

1. Hécube et Andromaque.
2. Auteur et acteur de mimes de l'époque d'Auguste.
3. C'est-à-dire « découvrant les dents. »
4. Cf. II, 70.
5. A cause de Tarente, fondée par le lacédémonien Phalanthos, sous les murs de laquelle il coule. Cf. Virg. *Géorg* IV, 125. La laine des troupeaux qui paissaient sur les bords du Galèse était célèbre.

quam coniunx Priami nurusque maior ;
mimos ridiculi Philistionis
et conuiuia nequiora uita
et quidquid lepida procacitate
laxat perspicuo labella risu.
Te maestae decet adsidere matri
lugentique uirum piumue fratrem,
et tantum tragicis uacare Musis.
At tu iudicium secuta nostrum
plora, si sapis, o puella, plora.

XLII

Zoile, quid solium subluto podice perdis?
Spurcius ut fiat, Zoile, merge caput.

XLIII

Κοινὰ φίλων haec sunt, haec sunt tua, Candide, κοινά,
quae tu magnilocus nocte dieque sonas :
te Lacedaemonio uelat toga lota Galaeso
uel quam seposito de grege Parma dedit :
at me, quae passa est furias et cornua tauri,
noluerit dici quam pila prima suam.
Misit Agenoreas Cadmi tibi terra lacernas :
non uendes nummis coccina nostra tribus.
Tu Libycos Indis suspendis dentibus orbis :
fulcitur testa fagina mensa mihi.
Inmodici tibi flaua tegunt chrysendeta mulli :
concolor in nostra, cammare, lance rubes.

20 lugentique βγ : -uc α || piumue α : -que β γ
XLII *hab.* *R* || 2 fiat ω fias γ
XLIII 1-2 *sic dist. Lindsay* [*in textu*] : « *Fortasse* : κοινὰ φίλων ! haec...... sonas ? *interrogative Lindsay* » *in adn.* ; *post alterum* κοινά *punctum posuit Heraeus* || 4 Parma ω : terra γ

Des surmulets d'une taille démesurée s'étalent sur tes plats que jaunit l'or des ciselures [1] : tu rougis, ô crabe, dans ma vaisselle de même couleur que toi. Le troupeau de jeunes esclaves qui t'entoure pourrait rivaliser avec le mignon de Jupiter : moi, ma main me sert au lieu et place du troyen Ganymède. De tant de richesses, tu ne trouves rien à donner à ton vieil et fidèle camarade, et tu oses dire, Candidus : « Tout est commun entre amis » !

XLIV

Dès que j'achète un jeune esclave, une toge à la longue laine, ou encore, par exemple, trois ou quatre livres d'argenterie, aussitôt Sextus, ce prêteur à intérêt que tu connais pour mon vieux camarade, appréhende que je ne lui demande quelque argent. Il prend ses précautions et marmotte entre ses dents, mais de façon que je l'entende : « Je dois sept mille sesterces à Secundus, quatre mille à Phébus, onze mille à Philétus, et je n'ai pas un rouge liard dans mon coffre-fort ! » Oh ! que mon vieux camarade est ingénieux ! Il y a de la dureté de cœur, Sextus, à refuser quand on vous sollicite : mais combien plus à refuser avant même d'être sollicité !

XLV

Cette verge qui n'avait pas la force de se redresser a été, Glyptus, l'objet d'une opération chirurgicale. Grand fou, qu'avais-tu besoin du fer ? Tu étais déjà un galle.

XLVI

De même que l'Hybla en fleurs se colore de nuances diverses, lorsque les abeilles de Sicile saccagent un printemps trop court, de même tes manteaux superposés font une bigarrure à ta garde-robe, et de même ton coffre brille de toutes les teintes de tes innombrables vêtements d'intérieur ; enfin tes toges blanches pourraient habiller une

1. Il s'agit de plats d'argent rehaussés d'or.

Grex tuus Iliaco poterat certare cinaedo :
at mihi succurrit pro Ganymede manus.
Ex opibus tantis ueteri fidoque sodali
das nihil et dicis, Candide, κοινὰ φίλων?

XLIV

Emi seu puerum togamue pexam
seu tres, ut puta, quattuorue libras,
Sextus protinus ille fenerator,
quem nostis ueterem meum sodalem,
ne quid forte petam timet cauetque,
et secum, sed ut audiam, susurrat :
« Septem milia debeo Secundo,
Phoebo quattuor, undecim Phileto,
et quadrans mihi nullus est in arca. »
O grande ingenium mei sodalis !
Durum est, Sexte, negare, cum rogaris :
quanto durius, antequam rogeris !

XLV

Quae tibi non stabat praecisa est mentula, Glypte.
Demens, cum ferro quid tibi ? Gallus eras.

XLVI

Florida per uarios ut pingitur Hybla colores,
cum breue Sicaniae uer populantur apes,
sic tua subpositis conlucent prela lacernis,
sic micat innumeris arcula synthesibus,
atque unam uestire tribum tua candida possunt,

XLIV 2 ut γ : vel β || **6** sed ut ω : sicut γ || **11** rogaris γ : rogeris β
XLV *hab. R* || **1** Glypte βγ : Gille α
XLVI *1-4, 7-10 hab. T* || **3** conlucent αγ : prae- *L* per- *PQF* || prela ω : prata γ || **5** unam *codd. edd.* : omnem *Postgate* XLVI, **8** lateris ω : later *T* lateri ς || trita *codd.* tuta ς || tui *Friedlaender* : times *codd. Lindsay Heraeus*

tribu tout entière, — ces toges dont la laine t'arrive d'Apulie, recueillie sur plus d'un troupeau. Mais toi, tu regardes avec indifférence ton ami, — quelle indignité ! — subir court-vêtu les assauts de l'hiver, et le client qui te fait escorte[1] * grelotter dans ses guenilles[2] *. Quel sacrifice y aurait-il, pauvre homme ! à dérober deux bandes d'étoffe — pourquoi protestes-tu, Naevolus[3] * ? — non pas à toi, mais aux mites ?

XLVII

Fuis, je te le conseille, les filets artificieux d'une adultère notoire, ô Gallus, toi dont le corps est plus poli que les coquilles de Vénus. Tu comptes sur tes fesses ? Le mari n'a point ce goût-là : il ne connaît que deux manières : il lui faut une bouche ou un vagin.

XLVIII

Un cabaretier, un boucher, des bains, un barbier, un échiquier avec ses pièces, quelques livres, mais en m'en laissant le choix, un seul familier point trop illettré, un jeune esclave déjà grand et qui reste longtemps imberbe, et une fille qui soit chère à mon esclave, — procure-moi tout cela, Rufus, même à Butunti[1] *, et garde pour toi les bains chauds de Néron !

XLIX

Je ne veux point prendre Télésina pour femme. Pourquoi ? C'est une adultère. Mais Télésina se livre à de jeunes esclaves. C'est bien, je l'épouse.

L

Ta bouche s'offre aux mâles, Lesbie ! et tu bois de l'eau. Tu n'as pas tort : tu emploies l'eau du côté qu'il faut.

Apula non uno quae grege terra tulit.
Tu spectas hiemem succincti lentus amici
pro scelus! et lateris frigora trita *tui*.
Quantum erat, infelix, pannis fraudare duobus—
quid renuis?—non te, Naeuole, sed tineas?

XLVII

Subdola famosae moneo fuge retia moechae,
leuior o conchis, Galle, Cytheriacis.
Confidis natibus? Non est pedico maritus;
quae faciat duo sunt : irrumat aut futuit.

XLVIII

Coponem laniumque balneumque,
tonsorem tabulamque calculosque
et paucos, sed ut eligam, libellos :
unum non nimium rudem sodalem
et grandem puerum diuque leuem
et caram puero meo puellam :
haec praesta mihi, Rufe, vel But untis,
et thermas tibi habe Neronianas.

XLIX

Vxorem nolo Telesinam ducere : quare?
Moecha est. Sed pueris dat Telesina : uolo.

L

Quod fellas et aquam potas, nil, Lesbia, peccas :
qua tibi parte opus est, Lesbia, sumis aquam.

10 renuis βγ *Lindsay* : metuis α *Heraeus*
XLVII *1-2 hab. T* ‖ **3** confidis β : -es γ
XLIX *hab. T*

LI

Bien que dans tout ton coffre-fort il n'y ait souvent qu'un seul denier, et qu'au surplus il soit plus usagé, Hyllus, que ton cul, ce n'est pourtant pas le boulanger, ce n'est pas le cabaretier qui l'en tireront, mais le premier venu qui pourra s'enorgueillir d'une énorme verge. Ton ventre infortuné contemple les festins de ton cul, et le malheureux a toujours faim tandis que l'autre dévore.

LII

Dasius sait à merveille faire le compte de ses baigneurs. Il a demandé à cette grosse dondon de Spatalé le droit d'entrée pour trois ; et elle a payé [1].

LIII

Tu veux devenir libre ? Mensonge, Maximus, tu ne le veux pas : mais si tu veux le devenir, en voici le moyen. Tu seras libre, Maximus, si tu te refuses à aller dîner en ville, si le raisin de Veïes [2]* étanche ta soif, si tu peux te moquer de la vaisselle à ciselures d'or de ce pauvre Cinna, si tu peux te contenter d'une toge pareille à la mienne, si tu fais la conquête d'une vulgaire courtisane pour deux as, si tu peux supporter de ne rentrer chez toi qu'en te courbant [3]*. Si tu as cette force d'âme, si tu es à ce point maître de tes inclinations, tu peux vivre plus libre que le roi des Parthes [4]*.

LIV

Quel genre de soupçons, Linus, tu inspires à ta femme et de quel côté elle te désire plus chaste, elle l'a suffisamment prouvé par d'infaillibles indices quand elle t'a donné pour gardien un eunuque. Il n'est rien au monde de plus fin et de plus malicieux qu'elle.

1. C'est-à-dire « elle a reconnu le bien-fondé de la demande ».

LI

Vnus saepe tibi tota denarius arca
cum sit et hic culo tritior, Hylle, tuo,
non tamen hunc pistor, non auferet hunc tibi copo,
sed si quis nimio pene superbus erit.
Infelix uenter spectat conuiuia culi,
et semper miser hic esurit, ille uorat.

LII

Nouit loturos Dasius numerare : poposcit
mammosam Spatalen pro tribus ; illa dedit.

LIII

Vis fieri liber ? Mentiris, Maxime, non uis :
sed fieri si uis, hac ratione potes.
Liber eris, cenare foris si, Maxime, nolis,
Veientana tuam si domat uua sitim,
si ridere potes miseri chrysendeta Cinnae,
contentus nostra si potes esse toga,
si plebeia Venus gemino tibi uincitur asse,
si tua non rectus tecta subire potes.
Haec tibi si uis est, si mentis tanta potestas,
liberior Partho uiuere rege potes.

LIV

Quid de te, Line, suspicetur uxor
et qua parte velit pudiciorem,
certis indiciis satis probauit,
custodem tibi quae dedit spadonem.
Nil nasutius hac maligniusque.

LI *hab. R* || **3** non auferet βγ : nec auferet α
LII 1 loturos *codd.* : loturas ς
LIII *hab. T* || **1** fieri liber βγ : liber fieri α || **2** potes βγ : -est *T* || **3** nolis αβ *Gilbert Lindsay Heraeus* : nolles γ || **7** uincitur *codd. Gilbert Lindsay Heraeus* : iungitur *Heinsius Duff Giarratano*
LIV 5 maligniusque γ : -que est β

LV

Tu veux, Sextus, que je te courtise [1] : je voulais t'aimer. Il faut t'obéir : tu l'ordonnes, tu seras courtisé : mais si je te courtise, Sextus, je ne t'aimerai pas.

LVI

Parmi les populations de la Libye, Gallus [2], ta femme a mauvaise réputation : on lui reproche une cupidité honteuse et sans frein. Mais ce sont là de purs mensonges : elle n'a pas du tout coutume de recevoir. Quelle est donc sa coutume ? Elle se donne [3].

LVII

Cet individu que vous voyez marcher à pas languissants et indécis ; qui, vêtu de violet, prend par le milieu des Saepta [4] en coupant la foule ; que mon ami Publius ne pourrait surpasser par l'éclat de son manteau, ni même Cordus [5], le prince des porteurs de pénules ; que suit une escorte de clients en toge et d'esclaves à longue chevelure, ainsi qu'une litière aux toiles et aux courroies toutes fraîches [6], — il a mis tout à l'heure en gage au comptoir de Cladus, pour huit deniers obtenus à grand' peine [7], son anneau de chevalier afin d'avoir à dîner [8] *.

LVIII

Avec ta belle toge à longue laine, tu ris, Zoïle, de mes vêtements râpés. Ils sont râpés, en effet, Zoïle : mais ils sont à moi [9] *.

1. C'est-à-dire que je sois ton client plutôt que ton ami.
2. Gallus est apparemment gouverneur de Numidie.
3. Jeu de mots sur *dare*, « donner » et « faire l'amour » (en parlant d'une femme).
4. Cf. II, 14, 5 note.
5. Cf. V, 26.
6. Il veut en imposer.
7. Ou peut-être : pour moins de 8 deniers.

LV

Vis te, Sexte, coli : uolebam amare.
Parendum est tibi : quod iubes, coleris ;
sed si te colo, Sexte, non amabo.

LVI

Gentibus in Libycis uxor tua, Galle, male audit
inmodicae foedo crimine auaritiae.
Sed mera narrantur mendacia : non solet illa
accipere omnino. Quid solet ergo ? Dare.

LVII

Hic quem videtis gressibus uagis lentum,
amethystinatus media qui secat Saepta,
quem non lacernis Publius meus uincit,
non ipse Cordus alpha paenulatorum,
quem grex togatus sequitur et capillatus
recensque sella linteisque lorisque,
oppigneravit modo modo ad Cladi mensam
uix octo nummis anulum, unde cenaret.

LVIII

Pexatus pulchre rides mea, Zoile, trita.
Sunt haec trita quidem, Zoile, sed mea sunt.

LV 1 uolebam ω : no- γ || amare ω : -ri β || **2** coleris β *Heraeus* -re γ *Lindsay*

LVI *hab.* *T* || **1** male audit *T* : malaudit βγ || **2** inmodicae ω : -ce γ || foedo ω : foede [-dae] β || crimine ω : crimen *T*

LVII 7 Cladi *Saumaise Lindsay Heraeus* : Gladi β Claudi γ

LVIII *hab.* *T*

LIX

On m'appelle « la Mignonne » [1*]. Tu vois ce que je suis : une petite salle à manger. D'ici tu as vue, regarde, sur le Mausolée des Césars. Écrase sous ton poids les lits, demande du vin, pare-toi de roses, oins-toi de nard : un dieu lui-même [2*] t'invite à te souvenir de la mort.

LX

Tu besognes, jeune Hyllus, la femme d'un tribun militaire, car tu ne redoutes qu'un châtiment fait pour les enfants. Malheur à toi : à ce jeu-là, tu te feras châtrer. Je t'entends te récrier : « Mais cela n'est pas permis ! [3*] » — Et toi, ce que tu fais, est-ce que c'est permis, Hyllus ?

LXI

Lorsqu'un duvet à peine sensible parait tes joues printanières, ta langue impudique prodiguait aux débauchés ses complaisances ; mais depuis que ta tête qui fait peur est devenue le rebut des croque-morts et a provoqué le dégoût justifié du misérable bourreau, tu fais un autre usage de ta bouche et, en proie à une jalousie sans bornes, tu aboies à tout nom qui s'offre à tes crocs. Que ta langue si malfaisante reste plutôt collée aux bas-ventres, car, lorsqu'elle se prêtait au vice, elle était moins impure !

LXII

Si tu épiles ta poitrine, tes jambes et tes bras ; si ta verge, après le travail du rasoir, n'est entourée que de poils follets, c'est que, Labiénus, (qui l'ignore ?), tu songes à plaire à ta maîtresse. Mais à qui songes-tu, Labiénus, quand tu épiles ton cul ?

LIX

Mica uocor : quid sim cernis, cenatio parua :
ex me Caesareum prospicis ecce tholum.
Frange toros, pete uina, rosas cape, tinguere nardo :
ipse iubet mortis te meminisse deus.

LX

Vxorem armati futuis, puer Hylle, tribuni,
supplicium tantum dum puerile times.
Vae tibi ! dum ludis, castrabere. Iam mihi dices
« Non licet hoc ». Quid ? tu quod facis, Hylle, licet ?

LXI

Cum tibi uernarent dubia lanugine malae,
lambebat medios improba lingua uiros.
Postquam triste caput fastidia uispillonum
et miseri meruit taedia carnificis,
uteris ore aliter nimiaque aerugine captus
adlatras nomen quod tibi cumque datur.
Haereat inguinibus potius tam noxia lingua :
nam cum fellaret, purior illa fuit.

LXII

Quod pectus, quod crura tibi, quod bracchia uellis,
quod cincta est breuibus mentula tonsa pilis,
hoc praestas, Labiene, tuae—quis nescit ?—amicae.
Cui praestas, culum quod, Labiene, pilas ?

LX *hab. R* || **1** futuis ω : tractas α || **2** dum βγ : nec α || puerile ς : puer ille [hille, hylle] *codd.* || **3** castrabere ω : castraberis pueris γ || iam ω : an *AG* || dices ω : -is γ [castraberis. An mihi dicis *Schneidewin*[1]]

LXI **1** dubia γ : tenera β || **5** nimiaque *Q* : minimaque ω || **6** datur γ : datum est β || **7** tam β : iam γ [*ut uidetur*] tua *C*

LXII *hab. T* || **3** praestas ω : -at β

LXIII

Tu ne possédais, Milichus, que cent mille sesterces, et tu les as employés à l'achat de Léda, sur la Voie Sacrée. Milichus, il y a de l'extravagance à aimer à ce prix, même si tu étais riche. « Je ne suis pas amoureux », vas-tu me dire. — A cela aussi il y a de l'extravagance.

LXIV

Tandis que tu te formais tantôt à la profession d'avocat, tantôt à celle de rhéteur, et que tu ne voyais pas bien, Laurus, ce que tu voulais être, voici qu'ont passé sur toi les années de Pélée, de Priam et de Nestor, et ce serait déjà tard pour prendre ta retraite. Débute donc — trois rhéteurs sont morts rien qu'au cours de l'année [1] — si tu as un peu de volonté, si tu as quelque talent. Tu fais fi de l'école ? [2] Tous les forums foisonnent de procès : il serait facile à Marsyas [3] lui-même de faire un avocat. Courage, mets fin à tes hésitations : jusques à quand te feras-tu attendre ? Pendant que tu te demandes ce que tu veux être, tu pourrais bien n'être plus rien du tout [4].

LXV

« Pourquoi voyons-nous Saleianus plus morne que de coutume ? » — « N'y a-t-il pas bien de quoi ? dis-tu : j'ai enterré ma femme ». — O crime affreux du destin ! Oh ! le terrible malheur ! Elle est donc morte, vrai, cette riche Secundilla, qui t'avait apporté en dot un million de sesterces ? Je regrette que ce malheur te soit arrivé, Saleianus.

1. Les places ne manquent donc pas.
2. Ou : « L'école est-elle en discrédit ? »
3. Il y avait sur le Forum, près des Rostres, une statue du satyre Marsyas autour de laquelle se donnaient rendez-vous les hommes de loi. Cf. les scholiastes d'Horace ad Sat. I, 6, 120 et Servius ad Aen. III, 20.
4. C'est-à-dire mourir.

LXIII

Sola tibi fuerant sestertia, Miliche, centum,
quae tulit e sacra Leda redempta uia.
Miliche, luxuria est si tanti diues amares.
« Non amo » iam dices : haec quoque luxuria est.

LXIV

Dum modo causidicum, dum te modo rhetora fingis
et non decernis, Laure, quid esse uelis,
Peleos et Priami transît et Nestoris aetas
et fuerat serum iam tibi desinere.
Incipe, tres uno perierunt rhetores anno,
si quid habes animi, si quid in arte uales.
Si schola damnatur, fora litibus omnia feruent,
ipse potest fieri Marsua causidicus.
Heia age, rumpe moras : quo te sperabimus usque ?
Dum quid sis dubitas, iam potes esse nihil.

LXV

Cur tristiorem cernimus Saleianum ?
« An causa leuis est ? » inquis, « extuli uxorem. »
O grande fati crimen ! O gravem casum !
Illa, illa diues mortua est Secundilla,
centena decies quae tibi dedit dotis ?
Nollem accidisset hoc tibi, Saleiane.

LXIII 3 amares γ : -ris β
LXIV *hab.* *T* || **1** dum modo causidicum ω : tum te c. *T* || **2** Laure αγ : taure β || Quid αβ : quis γ || **8** potest βγ : potes *T* || **9** sperabimus β : -uimus αγ || **10** quid αβ : quis γ
LXV 2 inquis extuli β : extulit inquit γ extuli inquitς

LXVI

Une boucle, une seule, était fautive, de toute la couronne formée par les cheveux : une épingle mal fixée n'avait pas tenu. Ce crime, Lalagé l'a châtié avec le miroir qui le lui avait révélé, et Plécusa s'est affaissée sous le coup, immolée à cette terrible chevelure. Cesse donc, Lalagé, de parer désormais tes maudits cheveux et qu'aucune jeune servante ne touche à ta tête mal équilibrée. Puisse la salamandre y imprimer la marque de son contact [1] ou un rasoir sans pitié la mettre à nu pour que ton image soit digne de ton miroir ! [2]

LXVII

Partout où tu me rencontres, Postumus, tu me cries aussitôt (et c'est là ton premier mot) : « Que fais-tu ? ». Il en est ainsi même si tu me rencontres dix fois dans une même heure. Aussi je te soupçonne, toi, Postumus, de n'avoir rien à faire [3].

LXVIII

Si à présent je te salue par ton nom, toi que j'appelais jusqu'ici « seigneur et maître » [4], ne va pas me taxer d'insolence : j'ai acheté mon bonnet d'affranchi au prix de tous mes biens et meubles. Des seigneurs et des maîtres, que celui-là en possède qui ne se possède pas lui-même et qui convoite tout ce que les seigneurs et les maîtres convoitent. Si tu peux, Olus, te passer d'un esclave, tu peux aussi, Olus, te passer d'un patron.

1. On croyait que le contact de la salamandre produisait l'effet d'un onguent dépilatoire. Cf. Pline H. N. X, 188.

2. Pour qu'ils soient aussi affreux et odieux l'un que l'autre.

3. Il y a dans le texte un jeu de mots intraduisible. — L'anglais a plus de chance : « How do you do ? » — « You have, I think nothing to do. »

4. C'était le titre que les clients donnaient à un patron influent. Cf. I, 112.

LXVI

Vnus de toto peccauerat orbe comarum
anulus, incerta non bene fixus acu :
hoc facinus Lalage speculo, quo uiderat, ulta est,
et cecidit saeuis icta Plecusa comis.
Desine iam, Lalage, tristes ornare capillos,
tangat et insanum nulla puella caput.
Hoc salamandra notet uel saeua nouacula nudet,
ut digna speculo fiat imago tua.

LXVII

Occurris quocumque loco mihi, Postume, clamas
protinus et prima est haec tua uox « Quid agis ? »
Hoc, si me decies una conueneris hora,
dicis : habes puto tu, Postume, nil quod agas.

LXVIII

Quod te nomine iam tuo saluto,
quem regem et dominum prius uocabam,
ne me dixeris esse contumacem :
totis pillea sarcinis redemi.
Reges et dominos habere debet
qui se non habet atque concupiscit
quod reges dominique concupiscunt.
Servom si potes, Ole, non habere,
et regem potes, Ole, non habere.

LXVI *hab. T* || **3** quo βγ *:* quod *T* || **4** saeuis *codd.* : sectis *G* ς [*unde* sectis... genis *Markland Housman*] || Plecusa αγ : Phleg-β || **5** ornare ω : onerare γ || **6** tangat ω : -it *T* -ito *Heinsius* || **8** tua αβ : tuo γ

LXVII *hab. R* || **4** dicis ω : dicam β

LXIX

C'est à regret que tu vas dîner en ville, Classicus : tu l'assures. Si tu ne mens pas, Classicus, je veux être pendu. Apicius [1] lui-même était heureux d'une invitation : il était plus mélancolique quand il dînait chez lui. Mais si tu y vas à regret, pourquoi, Classicus, y vas-tu ? — « J'y suis bien forcé », dis-tu. C'est vrai : Sélius aussi [2]. Mais voici que Melior [3] t'invite, Classicus, à un repas de cérémonie : où sont tes belles protestations ? Si tu es un homme, c'est bien le cas, refuse.

LXX

Tu ne veux pas que personne entre avant toi, Cotilus, dans la piscine d'eau chaude [3]*. Pour quelle raison, si ce n'est que tu crains de tremper tes membres dans de l'eau chargée de pollutions ? Tu as beau te baigner le premier : il faut de toute nécessité que ta verge entre dans l'eau avant ta tête [4]*.

LXXI

Il n'est pas de naïveté pareille à la tienne, Caecilianus. Je l'ai remarqué, toutes les fois que je te lis quelques distiques de ma composition, sur-le-champ tu y vas d'un passage de Marsus ou de Catulle. Veux-tu par là me donner à entendre que les morceaux lus par toi sont inférieurs, afin que mes vers me plaisent davantage par la comparaison ? je veux bien le croire. Je préférerais pourtant, Caecilianus, t'entendre me lire les tiens.

LXXII

Ton dîner d'hier, Postumus, a été marqué par un incident que je regrette fort (et qui donc oserait approuver

1. Célèbre gourmand des premiers temps de l'empire. Cf. II, 89, 5 et III, 22.
2. Ironique. Sélius est le pique-assiette de II, 11.
3. Atedius Melior, riche ami de Martial.

LXIX

Inuitum cenare foris te, Classice, dicis :
si non mentiris, Classice, dispeream.
Ipse quoque ad cenam gaudebat Apicius ire :
cum cenaret, erat tristior ille, domi.
Si tamen inuitus uadis, cur, Classice, uadis ?
« Cogor » ais : uerum est ; cogitur et Selius.
En rogat ad cenam Melior te, Classice, rectam :
grandia uerba ubi sunt ? Si uir es, ecce, nega.

LXX

Non uis in solio prius lauari
quemquam, Cotile : causa quae, nisi haec est,
undis ne fouearis irrumatis ?
Primus te licet abluas : necesse est
ante hic mentula quam caput lauetur.

LXXI

Candidius nihil est te, Caeciliane. Notaui,
si quando ex nostris disticha pauca lego,
protinus aut Marsi recitas aut scripta Catulli.
Hoc mihi das, tamquam deteriora legas,
ut conlata magis placeant mea ? Credimus istud :
malo tamen recites, Caeciliane, tua.

LXXII

Hesterna factum narratur, Postume, cena
quod nollem—quis enim talia facta probet ?—

LXIX *hab. T* ; *1-4 hab. R*
LXXI *hab. T* || **1** candidius βγ : gallidius [*pro* call-] *T* || **2** lego αβ : is γ || **5** istud αγ : ill- β
LXXII *hab. T* ; *1-2 hab. R*

des actes semblables ?) : tu as reçu en plein visage un soufflet si sonore que Latinus lui-même ne gifle pas avec plus de fracas les méprisables joues de Panniculus [1] * ; et, surprise encore plus grande, le coupable en la circonstance serait Caecilius, comme le bruit en court par toute la ville. Tu assures que rien ne s'est passé. Tiens-tu à ce que je te croie ? Je veux bien. Mais pourtant si Caecilius a des témoins, Postumus ?

LXXIII

Lyris demande ce qu'elle fait. Ce qu'elle fait ? Sans être ivre [2] *, elle.....

LXXIV

Ce cortège de toges qui précèdent et qui suivent Sauféius — si nombreuses que Régulus n'a pas escorte plus imposante lorsqu'il vient d'envoyer un acquitté porter, la barbe coupée, sa gratitude dans les temples qui dominent la ville [3] * —, tu le vois bien, Maternus ? Garde-toi de l'envier. Puisses-tu n'avoir jamais semblable compagnie autour de toi ! Ces familiers et cette troupe de clients, ce sont Fuficulenus et Faventinus qui les lui procurent [4] *.

LXXV

Ce lion accoutumé à obéir au fouet de son dompteur bien tranquille et qui se laissait gentiment mettre la main dans la gueule a oublié ses mœurs pacifiques : une fureur si sauvage l'a brusquement repris qu'il n'en connut sûrement pas d'aussi violente même dans les montagnes de la Libye : sa dent pleine de rage a déchiré deux de ces adolescents [5] * dont la troupe enfantine ratissait le sol sanglant pour en renouveler la surface. La méchante et mauvaise bête ! L'arène de la ville de Mars ne vit jamais se commettre un plus grand crime. On aime à lui crier : « Cruel, perfide, brigand, apprends de notre Louve [6] * à épargner les enfants ! »

os tibi percisum quanto non ipse Latinus
uilia Panniculi percutit ora sono :
quodque magis mirum est, auctorem criminis huius
Caecilium tota rumor in urbe sonat.
Esse negas factum : uis hoc me credere ? credo.
Quid quod habet testes, Postume, Caecilius ?

LXXIII

Quid faciat uolt scire Lyris. Quid ? Sobria fellat.

LXXIV

Cinctum togatis post et ante Saufeium,
quanta reduci Regulus solet turba,
ad alta tonsum templa cum reum misit,
Materne, cernis ? Inuidere nolito :
comitatus iste sit precor tuus numquam.
Hos illi amicos et greges togatorum
Fuficulenus praestat et Fauentinus.

LXXV

Verbera securi solitus leo ferre magistri
insertamque pati blandus in ora manum
dedidicit pacem subito feritate reuersa,
quanta nec in Libycis debuit esse iugis.
Nam duo de tenera puerilia corpora turba,
sanguineam rastris quae renouabat humum,
saeuos et infelix furiali dente peremit :
Martia non uidit maius harena nefas.
Exclamare libet : « Crudelis, perfide, praedo,
a nostra pueris parcere disce lupa ! »

LXXIII Quid sobria *P unde* quid ? Sobria *nos* : quod s. ω *unde* quid f. u. sc. Lyris : quod s. : fellat *Gilbert Lindsay Heraeus* [*Quidam edd. alterum uersum deesse putauerunt seu priorem seu posteriorem et uarie supplere conati sunt*] || sobria β : fortia γ
LXXV *hab. T.*

LXXVI

Marius ne t'a légué que cinq livres d'argenterie. Tu ne lui donnais rien : t'a-t-il donné des paroles [1] ?

LXXVII

Cosconius, qui trouves mes épigrammes trop longues, tu pourrais servir à graisser les essieux [2] ! A ce compte, tu jugerais le Colosse [3] trop grand et l'enfant admiré par Brutus [4] trop petit. Apprends ce que tu ne sais pas : souvent Marsus et Pedo [5*], ce poète de grand art, traitent en deux pages un seul sujet. Ils ne sont pas trop longs, les ouvrages dont on ne peut rien retrancher : mais toi, Cosconius, tes distiques n'en finissent plus.

LXXVIII

Tu ne sais où garder ton poisson dans la saison d'été? Garde-le, Caecilianus, dans tes bains chauds [6*].

LXXIX

Tu m'invites lorsque tu sais, Nasica, que j'ai moi-même des hôtes. Je te prie de m'excuser : je dîne chez moi.

LXXX

Pour échapper à un ennemi, Fannius [7*] s'est donné la mort. N'est-ce pas folie, dites-moi, que de vouloir mourir pour ne pas mourir ?

1. Jeu de mots sur *verba dare*, au fig. « tromper, duper ».
2. D'après M. Housman, il y a ici une figure de pensée qui n'est que le développement des expressions « *pinguis minerva* » et « *pingue ingenium* ». Cosconius a le cerveau tellement épaissi de graisse qu'on pourrait en graisser les essieux. Friedlaender entend : tu es fait pour graisser les essieux, c'est-à-dire tu n'es qu'un propre à rien.
3. Cf. Spect. 2, 1 note.
4. D'après Pline l'Ancien (H. N. 34, 82), un sculpteur, nommé Strongylion, avait fait une statue, d'un modèle très réduit, représentant un enfant, pour laquelle Brutus avait une admiration particulière. Cf. IX, 50, 5.

LXXVI

Argenti libras Marius tibi quinque reliquit,
cui nihil ipse dabas : hic tibi uerba dedit ?

LXXVII

Cosconi, qui longa putas epigrammata nostra,
utilis unguendis axibus esse potes.
Hac tu credideris longum ratione colosson
et puerum Bruti dixeris esse breuem.
Disce quod ignoras : Marsi doctique Pedonis
saepe duplex unum pagina tractat opus.
Non sunt longa quibus nihil est quod demere possis,
sed tu, Cosconi, disticha longa facis.

LXXVIII

Aestivo serues ubi piscem tempore, quaeris ?
In thermis serua, Caeciliane, tuis.

LXXIX

Inuitas tunc me cum scis, Nasica, uocasse.
Excusatum habeas me rogo : ceno domi.

LXXX

Hostem cum fugeret, se Fannius ipse peremit.
Hic, rogo, non furor est, ne moriare, mori ?

LXXVI *hab. T* || 1 reliquit ω : relin- *T* || 2 cui ω : cum *T* || *sic dist. Gilbert Lindsay Heraeus.*
LXXVII *hab. T* || 2 unguendis *codd.* : urg- ς
LXXVIII *hab. R*
LXXIX *hab. R* || 1 uocasse αβ : -atum γ *Friedlaender*
LXXX *hab. R* [*ante* LXXVIII] || 2 hic ω : haec γ

LXXXI

Ta litière a beau être plus spacieuse qu'une litière à six porteurs : du moment que c'est la tienne, Zoïle, ce n'est qu'une civière de pauvre hère [1].

LXXXII

Pourquoi, Ponticus, mettre en croix ton esclave après lui avoir fait couper la langue ? Ne sais-tu pas que les gens racontent ce qu'il ne peut plus dire [2] ?

LXXXIII

Tu as mutilé, ô mari, un malheureux adultère, et son visage, privé des narines et des oreilles, cherche en vain sa forme première. Te crois-tu suffisamment vengé ? Erreur ! Il peut encore éjaculer.

LXXXIV

Le héros fils de Poeas [3] était efféminé et se prêtait complaisamment aux désirs des hommes : c'est ainsi que Vénus, dit-on, avait vengé la blessure infligée à Pâris. Quelle est donc la cause qui a fait du sicilien Sertorius un lèche-vagin ? La voici : c'est lui, Rufus, qui a dû tuer Eryx [4] *.

LXXXV

Un flacon enfermé dans un léger revêtement d'osier et propre à conserver de l'eau bouillie et glacée, tel est le cadeau qui t'attend au jour des Saturnales. Si tu regrettes que je t'envoie au mois de décembre un présent qui convient à l'été, envoie-moi pour ta part une toge fine et légère.

1. C'est-à-dire que Zoïle n'est qu'un « vile cadaver », tout vivant qu'il est.
2. Ponticus a voulu en vain supprimer un témoin.
3. Philoctète, fils de Poeas, le plus habile archer de l'armée grecque, qui abattit Pâris.

LXXXI

Laxior hexaphoris tua sit lectica licebit :
cum tamen haec tua sit, Zoile, sandapila est.

LXXXII

Abscisa seruom quid figis, Pontice, lingua ?
Nescis tu populum, quod tacet ille, loqui ?

LXXXIII

Foedasti miserum, marite, moechum,
et se, qui fuerant prius, requirunt
trunci naribus auribusque voltus.
Credis te satis esse uindicatum ?
Erras : iste potest et irrumare.

LXXXIV

Mollis erat facilisque uiris Poeantius heros :
uolnera sic Paridis dicitur ulta Venus.
Cur lingat cunnum Siculus Sertorius, hoc est :
abs hoc occisus, Rufe, uidetur Eryx.

LXXXV

Vimine clausa leui niueae custodia coctae,
hoc tibi Saturni tempore munus erit.
Dona quod aestatis misi tibi mense Decembri
si quereris, rasam tu mihi mitte togam.

LXXXI *hab. R*

LXXXII *hab. T* || **1** Quid figis α : quid fingis γ quod fugis β || **2** nescis ω : nesci *T* nescin *Beverland*

LXXXIII **2** et se qui ς : e se qui β et si qui γ || **3** trunci γ : —is β

LXXXIV **4** abs hoc ς *Schneidewin* : ab hoc βγ ex hoc *C Schryver* esse huic *Rooy Gilbert* [abs hoc *in textu*, + ab + hoc *in Corrigendis Lindsay* + ab hoc *Heraeus*]

LXXXV *hab. T* || **3** aestatis ω : — te β || **4** quereris ω : queris *T*

LXXXVI

Parce que [1]* je ne me vante pas de composer des vers à lire soit dans les deux sens [2]*, soit à rebours comme ceux de l'obscène Sotadès [3]* ; parce que jamais un misérable écho imité du grec [4]* ne redit mes syllabes ; parce que le bel Attis [5]* ne me dicte pas des galliambes qu'énerve un rythme boiteux, il ne s'ensuit pas, Classicus, que je sois un si mauvais poète. Songerais-tu à forcer Ladas [6]* à courir sur l'étroite pente d'un tremplin ? C'est se discréditer que de s'adonner à des bagatelles difficiles et il est bien sot, le travail que coûtent des vétilles. Que Palaemon [7]* écrive des poèmes pour les badauds : mon rêve, à moi, c'est de plaire à un petit nombre d'auditeurs d'élite.

LXXXVII

Tu dis que les belles filles brûlent d'amour pour toi, Sextus, quand ta figure fait penser à un homme qui nage sous l'eau.

LXXXVIII

Tu ne nous lis jamais rien, et tu veux, Mamercus, passer pour poète. Sois tout ce que tu veux, pourvu que tu ne nous lises jamais rien.

LXXXIX

Quand tu aimes à faire durer les soirées en buvant immodérément, je te pardonne : ce défaut, Gaurus, fut celui de Caton [8]*. Quand tu écris des vers qui n'ont rien à voir avec les Muses ni avec Apollon, il faut t'en féliciter : c'est un travers que tu tiens de Cicéron [9]*. Tu vomis : Antoine en faisait autant [10]*. Tu es gourmand : c'était le faible d'Apicius [11]*. Mais ta bouche a d'infâmes complaisances : ce vice, dis-moi, avec qui le partages-tu ?

LXXXVI

Quod nec carmine glorior supino
nec retro lego Sotaden cinaedum,
nusquam Graecula quod recantat echo
nec dictat mihi luculentus Attis
mollem debilitate galliambon,
non sum, Classice, tam malus poeta.
Quid si per gracilis uias petauri
inuitum iubeas subire Ladan?
Turpe est difficiles habere nugas
et stultus labor est ineptiarum.
Scribat carmina circulis Palaemon,
me raris iuuat auribus placere.

LXXXVII

Dicis amore tui bellas ardere puellas,
qui faciem sub aqua, Sexte, natantis habes.

LXXXVIII

Nil recitas et uis, Mamerce, poeta uideri :
quidquid uis esto, dummodo nil recites.

LXXXIX

Quod nimio gaudes noctem producere uino
ignosco : uitium, Gaure, Catonis habes.
Carmina quod scribis Musis et Apolline nullo
laudari debes : hoc Ciceronis habes.
Quod uomis, Antoni : quod luxuriaris, Apici.
Quod fellas, uitium dic mihi cuius habes?

LXXXVII *hab. R* || 2 qui ω : quid *R* || natantis αβ : cacantis γ [*ex III, 89, 2*]

LXXXVIII *hab. TR.* || 2 uis esto ω : esto uis γ [*ut uidetur*] || reeites ω : -as α

LXXXIX *hab. T* ; *1-2 hab. R.*

XC

Quintilien, éducateur sans rival de la jeunesse volage, ô toi, la gloire de l'éloquence romaine, si je mets quelque hâte à jouir de la vie bien que je sois pauvre et ne sois pas encore d'âge à n'être bon à rien, pardonne-moi : personne n'est assez empressé à jouir de la vie. Que celui-là remette ce soin à plus tard qui souhaite de dépasser la fortune paternelle et encombre le vestibule de sa demeure d'innombrables portraits [1]. Pour moi, un âtre et un toit qui se laissent sans révolte noircir par la fumée, une source d'eau vive et un rustique gazon m'enchantent : un esclave bien nourri, une épouse point trop lettrée, un bon sommeil pendant la nuit, jamais de procès pendant le jour, tels sont mes vœux [2].

XCI

Sûr garant du salut de Rome, gloire de l'univers, César, dont la conservation atteste l'existence et la grandeur des dieux, si, lus dans des volumes écrits en courant [3], mes vers ont tant de fois retenu tes regards, la faveur que m'a refusée la destinée, accorde-m'en l'apparence : que je puisse passer pour père de trois enfants [4] * ! Si je t'ai ennuyé, que ce soit là ma consolation : que ce soit ma récompense, si je t'ai amusé.

XCII

Je sollicitais les privilèges attribués à une triple paternité : ce prix de mes travaux poétiques, je le tiens de celui-là seul qui pouvait me l'octroyer. Adieu, femme : un présent du maître du monde ne doit pas être perdu.

1. Ou peut-être : de portraits gigantesques. Il s'agit des *imagines* ou bustes d'ancêtres.
2. Cf. introd. p. 3 et 12.
3. C'est-à-dire hâtivement rédigés par le poète en raison de ses occupations ; peut-être aussi parce que ce ne sont que des « bluettes » *nugae*. Cf. X, 2, 1.

XC

Quintiliane, uagae moderator summe iuuentae,
gloria Romanae, Quintiliane, togae,
uiuere quod propero pauper nec inutilis annis,
da ueniam : properat uiuere nemo satis.
Differat hoc patrios optat qui uincere census
atriaque inmodicis artat imaginibus :
me focus et nigros non indignantia fumos
tecta iuuant et fons uiuus et herba rudis.
Sit mihi uerna satur, sit non doctissima coniunx,
sit nox cum somno, sit sine lite dies.

XCI

Rerum certa salus, terrarum gloria, Caesar,
sospite quo magnos credimus esse deos,
si festinatis totiens tibi lecta libellis
detinuere oculos carmina nostra tuos,
quod fortuna uetat fieri permitte uideri,
natorum genitor credar ut esse trium.
Haec, si displicui, fuerint solacia nobis ;
haec fuerint nobis praemia, si placui.

XCII

Natorum mihi ius trium roganti
Musarum pretium dedit mearum
solus qui poterat. Valebis, uxor :
non debet domini perire munus.

XC *hab. T* ; *9-10 hab. R* || **7** focus ω : rogus γ
XCI 3 festinatis ω : -antis β

XCIII

« Où donc est le premier livre, vas-tu dire, puisque celui-ci est le second ? » Que faire, si l'autre a plus de retenue ? Si pourtant, Régulus, tu veux en faire le premier, tu n'as qu'à ôter du titre un *iota* [1].

1. C'est-à-dire un I (= la moitié de II).

XCIII

« Primus ubi est » inquis « cum sit liber iste secundus ? »
Quid faciam, si plus ille pudoris habet ?
Tu tamen hunc fieri si mauis, Regule, primum,
unum de titulo tollere iota potes.

XCIII *hab. R*

LIVRE III

ÉPIGRAMMES DE MARTIAL

LIVRE III

I

Ce petit volume, quelle qu'en soit la valeur, c'est la Gaule [1]* à laquelle la toge romaine a donné son nom qui te l'envoie de ses bords lointains. A sa lecture, tu vas peut-être réserver tes louanges à celui qui l'a précédé [2]* : mais que ce soit celui-là ou celui-ci que tu préfères, ils sont de moi l'un et l'autre. Je veux bien toutefois que tu trouves plus de charme à celui qui a vu le jour dans la Cité-Reine : il est naturel qu'un livre gaulois soit surpassé par un livre indigène.

II

Vers qui, mon petit livre, veux-tu aller comme cadeau? Hâte-toi de trouver un protecteur, de peur que, emportés bien vite dans une cuisine enfumée, tes feuillets encore humides ne servent à envelopper du fretin de thon ou que tu ne deviennes un cornet à encens ou à poivre [3]*. Tu te réfugies dans le sein de Faustinus ? Excellente idée ! Tu peux à présent circuler, oint d'un bout à l'autre d'huile de cèdre, et, beau de la double parure de ton front, te glorifier du luxe de tes cylindres coloriés ; que la pourpre à la teinte délicate te revête et que l'écarlate fasse rougir d'orgueil ton titre [4]*. S'il veut bien se faire ton protecteur, tu n'as rien à craindre, pas même de Probus [5]*.

M. VALERI MARTIALIS EPIGRAMMATON

LIBER III

Hoc tibi quidquid id est longinquis mittit ab oris
  Gallia Romanae nomine dicta togae.
Hunc legis et laudas librum fortasse priorem :
  illa uel haec mea sunt, quae meliora putas.
Plus sane placeat domina qui natus in urbe est :
  debet enim Gallum uincere uerna liber.

II

Cuius uis fieri, libelle, munus ?
Festina tibi uindicem parare,
ne nigram cito raptus in culinam
cordylas madida tegas papyro
uel turis piperisue sis cucullus.
Faustini fugis in sinum ? sapisti.
Cedro nunc licet ambules perunctus
et frontis gemino decens honore
pictis luxurieris umbilicis,
et te purpura delicata uelet,
et cocco rubeat superbus index.
Illo uindice nec Probum timeto.

I *hab*. *T* || 3 hunc ω : nunc *F*
II 4 madida γ : -as β || 5 -ue β : -que γ || 11 rubeat ω : -as γ || 12 uindice β : iud- γ

III

Tu caches ta gracieuse figure sous une couche de crème noire, mais par ton corps disgracieux tu fais outrage aux flots qui le baignent. C'est la déesse elle-même, crois-moi, qui te parle par ma bouche : « Ou découvre ton visage, ou baigne-toi avec ta tunique ». [1*]

IV

Prends le chemin de Rome, mon livre [2*] : si l'on te demande d'où tu viens, réponds : « Du pays que traverse la voie Emilienne [3*] » ; si l'on veut savoir sur quel sol, dans quelle ville je me trouve, tu peux faire connaître que je séjourne à Forum Cornelii. On s'enquerra des motifs de mon absence : confesse tout en ce peu de mots : « Il ne pouvait plus supporter les ennuis stériles de la toge [4*] ». On te demandera : « Quand revient-il ? » Réponds : « Il était sorti de Rome poète : il y retournera quand il sera citharède [5*] ».

V

Veux-tu, toi qui, sans moi, t'apprêtes à aller si vite voir la capitale, veux-tu, mon petit livre, que je te recommande à nombre de protecteurs, ou bien un seul te suffira-t-il ? Un seul te suffira, crois-moi : tu ne seras pas pour lui un étranger : ce sera Julius [6*], un nom que j'ai toujours à la bouche. Droit devant toi, tu chercheras son domicile juste à l'entrée de la Voie Couverte [7*] : le logis qu'occupa Daphnis, il y réside à présent. Il a une épouse qui t'accueillera dans ses bras et sur son cœur, quand même tu serais blanc de poussière. Que tu te présentes aux deux époux réunis, ou que l'un te reçoive avant l'autre, tu diras : « Marcus vous envoie le bonjour ». Il n'en faut pas plus : que d'autres se chargent d'une lettre de recommandation ; il a tort, celui qui croit avoir besoin de se faire recommander à ses amis.

III

Formonsam faciem nigro medicamine celas,
sed non formonso corpore laedis aquas.
Ipsam crede deam uerbis tibi dicere nostris :
« Aut aperi faciem, aut *tu* tunicata laua. »

IV

Romam uade, liber : si, ueneris unde, requiret,
Aemiliae dices de regione uiae ;
si, quibus in terris, qua simus in urbe, rogabit,
Corneli referas me licet esse Foro.
Cur absim, quaeret ; breviter tu multa fatere :
« Non poterat uanae taedia ferre togae. »
« Quando uenit ? » dicet ; tu respondeto : « Poeta
exierat : ueniet, cum citharoedus erit. »

V

Vis commendari sine me cursurus in urbem,
parue liber, multis ? an satis unus erit ?
Vnus erit, mihi crede, satis, cui non eris hospes,
Iulius, adsiduum nomen in ore meo.
Protinus hunc primae quaeres in limine Tectae :
quos tenuit Daphnis, nunc tenet ille lares.
Est illi coniunx, quae te manibusque sinuque
excipiet, tu uel puluerulentus eas.
Hos tu seu pariter siue hanc illumue priorem
uideris, hoc dices « Marcus ha*u*ere iubet »,
et satis est. Alios commendet epistola : peccat
qui commendandum se putat esse suis.

III *hab. T om.* β *secl. Schneidewin Gilbert Heraeus* || **4** tu tunicata *Schneidewin* : tunicata *codd. Gilbert Lindsay Heraeus*

IV *hab. T* || **1** requiret ω : -it α || **3** rogabit β : -rit α -uit γ || **5** absim αγ : -it β

V 5 *Sic Gronovium secuti edd.* : primi... tecti β primaeque in crimine tectae γ || **9** hanc illumue β : hunc illamue γ || **10** hauere *edd.* : habere *codd.* || **11** et *codd.* : hoc ς id *Heinsius*

VI

Voici que le troisième jour après les ides de Mai se lève pour toi, Marcellinus : tu dois célébrer une double fête de famille. C'est à lui que ton père doit sa venue à la lumière du jour ; c'est lui qui prend les prémices de tes joues en fleur [1]. Quoiqu'il lui ait fait le don précieux d'une vie de bonheur, jamais ce jour-là n'a plus fait pour ton père.

VII

Adieu maintenant, misérable centaine de *quadrantes* [2], aumône que distribuait à une escorte harassée le baigneur ébouillanté [3]. Qu'en pensez-vous, ô mes amis affamés ? Le temps n'est plus de la sportule d'un patron hautain. — « Point de subterfuges : à présent, c'est un salaire qu'il faut donner. »

VIII

« Quintus aime Thaïs » — « Quelle Thaïs ? » — « Thaïs la borgne ». — Thaïs est borgne, soit ; mais lui, il est aveugle !

IX

On raconte que Cinna écrit des petits-vers contre moi. C'est impossible : il n'écrit pas, le poète que nul ne lit.

1. Il revêt ce jour-là, pour la première fois, la toge virile : c'était l'usage de se raser aussi la barbe pour la première fois en cette occasion.

2. Exactement 1 fr. 76 (cf. I, 59). Néron avait substitué un cadeau de 100 quadrantes au dîner obligatoire pour le patron. La vie ayant renchéri, Domitien rétablit le dîner obligatoire (mais pas pour longtemps). — Au vers 6, c'est l'ami qui répond : il ne lui déplaît pas de dîner *gratis*, mais il veut en plus être payé (cf. III, 30, 1).

3. La distribution avait donc lieu après l'heure du bain (cf. X, 70, 13) ; Juvénal (I, 128) la place le matin. Peut-être l'usage variait-il selon les maisons.

VI

Lux tibi post Idus numeratur tertia Maias,
  Marcelline, tuis bis celebranda sacris.
Imputat aetherios ortus haec prima parenti,
  libat florentes haec tibi prima genas.
Magna licet dederit iucundae munera uitae,
  plus numquam patri praestitit ille dies.

VII

Centum miselli iam ualete quadrantes,
anteambulonis congiarium lassi,
quos diuidebat balneator elixus.
Quid cogitatis, o fames amicorum ?
Regis superbi sportulae recesserunt.
« Nihil stropharum est : iam salarium dandum est. »

VIII

« Thaida Quintus amat. » « Quam Thaida ? » « Thaida luscam. »
  Vnum oculum Thais non habet, ille duos.

IX

Versiculos in me narratur scribere Cinna :
  Non scribit, cuius carmina nemo legit.

VI 6 ille γ : ulla β
VII 6 *Sic dist. primus Friedlaender versum famelico alicui* amico *tribuens*
VIII *hab. R* || **1** *sic Gilbert alii* : quam thaida luscam β quam thaidam thaida luscam γ
IX *hab. R*

X

Ton père, Philomusus, t'avait assuré un revenu de deux mille sesterces par mois et il te faisait compter cette somme jour par jour, attendu que la misère du lendemain suivait toujours de près tes folles prodigalités de la veille et qu'il fallait à tes vices des aliments quotidiens. A sa mort, il t'a fait son légataire universel : ton père t'a déshérité, Philomusus [1*] !

XI

Si ta maîtresse n'est ni Thaïs ni borgne, Quintus, pourquoi te mettre en tête que mon distique [2*] te vise ? — « Il y a cependant quelque analogie. » — Ai-je dit Thaïs pour Laïs ? Réponds-moi : quelle analogie vois-tu entre Thaïs et Hermione ? Il reste toutefois que tu es Quintus : changeons le nom de l'amoureux. Si Quintus s'y refuse, que ce soit Sextus [3*] qui aime Thaïs [4*] !

XII

Tu as donné hier, je le reconnais, un parfum de bonne qualité à tes invités, mais tu ne leur as rien fait servir. C'est chose plaisante que de sentir bon et de crever de faim ! Ne pas dîner et être parfumé, Fabullus, en vérité, je crois bien que cela s'appelle être mort [5*].

XIII

Comme tu ne veux ni découper tes poissons, ni toucher à tes volailles, et que tu tiens, Naevia, à épargner ton sanglier bien qu'il soit plus que faisandé, tu rends responsable et tu fais rouer de coups ton cuisinier, auquel tu reproches d'avoir apporté toutes ces viandes crues. De la sorte je n'attraperai jamais d'indigestion [6*].

X

Constituit, Philomuse, pater tibi milia bina
menstrua perque omnis praestitit illa dies,
luxuriam premeret cum crastina semper egestas
et uitiis essent danda diurna tuis.
Idem te moriens heredem ex asse reliquit :
exheredavit te, Philomuse, pater.

XI

Si tua nec Thais nec lusca est, Quinte, puella,
cur in te factum distichon esse putas ? —
Sed simile est aliquid. — Pro Laide Thaida dixi ?
Dic mihi, quid simile est Thais et Hermione ?
Tu tamen es Quintus : mutemus nomen amantis ;
si non uolt Quintus, Thaida Sextus amet.

XII

Vnguentum, fateor, bonum dedisti
conuiuis here, sed nihil scidisti.
Res salsa est bene olere et esurire.
Qui non cenat et unguitur, Fabulle,
hic uere mihi mortuus uidetur.

XIII

Dum non uis pisces, dum non uis carpere pullos
et plus quam putri, Naevia, parcis apro,
accusas rumpisque cocum, tamquam omnia cruda
attulerit. Numquam sic ego crudus ero.

X 4 essent ς : -et *codd.*

XI *1-2 hab. R* || **2** esse βγ : ecce α || **3** dixi β : dixit γ dixti *ed. a. 1475* || **6** amet β : -at γ

XII *3-5 hab. T*

XIII *hab. T* || **1** pisces αγ : -em β || pullos αβ : mu- γ || **2** putri *Heinsius Gilbert Giarratano* : patri *codd. Lindsay Heraeus*

XIV

Le famélique Tuccius avait pris le chemin de Rome : il venait d'Espagne. Les bruits qui courent sur la sportule [1] parvinrent à ses oreilles. Il était au pont Mulvius : il est reparti !

XV

Personne dans toute la ville ne fait plus volontiers crédit que Cordus. — « Il est si pauvre ! Comment cela est-il possible ? » — Il aime en aveugle [2].

XVI

Tu donnes des combats de gladiateurs, Cerdo [3], roitelet des manieurs de tranchet, et ce que t'a rapporté ton alène, le glaive t'en dépouille. Tu es ivre : si tu ne l'étais, tu n'agirais jamais de la sorte, et tu n'aurais pas envie de t'amuser, Cerdo, aux dépens de ton propre cuir. Tu l'as fait, soit : mais tâche désormais, crois-moi, de te renfermer, Cerdo, dans ta propre peau [4*].

XVII

Longtemps promenée autour des convives au second service, une tourte brûlait cruellement les doigts par sa température excessive. Mais la goinfrerie de Sabidius était encore plus ardente : aussi, tout aussitôt, se mit-il à souffler sur elle à pleins poumons et à trois ou quatre reprises. La tourte, il est vrai, se refroidit légèrement, et chacun crut pouvoir y porter la main, mais personne ne put y toucher : ce n'était plus qu'une merde !

1. A savoir que les patrons affamaient leurs clients. Cf. III, 7.
2. Jeu de mots sur les deux sens de *credere* : « Avoir confiance en quelqu'un » et « prêter de l'argent ».
3. Il s'agit sans doute ici du même personnage que dans III, 59 : un cordonnier enrichi, aussi vaniteux que prodigue, qui s'était avisé de donner un combat de gladiateurs. Sur cette coutume, cf. Juvénal, Sat. III, 34.

XIV

Romam petebat esuritor Tuccius
profectus ex Hispania.
Occurrit illi sportularum fabula :
a ponte rediit Muluio.

XV

Plus credit nemo tota quam Cordus in urbe.
« Cum sit tam pauper, quomodo ? » Caecus amat.

XVI

Das gladiatores, sutorum regule, Cerdo,
quodque tibi tribuit subula, sica rapit.
Ebrius es : neque enim faceres hoc sobrius umquam,
ut uelles corio ludere, Cerdo, tuo.
Lusisti corio : sed te, mihi crede, memento
nunc in pellicula, Cerdo, tenere tua.

XVII

Circumlata diu mensis scribi*l*ita secundis
urebat nimio saeua calore manus ;
sed magis ardebat Sabidi gula : protinus ergo
sufflauit buccis terque quaterque suis.
Illa quidem tepuit digitosque admittere uisa est,
sed nemo potuit tangere : merda fuit.

XV 1 credit β : -et γ || tota quam *G* : quam tota ω

XVI *hab. R* || **1, 4, 6** Cerdo [*nomen proprium*] *Crusius Heraeus* : cerdo *Gilbert Lindsay Giarratano* || **5** corio αγ : satis est β || te ω : tu *R*

XVII *hab. R* || **1** scribilita *Goetz et Loewe in praef. ed. Plauti Poen. p. XXV:* inscripta αβ scribit ita γ scriblita *Domitius ed. 1480*

XVIII

Tu as débuté en te plaignant d'avoir pris froid à la gorge. Maintenant que tu as présenté au public tes excuses, Maximus, pourquoi lis-tu [1] ?

XIX

Tout près des Cent Colonnes, à l'endroit où des fauves en effigie ornent une allée de platanes, une ourse attire les regards. Tandis que, pour jouer, le bel Hylas sondait sa gueule béante, il plongea dans la gorge sa main délicate [2]. Mais une vipère scélérate se tenait dissimulée dans les ténèbres du bronze, et en elle vivait une âme plus féroce que celle du monstre lui-même. L'enfant n'eut l'idée d'un piège qu'en sentant la morsure et en expirant. Ah ! quel malheur que cette ourse n'ait pas été vivante [3] !

XX

Dis-moi, Muse, ce que fait mon ami Canius Rufus. Est-ce qu'il confie à des pages immortelles le récit des événements du règne de Claude ? ou bien de ceux dont un historien menteur reporte faussement la gloire sur Néron [4] ? Veut-il rivaliser avec les badinages de ce polisson de Phèdre [5] * ? Fait-il dire à l'élégie les joies de l'amour ? Préfère-t-il la sévérité de l'épopée ? ou les frissons que met en nous le cothurne de Sophocle ? Ou bien, étant de loisir, conte-t-il à l'École des Poètes [6] * de spirituelles anecdotes tout imprégnées de grâce attique ? S'il en est

1. C'est-à-dire « nous te tenons pour quitte ».
2. Cf. II, 14, 9.
3. Elle aurait eu pitié de l'enfant.
4. L'histoire de Néron avait besoin d'être redressée. Cf. Tacite, Ann. I, 1, 5. L'expression *falsus scriptor* est un terme générique par lequel il faut entendre les prétendus historiens qui ont glorifié cet empereur. D'autres mettent une virgule après *scriptor* et construisent parallèlement les vers 4 et 5 : en ce cas, il s'agirait des poésies de Néron, que certains prétendaient n'être pas de lui : tel Tacite, Ann. XIV, 16 (Martial penserait comme l'historien).

XVIII

Perfrixisse tuas questa est praefatio fauces :
cum te excusaris, Maxime, quid recitas ?

XIX

Proxima centenis ostenditur ursa columnis,
exornant fictae qua platanona ferae.
Huius dum patulos adludens temptat hiatus
pulcher Hylas, teneram mersit in ora manum :
uipera sed caeco scelerata latebat in aere
uiuebatque anima deteriore fera.
Non sensit puer esse dolos, nisi dente recepto
dum perit. O facinus, falsa quod ursa fuit !

XX

Dic, Musa, quid agat Canius meus Rufus :
utrumne chartis tradit ille uicturis
legenda temporum acta Claudianorum,
an quae Neroni falsus adstruit scriptor ?
an aemulatur inprobi *i*ocos Phaedri ?
lasciuus elegis an seuerus herois ?
an in cothurnis horridus Sophocleis ?
an otiosus in schola poetarum
lepore tinctos Attico sales narrat ?
Hinc si recessit, porticum terit templi

XVIII *hab. T*

XIX *hab. T* || **2** fictae αγ : pi- β || **5** scelerata ω : scelata *T* caelata γ || latebat βγ : iacebat α

XX **3-5** *Sic ego distinxi* : Claudianorum ?.. scriptor ?.. Phaedri ? *Gilbert Heraeus* Claudianorum ?.. scriptor,... Phaedri ? *Lindsay* || **5** iocos ς : locos *codd.* λόγους *Heraeus* || **9** tinctos Attico γ : tinctus Atticos β

sorti, foule-t-il le parvis du temple [1], ou parcourt-il indolemment la promenade que décorent les Argonautes [2]* ? Ou bien encore fréquente-t-il le portique d'Europe [3]* voluptueusement baigné de soleil ? Est-il assis, ou erre-t-il, libre de soucis poignants, parmi ses buissaies, tièdes l'après-midi ? Se baigne-t-il aux Thermes de Titus ou d'Agrippa, ou à ceux de l'impur Tigellin [4]* ? Jouit-il du domaine champêtre de Tullus et de Lucanus [5]* ? Ou sa voiture l'emporte-t-elle vers la quatrième borne milliaire, chez l'aimable Pollion [6]* ? Ou, déjà parti pour les eaux chaudes de Baïes, vogue-t-il paresseusement sur le lac Lucrin ? — « Tu veux savoir ce que fait ton ami Canius ? Il est en train de rire [7]*. »

XXI

Un esclave au front marqué par le fer sauva son maître proscrit : ce fut moins lui conserver la vie que le rendre haïssable à tous [8]*.

XXII

Tu avais déjà, Apicius, sacrifié deux fois trente millions de sesterces à ta gourmandise, et il t'en restait encore une bonne dizaine de millions. Ne pouvant te faire à une situation qui représentait pour toi la faim et la soif, tu as avalé — suprême breuvage ! — une coupe de poison. Jamais, Apicius, tu ne te montras plus gourmand [9]*.

XXIII

Puisque toutes les viandes qu'on te sert, tu les fais passer aux petits esclaves placés derrière toi, pourquoi ne pas mettre pour toi la table derrière ton dos [10]* ?

1. Sans aucun doute le temple d'Isis et de Serapis (cf. II, 14, 7).

an spatia carpit lentus Argonautarum?
an delicatae sole rursus Europae
inter tepentes post meridiem buxos
sedet ambulatue liber acribus curis?
Titine thermis an lauatur Agrippae
an inpudici balneo Tigillini?
an rure Tulli fruitur atque Lucani?
an Pollionis dulce currit ad qnartum?
an aestuantis iam profectus ad Baias
piger Lucrino nauculatur in stagno?
« Vis scire qnid agat Canius tuus? Ridet. »

XXI

Proscriptum famulus seruauit fronte notatus :
non fuit haec domini vita, sed inuidia.

XXII

Dederas, Apici, bis trecenties ventri,
sed adhuc supererat centies tibi laxum.
Hoc tu grauatus ut famem et sitim ferre,
summa uenenum potione perduxti.
Nihil est, Apici, tibi gulosius factum.

XXIII

Omnia cum retro pueris obsonia tradas,
cur non mensa tibi ponitur a pedibus?

12 rursus γ : rufus β [*an* Rufus ?] || **13** meridiem β *Duff* : —die γ *Gilbert Lindsay Giarratano Heraeus* || **14** ambulatue β : -que γ || **15** Titine β : Petine γ

XXI *hab. R* || **1** notatus βγ : -ata α

XXII 2 sed [*vel* set] β : et γ || laxum β *A* : luxum γ [*praeter A*] luxu ς || **3** ferre β : ferres γ || **4** perduxti *Schryver* : perduxit γ duxisti β || **5** nihil β : nullum γ

XXIII 1 retro pueris β : pueris retro γ

XXIV

Coupable d'avoir rongé une vigne, un bouc condamné à périr se tenait, Bacchus, près de tes autels, victime de prédilection pour leurs foyers. Dans l'intention de l'immoler au dieu, l'aruspice étrusque eut l'idée de recommander à un paysan mal dégrossi de trancher promptement et avec une faucille bien affilée les testicules de l'animal : il voulait par là faire disparaître la mauvaise odeur de cette chair nauséabonde. Lui-même, penché sur l'autel verdoyant, coupait en le maintenant d'une main le cou de la bête qui se débattait. Soudain, une énorme hernie apparut, au grand scandale des rites. Notre rustre l'attaque avec son fer et l'ampute, s'imaginant que l'antique rituel des sacrifices l'exigeait et que les divinités des vieux âges étaient honorées par l'offrande de tels organes. Ainsi, d'aruspice étrusque devenu aruspice galle, en égorgeant un bouc tu as été toi-même changé en chevreau [1]*.

XXV

Si tu veux, Faustinus, abaisser la température d'un bain trop chaud dans lequel Julianus [2]* lui-même aurait peine à entrer, prie le rhéteur Sabineius de s'y plonger. Il glace même les thermes de Néron [3]* !

XXVI

Tu as des domaines qui sont à toi seul, Candidus [4]*, de l'argent qui n'est qu'à toi, des coupes d'or, des vases murrhins [5]* qui n'appartiennent qu'à toi ; tu as du massique, du cécube mûri l'année d'Opimius, et ils ne sont qu'à toi ; ton intelligence n'est qu'à toi, ton talent aussi. Tu possèdes tout cela en propre — et ne t'imagine pas que je veuille le nier ! —, mais tu as une femme, Candidus, en commun avec tout le monde.

XXIV

Vite nocens rosa stabat moriturus ad aras
hircus, Bacche, tuis uictima grata focis;
quem Tuscus mactare deo cum uellet aruspex,
dixerat agresti forte rudique uiro
ut cito testiculos et acuta falce secaret,
taeter ut inmundae carnis abiret odor.
Ipse super uirides aras luctantia pronus
dum resecat cultro colla premitque manu,
ingens iratis apparuit hirnea sacris.
Occupat hanc ferro rusticus atque secat,
hoc ratus antiquos sacrorum poscere ritus
talibus et fibris numina prisca coli.
Sic, modo qui Tuscus fueras, nunc Gallus aruspex,
dum iugulas hircum, factus es ipse caper.

XXV

Si temperari balneum cupis feruens,
Faustine, quod uix Iulianus intraret,
roga lauetur rhetorem Sabineium :
Neronianas is refrigerat thermas.

XXVI

Praedia solus habes et solus, Candide, nummos,
aurea solus habes, murrina solus habes,
Massica solus habes et Opimi Caecuba solus,
et cor solus habes, solus et ingenium.
Omnia solus habes—nec me puta uelle negare —
uxorem sed habes, Candide, cum populo.

XXIV *hab. T* || **2** focis α *Gilbert Heraeus* : sacris βγ *Lindsay* || **4** forte αγ : -i β || **8** manu αγ : -us β || **10** hanc β *edd.* : hoc α hac γ || atque ω : ante β

XXV 4 is β [*ut uidetur*] : hic γ

XXVI *hab. R* || **5** nec me puta *Madvig* : hoc me puta αβ *Lindsay Heraeus* [hoc me ...negare !] hoc me puto γ ne me puta *Gilbert*

XXVII

Tu ne me rends jamais une invitation, bien que tu viennes souvent chez moi comme invité : je te pardonne, Gallus, mais seulement si tu n'invites personne. Mais tu en convies d'autres : il y a faute pour tous deux. « En quoi ? », te récries-tu. Moi, je n'ai pas de bon sens ; et toi, Gallus, pas de vergogne.

XXVIII

Tu t'étonnes que Marius sente si mauvais de l'oreille. Tu en es la cause : tu bavardes toujours, Nestor, à son oreille[1] *.

XXIX

Ces chaînes avec leur double entrave, Zoïle te les dédie, Saturne : ce furent ses premiers anneaux[2] *.

XXX

On ne touche plus de sportule ; on n'est pas payé pour venir dîner[3] * : dis-le moi, Gargilianus, que fais-tu à Rome ? Comment te procures-tu ta si modeste toge et le loyer de ta mansarde obscure ? D'où tires-tu ton quadrans pour le bain ? Avec quoi payes-tu les faveurs de Chioné ? Tu réponds : « Je vis de la façon la plus raisonnable du monde ». — Mais que tu vives, c'est cela qui n'a pas de raison[4] *.

XXXI

Tu possèdes, je l'avoue, de vastes étendues de plaines, et, en ville, ta maison occupe la place de bien des immeubles ; de nombreux débiteurs sont aux ordres et à la merci de ton coffre-fort, et l'on te sert dans de la vaisselle d'or. Garde-toi pourtant, Rufinus, de mépriser plus humble que toi : Didyme était plus riche et Philomelus l'est encore plus.

XXVII

Numquam me reuocas, uenias cum saepe uocatus :
ignosco, nullum si modo, Galle, uocas.
Inuitas alios : uitium est utriusque. « Quod? » inquis.
Et mihi cor non est et tibi, Galle, pudor.

XXVIII

Auriculam Mario grauiter miraris olere.
Tu facis hoc : garris, Nestor, in auriculam.

XXIX

Has cum gemina compede dedicat catenas,
Saturne, tibi Zoilus, anulos priores.

XXX

Sportula nulla datur; gratis conuiua recumbis :
dic mihi, quid Romae, Gargiliane, facis?
Vnde tibi togula est et fuscae pensio cellae ?
unde datur quadrans? unde uir es Chiones?
Cum ratione licet dicas te uiuere summa,
quod uiuis, nulla cum ratione facis.

XXXI

Sunt tibi, confiteor, diffusi iugera campi,
urbanique tenent praedia multa lares,
et seruit dominae numerosus debitor arcae,
sustentatque tuas aurea massa dapes.
Fastidire tamen noli, Rufine, minores :
plus habuit Didymos, plus Philomelus habet.

XXVII *hab. R* || 1 uenias cum saepe αβ : cum sis prior ipse γ || 4 est et αβ : est [*om.* et] γ [*praeter A*] est nec *ABC*

XXX *hab. T*, *1 hab. R* || 2 dic ω : quid γ || 3 togula ω : getula *T*

XXXI *hab. T om.* γ || 2 urbanique β : Albanique α *N* || 4 massa α : mensa β

XXXII

Si je puis besogner une vieille ? Tu me le demandes, Matrinia : je le pourrais certainement ; mais toi, tu es un cadavre, tu n'es pas une vieille. Je pourrais besogner aussi Hécube et Niobé, Matrinia, — mais pourvu que la première ne soit pas encore une chienne et la seconde une pierre [1].

XXXIII

Je préfère une femme libre, mais, si elle m'est refusée, je regarde une affranchie comme le lot qui vient après ; je place l'esclave au dernier rang, mais elle l'emportera sur l'une et sur l'autre si elle a un joli minois [2].

XXXIV

Je vais te dire pourquoi tu mérites ton nom et ne le mérites pas. Tu es froide et tu es noire : donc tu es et tu n'es pas Chioné [3].

XXXV

Tu vois ces poissons finement ciselés en relief par l'art de Phidias : verse de l'eau dans le vase et ils nageront.

XXXVI

Tous les devoirs que te rend un nouvel ami — un ami que tu viens de te faire — tu exiges, Fabianus, que je te les rende. Tu veux que, tout frissonnant, je t'apporte toujours mes salutations au point du jour ; que ta litière me traîne après elle en pleine boue ; que, harassé, je te

1. La mythologie représentait Hécube comme métamorphosée en chienne, et Niobé en rocher.

2. Jeu de mots sur *ingenuus* signifiant au propre « de naissance libre », et, au figuré, « délicat, fin » (cf. X, 82, 6).

3. Nom dérivé du grec χιών, la neige.

XXXII

An poss*i*m uetulam quaeris, Matrinia : possum
et uetulam, sed tu mortua, non uetula es ;
possum Hecubam, possum Niobam, Matrinia, sed si
nondum erit illa canis, nondum erit illa lapis.

XXXIII

Ingenuam malo, sed si tamen illa negetur,
libertina mihi proxuma condicio est.
Extremo est ancilla loco : sed uincet utramque,
si facie nobis haec erit ingenua.

XXXIV

Digna tuo cur sis indignaque nomine, dicam.
Frigida es et nigra es : non es et es Chione.

XXXV

Artis Phidiacae toreuma clarum
pisces aspicis : adde aquam, natabunt.

XXXVI

Quod nouus et nuper factus tibi praestat amicus,
hoc praestare iubes me, Fabiane, tibi :
horridus ut primo semper te mane salutem
per mediumque trahat me tua sella lutum,

XXXII *1-2 hab. R* || **1** An possim *Héraud Gilbert* : an possum α non possum βγ *Heraeus* [non p. u.. quereris] *Lindsay.* [non p. u. ? quaeris] num possum ed. a. 1473 || quaeris α *P edd. plerique* quereris *Qf* γ *Heraeus* querere *L* || Matrinia γ *Lindsay Heraeus* : Matria β Matronia α *Gilbert Giarratano* || **3** Niobam ω *Gilbert Lindsay* : Nioben β *Duff Heraeus* || Matrinia γ : Matria β [*deest* α]

XXXIII *hab. R*

XXXIV *hab. T*

XXXVI *hab. T* ; *1-4 hab. R* || **3** semper te βγ : te semper α

fasse escorte, à la dixième heure ou même plus tard, jusqu'aux thermes d'Agrippa, alors que moi-même je me baigne à ceux de Titus[1] *. Est-ce là la récompense de mes trente hivers, Fabianus, et dois-je toujours être une recrue pour ton amitié ? Ai-je mérité, Fabianus, avec ma toge tout usée et bien à moi, de paraître à tes yeux n'avoir pas encore mérité mon congé ?

XXXVII

Vous fâcher, c'est tout ce que vous savez faire, ô riches amis. Ce n'est pas joli, mais vous y trouvez votre compte : faites[2] *.

XXXVIII

Quel motif, ou plutôt quelle outrecuidance, te conduit à Rome, Sextus ? Qu'en attends-tu, ou qu'y viens-tu chercher ? Réponds. — « Je plaiderai, dis-tu, avec plus d'éloquence que Cicéron lui-même, et je n'aurai de rival sur aucun des trois forums ». — Atestinus a plaidé, Civis aussi (tu les connaissais tous les deux) : mais ni l'un ni l'autre n'a pu y gagner de quoi payer son loyer. — « Si rien ne nous échoit de ce côté, nous composerons des vers. Quand tu les entendras, tu diras : « Cela, c'est du Virgile ! » — Tu perds la tête : tous ceux que tu vois par là grelotter dans leurs manteaux râpés, ce sont autant d'Ovides et de Virgiles. — « Je fréquenterai l'atrium des grandes maisons ». — C'est à peine si trois ou quatre malheureux ont trouvé ainsi à se nourrir : tous les autres, le teint livide, meurent de faim. — « Que faire ? Donne-moi un conseil, car je suis bien décidé à vivre à Rome ». — Si tu es honnête, tu peux y vivre, Sextus, par chance[3] *.

XXXIX

La borgne Lycoris, Faustinus, aime un garçon qui est tout le portrait de l'échanson troyen[4] *. Comme cette borgne y voit clair !

lassus ut in thermas decuma uel serius hora
te sequar Agrippae, cum lauer ipse Titi.
Hoc per triginta merui, Fabiane, Decembres,
ut sim tiro tuae semper amicitiae?
Hoc merui, Fabiane, toga tritaque meaque,
ut nondum credas me meruisse rudem?

XXXVII

Irasci tantum felices nostis amici.
Non belle facitis, sed iuuat hoc : facite.

XXXVIII

Quae te causa trahit uel quae fiducia Romam,
Sexte? Quid aut speras aut petis inde? refer.
« Causas » inquis « agam Cicerone disertior ipso
atque erit in triplici par mihi nemo foro. »
Egit Atestinus causas et Ciuis—utrumque
noras— ; sed neutri pensio tota fuit.
« Si nihil hinc ueniet, pangentur carmina nobis :
audieris, dices esse Maronis opus. »
Insanis : omnes gelidis quicumque lacernis
sunt ibi, Nasones Vergiliosque uides.
« Atria magna colam. » Vix tres aut quattuor ista
res aluit ; pallet cetera turba fame.
« Quid faciam? suade : nam certum est uiuere Romae. »
Si bonus es, casu uiuere, Sexte, potes.

XXXIX

Iliaco similem puerum, Faustine, ministro
lusca Lycoris amat. Quam bene lusca uidet!

XXXVII 2 facite γ : facere β
XXXVIII *1-12 hab. T* || **3** disertior αγ *edd.* : -ius β || **7** pangentur ω : tang- γ
XXXIX *hab. T*

XL

Ciselé sur la coupe où la main de Mentor l'a représenté, un lézard est si vivant que l'on craint de toucher l'argenterie.

XLI

Pour avoir prélevé, en vue de me les prêter, cent cinquante mille sesterces sur les immenses richesses qui s'entassent dans ton coffre-fort, tu t'imagines, Telesinus, être un ami magnifique. Un ami magnifique parce que tu m'avances [1] cette somme ? C'est bien plutôt moi, puisque tu te la fais rendre.

XLII

Tu essaies de cacher les rides de tes flancs avec de la pâte de farine de fèves ; mais, Polla, c'est mettre un emplâtre sur ton ventre, non sur mes lèvres [2]. Laisse un défaut, léger peut-être, s'étaler au jour : la tare que l'on cache en paraît toujours plus grande.

XLIII

Mensonge que ta jeunesse, Laetinus, avec tes cheveux teints ! Te voilà tout à coup devenu corbeau, de cygne que tu étais naguère ! Mais tu ne peux tromper tout le monde : Proserpine sait bien que ta tête est blanche ; elle arrachera le masque qui la couvre.

XLIV

Personne ne te rencontre avec plaisir et, partout où tu te présentes, on fuit et une immense solitude se fait, Ligurinus, autour de toi. En veux-tu savoir la raison ? Tu

1. Le mot *dare* ne signifie pas toujours un don, mais souvent un prêt. Cf. IV, 15, 6. D'ailleurs, *mutua* du vers 1 peut être sous-entendu au vers 4.

2. Qui sentent tes rides (dans un baiser) et que par suite tu ne peux tromper. L'expression *sublinere os* signifie « tromper ». Cf. Dict. Freund-Theil, s. v.

XL (XLI)

Inserta phialae Mentoris manu ducta
lacerta uiuit et timetur argentum.

XLI (XL)

Mutua quod nobis ter quinquagena dedisti
ex opibus tantis, quas grauis arca premit,
esse tibi magnus, Telesine, uideris amicus.
Tu magnus, quod das? immo ego, quod recipis.

XLII

Lomento rugas uteri quod condere temptas,
Polla, tibi uentrem, non mihi labra linis.
Simpliciter pateat uitium fortasse pusillum :
quod tegitur, maius creditur esse malum.

XLIII

Mentiris iuuenem tinctis, Laetine, capillis,
tam subito coruus, qui modo cycnus eras.
Non omnes fallis ; scit te Proserpina canum :
personam capiti detrahet illa tuo.

XLIV

Occurrit tibi nemo quod libenter,
quod, quacumque uenis, fuga est et ingens
circa te, Ligurine, solitudo,

XL 1 ducta γ :-tat β -tae *Heinsius* docta *Rooy*
XLI *hab. T.*
XLII *hab. T* || **3** pusillum ω : pusillum est γ || **4** maius βγ : magnum α || malum αβ : nefas γ
XLIII *hab. R* || **3** fallis αβ : -es γ

es trop poète ! C'est là un défaut bien dangereux. La tigresse que met en rage le rapt de ses petits, la vipère brûlée par le soleil des Tropiques, le scorpion mortel ne sont pas si redoutés. En vérité, je te le demande, qui pourrait endurer de telles épreuves ? Tu lis quand je suis debout, tu lis quand je suis assis, tu lis quand je cours, tu lis quand je suis à la selle. Je fuis aux thermes : ta voix éclate à mon oreille. Je me dirige vers la piscine : il ne m'est pas permis de m'y plonger. Je me hâte d'aller dîner : tu me retiens en chemin. J'arrive à table : tu me mets en déroute au cours du repas. Harassé, je me mets au lit pour dormir : tu viens me faire lever. Veux-tu te rendre compte du mal que tu fais ? Tu es juste, honnête, et ne fais de tort à personne : et pourtant, on te redoute.

XLV

Phébus a-t-il fui d'horreur la table où s'était assis Thyeste [1], je ne sais : mais nous, Ligurinus, à coup sûr nous fuyons la tienne. Ce n'est pas qu'elle ne soit plantureuse et chargée de mets somptueux : mais quand tu lis, il n'est rien qui m'agrée. Ne me fais pas servir de turbots, ni un mulet de deux livres ; point de bolets, point d'huîtres : tais-toi.

XLVI

Tu exiges de moi sans fin tous les services dus par un client : je ne te fais pas visite, mais je te dépêche

1. Atrée, roi d'Argos, vengea une offense reçue en faisant servir à son frère Thyeste les membres des deux fils de celui-ci, qui se nourrit de leur chair sans s'en douter. Le Soleil, d'après la légende, se voila la face d'horreur. Cf. X, 4. 1.

quid sit, scire cupis? Nimis poeta es.
Hoc ualde uitium periculosum est.
Non tigris catulis citata raptis,
non dipsas medio perusta sole,
nec sic scorpios inprobus timetur.
Nam tantos, rogo, quis ferat labores?
Et stanti legis et legis sedenti,
currenti legis et legis cacanti.
In thermas fugio : sonas ad aurem.
Piscinam peto : non licet natare.
Ad cenam propero : tenes euntem.
Ad cenam uenio : fugas edentem.
Lassus dormio : suscitas iacentem.
Vis, quantum facias mali, uidere?
Vir iustus, probus, innocens timeris.

XLV

Fugerit an Phoebus mensas cenamque Thyestae
ignoro : fugimus nos, Ligurine, tuam.
Illa quidem lauta est dapibusque instructa superbis,
sed nihil omnino te recitante placet.
Nolo mihi ponas rhombos mullumue bilibrem
nec uolo boletos, ostrea nolo : tace.

XLVI

Exigis a nobis operam sine fine togatam :
non eo, libertum sed tibi mitto meum.

XLIV *hab. T* || **4** Quid α : quod βγ || **7** non ω : nec γ || **8** nec ω : non γ || **12** sonas ad aurem ω *edd.* : tenes euntem γ [*cf. 14*] || **13** licet αβ *edd.* : sinis γ || **14** tenes euntem ω *edd.* : sonas ad aurem γ [*cf. 12*] || **15** fugas edentem *Ramirez Duff* : fuga sedentem αγ fugas sedentem β *Gilbert Lindsay Heraeus* || **18** probus αγ : bonus β

XLV *hab. T* ; *5-6 hab. R* || **1** Phoebus mensas αγ : mensas Phoebus β || **3** illa αγ : ista β || **5** rhombos αβ : -um γ || mullumue βγ : -que α

mon affranchi. « Ce n'est pas, dis-tu, la même chose ». Je vais te prouver que c'est bien davantage. J'ai peine à suivre une litière : lui, il la portera. Si tu tombes dans un rassemblement, il écartera tout le monde en jouant du coude : moi, j'ai les flancs faibles et délicats. Si tu ornes ta plaidoirie d'une narration quelconque, moi, je me tairai : mais lui, il te mugira un triple bravo. Que tu aies un procès : sa voix formidable fera entendre ses huées : le souci des convenances m'a toujours interdit les gros mots. — « Ainsi, dis-tu, ton amitié ne veut plus rien faire pour moi ? » — Je te rendrai, Candidus, tous les services que mon affranchi ne pourra te rendre.

XLVII

A l'endroit où la porte Capène [1] est trempée de larges gouttes et où les galles lavent dans l'Almo [2]* le couteau de Cybèle, à l'endroit où verdoie le champ sacré des Horaces [3]* et où le soleil chauffe le sanctuaire d'Hercule enfant, Bassus passait, Faustinus, dans un chariot plein jusqu'aux bords. Il portait avec lui tous les produits d'un riche bien de campagne. Tu aurais pu voir là des choux à la pomme aristocratique, des porreaux des deux espèces [4]*, des laitues largement étalées, et des bettes, profitables à un estomac paresseux ; il s'y trouvait aussi une lourde guirlande de grives dodues, un lièvre montrant la trace des dents d'un chien gaulois, et un porc de lait qui n'était pas encore en âge de mâcher les fèves. Et le coureur ne précédait pas oisivement la voiture, mais il portait des œufs enveloppés d'un foin protecteur. — Bassus venait donc à Rome ? Mais non : il allait à la campagne.

1. Cette porte, sous laquelle passait la route de Capoue, supportait dans sa partie supérieure une branche de l'Aqua Marcia qui laissait fuir son eau. Cf. Juv. III, 11.

« Non est » inquis « idem. » Multo plus esse probabo :
 uix ego lecticam subsequar, ille feret.
In turbam incideris, cunctos umbone repellet :
 inualidum est nobis ingenuumque latus.
Quidlibet in causa narraueris, ipse tacebo :
 at tibi tergeminum mugiet ille sophos.
Lis erit, ingenti faciet conuicia uoce :
 esse pudor uetuit fortia uerba mihi.
« Ergo nihil nobis » inquis « praestabis amicus ? »
 Quidquid libertus, Candide, non poterit.

XLVII

Capena grandi porta qua pluit gutta
Phrygiumque Matris Almo qua lavat ferrum,
Horatiorum qua uiret sacer campus
qua pusilli feruet Herculis fanum,
Faustine, plena Bassus ibat in reda,
omnis beati copias trahens ruris.
Illic uideres frutice nobili caules
et utrumque porrum sessilesque lactucas
pigroque uentri non inutiles betas ;
illic coronam pinguibus grauem turdis
leporemque laesum Gallici canis dente
nondumque uicta lacteum faba porcum ;
nec feriatus ibat ante carrucam,
sed tuta faeno cursor oua portabat.
Vrbem petebat Bassus ? Immo rus ibat.

XLVI *hab. T* ; *9-10 hab. R* || **3** multo plus esse ω : multum plus est *T* || **5** cunctos *codd. edd.* : cuneos *Heinsius* || **7** causa αγ -sam β

XLVII 6 trahens ruris ς : ruris trahent β trahens iuris γ || **11** Gallici canis dente ς : gallicicanis dentes γ [*ut videtur*] callicanis dentem β || **12** faba β : -b γ || **15** urbem β : Romam γ

XLVIII

Olus avait fait édifier une loge de pauvre [1], mais il a dû vendre ses immeubles : aujourd'hui, Olus occupe une loge de pauvre.

XLIX

Tu me fais servir du vin de Veïes, alors que tu savoures le massique : plutôt que de boire, je préfère flairer ta coupe [2*].

L

Voici le motif — et il n'en est point d'autre — pour lequel tu m'invites à dîner, Ligurinus : tu veux me lire tes petits vers. A peine ai-je déposé mes chaussures [3*] qu'on apporte à l'instant, avec les laitues et la sauce pour le poisson, un énorme volume. La lecture d'un second a lieu pendant que le premier service attend ; voici le troisième, et le second service n'est pas encore là ; et tu en lis encore un quatrième et enfin un cinquième. Tu nous dégoûterais du sanglier si tu nous en faisais servir autant de fois ! Que si tu ne fais pas cadeau aux maquereaux [4*] de tes poèmes scélérats, tu dîneras désormais seul chez toi, Ligurinus.

LI

Quand je te fais compliment de ton visage, quand j'admire tes chevilles et tes mains, tu as l'habitude de dire, Galla : « Nue, tu me trouveras bien plus à ton goût » ; mais tu évites toujours de prendre un bain avec moi. Craindrais-tu par hasard, Galla, que je ne sois pas à ton goût ?

1. On appelait *cella pauperis* une pièce étroite et obscure, que les riches faisaient souvent ménager dans leurs demeures et qu'ils louaient parfois à de pauvres diables. Elle leur permettait aussi de « jouer au pauvre » (Cf. Sén., *Ép. à Lucil.*, 18,7 et 100, 6). Ruiné par ses prodigalités, Olus a dû en louer une. Pour le sens de *praedia*, cf. III, 31, 2.

XLVIII

Pauperis extruxit cellam, sed uendidit Olus
praedia : nunc cellam pauperis Olus habet.

XLIX

Veientana mihi misces, ubi Massica potas :
olfacere haec malo pocula quam bibere.

L

Haec tibi, non alia, est ad cenam causa uocandi,
versiculos recites ut, Ligurine, tuos.
Deposui soleas, adfertur protinus ingens
inter lactucas oxygarumque liber :
alter perlegitur, dum fercula prima morantur :
tertius est, nec adhuc mensa secunda uenit :
et quartum recitas et quintum denique librum.
Putidus est, totiens si mihi ponis aprum.
Quod si non scombris scelerata poemata donas,
cenabis solus iam, Ligurine, domi.

LI

Cum faciem laudo, cum miror crura manusque,
dicere, Galla, soles « Nuda placebo magis, »
et semper uitas communia balnea nobis.
Numquid, Galla, times ne tibi non placeam ?

XLVIII *hab. R*
XLIX *hab. T*
L *1-2 hab. R* || **5** perlegitur β : porrigitur *XCG* ^{2} [perletor G^{1}] pergetor *EAV* || **6** nec γ *Lindsay Heraeus* : neque β *Gilbert* || uenit β : fuit γ || **7** librum β : broma *XC* bruma *EAGB* [*unde* βρῶμα *quidam edd., sed illud* BROMA *vel* BRUMA *ex uerbo* librum *defluxisse uidetur*] || **8** est γ : es β
LI *hab. T*

LII

Tu avais payé ta maison, Tongilianus, deux cent mille sesterces : un accident trop fréquent à Rome t'en a privé. Une souscription t'a valu un million de sesterces. Dis-moi, ne va-t-on pas croire que c'est toi qui as mis le feu, Tongilianus, à ta propre maison ?

LIII

J'aurais pu me passer de ton visage, et de ta nuque, et de tes mains, et de tes jambes, et de tes seins, et de tes fesses, et de tes hanches, et — pour ne pas m'épuiser dans les détails — j'aurais pu me passer de toi tout entière, Chloé.

LIV

Puisque je ne puis mettre à tes faveurs, Galla, le prix que tu en demandes, il serait bien plus franc, Galla, de me dire non.

LV

Partout sur ton passage on croirait que Cosmus [1] déménage et que le cinname s'échappe à flots d'un flacon renversé. Je n'aime pas te voir enchantée de ces frivolités exotiques, Gellia. Tu sais bien, je suppose, que de la sorte mon chien peut sentir bon.

LVI

Je préférerais posséder à Ravenne [2] une citerne plutôt qu'un vignoble : je pourrais vendre l'eau beaucoup plus cher.

LVII

Un cabaretier malin m'a bien trompé l'autre jour à Ravenne : comme je lui demandais du vin étendu d'eau, il m'a vendu du vin pur.

1. Le célèbre parfumeur.
2. L'eau manquait dans cette ville.

LII

Empta domus fuerat tibi, Tongiliane, ducentis :
abstulit hanc nimium casus in urbe frequens.
Conlatum est deciens. Rogo, non potes ipse uideri
incendisse tuam, Tongiliane, domum ?

LIII

Et uoltu poteram tuo carere
et collo manibusque cruribusque
et mammis natibusque clunibusque,
et, ne singula persequi laborem,
tota te poteram, Chloe, carere.

LIV

Cum dare non possim quod poscis, Galla, rogantem,
multo simplicius, Galla, negare potes.

LV

Quod, quacumque uenis, Cosmum migrare putamus
et fluere excusso cinnama fusa uitro,
nolo peregrinis placeas tibi, Gellia, nugis.
Scis, puto, posse meum sic bene olere canem.

LVI

Sit cisterna mihi quam uinea malo Rauennae,
cum possim multo uendere pluris aquam.

LVII

Callidus imposuit nuper mihi copo Rauennae :
cum peterem mixtum, uendidit ille merum.

LII 1 ducentis *codd.* : ducenis *Schryver*
LV *hab. T* || **2** excusso ω : effusos β
LVI *hab. T*
LVII *hab. T*

LVIII

Bassus, la villa de notre ami Faustinus, à Baïes, n'a point de rangées de myrtes improductifs, de platanes stériles ou de buis bien tondus ; elle n'occupe pas une vaste étendue de terrain sans rapport ; c'est la campagne vraie et rustique qui la réjouit. Là, dans chaque coin, le blé entassé s'amoncelle, et plus d'une jarre exhale le parfum de vieux automnes. Là, quand novembre est passé et que l'hiver fait déjà sentir sa venue prochaine, un vigneron à la mise inculte apporte des raisins tardifs. Dans les profondeurs de la vallée mugissent des taureaux farouches, et des veaux au front encore inoffensif ont des démangeaisons de combattre. De tous côtés se promène dans les ordures le peuple de la basse-cour : l'oie aux cris perçants, les paons constellés, et l'oiseau qui doit son nom à la couleur feu de ses ailes [1*], et la perdrix bigarrée, et les poules de Numidie [2*] tachetées, et le faisan de l'impie Colchide [3*]. Les coqs orgueilleux couvrent leurs femelles rhodiennes, et les pigeonniers retentissent des battements d'ailes des colombes ; d'un côté gémit le ramier, de l'autre la tourterelle blanche comme cire [4*]. Les porcelets avides suivent le tablier de la fermière et le tendre agneau attend les mamelles gonflées de sa mère. Nés dans la maison, de jeunes esclaves au teint de lait entourent le foyer clair et le bois flambe par brassées devant les dieux lares, les jours de fête. Point de paresseux sommelier à la figure blafarde, signe d'un repos prolongé, point de maître de gymnastique à la peau onctueuse qui gaspille l'huile de la maison : ici, on tend d'artificieux lacets aux grives gourmandes, ou l'on amène au bout de sa ligne tremblante le poisson qu'on a pris, ou l'on rapporte au logis la biche qui s'est empêtrée dans les rets. Le jardin exerce sans fatigue la joyeuse troupe des esclaves élevés à la ville : sans que leur

LVIII

Baiana nostri villa, Basse, Faustini
non otiosis ordinata myrtetis
uiduaque platano tonsilique buxeto
ingrata lati spatia detinet campi,
sed rure uero barbaroque laetatur.
Hic farta premitur angulo Ceres omni
et multa fragrat testa senibus autumnis ;
hic post Nouembres imminente iam bruma
seras putator horridus refert uuas.
Truces in alta ualle mugiunt tauri
uitulusque inermi fronte prurit in pugnam.
Vagatur omnis turba sordidae chortis,
argutus anser gemmeique pauones
nomenque debet quae rubentibus pinnis
et picta perdix Numidicaeque guttatae
et impiorum phasiana Colchorum ;
Rhodias superbi feminas premunt galli ;
sonantque turres plausibus columbarum,
gemit hinc palumbus, inde cereus turtur.
Auidi secuntur uilicae sinum porci
matremque plenam mollis agnus expectat.
Cingunt serenum lactei focum uernae
et larga festos lucet ad lares silua.
Non segnis albo pallet otio caupo,
nec perdit oleum lubricus palaestrita,
sed tendit auidis rete subdolum turdis
tremulaue captum linea trahit piscem
aut inpeditam cassibus refert dammam.
Exercet hilares facilis hortus urbanos,

LVIII 22 serenum [sesenum γ] *codd.* : perennem *Mordtmann* || **26** subdolum γ : -le β || **35** *sic dist, Lindsay Heraeus alii* [cf. I, 43, 7] *post lactis quidam interpungunt* || Sassinate de silua *codd.* : Sassi-

surveillant leur en donne l'ordre, ces folâtres adolescents aux longs cheveux se plaisent à obéir au fermier, et même l'eunuque efféminé prend volontiers sa part de travail. Le paysan ne vient pas rendre ses devoirs au maître les mains vides : l'un apporte du miel blanc en rayons et un fromage conique du pays boisé de Sassina [1], l'autre offre des loirs amis du sommeil, cet autre amène le produit bêlant d'une mère aux longs poils [2], ce dernier enfin, des chapons forcés à ignorer l'amour. Les grandes filles des honnêtes cultivateurs présentent dans des paniers d'osier les cadeaux de leurs mères. L'ouvrage terminé, on invite le voisin joyeux. Point de table chiche qui mette les aliments en réserve pour le lendemain : tout le monde mange à sa faim, et le domestique, abondamment rassasié, n'a pas l'idée de porter envie au convive qui a trop bu. Mais toi, la maison que tu possèdes aux portes de la ville est l'élégant séjour de la faim. Du haut de ton palais, tu ne vois que des lauriers, bien tranquille du côté des voleurs, que ne redoute guère ton Priape. Tu nourris ton vigneron de blé apporté de la ville et, tranquillement, tu approvisionnes ta villa en peinture de légumes, d'œufs, de poulets, de fruits, de fromage, de vin doux. Est-ce bien là une maison de campagne ? Ne faut-il pas plutôt dire : « Une maison de ville éloignée » ?

LIX

Le savetier Cerdo t'a offert, élégante Bologne [3], un combat de gladiateurs ; un foulon en a donné un autre à Modène : à présent, où le cabaretier aura-t-il son tour ?

1. Ville d'Ombrie, célèbre par ses pâturages et ses fromages en forme de borne, *meta*. Patrie de Plaute.
2. Un chevreau.
3. Cf. III, 16.

et paedagogo non iubente lasciui
parere gaudent uilico capillati,
et delicatus opere fruitur eunuchus.
Nec uenit inanis rusticus salutator :
fert ille ceris cana cum suis mella
metamque lactis Sassinate de silua ;
somniculosos ille porrigit glires,
hic uagientem matris hispidae fetum,
alius coactos non amare capones ;
et dona matrum uimine *offerunt* texto
grandes proborum uirgines colonorum.
Facto uocatur laetus opere uicinus ;
nec auara seruat crastinas dapes mensa :
uescuntur omnes ebrioque non nouit
satur minister inuidere conuiuae.
At tu sub urbe possides famem mundam
et turre ab alta prospicis meras laurus,
furem Priapo non timente securus ;
et uinitorem farre pascis urbano
pictamque portas otiosus ad uillam
holus, oua, pullos, poma, caseum, mustum.
Rus hoc uocari debet, an domus longe ?

LIX

Sutor cerdo dedit tibi, culta Bononia, munus,
fullo dedit Mutinae : nunc ubi copo dabit ?

natis ; e silua s. *Rooy Friedlaender* || **37** hic ω : hinc β **39** || uimine offerunt *Heinsius* : uimineo ferunt *codd.* || **44** satur ω : fatus γ fartus ς || **51** uocari debet β : uocatur γ
LIX *hab. T* || **2** ubi ω : tibi *T*

LX

Du moment que tu m'invites à ta table — car je ne suis plus comme auparavant un client dont on paie les services [1*] — pourquoi ne me présente-t-on pas les mêmes plats qu'à toi ? Toi, tu avales des huîtres engraissées dans le lac Lucrin ; moi, je suce une moule dont j'ai incisé la coquille [2*]. On te sert des bolets : je dois me contenter de champignons dont on nourrit les porcs. Tu es aux prises avec un turbot ; moi, avec une brême. Toi tu t'emplis la panse de l'énorme croupion d'une tourterelle jaune de graissé [3*] : à moi, on me sert une pie morte dans sa cage. Pourquoi faut-il que je dîne sans toi, Ponticus, quand je dîne avec toi ? Que la suppression de la sportule me profite : prenons la même nourriture.

LXI

Tu dis : « Ce n'est rien ! », importun Cinna, toutes les fois que tu m'adresses quelque demande. Si ce n'est rien, Cinna, je ne te refuse rien, Cinna [4*].

LXII

Tu achètes de jeunes garçons cent et souvent même deux cent mille sesterces ; tu bois des vins enfermés dans leur jarre sous le règne de Numa [5*] ; tu mets un million de sesterces à l'achat d'une vaisselle qui ne prend guère de place ; une livre d'argenterie appauvrit ta bourse de cinq mille sesterces ; tu te procures une voiture dorée au prix d'une ferme, tu achètes une mule plus cher qu'une maison ; crois-tu donc par ces acquisitions montrer une réelle grandeur d'esprit ? Détrompe-toi ; c'est la marque d'un petit esprit, Quintus, que de dépenser ainsi son argent.

LX

Cum uocer ad cenam non iam uenalis ut ante,
cur mihi non eadem quae tibi cena datur ?
Ostrea tu sumis stagno saturata Lucrino,
sugitur inciso mitulus ore mihi ;
sunt tibi boleti, fungos ego sumo suillos ;
res tibi cum rhombo est, at mihi cum sparulo.
Aureus inmodicis turtur te clunibus implet,
ponitur in cauea mortua pica mihi.
Cur sine te ceno cum tecum, Pontice, cenem ?
Sportula quod non est prosit : edamus idem.

LXI

Esse nihil dicis quidquid petis, inprobe Cinna :
si nil, Cinna, petis, nil tibi, Cinna, nego.

LXII

Centenis quod emis pueros et saepe ducenis,
quod sub rege Numa condita uina bibis,
quod constat decies tibi non spatiosa supellex,
libra quod argenti milia quinque rapit,
aurea quod fundi pretio carruca paratur,
quod pluris mula est quam domus empta tibi :
haec animo credis magno te, Quinte, parare ?
Falleris : haec animus, Quinte, pusillus emit.

LX *hab. T* || **1** uocer α : -or βγ || **4** sugitur αβ : sum- γ || **5** suillos γ pusillos α β || **6** at αγ : et β || **10** quod βγ : quae *T*
LXI *hab. R*
LXII *hab. T* || **7** credis magno β : magno credis αγ

LXIII

Cotilus, tu es un petit-maître : bien des gens disent cela, Cotilus ; je l'entends dire : mais qu'est-ce, dis-moi, qu'un petit-maître ? — « Un petit-maître, c'est un homme qui dispose harmonieusement les boucles de sa chevelure ; qui sent toujours le baume, toujours le cinname ; qui fredonne les chansons de l'Égypte ou celles de Gadès, qui meut ses bras épilés suivant des cadences diverses, que l'on voit toute la journée assis parmi les chaises des dames et qui, à tout instant, parle à quelque oreille ; qui a toujours à lire des billets venus de tous les points de l'horizon et à écrire lui-même [1] ; qui évite le contact du manteau dans lequel se drape le coude du voisin [2*] ; qui sait le nom de la bien-aimée de chaque amoureux ; qui court d'un souper à l'autre ; qui connaît à fond la généalogie du cheval Hirpinus [3*] ». — Que me dis-tu là ? Est-ce là, est-ce bien là, Cotilus, un petit-maître ? Quelle chose compliquée qu'un petit-maître, Cotilus [4*] !

LXIV

Ces Sirènes, supplice joyeux des marins qui leur devaient une mort séduisante et de cruelles délices, ces Sirènes dont jadis personne ne pouvait se détacher après les avoir entendues, le rusé Ulysse, dit-on, s'arracha à elles. Je n'en suis point surpris : mais je le serais vraiment, Cassianus, s'il avait pu s'arracher à Canius et à ses anecdotes !

LXV

Le parfum que dégage un fruit entamé par une délicate bouche de jeune fille, celui qu'apporte la brise qui a passé

1. La traduction « qui leur lit leurs lettres et se charge des réponses » (G. Boissier, *Tacite*, p. 305) paraît bizarre : les dames n'ont pas coutume d'étaler ainsi leurs liaisons secrètes ou intimes, et elles auraient trop à redouter les indiscrétions.

LXIII

Cotile, bellus homo es : dicunt hoc, Cotile, multi.
Audio : sed quid sit, dic mihi, bellus homo ?
« Bellus homo est, flexos qui digerit ordine crines,
balsama qui semper, cinnama semper olet ;
cantica qui Nili, qui Gaditana susurrat,
qui mouet in uarios bracchia uolsa modos ;
inter femineas tota qui luce cathedras
desidet atque aliqua semper in aure sonat ;
qui legit hinc illinc missas scribitque tabellas ;
pallia uicini qui refugit cubiti ;
qui scit quam quis amet, qui per conuiuia currit,
Hirpini ueteres qui bene nouit auos. »
Quid narras ? hoc est, hoc est homo, Cotile, bellus ?
res pertricosa est, Cotile, bellus homo.

LXIV

Sirenas hilarem nauigantium poenam
blandasque mortes gaudiumque crudele,
quas nemo quondam deserebat auditas,
fallax Vlixes dicitur reliquisse.
Non miror : illud, Cassiane, mirarer,
si fabulantem Canium reliquisset.

LXV

Quod spirat tenera malum mordente puella,
quod de Corycio quae uenit aura croco ;

LXIII *1-4 hab. R* || **5** Nili qui γ : Nili qui et β || Gaditana β : -ani γ || **6** modos γ : choros β
LXIV *hab. T*
LXV *hab. T* || **1** tenera malum αγ : malum tenera β

sur le safran de Corycos, l'arome de la vigne en fleur dont s'argentent les grappes naissantes ; les exhalaisons du gazon que la brebis vient de brouter ; l'odeur du myrte, celle que répand l'arabe en moissonnant les aromates, celle de l'ambre broyé, ou d'un feu dont l'encens oriental blanchit la flamme, ou de la glèbe qu'arrose une légère pluie d'été, ou encore d'une couronne qui garde les effluves d'une chevelure imprégnée de nard, c'est ainsi, cruel Diadumenus, qu'embaument tes jeunes baisers. Et que serait-ce si tu les donnais franchement et sans en rien marchander ?

LXVI

Pareils sont le crime qu'a commis Antoine et celui dont s'est souillé le couteau égyptien [1*] : dans les deux cas, le fer a abattu une tête sacrée. Cette tête-là était à toi, Rome, lorsque, toute à la joie, tu déroulais tes cortèges triomphaux chargés de lauriers ; et celle-ci était à toi de même, au temps où tu étais éloquente. Cependant Antoine est plus difficile à défendre que Pothin : celui-ci a commis son crime pour obéir à son maître, l'autre n'obéit qu'à lui-même.

LXVII

Vous fainéantez, garçons, et n'entendez rien à l'ouvrage, plus paresseux que le Vaternus et la Rasina [2*], dont vous parcourez les eaux dormantes en y trempant, suivant la cadence marquée par le maître d'équipage, vos rames indolentes. Déjà Phaéton [3*] se penche et Aethon [4*] est en sueur ; l'air est embrasé et l'heure de midi dételle les équipages fatigués. Mais vous, vous errez sans but sur des flots si tranquilles, et vous amusez votre repos sur une barque en sûreté. Aussi, à mon sens, n'êtes-vous pas des nautes, mais des Argonautes [5*].

uinea quod primis cum floret cana racemis,
gramina quod redolent, quae modo carpsit ouis ;
quod myrtus, quod messor Arabs, quod sucina trita,
pallidus Eoo ture quod ignis olet ;
gleba quod aestiuo leuiter cum spargitur imbre,
quod madidas nardo passa corona comas :
hoc tua, saeue puer Diadumene, basia fragrant.
Quid si tota dares illa sine inuidia ?

LXVI

Par scelus admisit Phariis Antonius armis :
abscidit uoltus ensis uterque sacros.
Illud, laurigeros ageres cum laeta triumphos,
hoc tibi, Roma, caput, cum loquereris, erat.
Antoni tamen est peior quam causa Pothini :
hic facinus domino praestitit, ille sibi.

LXVII

Cessatis, pueri, nihilque nostis,
Vaterno Rasinaque pigriores,
quorum per uada tarda nauigantes
lentos tinguitis ad celeuma remos.
Iam prono Phaetonte sudat Aethon
exarsitque dies et hora lassos
interiungit equos meridiana :
at uos tam placidas uagi per undas
tuta luditis otium carina.
Non nautas puto uos, sed Argonautas.

3 cum floret αβ *Lindsay* : floret cum γ *Heraeus* || 8 nardo passa α *edd.* nardo sparsa β nardos [*vel* nardo] parta γ

LXVI 1 Phariis ς : fartis β paruis γ || 5 est ω : es β

LXVII 2 Rasinaque β : res inique γ [*num pro* Resinaque ?]

LXVIII

C'est jusqu'ici, matrone, que ce livre a été écrit pour toi. « Pour qui donc, demandes-tu, as-tu écrit la suite ? » Pour moi. Le gymnase, les thermes, le stade sont de ce côté-ci : éloigne-toi. Nous nous déshabillons : épargne-toi la vue de nos nudités. A partir d'ici — on a apporté le vin et les roses — Terpsichore dépouille toute pudeur et, la tête lourde, ne sait plus ce qu'elle dit. Elle n'a pas recours à de vagues figures ; elle désigne crûment cet organe que la fière Vénus accueille au sixième mois de l'année [1*], que le fermier place au milieu du jardin pour qu'il le garde [2*], qu'une honnête jeune fille ne peut regarder sans couvrir son visage de sa main. Si je te connais bien, tu trouvais déjà le volume trop long et étais près de le poser par lassitude : à présent, tu vas le lire jusqu'au bout avec intérêt.

LXIX

Toujours chaste est le style de tes épigrammes, et nulle part l'on ne trouve d'obscénité dans tes vers. Je t'admire et t'en fais mes compliments ; on ne saurait rencontrer pureté pareille à la tienne : pour moi, les crudités ne manquent à aucune de mes pages. Qu'elles soient donc la lecture des jeunes libertins et des filles complaisantes, ainsi que du vieillard — de celui-là du moins que taquine encore une maîtresse. Quant à tes livres, Cosconius, avec leur langage si respectable et si édifiant, ils sont faits pour être lus des adolescents et des vierges.

LXX

Te voici l'amant d'Aufidia, Scaevinus, toi qui fus jadis son mari : ton rival d'alors est aujourd'hui son époux. Pourquoi l'aimes-tu quand elle est à un autre, la femme que tu n'aimes pas quand elle est à toi ? Te faut-il des inquiétudes pour réveiller ta virilité ?

LXVIII

Huc est usque tibi scriptus, matrona, libellus.
Cui sint scripta rogas interiora ? Mihi.
Gymnasium, thermae, stadium est hac parte : recede.
Exuimur : nudos parce uidere uiros.
Hinc iam deposito post uina rosasque pudore,
quid dicat nescit saucia Terpsichore :
schemate nec dubio, sed aperte nominat illam
quam recipit sexto mense superba Venus,
custodem medio statuit quam uilicus horto,
opposita spectat quam proba uirgo manu.
Si bene te noui, longum iam lassa libellum
ponebas, totum nunc studiosa leges.

LXIX

Omnia quod scribis castis epigrammata uerbis
inque tuis nulla est mentula carminibus,
admiror, laudo ; nihil est te sanctius uno :
at mea luxuria pagina nulla vacat.
Haec igitur nequam iuuenes facilesque puellae,
haec senior, sed quem torquet amica, legat :
at tua, Cosconi, uenerandaque sanctaque uerba
a pueris debent uirginibusque legi.

LXX

Moechus es Aufidiae, qui uir, Scaeuine, fuisti ;
riualis fuerat qui tuus, ille uir est.
Cur aliena placet tibi, quae tua non placet, uxor?
numquid securus non potes arrigere ?

LXVIII *hab. T* || **4** uiros αβ : mares γ || **12** totum βγ : tantum α || leges αγ *Heraeus* : -is β *Lindsay* [*in textu, sed* leges *in Corrigendis*]
LXIX *hab. T* || **1** quod ω : que (*i.e.* qu e) *T*
LXX *hab. R*

LXXI

Ton jeune esclave a mal à la verge ; toi, Naevolus, tu as mal au cul. Je ne suis pas sorcier : mais je devine ce que tu fais.

LXXII

Tu veux bien que je te besogne, mais tu te refuses, Sauféia, à te baigner avec moi. Je soupçonne qu'il y a là-dessous quelque tare monstrueuse : ou bien tes seins retombent flasques et plissés, ou tu crains en te dévêtant de laisser voir les sillons de tes flancs, ou ton bas-ventre pourfendu bâille sans mesure, ou quelque protubérance en dépare l'orifice... Rien de pareil, pourtant, j'en suis convaincu : nue, tu es d'une beauté parfaite. Mais s'il en est ainsi, tu as un défaut pire : tu es bégueule.

LXXIII

Tu dors avec des adolescents bien membrés, et ce qui est roide chez eux, Gallus, est flasque chez toi : que veux-tu — je te le demande, Gallus — que je me dise ? J'inclinais à te croire des goûts de débauché : mais la rumeur publique ne veut pas que ce soit cela [1].

LXXIV

Tu polis ton visage avec de la pâte épilatoire et tu enduis ton crâne d'une pommade de même nature : tremblerais-tu, Gargilianus, devant un barbier [2] ? Que feront tes ongles ? Car tu ne saurais pour sûr les tailler avec de la résine ou de la terre pilée de Venise. Cesse, si tu as quelque pudeur, de donner ton crâne lamentable en spectacle : on ne traite ainsi pour l'ordinaire qu'une vulve.

1. Cf. II, 28, 5-6.
2. Comme Denys le Tyran.

LXXI

Mentula cum doleat puero, tibi, Naeuole, culus,
non sum diuinus, sed scio quid facias.

LXXII

Vis futui nec uis mecum, Saufeia, lauari :
nescio quod magnum suspicor esse nefas.
Aut tibi pannosae dependent pectore mammae
aut sulcos uteri prodere nuda times
aut infinito lacerum patet inguen hiatu
aut aliquid cunni prominet ore tui.
Sed nihil est horum, credo, pulcherrima nuda es.
Si uerum est, vitium peius habes : fatua es.

LXXIII

Dormis cum pueris mutuniatis,
et non stat tibi, Phoebe, quod stat illis.
Quid uis me, rogo, Phoebe, suspicari ?
Mollem credere te uirum uolebam,
sed rumor negat esse te cinaedum.

LXXIV

Psilothro faciem leuas et dropace caluam :
numquid tonsorem, Gargiliane, times ?
Quid facient ungues ? nam certe non potes illos
resina Veneto nec resecare luto.
Desine, si pudor est, miseram traducere caluam :
hoc fieri cunno, Gargiliane, solet.

LXXI *hab. T* || **2** sed αβ : si γ || facias βγ : -itis *T*
LXXII *hab. T* || **1** futui ω : subigi α || **2** quod β : quid αγ || magnum αβ : maius γ || **3** dependent pectore αγ : pendent a pectore β || **6** cunni *edd.* : cynici βγ monstri α
LXXIII 2 Phoebe β *Gilbert* : Galle γ *Lindsay Heraeus*
LXXIV 1 leuas ς : lauas *codd.* || *2 et 6 inter se transposuit* β

LXXV

Il y a déjà longtemps, Lupercus, que ta verge a cessé de se redresser : tu fais pourtant follement l'impossible pour qu'elle se tende encore. Mais la roquette n'y peut rien, non plus que les oignons excitants : la sariette lascive reste elle-même désormais sans effet. Tu t'es mis, grâce à tes richesses, à souiller des bouches innocentes : mais, même par de telles pratiques, tu ne peux rendre la vie à tes organes languissants. Peut-on s'étonner assez, — peut-on même y croire, Lupercus ? — que ce qui ne monte point monte pour toi à si haut prix ?

LXXVI

Tu t'enflammes pour les vieilles, tandis que tu n'as, Bassus, aucun goût pour les jeunes : ce n'est pas une jolie femme qu'il te faut, c'est une moribonde. N'est-ce pas là, dis-moi, pure folie, et ta verge n'est-elle point détraquée ? Tu peux besogner Hécube, mais non Andromaque !

LXXVII

Ni le mulet ni la grive ne te font plaisir, Baeticus, et jamais lièvre ou sanglier ne sont à ton goût ; tu fais fi des petits pains aussi bien que d'un gâteau coupé en tranches, et ce n'est pas pour toi que la Libye ou le Phase nous envoient leurs oiseaux [1] : mais les câpres, les oignons nageant dans une saumure nauséabonde et le maigre d'un jambon douteux, voilà ce que tu dévores ; tu aimes les éperlans et les bas morceaux du thon salé avec leur peau blanche ; tu bois des vins résineux, tu repousses le falerne. Je soupçonne ton estomac d'avoir je ne sais quelle tare secrète [2] : car comment se fait-il, Baeticus, que tu manges de la charogne ?

1. Les pintades et les faisans.
2. Cf. III, 81.

LXXV

Stare, Luperce, tibi iam pridem mentula desît,
luctaris demens tu tamen arrigere.
Sed nihil erucae faciunt bulbique salaces,
inproba nec prosunt iam satureia tibi.
Coepisti puras opibus corrumpere buccas :
sic quoque non uiuit sollicitata Venus.
Mirari satis hoc quisquam vel credere possit,
quod non stat, magno stare, Luperce, tibi ?

LXXVI

Arrigis ad uetulas, fastidis, Basse, puellas,
nec formonsa tibi, sed moritura placet.
Hic, rogo, non furor est, non haec est mentula demens?
Cum possis Hecaben, non potes Andromachen !

LXXVII

Nec mullus nec te delectat, Baetice, turdus,
nec lepus est umquam nec tibi gratus aper ;
nec te liba iuuant nec sectae quadra placentae,
nec Libye mittit nec tibi Phasis aues :
capparin et putri cepas allece natantis
et pulpam dubio de petasone uoras,
teque iuuant gerres et pelle melandrya cana ;
resinata bibis uina, Falerna fugis.
Nescio quod stomachi uitium secretius esse
suspicor : ut quid enim, Baetice, saprophagis ?

LXXV *hab. TR*
LXXVI *hab. T* ; *1-2 hab. R*
LXXVII 3 sectae γ : secta β || **5** capparin β : -ris γ || **10** saprophagis *codd. Lindsay* : coprofagis ς σαπροφαγεῖς *Heraeus*

LXXVIII

Tu as uriné une fois, Paulinus, tandis que filait ta barque. Veux-tu uriner une seconde fois ? Tu seras désormais Palinure [1].

LXXIX

Sertorius commence tout sans achever rien : quand il besogne une femme, je doute qu'il aille jusqu'au bout.

LXXX

Tu ne te plains de personne, tu ne dis de mal de personne, Apicius ; et pourtant le bruit court que tu as une mauvaise langue.

LXXXI

Qu'as-tu à faire, ô galle [2*] Baeticus, avec une caverne féminine ? C'est au bas-ventre des hommes que cette langue doit s'en prendre. Pourquoi t'a-t-on privé de ta virilité avec un fragment de vaisselle de Samos, du moment qu'un vagin te donnait tant de joie ? Il faut te châtrer la tête : car, bien que ta mutilation fasse de toi un galle, tu es pourtant en fraude avec les règles du culte de Cybèle : tu es un mâle par ta bouche.

LXXXII

Que tous ceux qui ont le courage d'accepter les invitations de Zoïlus s'en aillent dîner parmi les prostituées du Summemmium [3*] et qu'ils boivent de sang-froid dans la tasse ébréchée de Léda [4*] ! J'affirme que c'est là peccadille plus légère et conduite plus décente. Il s'étale, vêtu de vert-clair [5*], sur un lit qu'il garnit à lui seul et, de ses coudes, il bouscule encore ses convives de droite

1. Jeu de mots par fausse étymologie — c'est un des procédés de Martial — sur le nom du pilote Palinure, rattaché à πάλιν οὐρεῖν, « uriner une seconde fois ». Cf. III, 67, 2 ; I, 117, 9.

LXXVIII

Minxisti currente semel, Pauline, carina.
  Meiere uis iterum ? iam Palinurus eris.

LXXIX

Rem peragit nullam Sertorius, inchoat omnes :
  hunc ego, cum futuit, non puto perficere.

LXXX

De nullo quereris, nulli maledicis, Apici :
  rumor ait linguae te tamen esse malae.

LXXXI

Quid cum femineo tibi, Baetice galle, barathro ?
  haec debet medios lambere lingua viros.
Abscisa est quare Samia tibi mentula testa,
  si tibi tam gratus, Baetice, cunnus erat ?
Castrandum caput est : nam sis licet inguine gallus,
  sacra tamen Cybeles decipis : ore uir es.

LXXXII

Conuiua quisquis Zoili potest esse,
Summemmianas cenet inter uxores
curtaque Ledae sobrius bibat testa :
hoc esse leuius puriusque contendo.
Iacet occupato galbinatus in lecto
cubitisque trudit hinc et inde conuiuas
effultus ostro Sericisque puluillis.

LXXVIII *hab. T* || **1** minxisti ω *edd.* : mixisti γ [*cf. Neue-Wagener III 402*]

LXXX *hab. T* || **1** quereris βγ : loqueris α [*num pro* loquereris *ex antecedente syllaba* LO *duplicata* ?]

LXXXI 4 tam ω : iam γ

LXXXII 2 Summemmianas cenet *Lindsay Heraeus* : Summemia nascent β Submemmianas c. *Giarratano* Summoenianas c. *Gilbert* [*cf.* I, 34, 6] || **4** contendo β *edd.* : -di γ Schneidewin ||**7** puluillis γ *Gilbert Lindsay Heraeus* : puluinis β

et de gauche, vautré lui-même sur la pourpre et les coussins de soie. Un mignon se tient près de lui et présente à ses rots des plumes rouges et des épines de lentisque [1]*. Quand il a chaud, une concubine, étendue sur le dos, lui souffle une brise légère avec un éventail vert, et un jeune garçon écarte de lui les mouches avec un rameau de myrte. Une habile masseuse parcourt son corps d'une main agile et promène sa paume exercée sur tous ses membres. Il fait claquer les doigts : à ce signal familier, l'eunuque, inspecteur d'une urine exigeante [2]*, dirige la verge saoûle de son maître occupé à boire. Mais lui-même, se courbant en arrière vers la foule des domestiques qui se tiennent à ses pieds [3]*, au milieu de ses chiennes en train de se gaver de boyaux d'oie, il distribue des glandes de sanglier à ses gymnastes et donne à son mignon un croupion de tourterelle [4]* ; et tandis qu'on nous sert le cru des rochers de la Ligurie ou le vin doux cuit dans les fumées de Marseille [5]*, il boit à la santé de ses bouffons un nectar de l'année d'Opimius [6]* dans des coupes de cristal et des vases murrhins [7]*. Arrosé lui-même de tous les parfums de Cosmus, il ne rougit pas de nous faire apporter, dans une coquille dorée, la pommade à cheveux d'une misérable prostituée [8]*. Ensuite, succombant à l'ingestion de tant de demi-setiers, il ronfle ; nous, nous restons à table et, invités à respecter ses ronflements par notre silence, nous nous portons mutuellement des santés par gestes. Telles sont les insolences que nous avons à endurer de la part de ce dégoûtant Malchion, et nous ne pouvons, Rufus, en tirer vengeance [9]* : c'est un *fellator*.

LXXXIII

Tu m'engages, Cordus, à écrire des épigrammes plus courtes. « Uses-en avec moi comme Chioné [10]*, » dis-tu. Je n'ai pu faire plus court.

Stat exoletus suggeritque ructanti
pinnas rubentes cuspidesque lentisci,
et aestuanti tenue uentilat frigus
supina prasino concubina flabello,
fugatque muscas myrtea puer uirga.
Percurrit agili corpus arte tractatrix
manumque doctam spargit omnibus membris ;
digiti crepantis signa nouit eunuchus
et delicatae sciscitator urinae
domini bibentis ebrium regit penem.
At ipse retro flexus ad pedum turbam
inter catellas anserum exta lambentis
partitur apri glandulas palaestritis
et concubino turturum natis donat ;
Ligurumque nobis saxa cum ministrentur
uel cocta fumis musta Massilitanis,
Opimianum morionibus nectar
crystallinisque murrinisque propinat ;
et Cosmianis ipse fusus ampullis
non erubescit murice aureo nobis
diuidere moechae pauperis capillare.
Septunce multo deinde perditus stertit :
nos accubamus et silentium rhonchis
praestare iussi nutibus propinamus.
Hos Malchionis patimur inprobi fastus,
nec uindicari, Rufe, possumus : fellat.

LXXXIII

Vt faciam breuiora mones epigrammata, Corde.
« Fac mihi quod Chione » : non potui breuius.

9 cuspidesque γ : -demque β || **16** sciscitator *codd.* : susc- ς || **18** β : ille γ || **26** fusus ς : ipse fuscus γ *Heraeus* fuscis β || **33** uindicari β : -are γ || possumus β : -imus γ [*unde* poscimus *Rutgers*]

LXXXIV

Que raconte ta prostituée ? Je ne parle pas de ta maîtresse, Gongylion. — De qui donc ? — De ta langue.

LXXXV

Qui t'a persuadé de couper le nez à cet adultère ? Ce n'est pas par cet organe, ô mari, qu'il t'a fait offense. Grand sot, qu'as-tu fait ? Ta femme n'a rien perdu en la circonstance, puisque la verge de ton Déiphobe [1] est saine et sauve.

LXXXVI

Ne lis pas, t'ai-je dit, honnête lectrice, cette partie d'un livre licencieux. Je t'ai avertie par avance et mise sur tes gardes [2] : voici pourtant que tu me lis quand même. Mais si, honnête lectrice, tu vas voir Panniculus et Latinus [3] (mes vers ne sont pas plus impudiques que les mimes), poursuis ta lecture.

LXXXVII

La rumeur publique prétend, Chioné, que tu n'as jamais été besognée et qu'il n'est rien au monde de plus immaculé que ton vagin. Quoi qu'il en soit, tu ne couvres pas la partie de ton corps qu'il faudrait quand tu te baignes : si tu as tant de pudeur, voile-toi donc la face [4] avec ton maillot.

LXXXVIII

Ce sont deux frères jumeaux, mais leur langue recherche des sexes contraires. Répondez, faut-il dire plutôt qu'ils diffèrent ou qu'ils se ressemblent ?

1. C'est-à-dire de celui qui a été traité par toi comme le fut Déiphobe, mutilé par Ménélas. Cf. II, 83.
2. Cf. épigr. 68.
3. Cf. III, 72.
4. M. insinue qu'elle a d'autres complaisances pires.

LXXXIV

Quid narrat tua moecha ? Non puellam
dixi, Gongylion. Quid ergo ? linguam.

LXXXV

Quis tibi persuasit naris abscidere moecho ?
non hac peccatum est parte, marite, tibi.
Stulte, quid egisti ? nihil hic tibi perdidit uxor,
cum sit salua tui mentula Deiphobi.

LXXXVI

Ne legeres partem lasciui, casta, libelli,
praedixi et monui : tu tamen, ecce, legis.
Sed si Panniculum spectas et, casta, Latinum, —
non sunt haec mimis inprobiora, — lege.

LXXXVII

Narrat te rumor, Chione, numquam esse fututam
atque nihil cunno purius esse tuo.
Tecta tamen non hac, qua debes, parte lauaris :
si pudor est, transfer subligar in faciem.

LXXXVIII

Sunt gemini fratres, diuersa sed inguina lingunt :
dicite, dissimiles sunt magis an similes ?

LXXXIV 2 Gongylion ς : congylion [-gi-] γ goncylium [co-, ·ci-gy-] β

LXXXV *hab. T* ; *1-2 hab. R* || **3** tibi α : tua βγ || **4** tui βγ : tibi *T* suis ς || Deiphobi ω *edd.* : dei phoebi γ *Q* diei phoebi *T*

LXXXVI *hab. T* || **1** ne legeres ω : neclegeres *T* || **3** spectas e : casta α : spectas tu casta β si spectas casta γ

LXXXVII *hab. T* || **1** rumor Chione βγ *Lindsay* : Chione rumor α *Gilbert Giarratano Heraeus* || fututam βγ : salitam α || **2** cunno ω : monstro α

LXXXVIII 2 sunt γ : sint β

LXXXIX

Fais usage de laitues et aussi de mauves émollientes : car tu portes, Phébus, visage de constipé[1].

XC

Galla veut et ne veut pas se donner à moi, et je ne saurais dire, comme elle veut et ne veut pas, ce que Galla veut.

XCI

Un soldat libéré se dirigeait vers les champs de Ravenne, sa patrie, lorsqu'il joignit en chemin une troupe de prêtres émasculés de Cybèle. A ses pas s'attachait Achillas, qui s'était enfui de chez son maître. C'était un adolescent remarquable par sa beauté et son espièglerie. Les mâles impuissants perçurent la chose : ils lui demandent de quel côté du lit il couche. Mais lui perçoit pareillement leurs intentions secrètes : il ment et on le croit. Après avoir bu [2], on se livre au sommeil : aussitôt, la bande scélérate s'empare du fer et mutile le vieux qui couchait au bord du lit : car l'adolescent, garanti par le dossier du meuble[3], était en sûreté. La légende veut qu'une biche ait été jadis substituée à une vierge : cette fois, c'est un membre viril qui a été substitué à un cerf[4].

XCII

Ma femme, Gallus, me prie de lui permettre un amant, un seul et pas plus. Et moi, Gallus, je ne lui arrache pas les deux yeux ?

1. Il a la face congestionnée.
2. Nous dirions : « après le dessert ».
3. Cf. Rich-Chéruel, s. v. *pluteus*, n° 3, fig.
4. Le jeu de mots porte sur *cervus*, qui veut dire à la fois « cerf » et « esclave fugitif » : il est fait allusion à la légende d'Iphigénie.

LXXXIX

Vtere lactucis et mollibus utere maluis :
nam faciem durum, Phoebe, cacantis habes.

XC

Volt, non uolt dare Galla mihi ; nec dicere possum,
quod uolt et non uolt, quid sibi Galla uelit.

XCI

Cum peteret patriae missicius arua Rauennae,
semiuiro Cybeles cum grege iunxit iter.
Huic comes haerebat domini fugitiuus Achillas
insignis forma nequitiaque puer.
Hoc steriles sensere uiri : qua parte cubaret
quaerunt. Sed tacitos sensit et ille dolos :
mentitur, credunt. Somni post uina petuntur :
continuo ferrum noxia turba rapit
exciduntque senem spondae qui parte iacebat ;
namque puer pluteo uindice tutus erat.
Subpositam quondam fama est pro uirgine ceruam,
at nunc pro ceruo mentula subposita est.

XCII

Vt patiar moechum rogat uxor, Galle, sed unum.
Huic ego non oculos eruo, Galle, duos ?

LXXXIX *hab. R*
XC *hab. R*
XCI *hab. T* || **9** exciduntque β : inciduntque α exciditque γ || qui.... iacebat β : cum.... iaceret α || **11** quondam fama est α γ fama est quondam β || **12** ceruo βγ : puero α
XCII *hab. T*

XCIII

Tu as vu, Vétustilla, trois cents consuls et tu n'as plus que trois cheveux et quatre dents ; tu as une poitrine de cigale, une jambe et un teint de fourmi ; ton front offre plus de plis que ton manteau et tes seins sont pareils à des toiles d'araignée. Comparée à ta bouche béante, la gueule du crocodile du Nil paraît plus étroite ; plus mélodieux que ta voix est le coassement des grenouilles de Ravenne, plus doux le bourdonnement des moustiques de la Vénétie. Tu y vois tout autant que la chouette au matin et tu répands la même odeur que le mâle de la chèvre ; tu as le croupion d'une cane maigre, et un vieux philosophe cynique ne pourrait rivaliser avec les os de tes parties intimes. Ce n'est qu'après avoir éteint la lampe [1] que le baigneur te laisse entrer, au milieu des prostituées des tombeaux [2] ; l'hiver règne encore pour toi au mois d'août, et celui-ci ne saurait te dégeler par son air pestilentiel. Après deux cents veuvages tu as encore l'audace de rêver mariage et tu as la folie de vouloir qu'un homme ait envie de tes cendres. Pourquoi ne s'amouracherait-il pas de ce rocher qu'est Sattia [3] ? Qui appellera sa compagne, qui appellera son épouse celle que Philomélus [4] a dernièrement appelée son aïeule ? Si tu tiens à faire chatouiller ta carcasse, qu'on dresse un lit emprunté à la salle à manger d'Acorus [5] — le seul qui convienne à

1. Il ne peut supporter la vue de ce squelette.

2. Les courtisanes de la plus basse catégorie élisaient domicile dans les tombeaux abandonnés.

3. Noble romaine morte sous le règne de Claude à l'âge de 99 ans. Cf. Pline H. N. 7, 158 et Sénèque Epist. ad Luc. 77, 20.

4. Il s'agit évidemment d'un homme particulièrement âgé.

5. Sans doute l'ordonnateur officiel des pompes funèbres, auquel on pouvait prendre à location le mobilier funéraire nécessaire aux obsèques.

XCIII

Cum tibi trecenti consules, Vetustilla,
et tres capilli quattuorque sint dentes,
pectus cicadae, crus colorque formicae ;
rugosiorem cum geras stola frontem
et araneorum cassibus pares mammas ;
cum conparata rictibus tuis ora
Niliacus habeat corcodilus angusta,
meliusque ranae garriant Rauennates,
et Atrianus dulcius culix cantet,
uideasque quantum noctuae uident mane,
et illud oleas quod uiri capellarum,
et anatis habeas orthopygium macrae,
senemque Cynicum uincat osseus cunnus ;
cum te lucerna balneator extincta
admittat inter bustuarias moechas ;
cum bruma mensem sit tibi per Augustum
regelare nec te pestilentia possit :
audes ducentas nuptuire post mortes
uirumque demens cineribus tuis quaeris
prurire. Quid si Sat*t*iae uelit saxum ?
quis coniugem te, quis uocabit uxorem,
Philomelus auiam quam uocauerat nuper ?
Quod si cadauer exiges tuum scalpi,
sternatur Acori de triclinio lectus,

XCIII *1-12, 16-19, 21-22 hab. T* || **1** Vetustilla αβ : -tina γ || **15** moechas γ : moschi β || **17** pestilentia *codd. Lindsay Heraeus* : pestilenties *Guiet Gilbert Giarratano* || **18** ducentas β *edd.* : -entes γ [*praeter A*] -enas *T* || nuptuire αγ : nuptum ire β nupturire de Jongh || **20** si Sattire *Housman Heraeus* : si satiae [satirae *P* sactie *f*] β si satire [-tiare -ciare] *ceteri codd.* sarire si ς salire si *Rooy* || **23** exiges β : -is γ || **24** Acori de triclinio *Heraeus* : acoride triclinio βγ Achori de tr. *Gilbert Lindsay* Orci de tr. *Roeper Friedlaender*

tes noces — et que l'allumeur des bûchers funèbres porte devant toi le flambeau d'hyménée : il n'y a qu'une torche funéraire qui soit faite pour entrer dans ce vagin décrépit.

XCIV

Tu déclares que le lièvre n'est pas cuit à point et tu demandes des verges : tu aimes mieux, Rufus, mettre en morceaux ton cuisinier que ton lièvre [1]*.

XCV

Tu ne m'adresses jamais le bonjour : tu me le rends toujours, Naevolus, alors que même un corbeau le donne si souvent le premier. Pourquoi attends-tu que je prenne les devants ? Je voudrais, Naevolus, que tu le dises : car tu n'es, je suppose, ni plus estimable que moi, Naevolus, ni d'un rang plus élevé ! Les deux Césars [2]* m'ont décerné des récompenses jointes à leurs éloges, et m'ont accordé les privilèges d'une triple paternité. Je trouve bien des lecteurs et la Renommée fait connaître mon nom à travers les cités sans attendre la flamme du bûcher. Ceci n'est pas non plus sans importance : Rome m'a vu tribun militaire et je prends place sur un siège que te fait quitter Océanus [3]*. Le nombre des citoyens que César a daigné créer à ma prière, pas même celui de tes domestiques, je présume, ne l'égale. Il est vrai que tu te prostitues, il est vrai que tu remues, Naevolus, les fesses à merveille. Il suffit : tu passes avant moi, Naevolus, tu l'emportes : bonjour !

XCVI

Tu lèches ma maîtresse — tu ne la besognes pas — et tu bavardes, te donnant pour adultère et grand besogneur. Si je t'attrape, Gargilius, je te ferai bien taire.

halassionem qui tuum decet solus,
tustorque taedas praeferat nouae nuptae :
intrare in istum sol 3-96 potest cunnum.

XCIV

Esse negas coctum leporem poscisque flagella.
 Mauis, Rufe, cocum scindere quam leporem.

XCV

Numquam dicis haue sed reddis, Naeuole, semper,
 quod prior et coruus dicere saepe solet.
Cur hoc expectas a me, rogo, Naeuole, dicas :
 nam, puto, nec melior, Naeuole, nec prior es.
Praemia laudato tribuit mihi Caesar uterque
 natorumque dedit iura paterna trium.
Ore legor multo notumque per oppida nomen
 non expectato dat mihi fama rogo.
Est et in hoc aliquid : uidit me Roma tribunum
 et sedeo qua te suscitat Oceanus.
Quot mihi Caesareo facti sunt munere ciues,
 nec famulos totidem suspicor esse tibi.
Sed pedicaris, sed pulchre, Naeuole, ceues.
 Iam iam tu prior es, Naeuole, uincis : haue.

XCVI

Lingis, non futuis meam puellam
et garris quasi moechus et fututor·
Si te prendero, Gargili, tacebis.

XCIV *hab. R*
XCV *1-4, 7-12 hab. T* || **1** reddis αγ : rides β || **2** prior βγ : prius α || **3** expectas αγ : -es β || **9** est et ω : esset β

XCVII

Que Chioné ne lise point ce petit livre, je te le recommande, Rufus. Mes vers l'ont blessée : elle peut blesser à son tour.

XCVIII

Tu veux savoir toute la maigreur de ton cul ? Tu peux, Sabellus, le planter dans un autre.

XCIX

Tu ne dois point, Cerdo, te mettre en courroux contre mon livre. C'est ta profession, ce n'est pas ta vie privée, qui a été attaquée dans mes vers [1]. Autorise d'inoffensifs badinages. Pourquoi ne me serait-il pas permis de plaisanter, s'il t'a été permis d'égorger ?

C

Je t'ai dépêché mon coureur [2], Rufus, à la sixième heure et j'ai lieu de croire qu'il était trempé jusqu'aux os quand il t'a remis mes poèmes : car il se trouvait que le ciel s'effondrait en averses démesurées. Il ne convenait pas que mon livre te fût expédié par un autre temps [3].

1. Cf. III, 16.
2. L'esclave chargé des commissions et des lettres à porter.
3. Cela veut dire : mes vers n'étaient bons qu'à être effacés par la pluie. Cf. IV, 10, 5.

XCVII

Ne legat hunc Chione, mando tibi, Rufe, libellum :
carmine laesa meo est, laedere et illa potest.

XCVIII

Sit culus tibi quam macer, requiris ?
pedicare potes, Sabelle, culo.

XCIX

Irasci nostro non debes, Cerdo, libello :
ars tua, non vita, est carmine laesa meo.
Innocuos permitte sales. Cur ludere nobis
non liceat, licuit si iugulare tibi ?

C

Cursorem sexta tibi, Rufe, remisimus hora
carmina quem madidum nostra tulisse reor :
mbribus inmodicis caelum nam forte ruebat.
Non aliter mitti debuit iste liber.

XCVII *hab. R*

XCIX *hab. T* || **3** innocuos βγ : non nocuos α || ludere αβ : laedere γ || **4** liceat, licuit β : licuit, liceat αγ

C **4** iste γ *Gilbert Giarratano Heraeus* ; ille β *Lindsay*

LIVRE IV

ÉPIGRAMMES DE MARTIAL

LIVRE IV

I

O jour bienfaisant, jour anniversaire de la naissance de César [1]*, plus sacré que le jour fameux où l'Ida complice vit naître Jupiter dans la caverne du mont Dicté, reviens bien des fois, je t'en supplie, — assez de fois pour dépasser le nombre des années du vieillard de Pylos [2]*, — et toujours sous un aspect aussi brillant et même plus brillant encore ! Puisse-t-il souvent honorer la déesse du lac Triton [3]* avec les feuilles d'or de sa maison d'Albe et que par ces mains si puissantes passent de nombreuses couronnes de chêne [4]* ! Puisse-t-il célébrer le retour des Temps [5]* après un lustre immense et présider aux cérémonies dont le Tarentos [6]* Romuléen est le théâtre ! C'est vous demander des faveurs peu communes, dieux du ciel, mais vous les devez à la terre : quels vœux seraient excessifs pour un si grand dieu [7]* ?

II

Dernièrement, seul parmi tous les spectateurs, Horatius assistait aux jeux en manteau noir [8]*, alors que la plèbe ainsi que le second et le premier ordre de l'État siégeaient, avec notre chef vénéré, en vêtements blancs. Soudain la neige se prit à tomber de tous les coins du ciel : et voici qu'Horatius jouit du spectacle en manteau blanc.

M. VALERI MARTIALIS EPIGRAMMATON

LIBER IV

I

Caesaris alma dies et luce sacratior illa
conscia Dictaeum qua tulit Ida Iouem,
longa, precor, Pylioque ueni numerosior aeuo
semper et hoc uoltu uel meliore nite.
Hic colat Albano Tritonida multus in auro
perque manus tantas plurima quercus eat ;
hic colat ingenti redeuntia saecula lustro
et quae Romuleus sacra Tarentos habet.
Magna quidem, superi, petimus, sed debita terris :
pro tanto quae sunt inproba uota deo ?

II

Spectabat modo solus inter omnes
nigris munus Horatius lacernis,
cum plebs et minor ordo maximusque
sancto cum duce candidus sederet.
Toto nix cecidit repente caelo :
albis spectat Horatius lacernis.

9 sed ω : et γ

III

Regarde de quelle épaisse toison blanche ce flot silencieux revêt le visage et la poitrine de César ! Il ne se fâche pourtant pas contre Jupiter et, sans même secouer la tête, il se rit de ces eaux congelées par un froid engourdissant ; il a jadis pris l'habitude [1] de braver la constellation hyperboréenne du Bouvier [2] et de voir avec indifférence la Grande Ourse mouiller ses cheveux. Quel espiègle s'amuse à lancer cette averse à sec, et joue du haut du firmament ? J'ai l'idée que cette neige nous vient du jeune fils de César [3].

IV

L'odeur que répandent les joncs d'un marécage desséché ; celle des âcres vapeurs que dégagent les sources sulfureuses, ou des exhalaisons d'un vivier d'eau de mer corrompue ; l'odeur d'un vieux bouc qui couvre une chèvre ou du brodequin d'un vétéran recru de fatigue ou encore d'une toison deux fois plongée dans un bain de murex [4]* ; celle de l'haleine des femmes qui fêtent le sabbat par le jeûne ou de la respiration coupée de sanglots des accusés en larmes ; le relent de la lampe expirante de l'ignoble Léda ou des pommades faites avec la lie du vin de Sabine ; la puanteur du renard en fuite [5]* ou du repaire de la vipère ; j'aimerais mieux sentir tout cela, Bassa, que ce que tu sens.

V

Honnête et pauvre, aussi sincère de paroles que de cœur, que viens-tu chercher à Rome, Fabianus [6]* ? Tu ne

1. Dans ses campagnes en Germanie.
2. Arcturus, l'étoile la plus septentrionale de cette constellation.
3. Un fils de Domitien, né en 73 et mort en bas âge.

III

Aspice quam densum tacitarum uellus aquarum
defluat in uoltus Caesaris inque sinus.
Indulget tamen ille Ioui, nec uertice moto
concretas pigro frigore ridet aquas,
sidus Hyperborei solitus lassare Bootae
et madidis Helicen dissimulare comis.
Qui*s* siccis lasciuit aquis et ab aethere ludit?
Suspicor has pueri Caesaris esse niues.

IV

Quod siccae redolet palus lacunae,
crudarum nebulae quod Albularum,
piscinae uetus aura quod marinae,
quod pressa piger hircus in capella,
lassi uardaicus quod euocati,
quod bis murice uellus inquinatum,
quod ieiunia sabbatariarum,
maestorum quod anhelitus reorum,
quod spurcae moriens lucerna Ledae,
quod ceromata faece de Sabina,
quod uolpis fuga, uiperae cubile,
mallem quam quod oles olere, Bassa.

V

Vir bonus et pauper linguaque et pectore uerus,
quid tibi uis urbem qui, Fabiane, petis?

III 7 Quis *Schneidewin* : qui *codd.*

IV *11-12 1-4 hab. T* || **1** palus αβ : thalus γ || **12** mallem α ; malles βγ

V *hab. T* || **7** circa βγ : circum α || **8** cano ω : plano α || **9** certus fidus α : fidus certus βγ

saurais faire un proxénète ni un compagnon d'orgies, ni appeler d'une voix sinistre les accusés tremblants [1*], ni séduire la femme d'un ami cher, ni faire l'amour avec des vieilles glacées par l'âge, ni vendre autour du palais impérial de vaines fumées [2*], ni applaudir Canus ou applaudir Glaphyrus [3*] : comment feras-tu pour vivre, malheureux ? — « Je suis un homme sûr, un ami fidèle. » — Cela ne compte pas : jamais de la sorte tu ne seras un Philomèle [4*].

VI

Passer pour être plus chaste qu'une vierge pudique et pour avoir un front prompt à rougir, tel est ton vœu, Malisianus, bien que tu sois plus débauché que le poète qui lit chez Stella des vers composés dans le mètre de Tibulle [5*].

VII

Pourquoi, ce que tu m'avais accordé hier, me l'as-tu refusé aujourd'hui, jeune Hyllus, devenu si soudainement intraitable de gentil que tu étais naguère ? Mais voici que tu donnes pour prétextes et ta barbe et ton âge et ton poil. O nuit, comme tu es longue, toi qui suffis pour faire un vieillard ! Pourquoi te moquer de moi ? toi qui étais hier un enfant, Hyllus, dis-moi, comment se fait-il que tu sois aujourd'hui un homme ?

VIII

La première et la seconde heure harassent les clients ; la troisième met à l'ouvrage les avocats enroués ; Rome prolonge ses occupations diverses jusqu'à la cinquième [6*] ; la sixième apportera le repos aux gens fatigués, la septième en marquera la fin ; les exercices du corps lustré

1. En qualité d'appariteur de justice.

qui nec leno potes nec comissator haberi,
nec pauidos tristi uoce citare reos,
nec potes uxorem cari corrumpere amici,
nec potes algentes arrigere ad uetulas,
uendere nec uanos circa Palatia fumos,
plaudere nec Cano, plaudere nec Glaphyro :
unde miser uiues ? — « Homo certus, fidus amicus. » —
Hoc nihil est : numquam sic Philomelus eris.

VI

Credi uirgine castior pudica
et frontis tenerae cupis uideri,
cum sis inprobior, Malisiane,
quam qui compositos metro Tibulli
in Stellae recitat domo libellos.

VII

Cur, here quod dederas, hodie, puer Hylle, negasti,
durus tam subito qui modo mitis eras ?
Sed iam causaris barbamque annosque pilosque.
O nox quam longa es quae facis una senem !
Quid nos derides ? here qui puer, Hylle, fuisti,
dic nobis, hodie qua ratione uir es ?

VIII

Prima salutantes atque altera conterit hora,
exercet raucos tertia causidicos,
in quintam uarios extendit Roma labores,
sexta quies lassis, septima finis erit,

VII *hab. R* ‖ **2** qui ω : quid γ
VIII 1 conterit γ *Lindsay Heraeus* : continet β *Friedlaender* ‖ **6** extructos γ : excelsos β

d'huile prennent la huitième jusqu'à la neuvième ; la neuvième veut que nous écrasions sous notre poids les coussins entassés [1] ; la dixième, Euphémus [2], est celle de mes petits livres, lorsque par tes soins se prépare l'ambroisie de la table impériale et que notre bon César se délasse à boire le nectar céleste, tenant dans sa main puissante une coupe modique. Accueille alors mes badinages : ma Thalie [3] n'ose point, d'un pas trop hardi, présenter son salut le matin à notre Jupiter.

IX

Fille du médecin Sotas, Labulla, tu as quitté ton mari pour suivre Clytus : tu lui donnes ton argent et ta personne : ce n'est pas agir en fille de Sotas [4].

X

Tandis que mon livre est tout frais et que ses bords n'ont pas été poncés encore, tandis que ma page, incomplètement sèche, craint d'être touchée, va, garçon, et porte ce menu présent à un ami cher, qui a mérité d'avoir le premier mes bagatelles. Cours, mais muni du nécessaire : qu'une éponge d'Afrique accompagne le livre : elle va avec mon cadeau [5]. Toutes mes ratures, Faustinus, ne peuvent corriger suffisamment mes badinages : un seul coup d'éponge le peut.

XI

Trop fier du vain nom qui t'enfle d'orgueil et rougissant, misérable, de n'être que Saturninus [6], tu as provo-

1. C'est l'heure de la cena.
2. Maître d'hôtel de Domitien.
3. Muse de l'épigramme.
4. Il y a ici dans le texte un jeu de mots intraduisible. Les mots grecs signifient aussi : « C'est là du gaspillage ».
5. Pour l'idée cf. III, 100.
6. En 88, L. Antonius Saturninus persuada à deux légions du Rhin de le proclamer empereur et il appela à l'aide les Germains : mais Norbanus accourut à la tête de la 8e légion et étouffa la révolte. Le *nomen gentilicium* de Saturninus rappelle au poète celui du triumvir vaincu à Actium.

sufficit in nonam nitidis octaua palaestris,
imperat extructos frangere nona toros :
hora libellorum decuma est, Eupheme, meorum,
temperat ambrosias cum tua cura dapes
et bonus aetherio laxatur nectare Caesar
ingentique tenet pocula parca manu.
Tunc admitte iocos : gressu *ti*met ire licenti
ad matutinum nostra Thalia Iovem.

IX

Sotae filia clinici, Labulla,
deserto sequeris Clytum marito,
et donas et amas : ἔχεις ἀσώτως.

X

Dum novus est nec adhuc rasa mihi fronte libellus,
pagina dum tangi non bene sicca timet,
i, puer, et caro perfer leue munus amico
qui meruit nugas primus habere meas.
Curre, sed instructus : comitetur Punica librum
spongea : muneribus conuenit illa meis.
Non possunt nostros multae, Faustine, liturae
emendare iocos : una litura potest.

XI

Dum nimium uano tumefactus nomine gaudes
et Saturninum te, miser, esse pudet,

11 gressu timet ire ς : gressum [- su] metire *codd.*

IX 1 Labulla γ [*sed in lemmate* AD FABULLAM] ; bulla β [*et in lemmate* AD BULLAM] Fabulla *BF Schryver Schneidewin* [1]

X *hab. R* || **1** nec adhuc rasa mihi β *Gilbert Lindsay Heraeus* : rasa nec adhuc mihi α *Schneidewin*[2] et adhuc rasa mihi γ *C F* [*unde* et adhuc crassa *Schneidewin* [1]]

qué sous le pôle, où brille l'ourse d'Arcadie [1], une guerre aussi impie que celle qu'alluma celui qui portait les armes de l'égyptienne sa femme. Avais-tu à ce point oublié la fatalité qui pèse sur ce nom que le promontoire d'Actium a vu sombrer dans la formidable colère de ses flots ? Est-ce que par hasard le Rhin t'a promis ce que le Nil n'a pu lui donner, et des droits plus étendus auraient-ils été concédés aux mers arctiques ? Le fameux Antoine lui-même a succombé à nos armes, et pourtant, traître, comparé à toi, c'était un César [2].

XII

Tu ne te refuses à personne, Thaïs ; mais si tu n'en rougis point, rougis du moins de ne rien refuser du tout.

XIII

Rufus, Claudia Peregrina épouse mon ami Pudens : que la bénédiction du ciel descende sur tes flambeaux, ô cortège d'hyménée [3] ! Le cinname précieux ne s'unit pas avec autant de convenance au nard fait pour lui, ni le vin du Massique au miel du royaume de Thésée [4] ; la tendre vigne ne s'enlace pas plus heureusement à l'ormeau ; le lotos n'a pas plus de prédilection pour les eaux, ni le myrte pour les rivages. Franche Concorde, règne à jamais dans leur lit et qu'un couple si bien assorti trouve toujours Vénus favorable ! Qu'elle l'aime plus tard quand il aura perdu la jeunesse, mais aussi, lorsqu'elle-même sera devenue une vieille femme, que son mari ne s'en aperçoive pas !

XIV

Silius [5]*, honneur des neuf sœurs de Castalie [6]*, toi qui d'une voix puissante flétris les parjures d'une frénésie bar-

1. Callisto, fille du roi d'Arcadie Lycaon.
2. C'est-à-dire un empereur.
3. Ou bien : ô dieu de l'hymen.
4. Le miel de l'Attique que l'on mêlait au vin.

impia Parrhasia mouisti bella sub ursa,
qualia qui Phariae coniugis arma tulit.
Excideratne adeo fatum tibi nominis huius,
obruit Actiaci quod grauis ira freti ?
An tibi promisit Rhenus quod non dedit illi
Nilus, et Arctois plus licuisset aquis ?
Ille etiam nostris Antonius occidit armis,
qui tibi conlatus, perfide, Caesar erat.

XII

Nulli, Thaï, negas ; sed si te non pudet istud,
hoc saltem pudeat, Thaï, negare nihil.

XIII

Claudia, Rufe, meo nubit Peregrina Pudenti :
macte esto taedis, o Hymenaee, tuis.
Tam bene rara suo miscentur cinnama nardo,
Massica Theseis tam bene uina fauis ;
Nec melius teneris iunguntur uitibus ulmi,
nec plus lotos aquas, litora myrtus amat.
Candida perpetuo reside, Concordia, lecto,
tamque pari semper sit Venus aequa iugo :
diligat illa senem quondam, sed et ipsa marito
tum quoque, cum fuerit, non uideatur anus.

XIV

Sili, Castalidum decus sororum,
qui periuria barbari furoris
ingenti premis ore perfidosque

XI 2 te miser esse pudet β : te pudet esse miser γ
XII *hab. R*
XIII *hab. R* || **1** nubit αγ : nupsit β || **2** esto βγ : ades α || **3** suo *codd.* : Syro *Schmieder* || **4** tam βγ : quam α || **9** ipsa αβ : illa γ || marito αγ : maritum β

bare, et contrains les ruses déloyales d'Annibal et les perfides Carthaginois à reconnaître la victoire du grand Africain [1], pour quelques instants, mets de côté ton austérité. Voici que Décembre [2] promène partout les séductions du jeu : il fait bruire de côté et d'autre les cornets à dés du hasard et joue à la tropa [3*] avec des osselets plus fripons que jamais [4*]. Daigne accorder tes loisirs à ma Muse et lis — non le sourcil froncé, mais le visage riant — ces poèmes saturés de folâtres plaisanteries. C'est ainsi peut-être que le voluptueux Catulle se permit d'adresser son Moineau [5*] au grand Virgile.

XV

Dans la journée d'hier, tu m'as prié, Caecilianus, de te prêter mille sesterces pour six ou sept jours. « Je ne les ai point », t'ai-je répondu. Mais voici que, donnant pour prétexte l'arrivée d'un ami, tu me demandes un plat et quelque vaisselle. Es-tu fou, ou me crois-tu fou, mon ami ? Je t'ai refusé mille sesterces : vais-je t'en donner cinq mille ?

XVI

On disait bien, Gallus, que tu n'étais pas le beau-fils de ta belle-mère, aussi longtemps qu'elle fut l'épouse de ton père : mais on n'en avait aucune preuve du vivant de ce dernier. A présent, ton père n'est plus nulle part, Gallus, tandis que ta belle-mère est toujours chez toi. Que l'on rappelle le grand Cicéron des ténèbres infernales et que Régulus lui-même prenne ta défense : tu ne saurais être acquitté ! Une belle-mère qui ne cesse pas de l'être après le décès du père, Gallus, ne fut jamais une belle-mère.

1. Scipion l'Africain, le vainqueur de Zama.
2. C'est le temps des Saturnales.

astus Hannibalis leuisque Poenos
magnis cedere cogis Africanis :
paulum seposita seueritate,
dum blanda uagus alea December
incertis sonat hinc et hinc fritillis
et ludit *tr*opa nequiore talo,
nostris otia commoda Camenis,
nec torua lege fronte, sed remissa
lasciuis madidos iocis libellos.
Sic forsan tener ausus est Catullus
magno mittere Passerem Maroni.

XV

Mille tibi nummos hesterna luce roganti
in sex aut septem, Caeciliane, dies
« Non habeo » dixi : sed tu, causatus amici
aduentum, lancem paucaque uasa rogas.
Stultus es ? an stultum me credis, amice ? negavi
mille tibi nummos, milia quinque dabo ?

XVI

Priuignum non esse tuae te, Galle, nouercae
rumor erat, coniunx dum fuit illa patris.
Non tamen hoc poterat uiuo genitore probari :
iam nusquam pater est, Galle, nouerca domi est.
Magnus ab infernis reuocetur Tullius umbris
et te defendat Regulus ipse licet,
non potes absolui : nam quae non desinit esse
post patrem, numquam, Galle, nouerca fuit.

XIV 4 astus β : fastus γ || **7** uagus γ : uagus piger β [piger *certe glossema est*] || **9** tropa *Broda edd.* : popa β rota γ
XV *hab. T* ; *1-2 hab. R* || **2** Caeciliane ω *edd.* : Meciliane γ [*sed in lemmate* AD CAECILIANUM] *cf. ad I, 73,2*
XVI *hab. T* ; *5-6 hab R*

XVII

Tu m'invites, Paulus, à écrire sur Lycisca des vers dont la lecture la fasse rougir de colère et enrager. O Paulus, tu es un malin : tu veux la garder pour toi seul.

XVIII

A l'endroit où un arc-de-voûte ruisselle près des Colonnes d'Agrippa [1*] et où le pavé glissant est arrosé d'une pluie continuelle, un enfant passait : sous cet humide arceau, une eau transformée en un lourd glaçon par le gel hivernal lui tomba sur la gorge ; et, après avoir mis fin à la triste destinée du malheureux, le frêle poignard fondit dans la blessure brûlante. Quels sont les jeux que la cruauté du hasard ne s'est pas permis ! Où la mort ne se cache-t-elle pas, si vous vous avisez, eaux, d'égorger ?

XIX

Fille épaisse du labeur d'une ourdisseuse des bords de la Seine, vêtement barbare pourvu d'un nom lacédémonien, présent grossier, mais nullement à dédaigner par les frimas de décembre, je t'envoie cette exotique endromide [2*]. Soit que par la lutte tu dégages ton épiderme [3*] de l'onctueux céroma [4*], soit que tu manies le trigon [5*] attiédi par le toucher, soit que dans la poussière soulevée ta main cherche à saisir l'harpastum [6*], soit enfin que tu renvoies de côté et d'autre la masse légère comme plume du flasque follis [7*], soit que tu aspires à vaincre à la course les pieds légers d'Athas [8*], elle empêchera le froid pénétrant de s'insinuer dans tes membres humides de sueur ou bien Iris [9*] de t'inonder par une averse aussi soudaine que violente. Abrité par mon cadeau, tu braveras les vents et les pluies : la mousseline de Tyr [10*] ne t'offrira jamais pareille garantie.

XVII

Facere in Lyciscam, Paule, me iubes uersus,
quibus illa lectis rubeat et sit irata.
O Paule, malus es : irrumare uis solus.

XVIII

Qua uicina pluit Vipsanis porta columnis
et madet adsiduo lubricus imbre lapis,
in iugulum pueri, qui roscida tecta subibat,
decidit hiberno praegrauis unda gelu :
cumque peregisset miseri crudelia fata,
tabuit in calido uolnere mucro tener.
Quid non saeua sibi uoluit Fortuna licere ?
aut ubi non mors est, si iugulatis aquae ?

XIX

Hanc tibi Sequanicae pinguem textricis alumnam,
quae Lacedaemonium barbara nomen habet,
sordida, sed gelido non aspernanda Decembri
dona, peregrinam mittimus endromida : —
seu lentum ceroma teris tepidumue trigona
siue harpasta manu puluerulenta rapis,
plumea seu laxi partiris pondera follis
siue leuem cursu uincere quaeris Athan —
ne madidos intret penetrabile frigus in artus
neue gravis subita te premat Iris aqua.
Ridebis uentos hoc munere tectus et imbris,
nec sic in Tyria sindone tutus eris.

XVIII *hab. T* || 2 madet αβ : manet γ
XIX *1-4, 9-12 hab. T* || 8 cursu β : fors γ forsan *BG* || 12 tutus αβ : cultus γ

XX

Caerellia se dit déjà vieille, bien qu'elle soit encore une fillette : Gellia se dit une fillette, bien qu'elle ait l'âge des aïeules. On ne saurait, Collinus, supporter ni l'une ni l'autre : la première est ridicule, la seconde nous dégoûte.

XXI

« Il n'est point de dieux et le ciel est vide », déclare Segius ; et il en fournit la preuve, car, tout en proférant ces dénégations, il se voit devenu riche.

XXII

Après les premières épreuves du lit nuptial et quand son mari avait encore à se faire pardonner, Cléopâtre s'était plongée dans une nappe d'eau limpide pour fuir mes embrassements. Mais l'eau trahit sa cachette : elle rayonnait à travers la masse fluide qui la couvrait. Ainsi l'on peut compter les lis enfermés sous un verre diaphane, ainsi un mince cristal ne permet pas aux roses de se dissimuler. J'y bondis et, plongé moi-même dans les flots, je cueillis des baisers âprement disputés : eaux transparentes, vous ne m'avez pas permis d'oser davantage !

XXIII

Tandis que, perdue dans tes hésitations et tes lenteurs, tu te demandes, Thalie, qui est le premier et qui est le second des deux poètes [1] entre lesquels l'épigramme grecque a établi une rivalité d'émulation, Callimaque a personnellement remis la palme remportée sur lui-même à l'éloquent Brutianus. Si jamais ce dernier, rassasié de la

1. C'est-à-dire de Callimaque et de Brutianus, nommés plus bas.

XX

Dicit se uetulam, cum sit Caerellia pupa :
pupam se dicit Gellia, cum sit anus.
Ferre nec hanc possis, possis, Colline, nec illam :
altera ridicula est, altera putidula.

XXI

Nullos esse deos, inane caelum
adfirmat Segius : probatque, quod se
factum, dum negat haec, uidet beatum.

XXII

Primos passa toros et adhuc placanda marito
merserat in nitidos se Cleopatra lacus,
dum fugit amplexus. Sed prodidit unda latentem ;
lucebat, totis cum tegeretur aquis :
condita sic puro numerantur lilia uitro,
sic prohibet tenuis gemma latere rosas.
Insilui mersusque uadis luctantia carpsi
basia : perspicuae plus uetuistis aquae.

XXIII

Dum tu lenta nimis diuque quaeris
quis primus tibi quisue sit secundus,
Gra*i*um quo*s* epigramma conparauit,
palmam Callimachus, Thalia, de se
facundo dedit ipse Bruttiano.

XX *hab. T* ; *1-2 hab. R*
XXI 3 haec *EAXB Schneidewin Lindsay Heraeus* : hoc *PQF Schryver Gilbert*
XXII *hab. T* || **5** condita βγ : candida α || **6** tenuis γ [*praeter EX*] *edd.* : tenues αβ *EX*
XXIII 3 Graium quos *Koestlin edd.* : gratumque *codd* || **5** Bruttiano β *Heraeus* : Bruti- γ *ceteri edd.*

grâce attique, s'essayait dans les jeux d'esprit de la Minerve romaine [1], accorde-moi la faveur de venir immédiatement après lui.

XXIV

Toutes les amies que Lycoris avait, Fabianus, elle les a mises au tombeau. Puisse-t-elle devenir l'amie de ma femme !

XXV

Rivages d'Altinum qui rivalisez avec les villas de Baïes, forêt qui as vu le bûcher funèbre de Phaéton [2] ; toi, ô la plus belle des dryades, jeune Sola [3], que le Faune Padouan prit pour épouse sur les rives du lac Euganéen, et toi, Aquilée, heureuse de ce Timave qu'honorèrent les fils de Léda, là où Cyllarus s'abreuva dans ses eaux divisées en sept branches [4*], vous serez le refuge et le port de ma vieillesse, pourvu que j'aie le droit de disposer librement de mon repos.

XXVI

Pour n'être point allé de toute l'année te rendre visite le matin, veux-tu que je te dise, Postumus, combien j'ai perdu ? Peut-être deux fois trente, peut-être trois fois vingt sesterces. Tu ne m'en voudras pas : une mauvaise toge me coûte plus cher.

XXVII

Il t'arrive souvent, auguste empereur, de louer mes petits volumes. Il se trouve qu'un envieux prétend le con-

1. C'est-à-dire « s'essayait dans l'épigramme latine après l'épigramme grecque ».

2. Une légende voulait que Phaéton fût tombé dans le Pô ; Altinum, dans le pays des Veneti, est assez proche du Pô pour autoriser l'expression du poète.

3. C'est la nymphe d'un lac (auj. La Solana) situé dans les collines habitées par les Euganei, au N.O. d'Altinum : par métonymie, le lac lui-même.

Qui si Cecropio satur lepore
Romanae sale luserit Mineruae,
illi me facias, precor, secundum.

XXIV

Omnes quas habuit, Fabiane, Lycoris amicas
extulit : uxori fiat amica meae.

XXV

Aemula Baianis Altini litora uillis
et Phaethontei conscia silua rogi,
quaeque Antenoreo Dryadum pulcherrima Fauno
nupsit ad Euganeos Sola puella lacus,
et tu Ledaeo felix Aquileia Timauo,
hic ubi septenas Cyllarus hausit aquas :
uos eritis nostrae requies portusque senectae,
si iuris fuerint otia nostra sui.

XXVI

Quod te mane domi toto non uidimus anno,
uis dicam quantum, Postume, perdiderim ?
Tricenos, puto, bis, uicenos ter, puto, nummos.
Ignosces : togulam, Postume, pluris emo.

XXVII

Saepe meos laudare soles, Auguste, libellos.
Inuidus ecce negat : num minus ergo soles ?

XXIV *hab. T* || **2** uxori αγ *edd.* : -ris β
XXV *hab. T* ; *7-8 hab. R* || **6** hausit β *Schryver Gilbert Giarratano Heraeus* : haurit αγ *Schneidewin* || **7** requies portusque ω : portus requiesque *PQ*
XXVI *hab. T* || **3** uicenos ω : denos γ || **4** ignosces ω : -cen *T*
XXVII *hab. R* || **2** num βγ : non *Q* no *R* || **5** conrodit ω : -et *R*

traire : les loues-tu moins souvent pour cela ? Ajouterai-je que tu ne m'as pas seulement honoré par des paroles flatteuses, mais aussi par des dons que nul autre que toi n'aurait pu me faire [1]* ? Voici que, pâle de jalousie, il ronge de nouveau ses ongles sales. Donne-moi, César, d'autant plus, afin qu'il enrage.

XXVIII

Tu as donné à un jouvenceau, Chloé, à Lupercus, des manteaux en laine d'Espagne trempée dans un bain de pourpre ou d'écarlate, une toge blanchie par les flots tièdes du Galèse [2]*, des sardoines de l'Inde, des émeraudes de Scythie, enfin cent pièces d'or à l'effigie de notre nouveau Maître, et à toutes ses demandes tu réponds en donnant toujours et toujours. Malheur à toi, amatrice de fruits verts ! Malheur à toi, pauvre petite femme ! ton Lupercus [3]* te mettra toute nue [4]*.

XXIX

Ce qui fait du tort à mes petits volumes, mon cher Pudens, c'est l'abondance de mes épigrammes : en se multipliant, elles lassent et rassasient le lecteur. On aime la rareté ; c'est pour cela que les premiers fruits ont plus de charme et que les roses d'hiver sont si estimées ; c'est ainsi que ses refus font apprécier la maîtresse qui vous gruge, tandis qu'une porte toujours ouverte ne retient pas les jeunes gens. On fait plus de cas de Perse [5]* avec son unique livre que de l'insipide Marsus [6]* avec toute son Amazonide. Et toi aussi, toutes les fois que tu liras un de mes petits livres, dis-toi qu'il est seul : il acquerra ainsi plus de valeur à tes yeux.

XXX

Fuis bien loin du lac de Baïes, je t'en avertis, pêcheur, de peur de t'en éloigner coupable. Dans ces eaux nagent

Quid quod honorato non sola uoce dedisti
non alius poterat quae dare dona mihi ?
Ecce iterum nigros conrodit liuidus ungues :
da, Caesar, tanto tu magis, ut doleat.

XXVIII

Donasti tenero, Chloe, Luperco
Hispanas Tyriasque coccinasque,
et lotam tepido togam Galaeso,
Indos sardonychas, Scythas zmaragdos,
et centum dominos nouae monetae :
et quidquid petit usque et usque donas.
Vae glabraria, uae tibi misella :
nudam te statuet tuus Lupercus.

XXIX

Obstat, care Pudens, nostris sua turba libellis
lectoremque frequens lassat et implet opus.
Rara iuuant : primis sic maior gratia pomis,
hibernae pretium sic meruere rosae ;
sic spoliatricem commendat fastus amicam
ianua nec iuuenem semper aperta tenet.
Saepius in libro numeratur Persius uno
quam leuis in tota Marsus Amazonide.
Tu quoque de nostris releges quemcumque libellis,
esse puta solum : sic tibi pluris erit.

XXX

Baiano procul a lacu, monemus,
piscator, fuge, ne nocens recedas.

XXIX 3 iuuant γ : pudent β || **10** puta ω ; putas β
XXX 1 monemus β *edd.* : recede γ *Schneidewin*

des poissons sacrés qui connaissent leur maître et caressent cette main, la plus puissante de l'univers. Bien plus, ils portent des noms et, à la voix de leur gardien, chacun d'eux accourt dès qu'on l'appelle. Un jour, un impie libyen s'approcha de ce bassin profond ; mais au moment où il amenait sa proie au bout de sa ligne tremblante, il perdit soudain la vue, et ainsi ne put voir le poisson qu'il avait pris. Aujourd'hui, maudissant ses hameçons sacrilèges, il est assis en mendiant sur les bords du lac de Baïes. Mais toi, tandis que tu le peux, éloigne-toi innocent : jette dans les flots un appât sans artifice, et révère ces poissons d'élection.

XXXI

Tu désires que ton nom soit mentionné et lu dans mes poèmes et tu estimes que quelque honneur peut t'en revenir : que je perde la santé si ton vœu ne m'est pas le plus agréable du monde et si je ne souhaite pas de te faire figurer dans mes écrits. Mais tu portes un nom qui te fut donné sans l'aveu de la fontaine des neuf sœurs [1] par une mère dénuée de lettres [2*] : ni Melpomène, ni Polymnie, ni la vénérable Calliope ne sauraient le prononcer même avec l'aide de Phébus. Choisis donc pour toi quelque nom qui soit agréable aux Muses : il n'est pas toujours joli de dire : « Hippodamé » [3*].

XXXII

Enchâssée dans une goutte d'ambre, une abeille y est cachée et y reluit tout à la fois : on la dirait emprisonnée dans son propre nectar. Elle a reçu le digne prix de tant de travaux : il semble qu'elle ait elle-même choisi ce genre de mort.

1. De la fontaine de Castalie, c'est-à-dire des Muses auxquelles elle était consacrée.

Sacris piscibus hae natantur undae,
qui norunt dominum manumque lambunt
illam, qua nihil est in orbe maius.
Quid quod nomen habent et ad magistri
uocem quisque sui uenit citatus?
Hoc quondam Libys impius profundo,
dum praedam calamo tremente ducit,
raptis luminibus repente caecus
captum non potuit uidere piscem,
et nunc sacrilegos perosus hamos
Baianos sedet ad lacus rogator.
At tu, dum potes, innocens recede
iactis simplicibus cibis in undas,
et pisces uenerare delicatos.

XXXI

Quod cupis in nostris dicique legique libellis
et nonnullus honos creditur iste tibi,
ne ualeam si non res est gratissima nobis
et uolo te chartis inseruisse meis.
Sed tu nomen habes auerso fonte sororum
inpositum, mater quod tibi dura dedit;
quod nec Melpomene, quod nec Polyhymnia possit
nec pia cum Phoebo dicere Calliope.
Ergo aliquod gratum Musis tibi nomen adopta :
non semper belle dicitur « Hippodame ».

XXXII

Et latet et lucet Phaethontide condita gutta,
ut uideatur apis nectare clusa suo.
Dignum tantorum pretium tulit illa laborum :
credibile est ipsam sic uoluisse mori.

XXXI *hab. T* || **2** iste α : esse βγ || **10** Hippodame α : -mus βγ
XXXII *hab. T* || **3** laborum αγ : malo- β

XXXIII

Bien que tu aies un secrétaire rempli de livres d'une forme achevée, pourquoi, Sosibianus, ne publies-tu rien du tout ? — « Mes héritiers, dis-tu, feront connaître mes poèmes ». — Et quand donc ? Il serait temps qu'on te lût enfin, Sosibianus [1]*.

XXXIV

Tu as beau, Attalus, porter une toge sale : celui-là dit vrai, qui assure qu'elle est de neige [2]*.

XXXV

Nous avons vu des daims craintifs se heurter front contre front et tomber morts par un semblable arrêt du destin [3]*. Les chiens ont contemplé ce gibier et le fier chasseur demeura étonné que son couteau n'eût plus rien à faire. Comment se fait-il que des êtres doués de sentiments si peu violents se soient enflammés d'une pareille rage ? C'est ainsi que combattent les taureaux, ainsi que sont tombés des héros.

XXXVI

Ta barbe est blanche, ta chevelure est noire : c'est que tu ne peux teindre ta barbe (voilà le mot de l'énigme) tandis que tu peux, Olus, teindre ta chevelure.

XXXVII

« Coranus me doit cent mille sesterces et Mancinus deux cent mille : Titius trois cent mille, Albinus le double, Sabinus un million et Serranus un autre [4]* million ; mes immeubles et mes domaines me rapportent trois millions bien comptés, et je retire six cent mille sesterces de mes troupeaux de Parme ». Voilà, Afer, ce que tu me chantes

XXXIII

Plena laboratis habeas cum scrinia libris,
emittis quare, Sosibiane, nihil ?
« Edent heredes » inquis « mea carmina ». Quando ?
Tempus erat iam te, Sosibiane, legi.

XXXIV

Sordida cum tibi sit, uerum tamen, Attale, dicit,
quisquis te niueam dicit habere togam.

XXXV

Frontibus aduersis molles concurrere dammas
uidimus et fati sorte iacere pari.
Spectavere canes praedam, stupuitque superbus
uenator cultro nil superesse suo.
Vnde leves animi tanto caluere furore ?
Sic pugnant tauri, sic cecidere uiri.

XXXVI

Cana est barba tibi, nigra est coma : tinguere barbam
non potes — haec causa est — et potes, Ole, comam.

XXXVII

« Centum Coranus et ducenta Mancinus,
trecenta debet Titius, hoc bis Albinus,
decies Sabinus alterumque Serranus ;
ex insulis fundisque tricies soldum,
ex pecore redeunt ter ducena Parmensi » :

XXXIII *hab.* *T*
XXXIV *hab.* *T*
XXXV *hab.* *T* || **2** fati sorte ω : fatis arte *T* || **5** animi βγ : -mae α
XXXVI *hab.* *R* || **2** est et αβ : esset γ *unde* est sed ς
XXXVII *1-2*, *6-10* *hab.* *T* || **1** Coranus ω : Coracinus γ || **3** Sabinus γ : -bellus β || **5** ducena ω : -enta β

toute la journée, et tout cela m'est plus connu que mon propre nom. Il faudrait me compter quelque petite somme pour me rendre la chose supportable : ce m'est une nausée quotidienne, soulage-la avec ta monnaie : je n'ai pas la force, Afer, d'écouter tout cela pour rien.

XXXVIII

Galla, dis-moi non ; l'amour se lasse, si ses joies ne lui valent des tortures ; mais veuille bien, Galla, ne pas me dire non trop longtemps.

XXXIX

Tu t'es procuré tous les genres possibles d'argenterie. Tu es seul à posséder les antiques chefs-d'œuvre de Myron, le travail de Praxitèle et de Scopas, les productions du burin de Phidias ou les ouvrages de Mentor [1]. Tu n'es pas non plus dépourvu d'authentiques vases de Grattius [2], de plats rehaussés d'or de Galice [3] ni de bas-reliefs sculptés sur tes meubles de famille. Mais au milieu de toute cette argenterie, une chose m'étonne, Charinus : c'est que tu n'aies pas d'argent pur [4]*.

XL

Quand l'atrium des Pisons se dressait fièrement avec toute sa galerie d'ancêtres ainsi que la maison du docte Sénèque avec ses trois noms glorieux [5]*, je t'ai préféré, toi seul, Postumus, à de si puissants patronages : tu étais pauvre et simple chevalier, mais pour moi tu étais un consul. Avec toi, Postumus, j'ai compté trois fois dix

1. Ce sont là les plus grands noms de la sculpture grecque du ve et du ive siècles avant J.-C.

2. C'était un artiste plus récent, sans doute italien, qui avait créé un genre spécial. Cf. Pline H. N. XXXIII, § 189.

3. Des *chrysendeta*.

totis diebus, Afer, hoc mihi narras
et teneo melius ista quam meum nomen.
Numeres oportet aliquid, ut pati possim ;
cotidianam refice nauseam nummis :
audire gratis, Afer, ista non possum.

XXXVIII

Galla, nega : satiatur amor nisi gaudia torquent :
  sed noli nimium, Galla, negare diu.

XXXIX

Argenti genus omne conparasti,
et solus ueteres Myronos artes,
solus Praxitelus manum Scopaeque,
solus Phidiaci toreuma caeli,
solus Mentoreos habes labores.
Nec desunt tibi uera Gratiana
nec quae Callaico linuntur auro
nec mensis anaglypta de paternis.
Argentum tamen inter omne miror
quare non habeas, Charine, purum.

XL

Atria Pisonum stabant cum stemmate toto
  et docti Senecae ter numeranda domus,
praetulimus tantis solum te, Postume, regnis :
  pauper eras et eques, sed mihi consul eras.
Tecum ter denas numeraui, Postume, brumas :
  communis nobis lectus et unus erat.

XXXVIII *hab. R*

XXXIX 3 manum ω : -nus *PQ* || 6 Gratiana ς *edd.* : grant- β gran- γ || 7 Callaico *edd.* : callaino γ gallanico β

hivers [1]* : nous n'avions qu'un seul lit et nous le partagions. A présent, tu peux faire des cadeaux, tu peux même gaspiller, gorgé d'honneurs, comblé de richesses ; j'attends, Postumus, pour savoir ce que tu veux faire. Tu ne fais rien du tout et il est trop tard pour que je me mette en quête d'un autre protecteur. Est-ce bien là, Fortune, ce que tu veux ? — « Postumus m'a trompée, » répond-elle.

XLI

Pourquoi, au moment de lire en public, t'entourer le cou d'une bande de laine[2]* ? Elle conviendrait mieux à nos oreilles [3]*.

XLII

S'il y avait jamais au monde quelqu'un qui pût satisfaire à ma demande, écoute, Flaccus, comment serait l'esclave que je lui demanderais. Je voudrais d'abord que ce jeune esclave soit né sur les bords du Nil : il n'est point de terre qui sache inspirer plus de folâtre gaieté. Puis, qu'il soit plus blanc que la neige : car dans la brune Égypte ce teint-là est d'autant plus beau qu'il est plus rare. Que ses yeux rivalisent d'éclat avec les étoiles et qu'une souple chevelure fouette son cou : je n'aime pas, Flaccus, les cheveux frisés. Qu'il ait le front bas, et que la courbe de son nez ne soit pas trop accentuée ; que ses lèvres rouges défient les roses de Paestum. Qu'il lui arrive souvent d'exiger mes caresses quand je n'en aurai point envie, et de les repousser quand elles me tenteront : qu'il jouisse souvent de plus de liberté que son propre maître. Qu'il évite les jeunes garçons, qu'il ferme souvent sa porte aux filles : homme pour tous les autres, qu'il soit un jeune garçon pour moi seul. — « Il suffit, diras-tu ; je sais de qui il s'agit et je ne m'y trompe pas : car, si j'en juge aussi moi-même, ce portrait est bien exact. Tel était mon Amazonicus ».

Iam donare potes, iam perdere, plenus honorum,
largus opum : expecto, Postume, quid facias.
Nil facis et serum est alium mihi quaerere regem.
Hoc, Fortuna, placet ? « Postumus inposuit ».

XLI

Quid recitaturus circumdas uellera collo ?
Conueniunt nostris auribus ista magis.

XLII

Si quis forte mihi possit praestare roganti,
audi, quem puerum, Flacce, rogare uelim.
Niliacis primum puer hic nascatur in oris :
nequitias tellus scit dare nulla magis.
Sit niue candidior : namque in Mareotide fusca
pulchrior est quanto rarior iste color.
Lumina sideribus certent mollesque flagellent
colla comae : tortas non amo, Flacce, comas.
Frons breuis atque modus leuiter sit naribus uncis,
Paestanis rubeant aemula labra rosis.
Saepe et nolentem cogat nolitque uolentem ;
liberior domino saepe sit ille suo ;
et timeat pueros, excludat saepe puellas :
uir reliquis, uni sit puer ille mihi.
« Iam scio, nec fallis : nam me quoque iudice uerum est.
Talis erat » dices « noster Amazonicus ».

XLI 2 ista γ : illa β

XLII *hab. T*; *11-16 hab. R* || **1** possit α : -et βγ || roganti αβ : loc-γ || **2** rogare α : loc- βγ || **4** nequitias γ : -am β -a *T* || **6** iste color αγ: esse solet β || **9** leuiter α : bre- βγ || **13** et ω : at *R* || **15** fallis β : -es α facilis γ || **16** dices γ : -is α -ens β

XLIII

Je n'ai pas dit, Coracinus, que tu fusses un inverti : je n'ai ni assez de témérité de jugement, ni assez d'effronterie pour cela, et je ne suis pas homme à dire de plein gré des mensonges. Si j'ai dit, Coracinus, que tu étais un inverti, puissé-je éprouver la fureur de la bouteille de Pontia [1] ou celle de la coupe de Métilius [2]* : je le nie par les bouffissures des Syriens [3]*, je le jure par le fanatisme des prêtres de Cybèle. Qu'ai-je dit pourtant ? Bien peu de chose : une chose sans importance aucune, — bien connue d'ailleurs et que toi-même tu ne songes pas à nier : j'ai dit, Coracinus, que tu étais un lèche-vagin.

XLIV

Voici le mont Vesbius [4]*, hier encore verdoyant et ombragé de pampres : ici un noble cru [5]* avait plus d'une fois fait déborder nos cuves de ses flots. Voici ces hauteurs que Bacchus aimait plus que les collines de Nysa [6]* ; sur cette montagne le chœur des Satyres déroulait naguère ses danses. C'était le séjour de Vénus, plus agréable à ses yeux que celui de Lacédémone [7]* ; ce lieu était fameux par le nom d'Hercule. Tout a sombré dans les flammes : une lugubre cendre couvre le sol, et les dieux eux-mêmes auraient voulu que cela ne leur fût pas permis.

XLV

Ces offrandes, le secrétaire du Palais, Parthénius, te les présente de bon cœur, Phébus, et à pleine cassolette, en faveur de son fils Burrus dont les premiers cinq ans marquent le début d'un deuxième lustre : il demande que cet enfant compte encore d'innombrables Olympiades [8]*.

1. Empoisonneuse de ses deux fils. Cf. II, 34.

XLIII

Non dixi, Coracine, te cinaedum :
non sum tam temerarius nec audax
nec mendacia qui loquar libenter.
Si dixi, Coracine, te cinaedum,
iratam mihi Pontiae lagonam,
iratum calicem mihi Metili :
iuro per Syrios tibi tumores,
iuro per Berecyntios furores.
Quid dixi tamen ? Hoc leue et pusillum,
quod notum est, quod et ipse non negabis :
dixi te, Coracine, cunnilingum.

XLIV

Hic est pampineis uiridis modo Vesbius umbris,
presserat hic madidos nobilis uua lacus :
haec iuga quam Nysae colles plus Bacchus amavit ;
hoc nuper Satyri monte dedere choros ;
haec Veneris sedes, Lacedaemone gratior illi ;
his locus Herculeo nomine clarus erat.
Cuncta iacent flammis et tristi mersa fauilla :
nec superi uellent hoc licuisse sibi.

XLV

Haec tibi pro nato plena dat laetus acerra,
Phoebe, Palatinus munera Parthenius,
ut, qui prima nouo signat quinquennia lustro,
impleat innumeras Burrus Olympiadas.
Fac rata uota patris : sic te tua diligat arbor,

XLIII *1-3, 7-11 hab. T* || 9 quid αβ : quod γ *PQ* || leue βγ; bre- α

XLIV *hab. T* || 1 Vesbius ω : Vesuius *X Schryver Schneidewin* ² || 5 haec ω : hoc γ || 6 nomine αβ *Gilbert Lindsay Giarratano* : nu- γ *Heraeus*

XLV *hab. T* || 5 fac rata αβ : ferata γ [*unde* fer rata vota patri *Heinsius*] || arbor ω : uxor γ

Exauce les vœux d'un père : en retour, puisse l'arbre qui t'est consacré [1] te chérir et ta sœur [2] se réjouir de son éternelle virginité ; puisses-tu toi-même briller d'une inaltérable fleur de jeunesse et puisse la chevelure de Bacchus ne pas égaler en longueur la tienne, ô Phébus !

XLVI

Les Saturnales ont enrichi Sabellus [3] : c'est à juste titre que Sabellus se rengorge, à juste titre qu'il s'estime et se dit hautement le plus fortuné des avocats. Savez-vous ce qui lui inspire tant de dédain pour les autres et de fierté ? Un demi-boisseau de froment et de fèves concassées, trois demi-livres d'encens et de poivre, des saucisses de Lucanie avec des tripes du pays des Falisques, un noir flacon de vin cuit de Syrie, de la gelée de figues dans une jarre de Libye, et avec cela des oignons, des escargots et du fromage. Un client du Picénum [4] lui a encore adressé un tout petit panier qui avait peine à renfermer quelques olives, un lot de sept coupes sculptées en relief [5]* par le ciseau grossier d'un potier de Sagonte — œuvre d'art en argile façonnée par un tour espagnol —, enfin un mouchoir orné d'une large bande de pourpre [6]*. Des saturnales plus fructueuses, il y a bien dix ans que Sabellus n'en avait pas vu !

XLVII

C'est à l'encaustique que tu as peint Phaéton sur ce tableau. Quel est donc ton but en faisant brûler Phaéton deux fois [7] ?

1. Le laurier. Allusion à la légende de Daphné.
2. Diane.
3. C'était l'usage qu'aux Saturnales les avocats reçussent des présents de leur clientèle habituelle. Cf. Juv. VII, 119 seq.
4. La pauvreté du Picénum était proverbiale.

gaudeat et certa uirginitate soror ;
perpetuo sic flore mices, sic denique non sint
tam longae Bromio quam tibi, Phoebe, comae.

XLVI

Saturnalia diuitem Sabellum
fecerunt : merito tumet Sabellus,
nec quemquam putat esse praedicatque
inter causidicos beatiorem.
Hos fastus animosque dat Sabello
farris semodius fabaeque fresae,
et turis piperisque tres selibrae,
et Lucanica uentre cum Falisco,
et nigri Syra defruti lagona,
et ficus Libyca gelata testa
cum bulbis cocleisque caseoque.
Piceno quoque uenit a cliente
parcae cistula non capax oliuae
et crasso figuli polita caelo
septenaria synthesis Sagunti,
Hispanae luteum rotae toreuma,
et lato variata mappa clauo.
Saturnalia fructuosiora
annis non habuit decem Sabellus.

XLVII

Encaustus Phaethon tabula tibi pictus in hac est.
Quid tibi uis, dipyrum qui Phaethonta facis ?

XLVI 11 cocleisque ς : calcisque β cholceisque γ || **14** caelo ω : ceno β
XLVII 2 dipyrum *codd.* : -ron ς

XLVIII

Tu aimes à te faire embrocher, Papylus, et puis tu pleures : pourquoi, ce que tu veux qu'on te fasse, pleures-tu quand on te l'a fait ? Te repens-tu d'une impudique démangeaison ? ou n'est-ce pas plutôt, Papylus, le regret qu'on ait fini de t'embrocher ?

XLIX

Il ne sait pas — tu peux m'en croire, Flaccus — ce que c'est qu'une épigramme, celui qui ne veut y voir que folâtreries et bagatelles. Les vraies bagatelles, ce sont ces poèmes qui nous décrivent le repas du féroce Térée, ou ton festin à toi, Thyeste, piètre estomac [1]*, ou bien Dédale attachant à son fils des ailes fondantes, ou encore Polyphème paissant ses brebis siciliennes. Mes livres se tiennent bien loin de toute enflure, et ma Muse ne se gonfle pas sous l'extravagante robe flottante de la tragédie. — « Voilà pourtant ce que chacun loue, admire, vénère ». — D'accord : on loue tout cela, — mais ce sont mes vers qu'on lit [2]*.

L

Pourquoi, Thaïs, me traites-tu toujours de vieux ? Personne n'est trop vieux, Thaïs, pour profiter d'une bouche complaisante.

LI

Au temps où tu ne possédais pas six mille sesterces, Caecilianus, on te voyait passer par toute la ville dans une vaste litière à six porteurs ; depuis que l'aveugle déesse t'en a octroyé deux millions, et que l'argent a fait crever ta bourse, te voici devenu piéton. Que faut-il te souhaiter en récompense de si hautes vertus et de mérites si excellents ? Que les Dieux, Caecilianus, te rendent ta litière [3]*.

XLVIII

Percidi gaudes, percisus, Papyle, ploras :
cur, quae uis fieri, Papyle, facta doles ?
Paenitet obscenae pruriginis ? an magis illud
fles, quod percidi, Papyle, desieris ?

XLIX

Nescit, crede mihi, quid sint epigrammata, Flacce,
qui tantum lusus illa iocosque uocat.
Ille magis ludit qui scribit prandia saeui
Tereos aut cenam, crude Thyesta, tuam,
aut puero liquidas aptantem Daedalon alas,
pascentem Siculas aut Polyphemon ouis.
A nostris procul est omnis uesica libellis,
Musa nec insano syrmate nostra tumet.
« Illa tamen laudant omnes, mirantur, adorant ».
Confiteor : laudant illa, sed ista legunt.

L

Quid me, Thai, senem subinde dicis ?
Nemo est, Thai, senex ad irrumandum.

LI

Cum tibi non essent sex milia, Caeciliane,
ingenti late uectus es hexaphoro :
postquam bis decies tribuit dea caeca sinumque
ruperunt nummi, factus es, ecce, pedes.
Quid tibi pro meritis et tantis laudibus optem ?
Di reddant sellam, Caeciliane, tibi.

XLVIII *hab.* *T* || **1, 2, 4** Papyle *codd.* : Pamphile ς

XLIX *hab.* *T* || **1-2** nescit... uocat αγ : nescis... putas β || **2** illa βγ *Lindsay*: ista α *Heraeus* || **4** Thyesta ς *edd.* : Thyeste αβγ

LI *hab.* *T* || **3** decies tribuit ω : tr. decies γ

LII

Cesse, Hédylus, de te faire porter par un attelage de chèvres ; sinon, de *ficus* que tu étais auparavant, tu vas devenir *caprificus* [1*].

LIII

Cet être que tu aperçois souvent dans l'enceinte intérieure du sanctuaire de Pallas notre patronne [2*], Cosmus, et sur le seuil du Temple Neuf [3*], ce vieux portant bâton et besace, dont la chevelure blanche et malpropre se hérisse et dont la barbe sale descend sur sa poitrine ; ce vieux qu'abrite une longue robe crasseuse, qui lui tient lieu d'épouse sur son misérable grabat, et auquel les passants donnent une nourriture qu'il mendie par des aboiements, tu le prends pour un philosophe cynique, trompé que tu es par ses faux dehors. Ce n'est pas là un philosophe cynique, Cosmus. Qu'est-ce donc? un chien [4*].

LIV

O toi à qui il a été donné d'obtenir la couronne de chêne Tarpéienne [5*] et de ceindre le premier [6*] ta chevelure d'un feuillage noblement gagné, si tu es sage, Collinus, mets à profit toutes les heures de tes jours, et regarde sans cesse celui que tu vois comme le dernier. Personne n'a jamais eu le bonheur d'attendrir par ses prières les trois fileuses : elles sont attentives au jour qu'elles ont fixé. Que tu sois plus riche que Crispus, plus ferme que Thraséas lui-même, plus raffiné que l'élégant Melior, Lachésis n'ajoute pas un brin de laine à ton compte ; elle déroule sans arrêt les fuseaux des trois sœurs et toujours l'une d'elles coupe le fil.

LV

Lucius [7*], gloire de ton siècle, qui ne permets pas que le Caius chenu [8*] et notre Tage le cèdent à l'éloquent Arpinum [9*], laissons le poète né au milieu des cités de la Grèce célébrer dans ses chants Thèbes ou Mycènes, ou le ciel

LII

Gestari iunctis nisi desinis, Hedyle, capris,
qui modo ficus eras, iam caprificus eris.

LIII

Hunc, quem saepe uides intra penetralia nostrae
Pallados et templi limina, Cosme, noui
cum baculo peraque senem, cui cana putrisque
stat coma et in pectus sordida barba cadit,
cerea quem nudi tegit uxor abolla grabati,
cui dat latratos obuia turba cibos,
esse putas Cynicum deceptus imagine ficta :
non est hic Cynicus, Cosme : quid ergo ? Canis.

LIV

O cui Tarpeias licuit contingere quercus
et meritas prima cingere fronde comas,
si sapis, utaris totis, Colline, diebus
extremumque tibi semper adesse putes.
Lanificas nulli tres exorare puellas
contigit : obseruant quem statuere diem.
Diuitior Crispo, Thrasea constantior ipso,
lautior et nitido sis Meliore licet :
nil adicit penso Lachesis, fusosque sororum
explicat et semper de tribus una secat.

LV

Luci, gloria temporum tuorum,
qui Caium ueterem Tagumque nostrum
Arpis cedere non sinis disertis,
Argiuas generatus inter urbes
Thebas carmine cantet aut Mycenas,

LIII *hab. T* || **6** dat β : das α || **7** ficta αβ : falsa γ
LIV 5 nulli γ : -is β || **10** secat *Schryver Heinsius Schneidewin* [2] *Gilbert Duff* : negat γ [-cat *F*] *N Lindsay Heraeus* neget β
LV 2 Caium ς : Gaium *codd.* [*cf. ad* I, 49, 5] || **5** aut β : et γ

pur de Rhodes [1] ou les gymnases sans pudeur [2] de Lacédémone chère à Léda : pour nous, issus des Celtes et des Ibères, ne rougissons pas de prononcer dans nos vers reconnaissants les noms un peu durs de notre pays natal : Bilbilis, sans rivale pour le métal meurtrier, et qui l'emporte sur les Chalybes et les Noriques ; Platea, qui résonne du fer de son sous-sol, Platea qu'entoure d'un flot mince, mais toujours en mouvement, le Salo fait pour la trempe des armes ; Tutela et les chœurs de danse de Rixamae, les joyeux banquets de Carduae, Peteris qu'empourprent ses guirlandes de roses, Rigae, l'antique théâtre de nos pères [3], les Silai, dont le javelot léger est infaillible, les lacs de Turgontum et de Perusia, et les flots purs de l'humble Tuetonissa, et le bois d'yeuses sacré de Burado, que même le voyageur indolent aime à parcourir, et ces coteaux de Vativesca dont Manlius laboure les pentes avec l'aide de vigoureux taureaux. Tu ris, lecteur délicat, de ces noms si rustiques ? Tu peux en rire à ton aise : ces noms si rustiques, je les préfère à celui de Butunti [4].

LVI

Tu envoies aux vieillards et aux veuves d'immenses présents, et tu veux que pour cela, Gargilianus, je te dise

1. Cf. Horace Od. I, 7, 1. Autre interprétation : « l'illustre Rhodes ».
2. Allusion à la liberté de mœurs bien connue de Sparte.
3. Sans doute Martial veut-il dire que le sol y formait une sorte d'amphithéâtre naturel utilisé jadis pour les spectacles.
4. Petite ville d'Apulie dont se moque Martial. Cf. II, 48. Le poète avait gardé de son pays natal le meilleur souvenir. Il parle toujours de l'Espagne avec émotion. Cf. Introduction, p. VIII.

aut claram Rhodon aut libidinosae
Ledaeas Lacedaemonos palaestras :
nos Celtis genitos et ex Hiberis
nostrae nomina duriora terrae
grato non pudeat referre uersu :
saeuo Bilbilin optimam metallo,
quae uincit Chalybasque Noricosque,
et ferro Plateam suo sonantem,
quam fluctu tenui, sed inquieto
armorum Salo temperator ambit,
Tutelamque chorosque Rixamarum,
et conuiuia festa Carduarum,
et textis Peterin rosis rubentem,
atque antiqua patrum theatra Rigas,
et certos iaculo leui Silaos,
Turgontique lacus Turasiaeque,
et paruae uada pura Tuetonissae,
et sanctum Buradonis ilicetum,
per quod uel piger ambulat uiator,
et quae fortibus excolit iuuencis
curuae Manlius arua Vatiuescae.
Haec tam rustica, delicate lector,
rides nomina ? Rideas licebit,
haec tam rustica malo quam Butuntos.

LVI

Munera quod senibus uiduisque ingentia mittis,
uis te munificum, Gargiliane, uocem ?

16 Tutelamque *Heraeus* [*nomen proprium*] : tut- *codd. edd.* || 20 Silaos [Sy-] γ *edd.* : Suaeuos [-bos] β [« *quo fortasse indicatur* Silauos » *Heraeus*] Suelos *Calderini* || 21 Turgontique γ : -gentis- β || Turasiaeque β *Heraeus* : Perusiaeque γ *ceteri edd.* || 22 Tuetonissae γ *edd.* : Touto- β

généreux ! Mais il n'est rien de plus avare, rien de plus ladre que toi au monde, quand tu as l'audace d'appeler tes pièges des présents ! C'est ainsi que l'hameçon trompeur a des prévenances pour les poissons avides, c'est ainsi qu'un appât fallacieux leurre la stupidité des fauves. Ce qu'est la libéralité, ce qui s'appelle faire un cadeau, je me charge de te l'apprendre, si tu l'ignores : Gargilianus, fais-moi un cadeau.

LVII

Tandis que les flots attirants du Lucrin ami du plaisir me retiennent ici, ainsi que les grottes que chauffent des sources volcaniques, toi, Faustinus, tu habites le royaume de l'émigré d'Argos [1]*, où t'amène la vingtième borne milliaire à partir de Rome. Mais voici que le cœur du monstre de Némée [2]* s'embrase horriblement et ce n'est point assez que Baïes brûle de ses propres feux. Adieu donc, sources sacrées et charmants rivages, séjour à la fois des nymphes et des Néréides ! Emportez-le sur les collines consacrées à Hercule [3]* pendant la saison des frimas ; pour le moment, cédez à la fraîcheur de Tibur.

LVIII

C'est dans les ténèbres, Galla, que tu enfermes ton deuil de veuve. Sans doute rougis-tu de pleurer ouvertement ton époux [4]*.

LIX

Une vipère rampait dans les rameaux en pleurs d'un peuplier [5]* : l'Héliade laissa tomber une goutte d'ambre sur la bête qui venait en sens contraire. Tandis qu'elle s'étonnait de se sentir paralysée dans cette rosée visqueuse, elle devint soudain rigide, enchaînée qu'elle était dans ce bloc congelé. Ne t'enorgueillis plus, Cléopâtre, de ta royale sépulture, si une vipère repose dans un tombeau plus magnifique [6]*.

sordidius nihil est, nihil est te spurcius uno,
qui potes insidias dona uocare tuas :
sic auidis fallax indulget piscibus hamus,
callida sic stultas decipit esca feras.
Quid sit largiri, quid sit donare docebo,
si nescis : dona, Gargiliane, mihi.

LVII

Dum nos blanda tenent lasciui stagna Lucrini
et quae pumiceis fontibus antra calent,
tu colis Argei regnum, Faustine, coloni,
quo te bis decimus ducit ab urbe lapis.
Horrida sed feruent Nemeaei pectora monstri,
nec satis est Baias igne calere suo.
Ergo sacri fontes et litora grata ualete,
Nympharum pariter Nereidumque domus.
Herculeos colles gelida uos uincite bruma,
nunc Tiburtinis cedite frigoribus.

LVIII

In tenebris luges amissum, Galla, maritum :
nam plorare pudet te, puto, Galla, uirum.

LIX

Flentibus Heliadum ramis dum uipera repit,
fluxit in obstantem sucina gemma feram :
quae dum miratur pingui se rore teneri,
concreto riguit uincta repente gelu.
Ne tibi regali placeas, Cleopatra, sepulcro,
uipera si tumulo nobiliore iacet.

LVI *hab. T.* || 5 auidis γ *edd.* : -dus β audis *T*

LVII *hab. T* || 1 Lucrini β γ : Neronis α || 2 calent ω : latent β 3 Argei *Heinsius* : -giui β -goi γ -gio *T*

LVIII *hab. T* || 2 nam ς *Gilbert Lindsay* : iam α *Heraeus* non βγ

LIX *hab. T* || 2 gemma βγ *Lindsay* : gutta α *Gilbert Giarratano Heraeus*

LX

Aux jours du solstice, gagnez Ardée et les campagnes de Castrum, ainsi que les terres que brûle la constellation du Lion [1]*, puisque le sort de Curiatius condamne l'air de Tibur : n'a-t-il pas, de ces eaux si renommées, été dépêché vers celles du Styx ? En aucun lieu, on ne saurait interdire à la mort d'approcher ; quand elle est là, la Sardaigne [2]* est en plein Tibur.

LXI

D'un air triomphant et heureux, Mancinus, tu nous as déclaré dernièrement qu'un ami t'avait fait cadeau de deux cent mille sesterces. Il y a quatre jours, comme nous bavardions au club des poètes [3]*, tu nous as dit qu'un manteau payé dix mille sesterces t'avait été offert par Pompulla ; tu as engagé ta parole que Bassa et Caelia t'avaient donné une véritable sardoine présentant trois cercles concentriques, ainsi que deux pierres précieuses couleur d'eau de mer [4]*. Hier, comme tu sortais précipitamment du théâtre malgré que Pollion [5]* fût en scène, tout en t'enfuyant, tu nous faisais savoir que tu avais hérité de trois cent mille sesterces ; ce matin, on t'en a légué cent mille, et cet après-midi, cent autres mille. Quel mal si grand t'avons-nous fait, nous, tes familiers ? Cruel, aie donc pitié de nous et finis par te taire ; ou bien, si ta maudite langue ne peut garder le silence, raconte-nous enfin quelque chose que nous entendions de bon cœur [6]*.

LXII

La noire Lycoris est allée habiter Tibur consacré à Hercule, dans la pensée que tout y devenait blanc [7]*.

1. Dans le texte : « de Cléonée ». Cléonée était une ville d'Arcadie proche de Némée ; d'où *Cleonaeus* = *Nemeaeus* ; et *Nemeaeus* = *leonis* ou *leoninus*.

LX

Ardea solstitio Castranaque rura petantur
quique Cleonaeo sidere feruet ager,
cum Tiburtinas damnet Curiatius auras
inter laudatas ad Styga missus aquas.
Nullo fata loco possis excludere : cum mors
uenerit, in medio Tibure Sardinia est.

LXI

Donasse amicum tibi ducenta, Mancine,
nuper superbo laetus ore iactasti.
Quartus dies est, in schola poetarum
dum fabulamur, milibus decem dixti
emptas lacernas munus esse Pompullae,
sardonycha uerum lineisque ter cinctum
duasque similes fluctibus maris gemmas
dedisse Bassam Caeliamque iurasti.
Here de theatro, Pollione cantante,
cum subito abires, dum fugis, loquebaris,
hereditatis tibi trecenta uenisse,
et mane centum, et post meridie centum.
Quid tibi sodales fecimus mali tantum ?
Miserere iam, crudelis, et sile tandem ;
aut, si tacere lingua non potest ista,
aliquando narra quod uelimus audire.

LXII

Tibur in Herculeum migrauit nigra Lycoris,
omnia dum fieri candida credit ibi.

LX 1 castranaque β: paestaque [*pro* Paestana] γ

LXI *1-4, 7-8, 13-16 hab. T* || **12** et post β : post γ *Heraeus* || **13** fecimus αβ : fac- γ || mali γ : male β mili *T* || **14** iam ω : tam β

LXII *hab. R* || **1** Tibur in α : Tibur β Tiburiae γ

LXIII

En allant de Bauli à Baïes, une mère, Cérellia, a péri, criminellement engloutie par les vagues forcenées. Quelle noble gloire vous avez perdue, ô flots ! Une atrocité pareille, vous aviez jadis refusé à Néron de la commettre[1], malgré ses ordres formels.

LXIV

Les quelques arpents de terre de Julius Martialis, plus fortunés que les jardins des Hespérides, s'étendent sur la longue pente du Janicule. De vastes terrasses abritées[2] dominent[3] nos collines. Le sommet, plat avec un léger renflement, jouit d'un ciel plus radieux, et, tandis que les brouillards noient les creux des vallées, il brille seul d'une lumière particulière : le toit harmonieux de la haute villa s'élève avec grâce vers les étoiles claires. D'ici, on peut contempler les sept collines-reines et évaluer toute l'étendue de Rome ; on peut aussi parcourir du regard les coteaux d'Albe et de Tusculum, toute la verdure qui rafraîchit les abords de notre ville, l'antique Fidènes et la mignonne Rubrae, et le bois sacré, chargé de fruits, d'Anna Perenna, que réjouit un sang virginal[4]. De là, on distingue le promeneur des voies Flaminia et Salaria sans entendre rouler sa voiture : aussi le bruit des roues ne nuit-il pas à ce doux sommeil que ni la voix d'un chef de rameurs, ni les cris des portefaix ne peuvent interrompre,

1. Allusion à la tentative de Néron pour faire périr sa mère. Cf. Tacite Ann. XIV, 5.

2. D'autres (Munro) entendent : « Des grottes profondes dominent la plaine par les hauteurs qu'elles occupent ».

3. Beaucoup d'éditeurs préfèrent la leçon *eminent,* en donnant à ce mot le sens de « s'étalent aux regards ».

4. On ignore à quoi fait allusion Martial. Tout ce que l'on sait, c'est qu'à la fête d'Anna Perenna, vieille divinité latine, les femmes chantaient des paroles lascives. « Bene interpretati sunt H. Schenkl et H. J. Rose de menstruo virginis in ritu lustrationis usurpato coll. Colum. 10, 360 ss. Cf. etiam Claud. fesc. 4, 27 ». Heraeus. p. XXVI.

LXIII

Dum petit a Baulis mater Caerellia Baias,
occidit insani crimine mersa freti.
Gloria quanta perit vobis ! haec monstra Neroni
nec iussae quondam praestiteratis, aquae.

LXIV

Iuli iugera pauca Martialis
hortis Hesperidum beatiora
longo Ianiculi iugo recumbunt :
lati collibus imminent recessus,
et planus modico tumore uertex
caelo perfruitur sereniore,
et curuas nebula tegente ualles
solus luce nitet peculiari :
puris leniter admouentur astris
celsae culmina delicata uillae.
Hinc septem dominos uidere montis
et totam licet aestimare Romam,
Albanos quoque Tusculosque colles
et quodcumque iacet sub urbe frigus,
Fidenas ueteres breuesque Rubras,
et quod uirgineo cruore gaudet
Annae pomiferum nemus Perennae.
Illinc Flaminiae Salariaeque
gestator patet essedo tacente,
ne blando rota sit molesta somno,
quem nec rumpere nauticum celeuma

LXIII *hab. T*
LXIV 4 imminent γ *uulg. Gilbert* : emi- β *Lindsay Gilbert* [*in Fleck. ann. 135* (*1887*) *p. 143 sq.*] *Giarratano Heraeus* || **11** dominos β : -no γ || **14** iacet γ : facit β || **18** illinc β : illic γ || **19** patet : iacet γ

bien que le pont Mulvius soit si proche et que les barques sillonnent de leur vol les flots sacrés du Tibre. Cette maison de campagne — ou, si l'on préfère, cette maison de ville —, son possesseur lui donne du prix : vous vous figurerez qu'elle est à vous, tant elle est peu hautaine, tant elle est généreuse, tant elle s'ouvre pour une hospitalité empressée : on la prendrait pour le foyer si accueillant d'Alcinoüs ou pour celui de Molorchus [1] nouvellement enrichi. Vous qui, aujourd'hui, trouvez que tout cela est peu de chose, domptez le sol du frais Tibur ou de Préneste avec une centaine de hoyaux et donnez à un seul fermier Setia suspendue au flanc de son coteau ; mais laissez-moi suivre mes goûts et préférer les quelques arpents de Julius Martialis.

LXV

Philaenis ne pleure jamais que d'un œil. Comment cela se peut-il ? demandez-vous. C'est qu'elle est borgne.

LXVI

Tu as toujours, Linus, vécu de la vie de province, et l'on ne saurait trouver d'existence moins coûteuse que celle-là. Tu as brossé ta pauvre toge [2] aux Ides et de temps à autre aux Calendes, et un même vêtement d'intérieur t'a fait dix étés. Les taillis t'ont fourni du sanglier, la plaine des lièvres, que tu n'as jamais eu à payer ; la moindre battue en forêt t'a procuré des grives dodues. Le poisson t'est arrivé des gouffres formés par les rivières, et une jarre rouge t'a versé un vin qui ne provenait pas d'un cru étranger. Nul jeune domestique ne t'a été expédié

1. Pauvre berger qui dans la légende donne l'hospitalité à Hercule.

2. Sans doute pour la blanchir à la craie : dépense légère !

nec clamor ualet helciariorum,
cum sit tam prope Muluius sacrumque
lapsae per Tiberim uolent carinae.
Hoc rus, seu potius domus vocanda est,
commendat dominus : tuam putabis,
tam non inuida tamque liberalis,
tam comi patet hospitalitate ;
credas Alcinoi pios Penates
aut facti modo diuitis Molorchi.
Vos nunc omnia parua q*ui* putatis,
centeno gelidum ligone Tibur
vel Praeneste domate pendulamque
uni dedite Setiam colono,
dum me iudice praeferantur istis
Iuli iugera pauca Martialis.

LXV

Oculo Philaenis semper altero plorat.
Quo fiat istud quaeritis modo ? lusca est.

LXVI

Egisti uitam semper, Line, municipalem,
qua nihil omnino uilius esse potest.
Idibus et raris togula est excussa Kalendis,
duxit et aestates synthesis una decem.
Saltus aprum, campus leporem tibi misit inemptum,
silua grauis turdos exagitata dedit,
captus flumineo uenit de gurgite piscis,
uina ruber fudit non peregrina cadus.

31 Qui ς : quae *codd.* || **32** centeno γ : contento β [*ut uidetur*] **34** dedite Setiam *ed. a. 1473* : deditis etiam β dedite sed tamen γβ :
LXVI *1-2, 5-12, 15-18 hab. T* || **2** uilius αβ : dulcius γ || **3** excussa || tibi sumpta γ || **7** captus α : ra- βγ || **8** ruber αγ : -ens β || fudit ω : fun- *T*

de quelque canton de la Grèce [1]* pour te servir : tu n'as eu à tes ordres que les petits campagnards qui se pressaient à ton foyer tout primitif. Tu as pris ton plaisir avec ton intendante ou la femme de quelque rustaud, toutes les fois que tes veines se sont échauffées sous l'emprise du vin pur. Le feu n'a jamais endommagé ta maison ni Sirius tes récoltes ; la mer ne t'a pas englouti de navire, et tu n'en as même jamais possédé. Jamais tu n'as préféré les *tessères* aux simples osselets si gentils [2]* et tu n'as jamais aventuré au jeu qu'une poignée de noix. Apprends-nous donc où est passé le million de sesterces que t'a laissé ton avare de mère. Le voilà évaporé : tu es venu à bout, Linus, d'une entreprise difficile !

LXVII

Dans sa pauvreté, Gaurus demandait au préteur, auquel le liait une vieille amitié, cent mille sesterces : il ne manquait, disait-il, que cette somme aux trois cent mille qu'il possédait déjà pour qu'il fût admis à applaudir, avec tous les droits des chevaliers, le maître de Rome [3]*. Le préteur [4]* lui répondit : « Je dois, tu le sais, faire un paiement à Scorpus et à Thallus [5]* ; et je serais fort heureux de n'avoir à leur donner que cent mille sesterces ! » Ah ! honte sur ton coffre-fort oublieux du passé, honte sur ses richesses maudites ! Ce que tu refuses à un chevalier, veux-tu, préteur, le donner à un cheval ?

LXVIII

Tu m'invites à cent liards par tête, et tu fais toi-même un excellent repas. Est-ce à dîner que tu m'invites, Sextus, ou à te porter envie [6]* ?

LXIX

Tu fais toujours servir à tes convives du vin de Sétia ou du massique, Papylus, mais le bruit court que tes

Nec tener Argolica missus de gente minister,
sed stetit inculti rustica turba foci.
Vilica uel duri conpressa est nupta coloni,
incaluit quotiens saucia uena mero.
Nec nocuit tectis ignis nec Sirius agris,
nec mersa est pelago nec fuit ulla ratis.
Subposita est blando numquam tibi tessera talo,
alea sed parcae sola fuere nuces.
Dic ubi sit decies, mater quod auara reliquit.
Nusquam est : fecisti rem, Line, difficilem.

LXVII

Praetorem pauper centum sestertia Gaurus
orabat cana notus amicitia,
dicebatque suis haec tantum desse trecentis,
ut posset domino plaudere iustus eques.
Praetor ait « Scis me Scorpo Thalloque daturum,
atque utinam centum milia sola darem. »
Ah ! pudet ingratae, pudet ah ! male diuitis arcae.
Quod non das equiti, uis dare, praetor, equo ?

LXVIII

Inuitas centum quadrantibus et bene cenas.
Vt cenem inuitor, Sexte, an ut inuideam ?

LXIX

Tu Setina quidem semper uel Massica ponis,
Papyle, sed rumor tam bona uina negat :

9 missus βγ : iussus α || **12** uena αγ : turba β [*cf.* || *u. 10*] **14** fuit γ : fluit β || ulla β : illa γ || **15** tessera ω : tessara *L* || **17** auara α : amara β

LXVII 2 cana γ : cara β || **4** iustus γ : iussus β || **5** Thalloque γ : thalioque β || **8** das γ *Heraeus* : uis β *Lindsay*

LXVIII *hab. T*

LXIX *hab. T* || **1** Massica α : mars- β mers- γ || ponis βγ : potas α || **2, 4** Papyle *codd.* : Pamphile ς

crus ne sont pas si bons que cela : on prétend que par tes flacons tu es devenu veuf quatre fois : je ne le pense pas, Papylus, je ne veux pas le croire : mais je n'ai pas soif.

LXX

A son lit de mort, le père d'Ammianus ne lui a laissé, par ses dernières volontés, qu'une corde sèche. Se serait-on jamais figuré, Marullinus, qu'Ammianus pourrait regretter que son père fût mort ?

LXXI

Il y a longtemps, Safronius Rufus, que je cherche par toute la ville une jeune femme qui dise non ; aucune jeune femme ne dit non. Serait-il impie, serait-il honteux, serait-il défendu de dire non ? Aucune jeune femme ne dit non. N'y a-t-il donc plus d'honnête femme ? Il y en a des milliers. Que fait donc l'honnête femme ? Elle ne se donne pas, mais pourtant elle ne dit pas non.

LXXII

Tu insistes, Quintus, pour que je te fasse cadeau de mes œuvres. Je ne les ai pas, mais elles se trouvent chez le libraire Tryphon. « Je donnerais de l'argent pour des babioles ? J'achèterais tes vers ? Il faudrait que j'eusse perdu l'esprit ! Je ne commettrai pas, dis-tu, folie pareille ». Moi non plus.

LXXIII

Comme Vestinus, malade, vivait ses derniers instants et qu'il était sur le point de passer les eaux du Styx, il supplia les trois sœurs, qui déroulaient leurs derniers brins de laine, de ralentir quelques instants le mouvement de leurs noirs fuseaux, tandis que déjà mort à ses propres yeux, il ne vivait plus que pour ses chers amis. Une prière si affectueuse toucha les sombres déesses. Il partagea alors entre eux ses amples richesses et n'abandonna qu'ensuite la lumière du jour, avec le sentiment qu'il mourait après cela dans un âge avancé.

diceris hac factus caelebs quater esse lagona.
Nec puto nec credo, Papyle, nec sitio.

LXX

Nihil Ammiano praeter aridam restem
moriens reliquit ultimis pater ceris.
Fieri putaret posse quis, Marulline,
ut Ammianus mortuum patrem nollet ?

LXXI

Quaero diu totam, Safroni Rufe, per urbem,
si qua puella neget : nulla puella negat.
Tamquam fas non sit, tamquam sit turpe negare,
tamquam non liceat, nulla puella negat.
Casta igitur nulla est ? Sunt castae mille. Quid ergo
casta facit ? Non dat, non tamen illa negat.

LXXII

Exigis ut donem nostros tibi, Quinte, libellos.
Non habeo, sed habet bibliopola Tryphon.
« Aes dabo pro nugis et emam tua carmina sanus ?
Non, inquis, faciam tam fatue. » Nec ego.

LXXIII

Cum grauis extremas Vestinus duceret horas
et iam per Stygias esset iturus aquas,
ultima uoluentis orauit pensa sorores,
ut traherent parua stamina pulla mora,
iam sibi defunctus caris dum uiuit amicis.
Mouerunt tetricas tam pia vota deas.
Tunc largas partitus opes a luce recessit,
seque mori post hoc credidit ille senem.

LXXI *hab. TR* || **1** urbem ω : or- α || **3** negare ω : rog- γ || **5** sunt castae αγ : castae sunt β
LXXII *hab. T*
LXXIII *hab. TR* || **5** caris αγ : -us β || **7** tunc αγ : tum β

LXXIV

Vois-tu quels terribles combats se livrent des daims si peu belliqueux ? Quelle rage chez des animaux si craintifs ? C'est dans une lutte à mort qu'ils brûlent d'engager leurs faibles fronts. Veux-tu, César, sauver la vie à des daims ? lâche sur eux ta meute [1].

LXXV

Heureuse par ton caractère, heureuse, Nigrina, par ton mari, tu jouis parmi les épouses romaines d'une gloire sans rivale. Tu te plais à confondre avec la fortune de ton mari celle que t'a léguée ton père, et tu fais du compagnon de ta vie un associé et un cohéritier. Il se peut qu'Evadné se soit brûlée sur le bûcher de son époux, et qu'une non moindre renommée élève le nom d'Alceste jusqu'aux étoiles ! Toi, tu fais mieux : par un gage sûr fourni pendant ta vie, tu as mérité de n'avoir pas besoin de mourir pour prouver ton amour.

LXXVI

Tu m'as envoyé six mille sesterces quand je t'en demandais le double : pour en avoir douze mille, je t'en demanderai vingt-quatre.

LXXVII

Je n'ai jamais demandé aux dieux les richesses : ma modeste condition me suffit et ce que je possède fait mon bonheur. Cependant, pauvreté, tu me permettras cette prière [2] : retire-toi de moi. Quelle est donc la raison de ce vœu si subit et si nouveau ? Je veux voir Zoïle pendu [3].

1. C'est-à-dire que les chiens les épargneront plutôt que les daims ne s'épargneront l'un l'autre. Cf. IV, 35.
2. Cf. Cicéron, de Or. I, 6, 23 ; Tite-Live, Préface, 7.
3. Il se pendra de jalousie.

LXXIV

Aspicis inbelles temptent quam fortia dammae
proelia ? tam timidis quanta sit ira feris ?
In mortem paruis concurrere frontibus ardent.
Vis, Caesar, dammis parcere ? mitte canes.

LXXV

O felix animo, felix, Nigrina, marito,
atque inter Latias gloria prima nurus :
te patrios miscere iuuat cum coniuge census,
gaudentem socio participique uiro.
Arserit Euhadne flammis iniecta mariti,
nec minor Alcestin fama sub astra ferat ;
tu melius. Certo meruisti pignore uitae
ut tibi non esset morte probandus amor.

LXXVI

Milia misisti mihi sex bis sena petenti ;
ut bis sena feram, bis duodena petam.

LXXVII

Numquam diuitias deos rogavi
contentus modicis meoque laetus :
paupertas, ueniam dabis, recede.
Causast quae subiti nouique uoti ?
Pendentem volo Zoilum uidere.

LXXIV *hab. T* || 2 tam αβ : quam γ || 3 ardent α : audent βγ
LXXV *hab. T* || 3 te βγ : iam α || 4 participique γ : -peque [-pemque] β -pare α || 5 iniecta ς : inl- αβ int- γ || 7 certo ω : -te *Q* || uitae βγ : famam α
LXXVI *hab. T*
LXXVII *hab. T* || 1 deos rogaui ω : rogaui deos γ || 4 subiti ω : subito *T*

LXXVIII

Tu as déjà engrangé ta soixantième moisson, et sur ton visage brillent bien des poils blancs : pourtant on te voit courir en tous sens par toute la ville, et il n'est pas un seul fauteuil de noble dame auquel sans répit tu n'apportes ton matinal bonjour. Aucun tribun ne saurait sortir de chez lui sans toi, et ta visite officieuse ne fait défaut à aucun des deux consuls. Dix fois tu montes au palais impérial par la Rampe Sacrée, et tu n'as jamais à la bouche que les noms des Sigerus et des Parthenius [1*]. J'admets que les jeunes agissent ainsi : mais rien au monde, Afer, rien absolument n'est plus hideux qu'un vieux faiseur d'embarras.

LXXIX

Tu étais toujours, Mathon, mon invité dans ma villa de Tibur. Tu l'achètes. Je t'ai joué un mauvais tour : je te vends ta propre maison de campagne.

LXXX

Tu déclames quand tu as la fièvre, Maron : si tu ne sais pas que c'est là du délire, c'est que tu n'es pas sain d'esprit, mon cher Maron. Tu déclames quand tu es malade, tu déclames dans un accès de fièvre tierce : s'il ne t'est pas possible de suer autrement, à la bonne heure ! — « La déclamation, protestes-tu, est pourtant une grande chose ». — Erreur : quand la fièvre vous brûle les entrailles, la grande chose, Maron, c'est de se taire [2*].

LXXXI

Fabulla avait lu mon épigramme dans laquelle je déplore qu'aucune jeune femme ne dise non à ses poursuivants [3*]. Sollicitée une fois, deux fois et même trois fois par son amoureux, elle n'a tenu aucun compte de ses prières. Sois-lui enfin accueillante, Fabulla, je t'ai invitée à refuser, mais non à persister dans ton refus.

LXXVIII

Condita cum tibi sit iam sexagensima messis
et facies multo splendeat alba pilo,
discurris tota uagus urbe, nec ulla cathedra est
cui non mane feras inrequietus Haue ;
et sine te nulli fas est prodire tribuno,
nec caret officio consul uterque tuo ;
et sacro decies repetis Palatia cliuo
Sigerosque meros Partheniosque sonas.
Haec faciant sane iuuenes ; deformius, Afer,
omnino nihil est ardalione sene.

LXXIX

Hospes eras nostri semper, Matho, Tiburtini.
Hoc emis. Inposui : rus tibi uendo tuum.

LXXX

Declamas in febre, Maron : hanc esse phrenesin
si nescis, non es sanus, amice Maron.
Declamas aeger, declamas hemitritaeos :
si sudare aliter non potes, est ratio.
« Magna tamen res est ». Erras ; cum uiscera febris
exurit, res est magna tacere, Maron.

LXXXI

Epigramma nostrum cum Fabulla legisset,
negare nullam quo queror puellarum,
semel rogata bisque terque neglexit
preces amantis. Iam, Fabulla, promitte :
negare iussi, pernegare non iussi.

LXXVIII *1-6, 9-10 hab. T*; *1-4 hab. R* || **8** Sigerosque β *Schneidewin* [2] *Friedlaender Lindsay Heraeus* : -reosque γ -riosque *Gilbert* [*cf. ad II, 29, 5*] || **9** faciant γ : -at β || iuuenes γ : -is β

LXXIX 2 rus β : ius γ

LXXX *hab. T* || **3** hemitritaeos *codd.* : -o *Friedrich* || **3-4** *ante 1 transposuit Friedlaender*

LXXXII

Ces petits livres[1] que je publie, Rufus, recommande-les, eux aussi, à Venuleius ; prie-le de porter à mon compte quelques instants de ses loisirs et, oubliant tant soit peu ses soucis et ses travaux, de ne pas faire, d'une oreille mal disposée, la critique de mes bluettes. Toutefois qu'il ne lise point mes poésies après sa première ou sa dernière coupe, mais seulement lorsque Bacchus, au plein milieu de ses réjouissances, sourit aux joutes des buveurs. Si c'est trop que de lire deux rouleaux de papier, replie l'un des deux : ainsi divisé, l'ouvrage paraîtra court.

LXXXIII

Quand tu as l'esprit tranquille, Naevolus, il n'est rien qui soit pire que toi ; si au contraire tu es inquiet, il n'y a rien qui soit meilleur. Tranquille, tu ne rends le salut à personne, tu regardes tout le monde avec dédain ; à tes yeux, il n'est point d'homme libre, ni même d'être humain ; — inquiet, tu fais des cadeaux, tu salues le premier en donnant du « maître » et du « seigneur », tu adresses des invitations. Sois toujours inquiet, Naevolus !

LXXXIV

Il n'est personne parmi le peuple ni dans Rome tout entière qui puisse prouver qu'il ait besogné Thaïs ; et pourtant, nombreux sont ceux qui la désirent et nombreux ceux qui la sollicitent. — Eh quoi ! Thaïs est donc si chaste ? — Non, mais [elle préfère autre chose].

LXXXV

Nous buvons dans le verre ; toi, Ponticus, dans un vase murrhin. Pour quel motif ? Pour que la transparence de ta coupe ne révèle pas tes deux qualités de vin.

1. Le 3e et le 4e livres des Épigrammes.

LXXXII

Hos quoque commenda Venuleio, Rufe, libellos,
inputet et nobis otia parua roga,
immemor et paulum curarum operumque suorum
non tetrica nugas exigat aure meas.
Sed nec post primum legat haec summumue trientem,
sed sua cum medius proelia Bacchus amat.
Si nimis est legisse duos, tibi charta plicetur
altera : diuisum sic breve fiet opus.

LXXXIII

Securo nihil est te, Naeuole, peius ; eodem
sollicito nihil est, Naeuole, te melius.
Securus nullum resalutas, despicis omnes,
nec quisquam liber nec tibi natus homo est :
sollicitus donas, dominum regemque salutas,
inuitas. Esto, Naeuole, sollicitus.

LXXXIV

Non est in populo nec urbe tota
a se Thaida qui probet fututam,
cum multi cupiant rogentque multi.
Tam casta est, rogo, Thais ? Immo fellat.

LXXXV

Nos bibimus uitro, tu murra, Pontice. Quare ?
Prodat perspicuus ne duo uina calix.

LXXXII 8 opus β *plerique edd :* onus γ *Schneidewin* [1]
LXXXIII *hab. T*
LXXXV *hab. TR*

LXXXVI

Si tu souhaites l'approbation d'une oreille vraiment attique, je te le conseille et te le recommande, mon petit livre, tâche de plaire au docte Apollinaris. Il n'est personne de plus scrupuleux ni de plus instruit, personne non plus de plus loyal et de plus bienveillant. S'il te presse sur sa poitrine ou même sur ses lèvres, ni tu n'auras à redouter les sarcasmes des mal intentionnés, ni tu ne serviras de chemise soufrée aux maquereaux [1]*. S'il te condamne, tu n'auras qu'à courir bien vite dans les boîtes à papier des marchands de salaisons, bon tout au plus à faire sillonner les revers de tes feuillets par des plumes enfantines.

LXXXVII

Ta Bassa, Fabullus, met toujours à ses côtés un tout jeune enfant et l'appelle son joujou, son mignon. Cela est d'autant plus étrange qu'elle n'aime guère les marmots. Quelle est donc la raison de cette habitude ? C'est que Bassa pète à tout instant.

LXXXVIII

Point de cadeau que tu m'aies envoyé en retour de mon modeste présent, et c'est déjà le cinquième jour des saturnales [2]* ! Ainsi tu ne m'as même pas adressé six scrupules d'argenterie de Septicianus [3]*, pas même une serviette, hommage d'un client geignard, ou bien une jarre rougie par le sang du thon d'Antibes [4]* ou pleine de petites figues de Syrie, ou encore un petit panier d'olives ridées du Picénum [5]* ! Tu n'as pas voulu t'assurer le droit de dire que tu ne m'avais pas oublié. Tu peux en engeigner d'autres par tes paroles et par ton air affable : pour moi, tu ne seras plus qu'un trompeur démasqué.

LXXXVI

Si uis auribus Atticis probari,
exhortor moneoque te, libelle,
ut docto placeas Apollinari :
nil exactius eruditiusque est,
sed nec candidius benigniusque.
Si te pectore, si tenebit ore,
nec rhonchos metues maligniorum,
nec scombris tunicas dabis molestas :
si damnauerit, ad salariorum
curras scrinia protinus licebit,
inuersa pueris arande charta.

LXXXVII

Infantem secum semper tua Bassa, Fabulle,
conlocat et lusus deliciasque uocat,
et, quo mireris magis, infantaria non est.
Ergo quid in causa est? Pedere Bassa solet.

LXXXVIII

Nulla remisisti paruo pro munere dona,
et iam Saturni quinque fuere dies.
Ergo nec argenti sex scripula Septiciani
missa nec a querulo mappa cliente fuit,
Antipolitani nec quae de sanguine thynni
testa rubet, nec quae cottana parua gerit,
nec rugosarum uimen breue Picenarum,
dicere te posses ut meminisse mei !
Decipies alios uerbis uoltuque benigno,
nam mihi iam notus dissimulator eris.

LXXXVII *hab. T* || **1** Fabulle ω : Catulle *T* [*sed in lemmate* AD FABULLUM] || **2** uocat αγ : facit β || **3** quo α : quod βγ

LXXXVIII *1-2, 7-10 hab. T* ; *9-10 hab. R* || **5** Antipolitani ω : -no β || **8** posses ω : -is *T*

LXXXIX

Holà ! Cela suffit ! Holà ! mon petit livre ! nous voici déjà arrivé au cylindre du rouleau[1] : mais toi, tu ne demandes qu'à aller encore de l'avant et à continuer, et tu ne peux même pas te renfermer dans ta dernière colonne : on dirait que ta tâche n'est point terminée, alors qu'aussi bien elle était achevée dès la première page. Déjà le lecteur se plaint et abandonne ; déjà le copiste lui-même ne se gêne plus pour dire : « Holà ! Cela suffit ! holà ! petit livre ! »

1. Cf. I, 43, 8.

LXXXIX

Ohe, iam satis est, ohe, libelle,
iam pervenimus usque ad umbilicos.
Tu procedere adhuc et ire quaeris,
nec summa potes in schida teneri,
sic tamquam tibi res peracta non sit,
quae prima quoque pagina peracta est.
Iam lector queriturque deficitque,
iam librarius hoc et ipse dicit
« Ohe, iam satis est, ohe, libelle. »

LXXXIX 6 peracta est β : notatur γ

LIVRE V

ÉPIGRAMMES DE MARTIAL

LIVRE V 1-2

I

C'est à toi, César, — soit que tu jouisses des collines d'Albe chères à Pallas [1]*, et que de là tu jettes tes regards d'un côté sur le temple de Diane [2]* et de l'autre sur les flots de Thétis [3]*, soit que les sœurs infaillibles reçoivent de toi leurs oracles [4]*, sur le rivage où les vagues apaisées de la mer viennent s'endormir aux portes de la ville, soit que la nourrice d'Énée te charme ou bien la fille du Soleil [5]*, ou encore Anxur, que blanchissent ses eaux salutaires [6]*, — c'est à toi que j'adresse ce volume, ô protecteur béni et sauveur de l'État, toi dont la préservation même est à nos yeux une preuve de la gratitude de Jupiter [7]*. Daigne seulement l'accepter : je croirai que tu l'as lu, et dans ma fierté je m'abandonnerai à une crédulité toute gauloise [8]*.

II

Mères de famille, garçons, jeunes filles, c'est à vous que le présent volume est dédié. Toi qui fais tes délices de badinages plus effrontés et de jeux d'esprit que rien ne gaze, lis mes quatre livres polissons. Le cinquième plaisante avec le Maître Suprême : il faut que le Germanique puisse le lire sans rougir, en présence de la vierge déesse des fils de Cécrops.

M. VALERI MARTIALIS EPIGRAMMATON

LIBER V 1-2

I

Hoc tibi, Palladiae seu collibus uteris Albae,
Caesar, et hinc Triuiam prospicis, inde Thetin,
seu tua ueridicae discunt responsa sorores,
plana suburbani qua cubat unda freti,
seu placet Aeneae nutrix seu filia Solis
siue salutiferis candidus Anxur aquis,
mittimus, o rerum felix tutela salusque,
sospite quo gratum credimus esse Iouem.
Tu tantum accipias : ego te legisse putabo
et tumidus Galla credulitate fruar.

II

Matronae puerique uirginesque,
uobis pagina nostra dedicatur.
Tu, quem nequitiae procaciores
delectant nimium salesque nudi,
lasciuos lege quattuor libellos :
quintus cum domino liber iocatur ;
quem Germanicus ore non rubenti
coram Cecropia legat puella.

I *hab. T* ; *7-8 hab. R* || 1 hoc βγ : haec α || 4 plana ω : plena *T*
II 6 iocatur ς : -etur β uocatur γ

III

Habitant du territoire qui désormais nous appartient, Dégis, ô Germanique, est venu te faire visite des bords de l'Ister qui est à tes ordres [1]. Il a vu l'autre jour, avec autant d'allégresse que de surprise, le maître de l'Univers, et a dit, paraît-il, à ses compagnons : « Combien mon sort est préférable à celui de mon frère, quand il m'est permis de contempler de si près le dieu qu'il honore de si loin ! »

IV

Myrtale sent d'ordinaire fortement le vin ; mais pour nous donner le change, elle dévore des feuilles de laurier et mêle avec astuce [2*] à son vin non de l'eau, mais ce feuillage. Toutes les fois que, le teint empourpré et les veines saillantes, tu la verras, Paulus, venir à ta rencontre, tu peux dire : « Myrtale a bu du laurier [3*]. »

V

Sextus, éloquent adorateur de la Minerve du Palatin [4*] toi qui jouis de plus près des géniales inspirations du dieu [5*], — car tu as le privilège de connaître les préoccupations du Maître à leur naissance et de pénétrer dans ses secrètes pensées, — veuille trouver quelque part une place même pour mes petits volumes, là où seront rangés Pédo, Marsus et Catulle [6*]. Mais à côté du divin poème consacré au combat du Capitole, place l'œuvre grandiose du sublime Virgile.

VI

Si ce n'est pas vous offenser ni être trop importun, Muses, adressez de ma part à votre favori [7*] Parthenius

1. Allusion à l'ambassade envoyée en 88 à Domitien par le roi Décébale, dont la soumission mit la rive droite du Danube dans la dépendance de Rome. Pour le sens de *ripa*, cf. Gsell, *Essai sur le Règne de Domitien*, p. 217, note 8.

III

Accola iam nostrae Degis, Germanice, ripae,
a famulis Histri qui tibi uenit aquis,
laetus et attonitus uiso modo praeside mundi,
adfatus comites dicitur esse suos :
« Sors mea quam fratris melior, cui tam prope fas est
cernere, tam longe quem colit ille deum ».

IV

Fetere multo Myrtale solet uino,
sed fallat ut nos, folia deuorat lauri
merumque cauta fronde, non aqua, miscet.
Hanc tu rubentem prominentibus uenis
quotiens uenire, Paule, uideris contra,
dicas licebit « Myrtale bibit laurum. »

V

Sexte, Palatinae cultor facunde Mineruae,
ingenio frueris qui propiore dei —
nam tibi nascentes domini cognoscere curas
et secreta ducis pectora nosse licet — :
sit locus et nostris aliqua tibi parte libellis,
qua Pedo, qua Marsus quaque Catullus erit.
Ad Capitolini caelestia carmina belli
grande cothurnati pone Maronis opus.

VI

Si non est graue nec nimis molestum,
Musae, Parthenium rogate uestrum :

III 1 Degis *codd. Lindsay Heraeus* : Diegis *scribendum putauit Gilbert* [*in adnot.*] *per synizesin coll. Dion.* 67, 7
IV 1 Myrtale β : Tuccius γ [*sed u.* 6 Myrtale *et u.* 4 hanc]

cette prière : « Puisse une vieillesse particulièrement tardive et heureuse mettre un jour fin à ta vie sous le règne toujours prospère de César ; puisses-tu jouir d'un bonheur auquel l'Envie elle-même applaudisse ; puisse Burrus [1] comprendre bientôt les hautes vertus de son père ! En retour de ces vœux, permets à ce volume timide et peu encombrant de franchir le seuil de la partie la plus sainte du palais. Tu sais les heures où Jupiter est dans sa sérénité, où son visage rayonne d'un éclat paisible et bien à lui, où il ne sait rien refuser aux supplications. Tu n'as pas à craindre des demandes injustifiées : jamais requête exagérée ou indiscrète n'est le fait d'un rouleau qui, parfumé d'huile de cèdre et paré de pourpre, s'est grossi d'une baguette noircie aux deux bouts [2]. Ne présente pas celui-ci : contente-toi de le tenir, comme si tu n'avais rien à offrir et ne pensais à rien. Si je connais bien celui qui commande aux neuf sœurs [3], de lui-même il demandera le petit livre vêtu de pourpre ».

VII

De même que les flammes renouvellent le nid assyrien de l'oiseau dix fois séculaire [4] toutes les fois qu'il a terminé le cycle de ses années, de même une Rome nouvelle a dépouillé sa vieillesse surannée et a pris elle-même le visage de celui qui préside à ses destinées. Oublie désormais, Vulcain, je t'en prie, tes griefs bien connus [5] et épargne-nous : nous sommes le peuple de Mars, mais aussi celui de Vénus. Épargne-nous, dieu vénéré : puisse en retour ta volage épouse te pardonner les chaînes de Lemnos [6]* et t'aimer d'un cœur soumis.

1. Cf. IV, 45.
2. Cf. III, 2, 11 note.
3. Ici, Domitien.
4. Le Phénix. Cf. Pline *H. N.*, X, 2.
5. Il devait détester les fils de Mars aussi bien que leur père.

sic te serior et beata quondam
saluo Caesare finiat senectus
et sis inuidia fauente felix,
sic Burrus cito sentiat parentem :
admittas timidam breuemque chartam
intra limina sanctioris aulae.
Nosti tempora tu Iouis sereni,
cum fulget placido suoque uoltu,
quo nil supplicibus solet negare.
Non est quod metuas preces iniquas :
numquam grandia nec molesta poscit
quae cedro decorata purpuraque
nigris pagina creuit umbilicis.
Nec porrexeris ista, sed teneto
sic tamquam nihil offeras agasque.
Si noui dominum nouem sororum,
ultro purpureum petet libellum.

VII

Qualiter Assyrios renouant incendia nidos,
  una decem quotiens saecula uixit avis,
taliter exuta est ueterem noua Roma senectam
  et sumpsit uoltus praesidis ipsa sui.
Iam, precor, oblitus notae, Vulcane, querelae,
  parce : sumus Martis turba, sed et Veneris ;
parce, pater : sic Lemniacis lasciua catenis
  ignoscat coniunx et patienter amet.

VI 5 fauente *codd.* : fat- *Heinsius* || 8 aulae β : aeui γ [*unde* intra lumina.... aeui *Munro*] || **10** placido β : -dus γ
VII *1-4 hab. TR* || **5** notae β : nostrae γ || **8** amet β : -es γ

VIII

Un édit de notre Maître et Dieu[1] vient de régler de façon plus précise les places au théâtre et grâce à lui les chevaliers ont recouvré leurs rangs de sièges à l'abri de toute promiscuité[2]. Phasis le louait dernièrement en plein théâtre, Phasis, tout brillant de la pourpre de son manteau ; et, gonflé d'orgueil, il lançait ces paroles d'une bouche méprisante : « Enfin, on peut s'asseoir plus à l'aise ! Maintenant la dignité de l'ordre équestre est restaurée : nous ne sommes plus coudoyés ni salis par la foule. » Tandis qu'il tenait ces propos et d'autres semblables en se rengorgeant, Leitus[3] invita cet arrogant manteau de pourpre à déguerpir.

IX

J'étais sans forces ; mais toi, Symmachus, tu es venu me voir tout de suite avec une centaine d'élèves. Cent mains m'ont palpé, gelées par la bise : je n'avais pas la fièvre, Symmachus, à présent je l'ai.

X

« Comment expliquer que la gloire soit refusée aux vivants et que bien peu de lecteurs aiment leurs contemporains ? » — En vérité, Régulus, ce sont là les procédés de l'Envie : elle met toujours les anciens au-dessus des modernes. C'est ainsi que dans notre ingratitude nous allons chercher les vieux ombrages de la colonnade de Pompée ; c'est ainsi que les vieillards admirent le temple misérable de Catulus[4]*. Tu lisais encore Ennius, Rome, du vivant de Virgile, et l'aède lydien[5]* a dû subir les rail-

1. Tel est le titre que se fit officiellement donner Domitien à partir de 89. Cf. Suet., Dom., 13.
2. La lex Roscia de 67 av. J.-C. avait assigné quatorze rangs de sièges aux chevaliers : Domitien la fit revivre avec rigueur.
3. L'ordonnateur des spectacles.

VIII

Edictum domini deique nostri,
quo subsellia certiora fiunt
et puros eques ordines recepit,
dum laudat modo Phasis in theatro,
Phasis purpureis rubens lacernis,
et iactat tumido superbus ore :
« Tandem commodius licet sedere,
nunc est reddita dignitas equestris ;
turba non premimur, nec inquinamur » ;
haec et talia dum refert supinus,
illas purpureas et adrogantes
iussit surgere Leitus lacernas.

IX

Languebam : sed tu comitatus protinus ad me
uenisti centum, Symmache, discipulis.
Centum me tetigere manus aquilone gelatae :
non habui febrem, Symmache, nunc habeo.

X

« Esse quid hoc dicam uiuis quod fama negatur
et sua quod rarus tempora lector amat ? » —
Hi sunt invidiae nimirum, Regule, mores,
praeferat antiquos semper ut illa nouis.
Sic ueterem ingrati Pompei quaerimus umbram,
sic laudant Catuli uilia templa senes ;
Ennius est lectus saluo tibi, Roma, Marone,
et sua riserunt saecula Maeoniden ;

VIII 3 recepit γ : reci- β || **5** rubens β : -er γ *Gilbert Lindsay Heraeus* || **12** Leitus *E* [*ex corr.*] : lelius β lectus γ Lectius *Schryver Schneidewin*[1] [*cf.* 5, 14, 11 ; 25, 2 ; 35, 5]
IX *hab. TR*
X *hab. T*, 3-4 *hab. R* || **1-2** *Regulo primus tribuit Gilbert*

leries de son époque. Ce ne fut pas souvent que Ménandre se vit applaudir par l'assistance et couronner, et Corinne était seule à connaître Ovide son ami. Vous pourtant, ô mes petits volumes, point d'impatience : si la gloire ne vient qu'après la mort, rien ne presse.

XI

Des sardoines, des émeraudes, des diamants, des opales, voilà, Severus, ce que mon cher Stella fait tourner autour d'un même doigt. Tu trouveras bien des perles à ses phalanges, mais plus encore dans ses poèmes : c'est là, je suppose, qu'il a pris la parure de sa main.

XII

Si Masclion est fier de porter, au bout de la perche fixée à son front, des poids qu'il balance [1], ou si l'énorme Ninus soulève, de toute la force de ses muscles, sept ou huit enfants, la chose ne me paraît pas difficile : à un seul doigt — n'importe lequel — mon cher Stella ne porte-t-il pas dix jeunes femmes [2] ?

XIII

Je suis, je l'avoue, et j'ai toujours été pauvre ; mais je ne suis pas un chevalier vulgaire ni mal réputé ; mais j'ai dans le monde entier bien des lecteurs, et sur mon passage on dit : « C'est lui ! » Ce que la mort a procuré à fort peu d'hommes, la vie me l'a déjà donné. Pour ta part, ton toit repose sur une centaine de colonnes, et ton coffre-

1. Les acrobates portaient autour du front un cercle muni d'une douille dans laquelle s'emboîtait une perche dont l'extrémité supérieure balançait des poids.
2. Il s'agit sans doute de dix camées répartis en plusieurs bagues.

rara coronato plausere theatra Menandro ;
norat Nasonem sola Corinna suum.
Vos tamen o nostri ne festinate libelli ;
si post fata uenit gloria, non propero.

XI

Sardonychas, zmaragdos, adamantas, iaspidas uno
uersat in articulo Stella, Seuere, meus.
Multas in digitis, plures in carmine gemmas
inuenies : inde est haec, puto, culta manus.

XII

Quod nutantia fronte perticata
gestat pondera Masclion superbus,
aut grandis Ninus omnibus lacertis
septem quod pueros leuat uel octo,
res non difficilis mihi videtur,
uno cum digito uel hoc uel illo
portet Stella meus decem puellas.

XIII

Sum, fateor, semperque fui, Callistrate, pauper,
sed non obscurus nec male notus eques,
sed toto legor orbe frequens et dicitur « Hic est » ;
quodque cinis paucis, hoc mihi uita dedit.
At tua centenis incumbunt tecta columnis
et libertinas arca flagellat opes,

XI *hab. T* || **2** uersat β : portat αγ
XII 1 perticata β : pertinaci γ || **2** Masclion *codd. Gilbert Lindsay Heraeus* : Maschlion ς Masthlion *Scaliger Schryver Schneidewin* || **3** Ninus γ *Gilbert Lindsay Heraeus* : Li- β *Friedlaender*
XIII *hab. T*, *1-4 hab. R*

fort détient une fortune d'affranchi ; aux bords du Nil, une grande partie des guérets de Syène te reconnaissent pour maître, et Parme la Gauloise t'envoie les toisons d'innombrables troupeaux. Voilà ce que nous sommes, toi et moi, mais ce que je suis, tu ne peux pas l'être ; ce que tu es, toi, n'importe quel individu peut l'être.

XIV

Habitué à prendre toujours place au premier rang à l'époque où il pouvait encore usurper ce droit[1]*, Nanneius, expulsé deux ou trois fois, transporta ailleurs son camp : il vint s'asseoir dans l'espace ménagé entre les sièges eux-mêmes, faisant presque un troisième spectateur derrière Gaius et Lucius[2]*. De là, la tête enveloppée de son capuchon, le voici qui regarde devant lui, et, dans une attitude grotesque, il contemple les jeux d'un œil seulement. Chassé encore de cette place, le malheureux se réfugie dans le couloir : à demi soutenu par un bout de banc et fort à l'étroit, — par l'un de ses genoux il se glorifie auprès des chevaliers d'être assis, et par l'autre, il affirme à Leitus [3]* qu'il est debout.

XV

Voici, auguste empereur, le cinquième livre de mes bluettes, et personne ne se plaint d'avoir été blessé par mes vers. Au contraire, bien des lecteurs se réjouissent de voir honorer leur nom, car grâce à moi une impérissable renommée leur est assurée. — « Mais quel profit retires-tu de ces poèmes, malgré le nombre de ceux à qui ils rendent hommage ? » — Que je n'en retire aucun, soit : mais néanmoins ils font mes délices.

XVI

Quand je pourrais écrire de graves poèmes, si je préfère ceux qui amusent, c'est toi, ami lecteur, qui en es pour

magnaque Niliacae seruit tibi gleba Syenes,
tondet et innumeros Gallica Parma greges.
Hoc ego tuque sumus : sed quod sum non potes esse ;
tu quod es, e populo quilibet esse potest.

XIV

Sedere primo solitus in gradu semper
tunc, cum liceret occupare, Nanneius
bis excitatus terque transtulit castra,
et inter ipsas paene tertius sellas
post Gaiumque Luciumque consedit.
Illinc cucullo prospicit caput tectus
oculoque ludos spectat indecens uno ;
et hinc miser deiectus in uiam transit,
subsellioque semifultus extremo
et male receptus altero genu iactat
equiti se*d*ere Leitoque se stare.

XV

Quintus nostrorum liber est, Auguste, iocorum
et queritur laesus carmine nemo meo ;
gaudet honorato sed multus nomine lector,
cui uictura meo munere fama datur.
« Quid tamen haec prosunt quamuis uenerantia multos ? »
Non prosint sane, me tamen ista iuuant.

XVI

Seria cum possim, quod delectantia malo
scribere, tu causa es, lector amice, mihi,

XIV 2 tunc cum γ *edd.* : cum β hunc cum *Housman* || **11** sedere *Schryver* : se dedere *codd.*

XV *hab. T* || **3** honorato αγ : -tus β || nomine αβ : car- γ [*cf. u.* **2** ; « *nisi fort. uar. lec. antiq.* honoratus sed multo carmine » Lindsay] || **5** multos β : tis αγ || **6** prosint αγ : -sunt β

moi la cause : ne lis-tu pas, ne redis-tu pas mes vers par toute la ville ? Mais tu ignores combien me coûte un pareil engouement. Car, si je voulais me charger des dossiers du temple du Dieu armé de la faucille [1*] ou vendre mon éloquence aux accusés dans l'angoisse, que d'estagnons d'huile d'Espagne convoieraient pour moi les marins, et comme le pli de ma toge se salirait à recevoir des monnaies de toute espèce ! Mais pour l'instant, mon petit volume n'est qu'un convive et un compagnon d'orgie, et mes vers ne charment qu'à condition d'être gratuits. Il n'en était pas ainsi au temps de nos aïeux et la louange ne leur suffisait pas, lorsqu'un Alexis était le moindre cadeau fait au poète inspiré [2*]. — « C'est bien parlé, me dis-tu : nous te louerons à ton gré et même sans fin. » — Fais-tu semblant de ne pas comprendre ? Tu feras de moi, je crois bien, un avocat [3*].

XVII

Tout en rappelant sans cesse les noms des parents de tes grands-parents et de leurs grands-parents ainsi que les gloires de ta famille, tout en regardant un simple chevalier tel que moi comme un parti indigne de ta main, tout en déclarant, Gellia, ne pouvoir épouser qu'un porteur de laticlave, tu as épousé un porteur de caisses [4*] !

XVIII

En ce mois de décembre, quand volent de tous côtés les serviettes, et les minces cuillers d'argent, et les chandelles de cire, et les rouleaux de papier, et les jarres pointues avec leurs conserves de prunes de Damas, je ne t'ai rien fait porter en dehors de livres de mon cru. Je vais peut-être te paraître avare et sans usage du monde. C'est que je déteste les ruses et les calculs malhonnêtes

qui legis et tota cantas mea carmina Roma :
sed nescis quanti stet mihi talis amor.
Nam si falciferi defendere templa Tonantis
sollicitisque uelim uendere uerba reis,
plurimus Hispanas mittet mihi nauta metretas
et fiet uario sordidus aere sinus.
At nunc conuiua est comissatorque libellus
et tantum gratis pagina nostra placet.
Sed non et ueteres contenti laude fuerunt,
cum minimum uati munus Alexis erat.
« Belle » inquis « dixti : satis et laudabimus usque. »
Dissimulas? facies me, puto, causidicum.

XVII

Dum proauos atauosque refers et nomina magna,
dum tibi noster eques sordida condicio est,
dum te posse negas nisi lato, Gellia, clauo
nubere, nupsisti, Gellia, cistibero.

XVIII

Quod tibi Decembri mense, quo volant mappae
gracilesque ligulae cereique chartaeque
et acuta senibus testa cum Damascenis,
praeter libellos uernulas nihil misi,
fortasse auarus uidear aut inhumanus.
Odi dolosas munerum et malas artes ;

XVI *hab. T* || **5** Tonantis *codd. Zingerle Gilbert Lindsay Heraeus* [*cf. Stat. Theb. XI, 209 et Senec. Med. 59*]: parentis *Friedlaender* togatus *Hirschfelder* uocantis *Munro* tonando *Schenkl* || **6** -que ω : *om.* β -ue *Friedlaender* || **13** satis et *Friedlaender Gilbert Lindsay* : satis est β satis γ iuuat et α *Heraeus* || laudabimus α : -mur β -mus *uel* -mur γ

XVII *hab. T* || **4** cistibero γ *edd.* : -fero αβ

XVIII **5** uidear γ *Lf* : -or *PQF*

que dissimulent les présents[1]. Les cadeaux sont comme les hameçons : ignore-t-on que la brème vorace est victime de la mouche qu'elle a avalée? Toutes les fois qu'il n'offre rien à un ami opulent, ô Quintianus, le pauvre fait acte de générosité.

XIX

Si la vérité peut trouver créance, on ne saurait, tout-puissant César, mettre aucune époque au-dessus de ton siècle. Quel temps vit jamais triomphe plus magnifique? Quand les dieux du mont Palatin[2] ont-ils mérité davantage notre reconnaissance? Sous quel chef Rome, la ville de Mars, fut-elle plus belle et plus grande? Sous quel prince a-t-on joui d'autant de liberté? Notre âge a pourtant un défaut, — et il n'est pas mince, bien qu'il soit unique : le pauvre ne trouve à cultiver que d'ingrates amitiés. Qui donc fait part de ses richesses à un vieil et fidèle camarade? Qui est escorté d'un chevalier qu'il ait contribué à faire[3]? Envoyer aux saturnales une cuiller en mauvais argent d'une demi-livre, ou remettre à des victimes des incendies les dix scrupules, en tout et pour tout, que vaut une toge [4*], passe pour une folle prodigalité, et nos patrons bouffis d'orgueil appellent cela de la munificence : il s'en trouvera un peut-être — un seul — pour te faire sonner quelques jolies pièces d'or [5*]. A leur défaut, César, daigne, toi, être mon ami : aucun mérite chez un prince ne saurait être plus aimable. Mais je vois depuis longtemps, ô Germanique, un sourire sarcastique plisser silencieusement tes lèvres : c'est qu'il est intéressé, le conseil que je te donne.

1. Cf. V, 59.
2. Les dieux qui protègent spécialement le Palatin, c'est-à-dire Apollon et Minerve.
3. En lui permettant, par ses générosités, d'atteindre au cens exigé par la loi.

imitantur hamos dona : namque quis nescit
auidum uorata decipi scarum musca ?
Quotiens amico diuiti nihil donat,
o Quintiane, liberalis est pauper.

XIX

Si qua fides ueris, praeferri, maxime Caesar,
temporibus possunt saecula nulla tuis.
Quando magis dignos licuit spectare triumphos ?
quando Palatini plus meruere dei ?
pulchrior et maior quo sub duce Martia Roma ?
sub quo libertas principe tanta fuit ?
Est tamen hoc uitium sed non leue, sit licet unum,
quod colit ingratas pauper amicitias.
Quis largitur opes ueteri fidoque sodali,
aut quem prosequitur non alienus eques ?
Saturnaliciae ligulam misisse selibrae
flamma*ti*sue togae scripula tota decem
uxuria est, tumidique uocant haec munera reges :
qui crepet aureolos forsitan unus erit.
Quatenus hi non sunt, esto tu, Caesar, amicus ;
nulla ducis uirtus dulcior esse potest.
Iam dudum tacito rides, Germanice, naso
utile quod nobis do tibi consilium.

XIX *hab.* T *15-19 hab.* R || **1** ueris ω : -ri γ || **5** maior αγ : melior β || **12** flammatisue *nos* : -risue *codd. Lindsay Giarratano Heraeus* [*quibus* flammaris (*i. e. flammea*) *colorem purpurae vel auri significare uidetur*] damnatisue *Housman* e lamnisue *Munro Gilbert* || togae αβ : -lae γ Tagi *Munro Gilbert* || **13** tumidique ω :-deque γ [*ut uidetur*] || reges ω : -is β

XX

S'il m'était donné, ô mon cher Martialis, de goûter avec toi des journées tranquilles, si je pouvais répartir à mon gré mes heures de loisir et, en ta compagnie, jouir de la vie véritable, nous ne connaîtrions tous deux ni les salles de réception ni les demeures des grands personnages, non plus que le tourment des procès ou les ennuis du forum, non plus que les orgueilleuses galeries d'ancêtres : les promenades, les causeries, les librairies, le champ de Mars, le Portique [1], les ombrages, l'eau Vierge [2], les bains chauds, voilà quels seraient nos lieux de réunion perpétuels, quelles seraient nos occupations. Mais aucun de nous deux ne vit pour lui-même : nous voyons nos beaux jours s'enfuir et disparaître et, bien que perdus pour nous, ils sont portés à notre compte. Quand on sait vivre, peut-on vraiment différer de le faire ?

XXI

Jadis, Régulus, le rhéteur Apollodotus saluait Decimus du nom de Quintus, Crassus du nom de Macer : à présent, il leur rend leur salut à tous deux sous leur nom véritable. O miracle de l'application et du travail ! Il a couché leurs noms par écrit et les a appris par cœur !

XXII

Si je n'ai pas ce matin eu l'intention et mérité de te voir à ton domicile, je veux Paulus, que ta maison de l'Esquilin soit encore plus éloignée de la mienne ! Mais j'habite dans le voisinage immédiat de la colonne de Tibur [3], à

1. Le portique d'Europe. Cf. II, 14, 5 et 17 ; III, 20, 12.
2. L'Aqua Virgo alimentait des piscines d'eau froide. Cf. VI, 42, 18.
3. Inconnue par ailleurs.

XX

Si tecum mihi, care Martialis,
securis liceat frui diebus,
si disponere tempus otiosum
et uerae pariter uacare uitae :
nec nos atria nec domos potentum
nec litis tetricas forumque triste
nossemus nec imagines superbas ;
sed gestatio, fabulae, libelli,
campus, porticus, umbra, Virgo, thermae,
haec essent loca semper, hi labores.
Nunc uiuit necuter sibi, bonosque
soles effugere atque abire sentit,
qui nobis pereunt et inputantur.
Quisquam uiuere cum sciat, moratur ?

XXI

Quintum pro Decimo, pro Crasso, Regule, Macrum
ante salutabat rhetor Apollodo*t*us :
nunc utrumque suo resalutat nomine. Quantum
cura laborque potest ! Scripsit et edidicit.

XXII

Mane domi nisi te uolui meruique uidere,
sint mihi, Paule, tuae longius Esquiliae.
Sed Tiburtinae sum proximus accola pilae,
qua uidet anticum rustica Flora Iouem :

XX 11 necuter sibi *Schneidewin* : neuter sibi β nec ut eius ibo γ
XXI *hab. T* || **1** Macrum αγ : Marcum β || **2** Apollodotus *Heinsius edd.* [*metri causa*] : -dorus *codd.* || **4** scripsit et edidicit βγ *Gilbert Lindsay Heraeus* : scripserat et didicit [ded- *cod.*] α *Schneidewin*

l'endroit où la champêtre Flore regarde notre antique Jupiter [1*] ; il me faut venir à bout de la rude montée qui part de la Subura, avec ses pierres graisseuses dont les degrés sont toujours humides. J'ai la plus grande peine à couper les longues files de mulets et ces convois de blocs de marbre que l'on voit traîner à l'aide de tant de cordes. Ce qui est encore plus dur, c'est, après mille épreuves, d'entendre, quand je n'en puis plus, ton portier me dire que tu n'es pas chez toi. Tel est le fruit de mes vains efforts et de la sueur qui trempe ma mauvaise toge : c'est tout au plus si le plaisir de voir Paulus le matin en valait la peine ! Un client empressé a toujours des amis sans cœur : si tu ne restes au lit, tu ne peux plus être mon patron !

XXIII

Tu portais, Bassus, des habits de la couleur du gazon, au temps où la loi fixant les places au théâtre restait muette. Mais à présent que la vigilance d'un censeur bienveillant l'a fait revivre [2*], et que des chevaliers plus authentiques se conforment aux ordres d'Océanus [3*], tu ne fais que resplendir dans des vêtements trempés dans l'écarlate ou saturés de pourpre, et tu espères ainsi donner le change ! Il n'y a pas, Bassus, de manteau de quatre cent mille sesterces, ou bien mon ami Cordus [4*] obtiendrait son cheval avant tout le monde.

XXIV

Hermès, délices du siècle pour les fils de Mars ; Hermès, habile à manier toutes les espèces d'armes ; Hermès, gladiateur et maître d'escrime à la fois ; Hermès, l'effroi et la terreur de ses propres disciples ; Hermès, que redoute Hélius sans en craindre d'autre ; Hermès devant qui tombe Advolans [5*] qui ne succombe devant personne ;

alta Suburani uincenda est semita cliui
et numquam sicco sordida saxa gradu,
uixque datur longas mulorum rumpere mandras
quaeque trahi multo marmora fune uides.
Illud adhuc grauius quod te post mille labores,
Paule, negat lasso ianitor esse domi.
Exitus hic operis uani togulaeque madentis :
uix tanti Paulum mane uidere fuit.
Semper inhumanos habet officiosus amicos :
rex, nisi dormieris, non potes esse meus.

XXIII

Herbarum fueras indutus, Basse, colores,
iura theatralis dum siluere loci.
Quae postquam placidi censoris cura renasci
iussit et Oceanum certior audit eques,
non nisi uel cocco madida uel murice tincta
ueste nites et te sic dare uerba putas.
Quadringentorum nullae sunt, Basse, lacernae,
aut meus ante omnis Cordus haberet equum.

XXIV

Hermes Martia saeculi uoluptas,
Hermes omnibus eruditus armis,
Hermes et gladiator et magister,
Hermes turba sui tremorque ludi,
Hermes, quem timet Helius, sed unum,
Hermes, cui cadit Advolans, sed uni,
Hermes vincere nec ferire doctus,

XXII 5 Suburani ς : suburbani *codd.* || 7 rumpere β : uincere γ || 12 tanti β : tandem γ
XXIII 2 iura β *A* : -re γ [*praeter A*]

Hermès, qui sait vaincre sans blesser ; Hermès, qui n'a jamais de remplaçant en dehors de lui-même[1*] ; Hermès, qui fait faire fortune aux loueurs de sièges ; Hermès, le souci et l'angoisse des femmes de gladiateurs[2*] ; Hermès, qui brandit fièrement la lance guerrière ; Hermès, redoutable avec le trident du dieu des mers[3*] ; Hermès, qui fait trembler sous le casque à la crinière retombante[4*] ; Hermès, gloire de Mars dans tous les genres de combat ; Hermès, qui est tout à lui seul, et trois fois unique !

XXV

Tu n'as pas quatre cent mille sesterces, Chaerestratus ; lève-toi, voici venir Leitus[5*] : debout, fuis, cours, cache-toi. — Holà ! Y a-t-il quelqu'un qui veuille le rappeler et le ramener à la place qu'il vient de quitter ? Holà ! A-t-il quelque ami disposé à lui ouvrir son vaste coffre-fort ? Qui vais-je inscrire sur ma page et recommander à la renommée et à l'admiration des peuples ? Qui veut ne pas descendre tout entier vers les eaux du Styx[6*] ? Ne serait-il pas mieux, en vérité, d'agir ainsi que de faire flotter sur la scène une brume empourprée et d'asperger les spectateurs d'essence de safran[7*] ? que de donner quatre cent mille sesterces à un cheval qui ne le saura même pas, pour qu'on voie partout reluire le nez en or de Scorpus[8*] O ? toi qui ne sais faire usage de tes richesses, toi qui renies ton ami, tu lis ces vers et y applaudis ? Quelle gloire tu laisses perdre pour toi !

XXVI

Je t'ai appelé l'autre jour[9*], Cordus, le « numéro un » des porteurs de pénules. Je m'amusais alors à noircir quelque bout de papier : mais si ce vers a échauffé ta bile, tu n'as qu'à m'appeler le « numéro deux » des porteurs de toges.

Hermes subpositicius sibi ipse,
Hermes diuitiae locariorum,
Hermes cura laborque ludiarum,
Hermes belligera superbus hasta,
Hermes aequoreo minax tridente,
Hermes casside languida timendus,
Hermes gloria Martis uniuersi,
Hermes omnia solus et ter unus.

XXV

« Quadringenta tibi non sunt, Chaerestrate : surge,
Leïtus ecce uenit : sta, fuge, curre, late. »
Ecquis, io, reuocat discedentemque reducit ?
ecquis, io, largas pandit amicus opes ?
quem chartis famaeque damus populisque loquendum ?
quis Stygios non volt totus adire lacus ?
Hoc, rogo, non melius quam rubro pulpita nimbo
spargere et effuso permaduisse croco ?
quam non sensuro dare quadringenta caballo,
aureus ut Scorpi nasus ubique micet ?
O frustra locuples, o dissimulator amici,
haec legis et laudas ? Quae tibi fama perit !

XXVI

Quod alpha dixi, Corde, paenulatorum
te nuper, aliqua cum iocarer in charta,
si forte bilem mouit hic tibi uersus,
dicas licebit beta me togatorum.

XXIV 8 ipse γ : -si β || **13** casside languida *multis corruptum uidetur*

XXV 2 Leitus ω : Letus β [*cf. ad u. 8, 12*] || sta *codd.* : st ! *Schneidewin* || **11** amici β : -ce γ *Schneidewin* [1]

XXVI *hab. T*

XXVII

Esprit, goût, manières, race, tu as tout d'un chevalier, je le reconnais : mais par tout le reste, tu appartiens à la plèbe. Une place sur les quatorze gradins réservés [1] ne saurait valoir à tes yeux que tu t'exposes à pâlir sur ton siège à la vue d'Océanus.

XXVIII

Si tu veux, Aulus, que Mamercus dise et pense du bien de toi, aucune vertu ne te permettra d'y réussir. Tu peux surpasser en tendresse paternelle les frères Curvius [2*], en sérénité d'âme les Nerva [3*], en courtoisie les Ruson [4*], en probité les Macer [5*], en équité les Mauricus [6*], en éloquence les Regulus [7*], en fines plaisanteries les Paulus [8*] : ses dents cariées s'attaquent à toutes choses. Tu le prends peut-être pour un méchant homme : pour moi, je regarde comme un malheureux celui à qui personne ne plaît.

XXIX

Toutes les fois, Gellia, que tu m'envoies un lièvre, tu dis : « Marcus, tu seras beau pendant sept jours [9*]. » Si ce n'est pas te moquer de moi, si tu dis vrai, astre de ma vie, tu n'as jamais, toi, Gellia, mangé de lièvre.

XXX

Varron [10], toi que ne désavouerait pas le cothurne de Sophocle, et qui ne te fais pas moins admirer avec la lyre du poète de la Calabre, suspends tes travaux. Que le théâtre de l'éloquent Catulle [11*] ne te prenne pas ton temps, non plus que l'élégie aux boucles coquettes : lis plutôt

1. Les places assignées à l'ordre équestre au théâtre. « Il ne te manque que l'argent pour être un chevalier accompli, mais tu ne peux t'en passer ». Sur Océanus, cf. III, 95, 10, etc.

XXVII

Ingenium studiumque tibi moresque genusque
sunt equitis, fateor : cetera plebis habes.
Bis septena tibi non sint subsellia tanti,
ut sedeas uiso pallidus Oceano.

XXVIII

Vt bene loquatur sentiatque Mamercus,
efficere nullis, Aule, moribus possis :
pietate fratres Cur*u*ios licet uincas,
quiete Neruas, comitate Rusones,
probitate Macros, aequitate Mauricos,
oratione Regulos, iocis Paulos :
robiginosis cuncta dentibus rodit.
Hominem malignum forsan esse tu credas :
ego esse miserum credo, cui placet nemo.

XXIX

Si quando leporem mittis mihi, Gellia, dicis :
« Formonsus septem, Marce, diebus eris. »
Si non derides, si uerum, lux mea, narras,
edisti numquam, Gellia, tu leporem.

XXX

Varro, Sophocleo non infitiande cothurno
nec minus in Calabra suspiciende lyra,
differ opus nec te facundi scaena Catulli
detineat cultis aut elegia comis ;

XXVII *1-2 hab. TR* || 2 habes ? [*interrogatiue*] ***Friedlaender*** || 3 sint β *Lindsay Heraeus* : sunt γ *Friedlaender*
XXVIII *hab. T* || 3 Curuios *Friedlaender edd.* : curios *codd.* || 4 rusones αγ : dru- β
XXIX *hab. TR*

ces vers, qui ne sont pas à dédaigner quand décembre fait fumer les toits [1], et que je t'envoie au mois qui leur convient le mieux ; — à moins que par hasard tu ne juges plus agréable et plus à propos de perdre au jeu, Varron, les noix des Saturnales [2].

XXXI

Voyez comme ces taureaux débonnaires se prêtent aux bonds d'une bande d'adolescents, et avec quelle complaisance l'animal accepte le fardeau auquel il est accoutumé ! L'un se suspend à l'extrémité de ses cornes, l'autre se promène au hasard sur son dos et balance ses armes de la tête à la queue de la bête. Mais l'animal sauvage est figé dans son immobilité : le sable de l'arène ne serait pas pour eux plus sûr, et un sol aplani pourrait plus aisément leur causer un faux pas. Point de mouvements fébriles: mais l'attribution de la palme laisse l'enfant bien tranquille, tandis que la bête en paraît préoccupée.

XXXII

Pas un rouge liard, voilà, Faustinus, ce que Crispus a légué à sa femme par ses dernières volontés. — « A qui donc a-t-il donné son bien ? » — A lui-même [3].

XXXIII

On dit que certain avocat censure mes vers. Qui est-ce? Je l'ignore. Mais si je viens à l'apprendre, malheur à toi, avocat.

XXXIV

O Fronton mon père, ô ma mère Flaccilla, je vous recommande cette fillette : elle fit la joie de mes lèvres et de

1. Pour les brûler : plaisanterie habituelle chez Martial.
2. C'est-à-dire les noix que ses amis, et peut-être Martial lui-même, lui ont envoyées à l'occasion des saturnales.
3. C'est-à-dire que, de son vivant, il a entièrement dissipé sa fortune pour ses plaisirs.

sed lege fumoso non aspernanda Decembri
carmina, mittuntur quae tibi mense suo :
commodius nisi forte tibi potiusque uidetur
Saturnalicias perdere, Varro, nuces.

XXXI

Aspice quam placidis insultet turba iuuencis
et sua quam facilis pondera taurus amet.
Cornibus hic pendet summis, uagus ille per armos
currit et in toto uentilat arma boue.
At feritas immota riget : non esset harena
tutior et poterant fallere plana magis.
Nec trepidant gestus, sed de discrimine palmae
securus puer est sollicitumque pecus.

XXXII

Quadrantem Crispus tabulis, Faustine, supremis
non dedit uxori. « Cui dedit ergo ? » Sibi.

XXXIII

Carpere causidicus fertur mea carmina : qui sit
nescio. Si sciero, vae tibi, causidice.

XXXIV

Hanc tibi, Fronto pater, genetrix Flaccilla, puellam
oscula commendo deliciasque meas,

XXX 6 suo ω : nouo β [*suprascr.* suo]
XXXI *hab. T* || **2** quam ω : tam β || **7** sed de αβ : et ne γ || palmae αβ : parmas γ [*cf. Spect.* 29, 5]
XXXIII *hab. TR*

mon cœur ! Que la mignonne Erotion ne tremble pas d'effroi devant les ténèbres infernales et la gueule monstrueuse du chien du Tartare ! Elle allait voir finir les frimas de son sixième hiver seulement, s'il ne lui eût manqué, pour vivre jusque-là, un égal nombre de jours. Qu'elle joue et folâtre aux côtés de patrons si âgés, et que sa bouche zézayante balbutie mon nom ! Qu'un rude gazon ne couvre pas ses tendres os, et toi, terre, ne lui sois pas pesante ; elle a si peu pesé sur toi ! [1]

XXXV

Vêtu d'écarlate, Euclide clamait qu'il tirait de ses domaines de Patras deux cent mille sesterces, et plus encore de sa propriété des environs de Corinthe ; il faisait remonter son interminable généalogie jusqu'à la belle Léda, et, comme Leitus [2] voulait le faire lever, il protestait de toutes ses forces ; mais voici que notre fier, noble et riche chevalier laissa tout à coup s'échapper du pli de sa toge une énorme clef. Jamais, Fabullus, on ne vit clef plus scélérate [3] !

XXXVI

J'ai loué, Faustinus, un quidam dans mon petit livre. Il fait mine de ne rien me devoir : il m'a trompé.

XXXVII

Fillette à la voix plus harmonieuse à mes oreilles que le dernier chant du cygne [4], plus tendre que l'agneau du Galèse qui accueillit Phalante [5], plus délicate que la nacre du lac Lucrin ; — elle qui l'emportait sur les perles des mers d'Orient, sur la dent nouvellement polie de l'élé-

1. C'est là une des plus tendres et des plus délicates épigrammes de Martial. Cf. introduction, p. 13-14.
2. Cf. V, 8, 12, etc.
3. Cette clef prouvait qu'on avait affaire à un portier ou à un garde-magasin.
4. On connaît la légende du cygne expirant.
5. Le Lacédémonien Phalante, fondateur de Tarente.

paruola ne nigras horrescat Erotion umbras
oraque Tartarei prodigiosa canis.
Impletura fuit sextae modo frigora brumae,
uixisset totidem ni minus illa dies.
Inter tam ueteres ludat lasciua patronos
et nomen blaeso garriat ore meum.
Mollia non rigidus caespes tegat ossa nec illi,
terra, grauis fueris : non fuit illa tibi.

XXXV

Dum sibi redire de Patrensibus fundis
ducena clamat coccinatus Euclides
Corinthioque plura de suburbano
longumque pulchra stemma repetit a Leda
et suscitanti Leïto reluctatur,
equiti superbo, nobili, locupleti
cecidit repente magna de sinu clauis.
Numquam, Fabulle, nequior fuit clauis.

XXXVI

Laudatus nostro quidam, Faustine, libello
dissimulat, quasi nil debeat : inposuit.

XXXVII

Puella senibus dulcior mihi cycnis,
agno Galaesi mollior Phalantini,
concha Lucrini delicatior stagni,
cui nec lapillos praeferas Erythraeos
nec modo politum pecudis Indicae dentem

XXXIV *hab. TR* || **3** paruola αγ : pallida β || ne αγ : nec β || **6** ni β *edd.* : ne αγ || **7** inter tam ω : interim γ || **9** non αγ : nec β
XXXV 1 Patrensibus ς : patruen- *codd.*

phant indien, sur la neige vierge, sur le lys immaculé ; — elle dont la chevelure surpassait en finesse la toison des brebis de la Bétique, les chignons du Rhin et le pelage doré du loir ; — dont l'haleine avait le parfum d'une roseraie de Paestum, du miel frais des rayons de l'Attique, d'une boule d'ambre ôtée des mains [1] ; — auprès de laquelle le paon était sans beauté, l'écureuil sans grâce et le phénix commun, Erotion n'est plus qu'une cendre tiède encore : elle a été ravie par l'amère loi des plus tristes destinées avant même que son sixième hiver ne s'achevât ! Elle était ma tendresse, ma joie, mon délassement. Et voici que Paetus me défend de me laisser aller à mon chagrin : il se frappe la poitrine, s'arrache en même temps les cheveux, et me dit : « Ne rougis-tu pas de pleurer la mort d'une petite esclave de chez toi [2] ? Moi, j'ai conduit ma femme au tombeau, et je vis encore : elle était pourtant connue de tous, majestueuse, de sang illustre, riche. » Peut-on montrer plus de force d'âme que notre ami Paetus ? Il a touché vingt millions de sesterces, et il vit encore !

XXXVIII

Calliodore possède — qui ne le sait ? — le cens exigé pour faire un chevalier, Sextus ; mais Calliodore possède aussi un frère. Dire : « Coupe en deux les quatre cent mille sesterces ! », c'est partager des figues [3]* : crois-tu que deux cavaliers puissent monter le même cheval ? Qu'as-tu à démêler avec ce frère, avec ce Pollux importun ? Sans Pollux, tu étais Castor [4]*. Bien que vous ne fassiez qu'un, tu veux, Calliodore, t'asseoir deux [5]* ? Lève-toi : tu commets, Calliodore, un solécisme. Ou bien prends

1. La chaleur de la main accroît le parfum de l'ambre.
2. Elle avait moins de valeur marchande que si elle était venue de Grèce ou d'Asie.

niuesque primas liliumque non tactum ;
quae crine uicit Baetici gregis uellus
Rhenique nodos aureamque nitelam ;
fragravit ore quod rosarium Paesti,
quod Atticarum prima mella cerarum,
quod sucinorum rapta de manu gleba ;
cui conparatus indecens erat pauo,
inamabilis sciurus et frequens phoenix,
adhuc recenti tepet Erotion busto,
quam pessimorum lex amara fatorum
sexta peregit hieme, nec tamen tota,
nostros amores gaudiumque lususque.
Et esse tristem me meus uetat Paetus,
pectusque pulsans pariter et comam uellens :
« Deflere non te uernulae pudet mortem ?
ego coniugem » inquit « extuli et tamen uiuo,
notam, superbam, nobilem, locupletem. »
Quid esse nostro fortius potest Paeto ?
Ducentiens accepit, et tamen uiuit !

XXXVIII

Calliodorus habet censum — quis nescit ? — equestrem,
  Sexte, sed et fratrem Calliodorus habet.
Quadringenta seca » qui dicit σῦκα μερίζει :
  uno credis equo posse sedere duos ?
Quid cum fratre tibi, quid cum Polluce molesto ?
  non esset Pollux si tibi, Castor eras.
Unus cum sitis, duo, Calliodore, sede*b*is ?
  surge : σολοικισμόν, Calliodore, facis.

XXXVII *1-7, 9-14 hab. T* || **8** nitelam ω *Heraeus* : nitellam *QVF*ς *Gilbert Lindsay Giarratano* || **12** pauo αβ : pauus γ || **22** notam β *Gilbert Lindsay Heraeus* : noram γ *Schenkl qui hunc uersum non Paeto, sed ipsi poetae assignat*

XXXVIII 3 *Sic Paley Friedlaender Gilbert Lindsay* : secat... merize *codd.* « Q. seca » qui dicis,... μέριζε *Postgate* || **7** sedebis *Markland edd.* : -tis *codd.*

exemple sur les fils de Léda : puisque tu ne peux pas t'asseoir avec ton frère, asseyez-vous, Calliodore, l'un après l'autre [1].

XXXIX

Comme pour la trentième fois de l'année tu scellais, Charinus, tes dernières volontés, je t'ai envoyé des gâteaux tout imbibés de miel de l'Hymette. Je suis à bout : aie enfin pitié de moi, Charinus ; fais moins souvent ton testament, ou accomplis une bonne fois les promesses perpétuelles de ta toux mensongère. J'ai épuisé ma bourse et mes dernières réserves : aurais-je été plus riche que Crésus que je me trouverais aujourd'hui plus pauvre qu'Irus [2], Charinus, si tu avais mangé aussi souvent un plat de fèves [3] venu de chez moi.

XL

Tu as peint Vénus, et tu es, Artemidorus, un dévot de Minerve : pourquoi t'étonner, si ton ouvrage a paru mauvais [4] ?

XLI

Tu es moins viril qu'un flasque eunuque et plus mou que le mignon de Celaenae [5], dont le prêtre émasculé de l'affolante Mère des dieux hurle le nom ; d'autre part, tu parles théâtres, rangs de sièges, édits, toges à bandes de pourpre, ides [6*], agrafes [7*] et cens, et tu montres les gens sans fortune d'une main polie à la pierre ponce. As-tu le droit de siéger sur les bancs des chevaliers ? Je le verrai bien, Didyme ; en tout cas, tu ne saurais le faire sur ceux des gens mariés [8*].

1. C'est ainsi que Castor et Pollux vivaient alternativement six mois au Ciel et six mois dans les Enfers.
2. Le mendiant de l'Odyssée, Homère, *Od.*, XVIII, 6.
3. Légume pourtant peu coûteux.
4. Cf. I, 102.
5. Attis.

Aut imitare genus Ledae : cum fratre sedere
non potes, alternis, Calliodore, sede.

XXXIX

Supremas tibi triciens in anno
signanti tabulas, Charine, misi
Hyblaeis madidas thymis placentas.
Defeci : miserere iam, Charine :
signa rarius, aut semel fac illud,
mentitur tua quod subinde tussis.
Excussi loculosque sacculumque :
Croeso diuitior licet fuissem,
Iro pauperior forem, Charine,
si conchem totiens meam comesses.

XL

Pinxisti Venerem, colis, Artemidore, Mineruam :
et miraris opus displicuisse tuum ?

XLI

Spadone cum sis euiratior fluxo,
et concubino mollior Celaenaeo,
quem sectus ululat matris entheae Gallus,
theatra loqueris et gradus et edicta
trabeasque et Idus fibulasque censusque,
et pumicata pauperes manu monstras.
Sedere in equitum liceat an tibi scamnis
uidebo, Didyme : non licet maritorum.

XLI 5 fibulasque γ : fa- β

XLII

Un adroit cambrioleur forcera ton coffre-fort et emportera ton argent ; des flammes sans respect anéantiront ton foyer paternel ; un débiteur reniera sa dette, intérêt et capital à la fois ; des guérets improductifs ne te rendront pas la semence reçue ; une maîtresse perfide dépouillera ton trésorier, la mer engloutira tes navires avec leur cargaison : mais le pouvoir de la Fortune ne saurait s'étendre à tout ce qu'on donne à ses amis ; les richesses que tu auras distribuées seront seules à toi pour toujours.

XLIII

Thaïs a les dents noires, Laecania les a blanches comme la neige. Quelle en est la raison ? C'est que l'une a acheté les siennes, tandis que l'autre les tient de la nature.

XLIV

Qu'est-il arrivé, dis-moi, qu'est-il arrivé tout à coup ? Comme je t'invitais à dîner, Denton, à quatre reprises (qui voudra le croire ?) tu as eu le front de me donner une réponse négative. Il y a plus : sans même te retourner, tu fuis quand je cours après toi, toi qui recherchais d'ordinaire ma compagnie aux thermes, aux théâtres, dans toutes les salles de festins. La vérité, c'est que tu as été séduit par une table plus somptueuse, et une cuisine plus abondamment approvisionnée a fait oublier au chien son logis. Mais bientôt — et cela ne tardera guère — tu seras connu et mis au rancart : la riche maison qui t'héberge te repoussera avec dégoût ; et alors tu reviendras aux os de ton ancienne pâtée.

XLV

Tu te dis jolie, Bassa, tu te dis jeune : c'est là ce qu'aime à dire, Bassa, celle qui ne l'est point [1].

1. Ce ne sont évidemment pas les autres qui le diront.

XLII

Callidus effracta nummos fur auferet arca,
prosternet patrios impia flamma lares ;
debitor usuram pariter sortemque negabit,
non reddet sterilis semina iacta seges ;
dispensatorem fallax spoliabit amica,
mercibus extructas obruet unda rates.
Extra fortunam est quidquid donatur amicis :
quas dederis solas semper habebis opes.

XLIII

Thais habet nigros, niueos Laecania dentes.
Quae ratio est ? Emptos haec habet, illa suos.

XLIV

Quid factum est, rogo, quid repente factum,
ad cenam mihi, Dento, quod vocanti —
quis credat ? — quater ausus es negare ?
Sed nec respicis et fugis sequentem,
quem thermis modo quaerere et theatris
et conclauibus omnibus solebas.
Sic est, captus es unctiore mensa
et maior rapuit canem culina.
Iam te, sed cito, cognitum et relictum
cum fastidierit popina diues,
antiquae uenies ad ossa cenae.

XLV

Dicis formonsam, dicis te, Bassa, puellam :
istud quae non est dicere, Bassa, solet.

XLII 2 patrios ω : -ruos γ || **7** quicquid [*uel* quidquid] β : si quid γ

XLIV 1 factum est β : factum γ

XLV *hab. TR* || **2** quae.... solet βγ : quod.... soles α

XLVI

En fait de baisers, je n'aime que ceux que j'ai pris par force, et je trouve plus de charme à ta colère qu'à ton visage. Aussi, pour te solliciter souvent, je te fouette souvent, Diadumenus : mais j'arrive à ce résultat, que tu n'éprouves pour moi ni crainte ni tendresse.

XLVII

Philon jure qu'il n'a jamais dîné chez lui, et il dit vrai : il ne dîne point, quand personne ne l'a invité.

XLVIII

Quelles ne sont pas les exigences de l'amour ! Encolpos[1] a coupé sa chevelure contre le gré de son maître, mais non contre sa défense. Pudens l'y a autorisé, et il en a pleuré. C'est ainsi qu'à Phaéton son père céda les rênes, tout en déplorant sa témérité ; c'est de la sorte[2] que fut ravi Hylas, de la sorte qu'Achille découvert fit avec joie tomber sa chevelure malgré les larmes de sa mère. Mais toi, barbe, ne te hâte point (que ses cheveux courts ne te fassent point illusion !) ; et mets longtemps à venir, en compensation d'un si grand sacrifice.

XLIX

L'autre jour, je t'ai vu par hasard assis au théâtre, Labienus : je t'ai pris, à toi seul, pour trois personnes. C'est ton crâne qui fut la cause de cette erreur de calcul. Tu as des cheveux d'un côté, tu en as de l'autre, et si longs, qu'ils ne siéraient qu'à un adolescent ; mais ta tête est dénudée en son milieu, et l'on ne remarque pas la moindre villosité sur toute cette longue surface. La même illusion d'optique t'a servi en décembre,

1. Cf. I, 31.
2. Les interprètes les plus autorisés donnent à *talis* le sens de « pareillement beau » : mais le contexte implique, semble-t-il, des imprudences d'enfant gâté. Je croirais plutôt que Martial a suivi une tradition d'après laquelle Hercule aurait permis à Hylas d'aller à la fontaine après s'y être d'abord opposé.

XLVI

Basia dum nolo nisi quae luctantia carpsi,
et placet ira mihi plus tua quam facies,
ut te saepe rogem, caedo, Diadumene, saepe :
consequor hoc, ut me nec timeas nec ames.

XLVII

Numquam se cenasse domi Philo iurat, et hoc est :
non cenat, quotiens nemo uocauit eum.

XLVIII

Quid non cogit amor? Secuit nolente capillos
Encolpos domino, non prohibente tamen.
Permisit fleuitque Pudens : sic cessit habenis
audaci questus de Phaethonte pater ;
talis raptus Hylas, talis deprensus Achilles
deposuit gaudens, matre dolente, comas.
Sed tu ne propera — breuibus ne crede capillis —
tardaque pro tanto munere, barba, ueni.

XLIX

Vidissem modo forte cum sedentem
solum te, Labiene, tres putaui.
Calvae me numerus tuae fefellit :
sunt illinc tibi, sunt et hinc capilli
quales uel puerum decere possunt ;
nudumst in medio caput nec ullus
in longa pilus area notatur.
Hic error tibi profuit Decembri,
tunc cum prandia misit Imperator :

XLVI *hab. TR* || **3** caedo γ : cre- αβ || **4** consequor αγ : -ar β
XLVII *hab. T*
XLVIII 7 ne crede β *CG* : nec crede γ [*praeter CG*]
XLIX *hab T*. || **5** uel αβ : nec γ || possunt αβ : -int γ || **9** tunc βγ tum α

lorsque l'Empereur a fait distribuer des repas : tu es revenu avec trois paniers. Tel fut sans doute Géryon [1]. Évite, je t'y engage, le portique de Philippus [2] : si Hercule te voit, tu es un homme mort [3].

L

Toutes les fois que je dîne au logis, si je ne t'ai pas invité, Charopinus, tu en conçois sur-le-champ un mortel ressentiment : tu es homme à dégainer et à me transpercer d'outre en outre, si tu viens à apprendre que mon feu s'est allumé sans que ce fût en ton honneur. Pas même une fois ne me sera-t-il donc permis d'user de subterfuge ? Il n'est rien de plus insatiable, Charopinus, que cette goinfrerie-là. Cesse donc, je t'en prie, d'espionner ma cuisine, et laisse mon cuisinier te causer à l'occasion une déception.

LI

Cet individu, dont la main gauche est surchargée de rouleaux de parchemin, autour de qui se presse une bande glabre de sténographes, qui, lorsque des billets et des lettres lui sont remis de côté et d'autre, présente un visage grave en prenant l'air d'un Caton, d'un Cicéron ou d'un Brutus, — fût-il soumis à la pression des courroies d'un chevalet, — est incapable de formuler un bonjour, pas plus en grec qu'en latin. Tu crois que j'invente ? Saluons-le.

LII

Mes obligations envers toi, je me les rappelle et ne les oublierai jamais, Postumus. D'où vient donc mon silence à cet égard ? De ce que c'est toi qui en parles. Toutes les fois que je commence à exposer à quelqu'un tes libéra-

1. Berger monstrueux, à trois têtes, abattu par Hercule.
2. Tout près de là se trouvait un temple consacré à Hercule et aux Muses, où se dressait une statue d'Hercule.
3. Hercule croira voir Géryon revenu sur cette terre.

cum panariolis tribus redisti.
Talem Geryonem fuisse credo.
Vites censeo porticum Philippi :
si te uiderit Hercules, peristi.

L

Ceno domi quotiens, nisi te, Charopine, uocaui,
protinus ingentes sunt inimicitiae,
meque potes stricto medium transfigere ferro,
si nostrum sine te scis caluisse focum.
Nec semel ergo mihi furtum fecisse licebit ?
inprobius nihil est hac, Charopine, gula.
Desine iam nostram, precor, obseruare culinam,
atque aliquando meus det tibi uerba cocus.

LI

Hic, qui libellis praegrauem gerit laeuam,
notariorum quem premit chorus leuis,
qui codicillis hinc et inde prolatis
epistolisque commodat grauem uoltum
similis Catoni Tullioque Brutoque,
exprimere, Rufe, fidiculae licet cogant,
have Latinum, χαῖρε non potest Graecum.
Si fingere istud me putas, salutemus.

LII

Quae mihi praestiteris memini semperque tenebo.
Cur igitur taceo, Postume ? Tu loqueris.
Incipio quotiens alicui tua dona referre,
protinus exclamat « Dixerat ipse mihi. »

L *hab.* *T* || **3** potes γ : pu- β uelis α || **8** cocus βγ : fo- α
LI *hab.* *T* || **7** potest ω : -es γ

lités, le voilà qui s'écrie : « Il me l'avait appris lui-même » ! Il est des choses qu'il n'est pas joli d'être deux à faire ; un seul suffit à l'ouvrage : si tu veux que je parle, commence par te taire. Crois-moi, Postumus : les cadeaux ont beau être considérables, ils perdent toute valeur par les bavardages de qui les a faits.

LIII

A quoi bon écrire sur la Colchidienne [1], mon ami, ou écrire sur Thyeste ? Qu'as-tu à faire, Bassus, avec Niobé ou avec Andromaque ? Le sujet, crois-m'en, qui convient le mieux à ton genre, c'est Deucalion, ou s'il ne t'agrée pas, Phaéton [2].

LIV

Mon rhéteur [3] s'est mis à improviser : sans avoir écrit « Calpurnius », il l'a salué par son nom !

LV

Dis-moi, qui portes-tu, roi des oiseaux ? — « Le Maître du Tonnerre ». — Pourquoi sa main n'est-elle pas armée de la foudre ? — « Il aime ». — De quel genre d'amour le dieu est-il enflammé ? — « Il brûle pour un garçon ». — Pourquoi cette douceur dans ton regard tandis que, le bec ouvert, tu te retournes vers Jupiter ? — « Je lui parle de Ganymède » [4].

LVI

A quel maître, Lupus, confier l'éducation de ton fils ? Il y a longtemps que tu te poses la question avec angoisse et tu me pries d'y répondre. Fuis tous les grammairiens et tous les rhéteurs, je te le recommande : qu'il n'ait rien à voir

1. Médée.
2. C'est-à-dire « tu devrais jeter tes feuilles à l'eau ou les brûler ». Imité d'une épigramme grecque (*Anthol. Palatine*, XI, 214).
3. Cf. V, 21.
4. Écrit sans doute à propos d'une statue représentant Jupiter et son aigle. Cf. I, 6.

Non belle quaedam faciunt duo : sufficit unus
huic operi : si uis ut loquar, ipse tace.
Crede mihi, quamuis ingentia, Postume, dona
auctoris pereunt garrulitate sui.

LIII

Colchida quid scribis, quid scribis, amice, Thyesten ?
quo tibi uel Nioben, Basse, uel Andromachen ?
Materia est, mihi crede, tuis aptissima chartis
Deucalion vel, si non placet hic, Phaethon.

LIV

Extemporalis factus est meus rhetor :
Calpurnium non scripsit, et salutauit.

LV

Dic mihi, quem portas, uolucrum regina ? « Tonantem. »
Nulla manu quare fulmina gestat ? « Amat. »
Quo calet igne deus ? « Pueri ». Cur mitis aperto
respicis ore Iouem ? « De Ganymede loquor. »

LVI

Cui tradas, Lupe, filium magistro
quaeris sollicitus diu rogasque.
Omnes grammaticosque rhetorasque
deuites moneo : nihil sit illi
cum libris Ciceronis aut Maronis ;
famae Tutilium suae relinquat ;

LII *hab. TR* || **7** dona ω : -nes γ
LIII *hab. T* || **4** uel αγ : aut β
LV 1 portas β : -es γ
LVI 6 relinquat β *Lindsay Heraeus* : -as γ *Gilbert*

aux livres de Cicéron ou de Virgile. Qu'il laisse Tutilius [1] à sa renommée. S'il fait des vers, déshérite ce poète. Veut-il se former à des métiers lucratifs ? Fais-lui apprendre celui de harpiste ou de flûtiste accompagnateur [2*]. Si l'enfant a la tête dure, fais-en un commissaire-priseur ou un architecte.

LVII

Quand je t'appelle « Seigneur », garde-toi, Cinna, de te rengorger : il m'arrive souvent d'en dire autant même à ton esclave en lui rendant son salut.

LVIII

« Demain, je veux vivre demain », dis-tu sans cesse, Postumus. Mais, dis-moi, ce demain, Postumus, quand arrive-t-il ? Qu'il est loin, ce demain ! Où loge-t-il ? Où le faut-il aller chercher? Se cache-t-il parmi les Parthes ou les Arméniens ? Il compte déjà, ce demain, les années de Priam et de Nestor. Ce demain, à quel prix, dis-moi, pourrait-on l'acheter ? Tu vivras demain ? Vivre aujourd'hui, Postumus, serait déjà vivre trop tard : celui-là seul est sage, Postumus, qui a vécu dès hier [3*].

LIX

Si je ne t'envoie ni argenterie, ni vaisselle d'or, j'agis ainsi, éloquent Stella, dans ton propre intérêt. Quiconque fait des présents somptueux entend en recevoir de somptueux en échange : mes vases d'argile te libéreront de toute obligation [4*].

LX

Tu as beau aboyer après moi sans fin et sans répit, tu as beau me poursuivre de tes glapissements obstinés, je suis bien décidé à te refuser cette gloire que tu recherches depuis longtemps : voir lire ton nom dans

1. Avocat et écrivain contemporain. Cf. Teuffel-Schwabe, § 326.

si uersus facit, abdices poetam.
Artes discere uolt pecuniosas ?
Fac discat citharoedus aut choraules ;
si duri puer ingeni uidetur,
praeconem facias uel architectum.

LVII

Cum uoco te dominum, noli tibi, Cinna, placere :
saepe etiam seruum sic resaluto tuum.

LVIII

Cras te uicturum, cras dicis, Postume, semper :
dic mihi, cras istud, Postume, quando uenit ?
Quam longe cras istud ! ubi est ? aut unde petendum ?
numquid apud Parthos Armeniosque latet ?
Iam cras istud habet Priami uel Nestoris annos.
Cras istud quanti, dic mihi, possit emi ?
Cras uiues ? hodie iam uiuere, Postume, serum est :
illc sapit quisquis, Postume, uixit heri.

LIX

Quod non argentum, quod non tibi mittimus aurum,
hoc facimus causa, Stella diserte, tua.
Quisquis magna dedit, uoluit sibi magna remitti ;
fictilibus nostris exoneratus eris.

LX

Adlatres licet usque nos et usque
et gannitibus inprobis lacessas,
certum est hanc tibi pernegare famam,
olim quam petis, in meis libellis

LVII *hab. TR*
LVIII 3 longe γ : longe est β || **6** possit γ *Gilbert Postgate* : -et β *Lindsay* || **7** uiues ω : -is β || serum γ : tardum β
LX 4 in γ : a αβ || **5** orbem γ : ur- β

mes petits volumes, à quelque titre que ce soit, d'un bout à l'autre du monde. Pourquoi, en effet, saurait-on que tu as existé ? Il faut, misérable, que tu meures inconnu de tous. Peut-être se trouvera-t-il pourtant dans notre ville un, deux, trois ou quatre citoyens qui ne seraient pas fâchés d'entamer ta peau de chien [1] : quant à moi, je tiens mes ongles à l'écart de cette démangeaison.

LXI

Qui est donc ce petit frisé que l'on voit toujours collé aux côtés de ta femme, Marianus ? Qui est donc ce petit frisé qui susurre je ne sais quoi à l'oreille délicate de la noble dame et appuie le coude droit sur le dossier de sa chaise ? Un anneau léger [2] danse à chacun de ses doigts, et aucun poil ne porte atteinte à la blancheur de ses jambes. Tu ne me réponds pas ? — « C'est, dis-tu, l'homme d'affaires de ma femme ». — Oui-da, c'est bien là l'homme de confiance, au rude aspect, dont le visage suffit à dénoter l'agent d'affaires : Aufidius de Chios [3*] ne sera pas plus actif. Comme tu mériterais, Marianus, les soufflets de Latinus : te voilà fait, je crois, pour succéder à Panniculus [4*] ! C'est l'homme d'affaires de ta femme ? Ce petit frisé-là, s'occuper d'affaires quelconques ? Ce n'est pas le rôle d'un homme d'affaires qu'il remplit auprès de ta femme : c'est le tien à toi [5*].

LXII

Tu peux à ta guise, ô mon hôte, résider dans mes jardins, si tu as le courage d'étendre tes membres sur le sol nu, ou si tu fais apporter en venant un mobilier considérable : car le mien a déjà demandé grâce à mes hôtes. Aucun

1. C'est-à-dire « quelques-uns de tes pareils qui se querelleraient volontiers avec toi comme les chiens entre eux ».

2. Les élégants avaient des bagues d'été et des bagues d'hiver. Cf. Juvénal, *Sat.* I. 28.

qualiscumque legaris ut per orbem.
Nam te cur aliquis sciat fuisse ?
ignotus pereas, miser, necesse est.
Non derunt tamen hac in urbe forsan
unus uel duo tresue quattuorue,
pellem rodere qui uelint caninam :
nos hac a scabie tenemus ungues.

LXI

Crispulus iste quis est, uxori semper adhaeret
qui, Mariane, tuae ? crispulus iste quis est ?
nescio quid dominae teneram qui garrit in aurem
et sellam cubito dexteriore premit ?
per cuius digitos currit leuis anulus omnis,
crura gerit nullo qui violata pilo ?
Nil mihi respondes ? « Vxoris res agit » inquis
« iste meae. » Sane certus et asper homo est,
procuratorem uoltu qui praeferat ipso :
acrior hoc Chius non erit Aufidius.
O quam dignus eras alapis, Mariane, Latini :
te successurum credo ego Panniculo.
Res uxoris agit ? res ullas crispulus iste ?
res non uxoris, res agit iste tuas.

LXII

Iure tuo nostris maneas licet, hospes, in hortis,
si potes in nudo ponere membra solo,
aut si portatur tecum tibi magna supellex :
nam mea iam digitum sustulit hospitibus.

LXI 7 inquis ω : -it β || 9 praeferat ω : pro- γ

matelas, même non rembourré, ne couvre mes châlits disloqués, et la sangle gît sur le sol en état de décomposition, ses cordelettes toutes rompues *. Néanmoins, partageons à nous deux les charges de l'hospitalité : j'ai acheté les jardins : c'est le plus gros ; aménage-les : c'est le moins coûteux.

LXIII

« Quel est, me dis-tu, ton sentiment, ô Marcus, sur mes livres ? » — Telle est, Ponticus, la question que tu me poses souvent avec inquiétude. Je les admire : je suis en extase : il n'est rien de plus achevé au monde ; Régulus lui-même s'avouera inférieur à ton génie. — « C'est là ton sentiment? t'écries-tu. Ah ! qu'aussi vrai César te soit propice, aussi vrai Jupiter Capitolin ! » — A toi plutôt [2*] !

LXIV

Verse, Callistus, deux doubles-cyathes [3*] de falerne, et toi, Alcimus, fais fondre par-dessus la neige mise en réserve pour l'été. Que ma chevelure s'imbibe sans mesure des flots onctueux de l'amome, et que mes tempes cèdent sous le poids des roses en guirlandes. Le Mausolée [4*], si proche, nous invite à jouir de la vie, en nous enseignant que les dieux eux-mêmes peuvent mourir.

LXV

Le Ciel étoilé, voilà ce que, malgré l'opposition de sa belle-mère [5*], ont valu à Hercule le monstre qui terrorisait Némée, le sanglier d'Arcadie, la punition du champion de la palestre africaine [6*], le gigantesque Eryx mordant la poussière de Sicile [7*], et ce fléau des forêts, ce Cacus, qui, grâce à une ruse secrète, avait coutume de traîner à reculons les bœufs dans sa caverne. Comme tout cela est peu de chose, César, en comparaison des spectacles qu'étale ton arène ! Chaque journée nous offre, dès le matin, des combats plus importants. Que de

Nulla tegit fractos — nec inanis — culcita lectos,
putris et abrupta fascia reste iacet.
Sit tamen hospitium nobis commune duobus :
emi hortos ; plus est : instrue tu ; minus est.

LXIII

« Quid sentis » inquis « de nostris, Marce, libellis ? »
Sic me sollicitus, Pontice, saepe rogas.
Admiror, stupeo : nihil est perfectius illis,
ipse tuo cedet Regulus ingenio.
« Hoc sentis ? » inquis « faciat tibi sic bene Caesar,
sic Capitolinus Iuppiter. » Immo tibi.

LXIV

Sextantes, Calliste, duos infunde Falerni,
tu super aestiuas, Alcime, solue niues ;
pinguescat nimio madidus mihi crinis amomo
lassenturque rosis tempora sutilibus.
Tam uicina iubent nos uiuere Mausolea,
cum doceant ipsos posse perire deos.

LXV

Astra polumque dedit, quamuis obstante nouerca,
Alcidae Nemees terror et Arcas aper
et castigatum Libycae ceroma palaestrae
et grauis in Siculo puluere fusus Eryx,
siluarumque tremor, tacita qui fraude solebat
ducere non rectas Cacus in antra boues.
Ista tuae, Caesar, quota pars spectatur harenae ?
Dat maiora nouus proelia mane dies.
Quot grauiora cadunt Nemeaeo pondera monstro !
quot tua Maenalios conlocat hasta sues !

LXIV 4 sutilibus ω : subti- β [*ut uidetur*] || **5** tam β : iam γ
LXV 4 fusus γ : tu- β || **6** non β : nec γ || **9** grauiora ω : maiora β [*cf. u. 8*]

monstres plus formidables par leur masse que le lion de Némée l'on voit abattre ! Que de sangliers du Ménale succombent à l'épieu de tes chasseurs ! Si l'on voulait renouveler le triple combat du pâtre espagnol [1]*, tu as sous la main le champion qui peut vaincre Géryon *[2]. Quoique l'on parle souvent des multiples têtes du dragon de la Lerne grecque, qu'est-ce que l'hydre gigantesque auprès des bêtes féroces du Nil [3]* ? Pour de si grands exploits, Auguste Empereur, les dieux ont accordé de bonne heure une place au Ciel à Hercule : mais toi, ils t'y recevront tardivement.

LXVI

On a beau te saluer souvent, jamais tu n'es le premier à saluer. Adieu donc, Pontilianus, adieu pour toujours [4]*.

LXVII

Comme les oiseaux de l'Attique [5]* regagnaient selon leur coutume leurs retraites hivernales, l'un d'eux resta au nid. Le crime fut découvert quand le printemps les ramena, et ses propres compagnes déchirèrent la déserteuse. Tardif fut le châtiment : la mère coupable avait mérité d'être mise en pièces, mais le jour où elle dépeça le corps d'Itys.

LXVIII

Je t'ai envoyé, Lesbia, des cheveux appartenant à une race du Nord, pour te faire connaître combien les tiens sont plus blonds.

LXIX

Antoine, qui n'as rien à reprocher à l'égyptien Pothin, et qui es moins coupable pour tes listes de proscription que pour le meurtre de Cicéron, pourquoi dans ton égarement tirer l'épée contre l'éloquente bouche de Rome ? Catilina lui-même eût reculé devant un tel crime. Tu

Reddatur si pugna triplex pastoris Hiberi,
  est tibi qui possit uincere Geryonen.
Saepe licet Graiae numeretur belua Lernae,
  inproba Niliacis quid facit Hydra feris ?
Pro meritis caelum tantis, Auguste, dederunt
  Alcidae cito di, sed tibi sero dabunt.

LXVI

Saepe salutatus numquam prior ipse salutas :
  sic eris Aeternum, Pontiliane, Vale.

LXVII

Hibernos peterent solito cum more recessus
  Atthides, in nidis una remansit auis.
Deprendere nefas ad tempora uerna reuersae
  et profugam uolucres diripuere suae.
Sero dedit poenas : discerpi noxia mater
  debuerat, sed tunc cum lacerauit Ityn.

LXVIII

Arctoa de gente comam tibi, Lesbia, misi,
  ut scires quanto sit tua flaua magis.

LXIX

Antoni Phario nihil obiecture Pothino
  et leuius tabula quam Cicerone nocens,
quid gladium demens Romana stringis in ora ?
  hoc admisisset nec Catilina nefas.

13 licet γ : quidem β
LXVI *hab. TR* || **2** eris *codd. edd.* : -it ς *Postgate Duff*
LXVII *hab. T*|| **4** diripuere β *edd.* : de- αγ || suae βγ : -am α*N*|
LXVIII *hab*

achètes les services d'un soldat impie avec un or scélérat, et, en y mettant un prix si élevé, tu fais taire une seule voix! De quoi te sert le silence payé si cher d'une langue sacrée ? Tout le monde se mettra à parler à la place de Cicéron [1]*.

LXX

Son patron avait naguère, Maximus, fait pleuvoir sur Syriscus dix millions de sesterces bien comptés : mais il les a entièrement dépensés, au hasard de ses randonnées, dans les estaminets où l'on mange assis, autour des quatre bains [2]*. O quelle goinfrerie que de manger dix millions de sesterces ! Mais quelle goinfrerie plus grande encore que d'y parvenir sans même prendre place sur un lit de table [3]* !

LXXI

Aux lieux où la brumeuse Trebula [4]* domine de fraîches vallées, où, dans les mois les plus chauds de l'été, la campagne verdoyante frissonne de froid, un domaine qu'a toujours respecté le lion de Cleonae [5]* et une maison toujours amie du Notus [6]*, fils d'Éole, t'appellent, Faustinus : passe sur ces collines les longs jours des moissons ; Tibur t'y paraîtra un séjour bon pour l'hiver [7]*.

LXXII

Qui a pu appeler le Maître du Tonnerre « la mère de Bacchus [8]* », celui-là peut bien, Rufus, appeler Sémélé son père [9]*.

LXXIII

Pourquoi je m'obstine, à ta grande surprise, à ne pas te faire cadeau de mes petits livres, malgré tes demandes et tes instances tant de fois renouvelées ? Le motif n'est pas léger, Theodorus : c'est pour éviter que tu me fasses cadeau des tiens.

Impius infando miles corrumpitur auro,
et tantis opibus uox tacet una tibi.
Quid prosunt sacrae pretiosa silentia linguae ?
Incipient omnes pro Cicerone loqui.

LXX

Infusum sibi nuper a patrono
plenum, Maxime, centiens Syriscus
in sellariolis uagus popinis
circa balnea quattuor peregit.
O quanta est gula, centiens comesse !
quanto maior adhuc, nec accubare !

LXXI

Vmida qua gelidas summittit Trebula ualles
et uiridis cancri mensibus alget ager,
rura Cleonaeo numquam temerata leone
et domus Aeolio semper amica Noto
te, Faustine, uocant : longas his exige messes
collibus ; hibernum iam tibi Tibur erit.

LXXII

Qui potuit Bacchi matrem dixisse Tonantem,
ille potest Semelen dicere, Rufe, patrem.

LXXIII

Non donem tibi cur meos libellos
oranti totiens et exigenti
miraris, Theodore ? Magna causa est :
dones tu mihi ne tuos libellos.

LXXI **1** qua ω : quae β || **5** his ω : hic γ

LXXIV

Les fils de Pompée sont ensevelis en Asie et en Europe[1] : quant à lui-même, il repose en terre d'Afrique, si toutefois il est une terre qui recouvre ses os[2]. — Quoi d'étonnant à cette dispersion dans l'univers entier ? Un si grand écroulement ne pouvait couvrir un seul point du globe.

LXXV

Cette Laelia, que tu as épousée pour obéir à la loi[3], Quintus, tu peux l'appeler ton épouse légitime.

LXXVI

A force de boire du poison, Mithridate y gagna d'être immunisé contre les toxiques les plus dangereux. Et toi de même, en dînant toujours si mal, tu as pris tes précautions, pour être à jamais, Cinna, immunisé contre la faim.

LXXVII

On rapporte un joli mot à ton sujet, Marullus : tu portes, a dit quelqu'un, de l'huile dans ton oreille[4].

LXXVIII

Si la perspective d'un morne repas à domicile t'attriste, Toranius, tu peux faire maigre chère en ma compagnie. Tu auras d'abord, si tu aimes les mets apéritifs, de vulgaires laitues de Cappadoce et des poireaux à l'odeur forte : une tranche de thon se dissimulera ensuite sous des œufs cou-

1. Sextus à Milet, et Gnaeus à Munda.
2. On ne sait pas ce que devint le corps de Pompée, après l'assassinat.
3. La lex Julia sur l'adultère, remise en vigueur par Domitien. Cf. VI, 7.
4. Expression proverbiale appliquée aux flatteurs, et relevée par Erasme dans ses *Adagia* : c'est une façon imagée de dire que Marullus a une oreille complaisante.

LXXIV

Pompeios iuuenes Asia atque Europa, sed ipsum
terra tegit Libyes, si tamen ulla tegit.
Quid mirum toto si spargitur orbe ? Iacere
uno non poterat tanta ruina loco.

LXXV

Quae legis causa nupsit tibi Laelia, Quinte,
uxorem potes hanc dicere legitimam.

LXXVI

Profecit poto Mithridates saepe ueneno
toxica ne possent saeua nocere sibi.
Tu quoque cauisti cenando tam male semper
ne posses umquam, Cinna, perire fame.

LXXVII

Narratur belle quidam dixisse, Marulle,
qui te ferre oleum dixit in auricula.

LXXVIII

Si tristi domicenio laboras,
Torani, potes esurire mecum.
Non derunt tibi, si soles προπίνειν,
uiles Cappadocae grauesque porri,
diuisis cybium latebit ouis.
Ponetur digitus tenendus ustis
nigra coliculus uirens patella,
algentem modo qui reliquit hortum,
et pultem niueam premens botellus,

LXXIV *hab.* *TR* || **2** Libyes βγ *edd.* : -yae *uel*-ye α
LXXV 1 quae ω : qua β
LXXVI *hab.* *TR* || **2** possent γ : -int αβ || **4** posses βγ : -is α

pés par quartiers. On te servira — et tu devras te brûler les doigts pour le prendre — sur un plat noir, un chou vert qui viendra de quitter le jardin plein de fraîcheur, du boudin surmontant une bouillie d'un blanc de neige, et des fèves grisâtres avec du lard rosé. Si tu souhaites les friandises du dessert, on te présentera des raisins légèrement flétris [1], des poires portant le nom de la Syrie, et, produit de Naples la savante [2], des châtaignes rôties sur un feu doux ; quant au vin, tu le rendras bon en le buvant [3]. Après tout cela, s'il arrive que Bacchus éveille en toi l'appétit qu'il fait naître d'ordinaire, tu verras venir à la rescousse des olives fameuses, fraîchement cueillies sur les rameaux du Picenum, des pois chiches brûlants et des lupins tièdes. Bien modeste est mon repas (qui oserait le nier?), mais tu n'auras ni à faire, ni à entendre de mensonge, et tu reposeras tranquillement sur ton lit avec ton visage de tous les jours. Le maître de la maison ne lira pas un gros volume, ni des filles venues de la licencieuse Gadès ne balanceront devant toi, dans un prurit d'amour sans fin, leurs hanches lascives aux tortillements étudiés ; mais tu entendras des airs qui ne seront ni trop solennels [4] ni sans grâce : ce sera la flûte du jeune Condylus [5] qui te les jouera. Tu seras placé après Claudia : quelle belle désires-tu voir au-dessus de moi [6] ?

LXXIX

Tu t'es levé onze fois, Zoïlus, dans le même repas, et tu as changé onze fois de robe de dîner : tu craignais que

1. Des raisins de conserve, gardés dans des jarres bien closes.
2. Il y avait à Naples des écoles célèbres, notamment de rhétorique grecque et de médecine.
3. Même expression dans Pétrone, Sat. 39 et 48.
4. Ou peut-être : « ni désagréables, pénibles ».
5. Esclave de Martial. Cf. IX, 92, 2.
6. Ce sera une sorte de « partie carrée ».

et pallens faba cum rubente lardo.
Mensae munera si uoles secundae,
marcentes tibi porrigentur uuae
et nomen pira quae ferunt Syrorum,
et quas docta Neapolis creauit,
lento castaneae uapore tostae :
uinum tu facies bonum bibendo.
Post haec omnia forte si mouebit
Bacchus quam solet esuritionem,
succurrent tibi nobiles oliuae,
Piceni modo quas tulere rami,
et feruens cicer et tepens lupinus.
Parva est cenula — quis potest negare ? —
sed finges nihil audiesue fictum
et uoltu placidus tuo recumbes ;
nec crassum dominus leget uolumen
nec de Gadibus inprobis puellae
uibrabunt sine fine prurientes
lasciuos docili tremore lumbos ;
sed quod nec graue sit nec infacetum,
parui tibia Condyli sonabit.
Haec est cenula. Claudiam sequeris.
Quam nobis cupis esse tu priorem ?

LXXIX

Vndecies una surrexti, Zoile, cena,
et mutata tibi est synthesis undecies,

LXXVIII 24 placidus β *edd.* : -dis γ -do *L* || **29** nec gr. β : non gr. γ || **30** Condyli *Gilbert Lindsay* : condyli *Giarratano Heraeus* || **32** nobis *codd.* : noui *Duff* || priorem *codd.* : turpiorem *ed. a 1473*.

LXXIX *hab. T*; *5-6 hab. R* || **3** ne ω : ni β

la sueur, imprégnant ton vêtement, ne s'attachât à ton corps et qu'un léger courant d'air n'endommageât ta peau au tissu relâché. Comment se fait-il que je ne sue point, moi qui dîne avec toi, Zoïlus ? C'est qu'une seule robe d'intérieur procure une grande fraîcheur[1].

LXXX

Accorde-moi une toute petite heure, si tu es de loisir — et en la portant même à mon compte, — Severus, juste le temps de lire et de juger mes bagatelles. « Il est pénible, vas-tu dire, de perdre ses vacances ». — Je te demande de supporter cette perte de bon cœur. Que si tu lis ces vers en compagnie (mais ne suis-je pas trop présomptueux ?) de l'éloquent Secundus[2], ce petit volume te sera de beaucoup plus redevable qu'à son propre auteur : car il sera bien tranquille et il n'aura pas la vision du bloc de marbre, éternellement en mouvement, sous lequel s'épuise Sisyphe[3], lorsque, en le revisant, le docte Secundus, aidé de mon ami Severus, lui aura fait subir l'âpre morsure de la lime.

LXXXI

Tu seras toujours pauvre, si tu l'es déjà, Aemilianus : les richesses, aujourd'hui, ne vont jamais qu'aux riches.

LXXXII

A quoi bon, Gaurus, me promettre deux cent mille sesterces, si tu ne pouvais m'en donner dix mille ? Mais peut-être le peux-tu, et ne le veux-tu pas ? Je te le demande : n'est-ce pas encore plus honteux ? Va-t'en à la malheure, Gaurus : tu es un homme mesquin !

1. N'en ayant pas d'autre, on n'éprouve pas le besoin d'en changer.
2. Sans doute le Caecilius Secundus de VII, 84, qui n'est pas Pline le Jeune. Cf. Mommsen, *Étude sur Pline le Jeune*, tr. fr., p. 52, n. 5.
3. C'est-à-dire que Martial n'aura pas travaillé en vain, comme Sisyphe.

sudor inhaereret madida ne ueste retentus
et laxam tenuis laederet aura cutem.
Quare ego non sudo, qui tecum, Zoile, ceno ?
Frigus enim magnum synthesis una facit.

LXXX

Non totam mihi, si uacabis, horam
dones et licet inputes, Seuere,
dnm nostras legis exigisque nugas.
« Durum est perdere ferias » : rogamus
iacturam patiaris hanc ferasque.
Quod si legeris ista cum diserto
—sed numquid sumus inprobi ? — Secundo,
plus multo tibi debiturus hic est
quam debet domino suo libellus.
Nam securus erit, nec inquieta
lassi marmora Sisyphi uidebit,
quem censoria cum meo Seuero
docti lima momorderit Secundi.

LXXXI

Semper pauper eris, si pauper es, Aemiliane :
dantur opes nullis nunc nisi diuitibus.

LXXXII

Quid promittebas mihi milia, Gaure, ducenta,
si dare non poteras milia, Gaure, decem ?
An potes et non vis ? Rogo, non est turpius istud ?
I, tibi dispereas, Gaure : pusillus homo es.

LXXX 1 uacabis ω : -it *BC* || **6** ista β *Friedlaender Lindsay Heraeus* : ipsam [ipsa *A*] γ *unde* ipse *Schneidewin Gilbert*

LXXXI *hab. TR* || 2 nullis βγ [*praeter X*] : -i *TX* -ius *R*

LXXXII *hab. TR* || **4** i, tibi dispereas γ [*praeter X*] *PQ Gilbert Lindsay Heraeus* : si tibi dispereas *TRX* i, tibi disperdas *Scaliger* i, tibi dispendas *Grasberger* i, tibi des, parcas *Munro* || es βγ : est α

LXXXIII

Tu me recherches, je fuis ; tu fuis, je te recherche : tel est mon caractère. Je ne veux pas de tes complaisances Dindymus : j'aime tes refus [1].

LXXXIV

Déjà l'enfant, triste de quitter ses noix [2], est rappelé à l'école par la voix assourdissante de son maître. Trahi par le bruit malencontreux de son passionnant cornet à dés, et arraché à la minute à son tripot clandestin, le joueur à demi ivre [3] implore le pardon de l'édile [4]. Le temps des saturnales est entièrement écoulé, et pourtant, Galla, tu ne m'as pas envoyé de menus cadeaux, pas même de plus menus que d'habitude. Eh bien, soit ! Que mon mois de décembre s'en aille de la sorte ! En tout cas tu sais, je pense, que vos saturnales à vous, femmes — les calendes de Mars [5] — seront bientôt là : je te rendrai alors, Galla, ce que tu m'as donné.

1. Cf. V, 46, 1-2.
2. Qui lui ont servi d'enjeu pendant les saturnales.
3. D'après d'autres : « trempé de sueur », soit par l'ardeur du jeu, soit par la crainte du juge.
4. Chargé de la police. En dehors des saturnales, le jeu n'était pas toléré.
5. C'était l'usage de faire des cadeaux aux dames le 1er Mars à l'occasion de la fête des *Matronalia*.

LXXXIII

Insequeris, fugio ; fugis, insequor. Haec mihi mens est :
uelle tuum nolo, Dindyme, nolle uolo.

LXXXIV

Iam tristis nucibus puer relictis
clamoso reuocatur a magistro,
et blando male proditus fritillo,
arcana modo raptus e popina,
aedilem rogat udus aleator.
Saturnalia transiere tota,
nec munuscula parua nec minora
misisti mihi, Galla, quam solebas.
Sane sic abeat meus December :
scis certe, puto, uestra iam uenire
Saturnalia, Martias Kalendas ;
tunc reddam tibi, Galla, quod dedisti.

LXXXIII *hab. TR*
LXXXIV 9 abeat *QF edd.* hab- ω

LIVRE VI

ÉPIGRAMMES DE MARTIAL

LIVRE VI

I

Ce sixième livre, c'est à toi que je l'adresse, ô Martialis, qui comptes parmi mes amis les plus chers : si tu le corriges d'une oreille attentive [1], il se risquera avec moins d'inquiétude et de crainte à passer dans les mains puissantes de César.

II

On se faisait un jeu de manquer aux engagements sacrés du mariage, un jeu d'émasculer des innocents. Tu interdis, César, cette double atteinte à la morale : tu viens au secours des générations futures, et tu veux qu'elles naissent sans crime. Plus d'eunuque, plus d'adultère sous ton gouvernement, alors qu'auparavant (honte à nos mœurs !) même l'eunuque était adultère [2]* !

III

Hâte-toi de naître [3]*, héritier promis au troyen Iule [4]*, authentique rejeton des dieux [5]*, hâte-toi de naître, auguste enfant, — pour que ton père te transmette après de longues années les rênes de notre éternel empire et pour que tu gouvernes un jour le monde dans un âge avancé, associé à plus vieux que toi. Julia [6]* elle-même, de ses doigts blancs comme neige, ourdira la trame d'or de ta vie et filera pour elle toute la toison de Phrixus [7]*.

1. Nous dirions plutôt : « d'un œil attentif » : mais les anciens attachaient la plus grande importance à l'harmonie des sons. On se rappelle le procédé favori de Flaubert pour revoir son travail.

M. VALERI MARTIALIS EPIGRAMMATON

LIBER VI

I

Sextvs mittitur hic tibi libellus,
in primis mihi care Martialis :
quem si terseris aure diligenti,
audebit minus anxius tremensque
magnas Caesaris in manus uenire.

II

Lusus erat sacrae conubia fallere taedae,
lusus et immeritos exsecuisse mares.
Utraque tu prohibes, Caesar, populisque futuris
succurris, nasci quos sine fraude iubes,
Nec spado iam nec moechus erit te praeside quisquam :
at prius — o mores ! — et spado moechus erat.

III

Nascere Dardanio promissum nomen Iulo
uera deum suboles ; nascere, magne puer,
Cui pater aeternas post saecula tradat habenas,
quique regas orbem cum seniore senex.
Ipsa tibi niueo trahet aurea pollice fila
et totam Phrixi Iulia nebit ouem.

II *hab.* *T*||4 quos βγ : quod α

IV

O le plus grand des censeurs et le prince des princes, bien qu'elle te doive déjà tant de triomphes, tant de temples nouveaux et tant d'autres restaurés, tant de spectacles, tant de dieux, tant de villes, Rome te doit encore davantage : sa chasteté.

V

J'ai fait pour une forte somme l'achat d'une propriété rurale : je te demande, Caecilianus, de me prêter cent mille sesterces. Tu ne me réponds pas? Il me semble t'entendre dire en toi-même : « Tu ne me les rendras pas. » C'est pour cela, Caecilianus, que je te les demande.

VI

Il y a trois acteurs dans la comédie, — mais ta Paula, Lupercus, en aime quatre : Paula aime même le personnage muet.

VII

Depuis que la loi Julia [1*] a été, Faustinus, remise en vigueur par le monde et que la chasteté a été officiellement invitée à entrer dans nos demeures, il s'est écoulé moins ou en tout cas pas plus de trente jours. Cependant Télésilla en est déjà à son dixième époux. Se marier tant de fois, ce n'est pas se marier : c'est être adultère en règle avec la loi. Une plus franche prostituée me choque moins.

VIII

Deux préteurs, quatre tribuns, sept avocats, dix poètes, demandaient récemment à un vieillard la main de sa fille.

IV

Censor maxime principumque princeps,
cum tot iam tibi debeat triumphos,
tot nascentia templa, tot renata,
tot spectacula, tot deos, tot urbes,
plus debet tibi Roma quod pudica est.

V

Rustica mercatus multis sum praedia nummis ;
mutua des centum, Caeciliane, rogo.
Nil mihi respondes ? Tacitum te dicere credo
« Non reddes » : ideo, Caeciliane, rogo.

VI

Comoedi tres sunt, sed amat tua Paula, Luperce,
quattuor : et κωφόν Paula πρόσωπον amat.

VII

Iulia lex populis ex quo, Faustine, renata est
atque intrare domos iussa Pudicitia est,
aut minus aut certe non plus tricesima lux est,
et nubit decimo iam Telesilla uiro.
Quae nubit totiens, non nubit : adultera lege est.
Offendor moecha simpliciore minus.

VIII

Praetores duo, quattuor tribuni,
septem causidici, decem poetae
cuiusdam modo nuptias petebant

V *hab.* *TR* || 1 multis... nummis αβ : nummis... multis γ
VI *hab.* *T*
VII *hab.* *T* || 1 renata αβ : -la- γ || 4 Telesilla αγ : Telesina [The) β
VIII *hab.* *T* || 1 praetores ω : -cones α

Sans hésitation, il a choisi pour gendre le commissaire-priseur Eulogus. Dis-moi, Severus, fut-ce là agir en insensé [1] ?

IX

Tu dors, Laevinus, au théâtre de Pompée : et tu te plains d'être éveillé par Oceanus [2] ?

X

Je demandais dernièrement à Jupiter quelques milliers de sesterces. Il me répondit : « Celui-là te les donnera qui m'a donné des temples. » Celui-là a bien donné des temples à Jupiter : mais à moi, il ne m'a point donné de milliers de sesterces : je rougis, hélas ! d'avoir demandé si peu à Jupiter [3] *. Mais comme son air était peu sévère, son front peu assombri par la colère, son visage serein, quand il a lu ma supplique ! Tel est son maintien, quand il distribue des diadèmes aux Daces suppliants [4] *, quand il parcourt, à l'aller comme au retour, le chemin qui monte au Capitole [5] *. « Dis-moi, je t'en prie, ô vierge déesse [6] * confidente de notre Maître du Tonnerre, s'il refuse de cet air-là, quel doit être son air habituel quand il dit oui ? » — Telles furent mes paroles. Pallas déposa son bouclier [7] * à la tête de Gorgone et me répondit en deux mots : « Ce qu'on ne t'a pas encore donné, grand sot, te figures-tu qu'on te l'ait refusé ? [8] * »

XI

Qu'il n'y ait plus de Pylade de nos jours ni d'Oreste, cela te surprend-il ? Pylade, Marcus, buvait le même vin qu'Oreste, et l'on ne servait pas à celui-ci un pain ou une grive de meilleur goût : mais sans différence aucune ils partageaient tous deux le même repas. Toi, tu te gorges

1. Cf. V, 56, 11.
2. Jeu de mots sur *suscitare* qui signifie « éveiller » et « faire lever ». Cf. V, 23.

a quodam sene. Non moratus ille
praeconi dedit Eulogo puellam.
Dic, numquid fatue, Seuere, fecit ?

IX

In Pompeiano dormis, Laeuine, theatro :
et quereris si te suscitat Oceanus ?

X

Pauca Iouem nuper cum milia forte rogarem,
« Ille dabit » dixit « qui mihi templa dedit. »
Templa quidem dedit ille Ioui, sed milia nobis
nulla dedit : pudet, ah, pauca rogasse Iouem.
At quam non tetricus , quam nulla nubilus ira,
quam placido nostras legerat ore preces !
Talis supplicibus tribuit diademata Dacis
et Capitolinas itque reditque uias.
Dic precor, o nostri dic conscia uirgo Tonantis,
si negat hoc uoltu, quo solet ergo dare ?
Sic ego : sic breuiter posita mihi Gorgone Pallas :
« Quae nondum data sunt, stulte, negata putas ? »

XI

Quod non sit Pylades hoc tempore, non sit Orestes
miraris ? Pylades, Marce, bibebat idem,
nec melior panis turdusue dabatur Orestae,
sed par atque eadem cena duobus erat.

4 moratus ω : -ur *T*
X *hab. T* || 3 dedit ille ω : ille dedit γ [*ut uidetur*]

d'huîtres du Lucrin : moi, c'est la palourde aqueuse qui m'alimente : je n'ai pourtant pas, Marcus, le palais moins délicat. Tyr, patrie de Cadmus [1], te fournit tes habits ; pour moi, c'est la Gaule à la laine grossière : quand tu es vêtu de pourpre, Marcus, veux-tu que, moi, je t'aime en sayon ? Pour que je fasse un Pylade, que quelqu'un soit mon Oreste ! Les paroles sont ici impuissantes, Marcus : pour être aimé, aime d'abord [2] !

XII

Fabulla jure que les cheveux qu'elle a achetés sont à elle : fait-elle pour cela, Paulus, un faux serment [3] ?

XIII

Qui ne te croirait, Julia [4], sculptée par le ciseau de Phidias ou due au talent consommé de Pallas ? Le blanc marbre de Paros nous répond par ce portrait parlant et une beauté vivante éclate sur ce souriant visage. Elle joue (mais sa main l'effleure à peine) avec la ceinture de la déesse d'Acidalie [5] *, qu'elle a prise à ton cou, gentil Cupidon. Pour réveiller l'amour de Mars ou du roi des dieux Maître du Tonnerre, que Junon, que Vénus elle-même te demandent cette ceinture !

XIV

Tu te prétends capable, Labérius, d'écrire des vers bien tournés : pourquoi donc ne le veux-tu pas ? Que celui qui est capable d'écrire des vers bien tournés les écrive, Labérius : voilà un homme, penserai-je.

1. Fils d'Agénor, roi de Tyr.
2. Sénèque, Lettres, 9, 6 : « Si vis amari, ama. »
3. Pour l'idée, cf. II, 20.
4. Il s'agit d'une statue de Julia, déifiée par son oncle Domitien Cf. VI, 3, 5-6.

Tu Lucrina uoras, me pascit aquosa peloris :
non minus ingenua est et mihi, Marce, gula.
Te Cadmea Tyros, me pinguis Gallia uestit :
uis te purpureum, Marce, sagatus amem ?
Vt praestem Pyladen, aliquis mihi praestet Oresten.
Hoc non fit uerbis, Marce : ut ameris, ama.

XII

Iurat capillos esse, quos emit, suos
Fabulla : numquid *illa*, Paule, peierat ?

XIII

Quis te Phidiaco formatam, Iulia, caelo,
uel quis Palladiae non putet artis opus ?
Candida non tacita respondet imagine lygdos
et placido fulget uiuus in ore decor.
Ludit Acidalio, sed non manus aspera, nodo,
quem rapuit collo, parue Cupido, tuo.
Vt Martis reuocetur amor summique Tonantis,
a te Iuno petat ceston et ipsa Venus.

XIV

Versus scribere posse te disertos
adfirmas, Laberi : quid ergo non uis ?
Versus scribere qui potest disertos,
conscribat, Laberi : uirum putabo.

XI *hab. T* || **10** ama ω : ame T [*an pro* ames ?]

XII 2 *uersus mutilus in codd.* : numquid <illa> Paule ς : numquid <ergo> Paule *Munro* numquid, Paule, <numquid> *Grotius.*

XIII 4 decor β *Lindsay Heraeus* : liquor γ *Gilbert* || **7** reuocetur γ *edd.* : renouetur β || **8** Iuno ω : uno β

XIV 4 conscribat *Schneidewin* [2] *edd. plerique* : non scribat *codd. Schryver*

XV

Une fourmi errait à l'ombre d'un peuplier [1] * : une goutte d'ambre emprisonna l'insecte minuscule. Ainsi, lui qui était méprisé durant sa vie, il est devenu à présent précieux par ses funérailles.

XVI

Toi qui épouvantes les hommes par ta verge ainsi que les invertis par ta faucille [2]*, garde ces quelques arpents d'un terrain retiré. Qu'à cette condition nul voleur grisonnant ne pénètre jamais dans ton verger, mais seulement un adolescent et une belle jeune fille à la longue chevelure.

XVII

Tu te fais appeler Cinna, ô Cinnamus : n'est-ce pas là, je te le demande, Cinna, un barbarisme ? A ce compte, si tu avais antérieurement porté le nom de Furius, on t'appellerait de même Fur [3] *.

XVIII

L'ombre vénérable de Saloninus repose au sol de l'Ibérie et il n'en est point de plus noble qui contemple les demeures du Styx. Mais on serait coupable de le pleurer : car celui qui t'a quitté, Priscus [4] *, vit par cette moitié de lui-même par laquelle il eût choisi de vivre.

XIX

Il ne s'agit point de violence, ni de meurtre, ni d'empoisonnement : j'ai un procès au sujet de trois chèvres ; je me plains de leur disparition et j'accuse mon voisin du larcin. C'est là ce dont le juge veut que la preuve lui soit

XV

Dum Phaethontea formica uagatur in umbra,
  inplicuit tenuem sucina gutta feram.
Sic modo quae fuerat uita contempta manente,
  funeribus facta est nunc pretiosa suis.

XVI

Tu qui pene uiros terres et falce cinaedos,
  iugera sepositi pauca tuere soli.
Sic tua non intrent uetuli pomaria fures,
  sed puer et longis pulchra puella comis.

XVII

Cinnam, Cinname, te iubes vocari :
non est hic, rogo, Cinna, barbarismus ?
Tu si Furius ante dictus esses,
Fur ista ratione dicereris.

XVIII

Sancta Salonini terris requiescit Hiberis,
  qua melior Stygias non uidet umbra domos.
Sed lugere nefas : nam qui te, Prisce, reliquit,
  uiuit qua uoluit uiuere parte magis.

XIX

Non de ui neque caede nec ueneno,
sed lis est mihi de tribus capellis :
uicini queror has abesse furto.
Hoc iudex sibi postulat probari :

XV *hab. TR*
XVI *hab. TR* || **2** soli α : loci βγ || **4** et α : aut βγ [*ut uidetur*]
XVIII *hab. TR* || **2** domos ω : -us β

faite. Toi, tu t'en vas chercher Cannes, la guerre de Mithridate, les parjures de la rage Punique, ainsi que les Sylla, les Marius et les Mucius [1] : ta voix tonne et tu fais de grands gestes. Parle donc enfin, Postumus, de mes trois chèvres [2] !

XX

Je t'ai prié, Phébus, de me prêter cent mille sesterces : tu m'avais dit auparavant : « N'as-tu donc rien à me demander ? » Or tu t'informes, tu hésites, tu diffères et tu nous mets tous deux à la torture depuis dix jours ! C'est trop : je t'en prie, Phébus, refuse.

XXI

En unissant à jamais Ianthis au poète Stella, Vénus a dit gaiement à celui-ci : « Je ne pouvais te donner davantage. » Elle a ainsi parlé en présence de l'épouse ; mais elle a glissé dans l'oreille de l'époux ces mots plus malicieux : « Quant à toi, tâche, fléau des cœurs, de ne pas tomber en faute. J'ai moi-même frappé avec rage ce grand coureur de Mars lorsqu'il allait promener sa fantaisie avant notre union légitime [3]. Mais depuis qu'il est à moi, jamais il ne m'a outragée en prenant une maîtresse : Junon voudrait bien avoir un époux aussi fidèle. » Elle dit, et frappe la poitrine de Stella de sa ceinture mystique. Il est charmé du coup reçu ; mais toi, déesse, frappe-les tous les deux.

XXII

Quand tu épouses, Proculina, l'homme dont tu étais la maîtresse et que, de celui qui était ton amant, tu fais à présent ton mari, — cela, pour éviter de tomber sous le coup

1. C'est le genre de l'avocat des *Plaideurs* de Racine.
2. Imité d'une épigramme grecque : *Anthol. Palatine*, XI, 141.
3. Ici Martial ajoute à la mythologie.

tu Cannas Mithridaticumque bellum
et periuria Punici furoris
et Sullas Mariosque Muciosque
magna uoce sonas manuque tota.
Iam dic, Postume, de tribus capellis.

XX

Mutua te centum sestertia, Phoebe, rogavi,
Cum mihi dixisses « Exigis ergo nihil ? »
Inquiris, dubitas, cunctaris meque diebus
teque decem crucias : iam rogo, Phoebe, nega.

XXI

Perpetuam Stellae dum iungit Ianthida uati
laeta Venus, dixit « Plus dare non potui. »
Haec coram domina ; sed nequius illud in aurem :
« Tu ne quid pecces, exitiose, uide.
Saepe ego lasciuom Martem furibunda cecidi,
legitimos esset cum uagus ante toros ;
sed postquam meus est, nulla me paelice laesit :
tam frugi Iuno uellet habere uirum. »
Dixit et arcano percussit pectora loro.
Plaga iuuat : sed tu iam, dea, caede duos.

XXII

Quod nubis, Proculina, concubino
et, moechum modo, nunc facis maritum,

XIX *hab. T* || **5** Cannas ω : Carrhas *L. Müller*
XX *hab. T* || **4** teque decem ω : te quidem T
XXI 1-4 *hab. T* || **3** aurem βγ *Heraeus* : -e α *Gilbert Lindsay* [*Iuuen. Sat. XI, 59 conferri iubet Lindsay, sed non apte, ut uidetur*] || **8** uirum β *edd.* : Iouem γ || **10** caede duos β *Friedlaender Gilbert Lindsay* : pare deo γ parce deo ς *Schneidewin*[1] parce tuo *Heinsius* caede deos *Heraeus*

de la loi Julia — ce n'est pas te marier, Proculina : c'est avouer.

XXIII

Tu exiges, Lesbie, que ma virilité soit toujours à ta disposition : crois-moi, on ne commande pas à cet organe comme à son doigt. Tu as beau appeler à la rescousse les caresses de tes mains et de tes paroles : ton visage impérieux prend parti contre toi.

XXIV

Charisianus est le dérèglement personnifié : aux saturnales, il se promène en toge [1] !

XXV

Marcellinus, authentique rejeton d'un père vertueux, toi que l'Ourse arcadienne [2] couvre de son attelage glacial, écoute les souhaits que forme pour toi un vieil ami qui fut aussi celui de ton père, et grave-les à jamais dans ton cœur. Que ton courage soit prudent et qu'une ardeur téméraire ne t'emporte pas au milieu des épées et sous les traits impitoyables. Laisse les déments aimer les guerres et le sauvage Mars : toi, tu peux être à la fois le soldat de ton père et celui du Chef Suprême [3].

XXVI

La tête de l'ami Sotadès est en danger. Vous croyez que Sotadès est accusé ? Il n'en est rien. Sotadès ne peut plus ériger sa lance : il a recours à sa langue [4].

1. Pratique tout à fait contraire à l'usage. On ne portait alors que des vêtements de couleur : mais peut-être Ch. est-il trop pauvre pour en acheter.

2. Cf. IV, 11, 3.

3. Cela veut dire : « ton père a des droits sur toi aussi bien que l'empereur. »

4. Jeu de mots sur *periclitari*, « être en danger, » soit au point de vue juridique, soit au point de vue médical.

ne lex Iulia te notare possit :
non nubis, Proculina, sed fateris.

XXIII

Stare iubes semper nostrum tibi, Lesbia, penem :
  crede mihi, non est mentula quod digitus.
Tu licet et manibus blandis et uocibus instes,
  te contra facies imperiosa tua est.

XXIV

Nil lasciuius est Charisiano :
Saturnalibus ambulat togatus.

XXV

Marcelline, boni suboles sincera parentis,
  horrida Parrhasio quem tegit ursa iugo,
ille uetus pro te patriusque quid optet amicus
  accipe et haec memori pectore uota tene :
causa sit ut uirtus nec te temerarius ardor
  in medios enses saeuaque tela ferat.
Bella uelint Martemque ferum rationis egentes,
  tu potes et patris miles et esse ducis.

XXVI

Periclitatur capite Sotades noster.
Reum putatis esse Sotaden ? non est.
Arrigere desît posse Sotades : lingit.

XXIII *hab. T* || **1** semper nostrum βγ : nostrum semper α || **4** te contra *Schneidewin edd.* : e contra α contra te βγ
XXV *hab. T* || **8** patris αγ : patriae β

XXVII

Népos, toi qui es deux fois mon voisin[1], — car, toi aussi, tu habites tout près de Flore[2] et dans le vieux district de Ficeliae[3] — tu as une fille dont le visage est tout le portrait de son père, attestant ainsi la chasteté maternelle. N'épargne pas trop pourtant ton vieux falerne et laisse plutôt tes jarres pleines de monnaie. — Que ta fille soit affectueuse, qu'elle soit riche, mais aussi qu'elle boive du vin doux : l'amphore neuve aujourd'hui vieillira avec sa maîtresse. Que la grappe du Cécube ne soit pas seulement le régal des citoyens sans enfants : les pères de famille, eux aussi, ont le droit de jouir de la vie, crois-en ma parole.

XXVIII

Cet affranchi de Melior[4] si connu, dont le décès a mis Rome entière en deuil, délices éphémères de son cher patron, Glaucias, inhumé sous ce marbre, repose dans un tombeau en bordure de la Voie Flaminia. De mœurs pures, d'une modestie parfaite, il avait l'esprit prompt et sa beauté était frappante. Aux douze moissons qu'il comptait déjà, c'est à peine si cet enfant joignait une année de plus. Toi qui pleures tant de trésors perdus, puisses-tu, passant, n'avoir jamais rien à pleurer[5].

XXIX

Il n'appartenait pas à la tourbe de la maisonnée, il n'avait pas figuré sur l'estrade avide d'argent d'un mar-

1. Voisin de ville et voisin de campagne.
2. Le temple de Flore, sur le Quirinal. Cf. V, 32, 4.
3. Proche de la maison de campagne du poète à Nomentum.
4. Atedius Melior, protecteur de Martial.
5. Cf. X, 61.

XXVII

Bis vicine Nepos — nam tu quoque proxima Florae
  incolis et ueteres tu quoque Ficelias —
est tibi, quae patria signatur imagine uoltus,
  testis maternae nata pudicitiae.
Tu tamen annoso nimium ne parce Falerno,
  et potius plenos aere relinque cados.
Sit pia, sit locuples, sed potet filia mustum :
  amphora cum domina nunc noua fiet anus.
Caecuba non solos uindemia nutriat orbos :
  possunt et patres uiuere, crede mihi.

XXVIII

Libertus Melioris ille notus,
tota qui cecidit dolente Roma,
cari deliciae breues patroni,
hoc sub marmore Glaucias humatus
iuncto Flaminiae iacet sepulcro :
castus moribus, integer pudore,
uelox ingenio, decore felix.
Bis senis modo messibus peractis
uix unum puer adplicabat annum.
Qui fles talia, nil fleas, uiator.

XXIX

Non de plebe domus nec auarae uerna catastae,
  sed domini sancto dignus amore puer,

XXVII 2 Ficelias *edd.* : Ficuleas [*dubitanter*] *Friedlaender* || **7** sit pia *codd. Gilbert Lindsay Heraeus* : est pia *Duff* si pia *Schenkl* || sit locuples γ *LQ Gilbert Heraeus* : si locuples *Pf Lindsay Giarratano* || sed γ *Gilbert Heraeus* : et β *Lindsay Giarratano* || **8** fiet ω : -at *Q* || anus β : opus γ

XXVIII 6 integer γ *edd.* : innocens β *Schryver* || **8** messibus γ : mens- β

chand d'esclaves : non, ce Glaucias était digne en tout point de la pure tendresse de son maître. Bien qu'il ne fût pas encore d'âge à se rendre compte de la générosité de son patron, il était déjà l'affranchi de Melior. Il devait cette faveur à son caractère et à sa beauté : qui fut jamais plus caressant que lui ? ou quel visage fut plus beau que le sien, comparable à celui d'Apollon ? Les êtres extraordinaires ont une vie courte et arrivent rarement à la vieillesse : souhaitez que tout ce que vous aimez ne possède pas trop de charmes [1]*.

XXX

Si tu m'avais donné sur-le-champ six mille sesterces, le jour où tu m'as dit : « Prends ! Emporte ! Je t'en fais cadeau ! » je t'aurais, Paetus, de la reconnaissance comme pour deux cent mille. Mais comme en réalité tu me les as donnés après avoir longtemps différé et laissé passer sept et peut-être même neuf calendes, veux-tu que je te dise quelque chose de plus vrai que la vérité ? Tu as, Paetus, perdu tes six mille sesterces.

XXXI

Tu sais fort bien, Charidème, que ta femme est la maîtresse de ton médecin, et tu laisses faire. Tu veux mourir sans que la fièvre s'en mêle [2]*.

XXXII

Quand la Furie de la guerre civile balançait encore et que le voluptueux Othon pouvait peut-être vaincre, il condamna une lutte qui devait coûter des flots de sang et, d'une main sûre, il se perça la poitrine de part en part. Admettons que Caton, durant sa vie, ait été plus grand même que César : à ses derniers instants, fut-il en rien plus grand qu'Othon ?

munera cum posset nondum sentire patroni,
Glaucia libertus iam Melioris erat.
Moribus hoc formaeque datum : quis blandior illo ?
aut quis Apollineo pulchrior ore fuit ?
Inmodicis breuis est aetas et rara senectus.
Quidquid amas, cupias non placuisse nimis.

XXX

Sex sestertia si statim dedisses,
cum dixti mihi « Sume, tolle, dono, »
deberem tibi, Paete, pro ducentis.
At nunc cum dederis diu moratus,
post septem, puto, vel novem Kalendas,
uis dicam tibi ueriora ueris ?
Sex sestertia, Paete, perdidisti.

XXXI

Vxorem, Charideme, tuam scis ipse sinisque
a medico futui : uis sine febre mori.

XXXII

Cum dubitaret adhuc belli ciuilis Enyo
forsitan et posset uincere mollis Otho,
damnauit multo staturum sanguine Martem
et fodit certa pectora tota manu.
Sit Cato, dum uiuit, sane uel Caesare maior :
dum moritur, numquid maior Othone fuit ?

XXIX 8 amas γ *uulgo* : es β *Heraeus*
XXX 4 moratus γ *edd.* : roga- β || 5 puto ω : -ta *L*
XXXI *hab. T* || 2 futui ω : subigi α
XXXII *1-4 hab. T* || 4 et fodit ω : effodit γ [*ut uidetur*] || tota α *edd.* : nuda βγ

XXXIII

Tu n'as rien vu, Mathon, de plus lamentable que l'homosexuel Sabellus, qui était jadis le plus joyeux des êtres. Vols, fuites ou décès d'esclaves, incendies, deuils, tout l'accable ; et pour comble de misère, il est réduit à besogner des femmes !

XXXIV

Donne-moi, Diadumenus, des baisers multipliés. « Combien ? » demandes-tu. C'est m'inviter à compter les vagues de l'Océan, les coquillages épars sur les grèves de la mer Égée, les abeilles qui errent sur la colline de Cécrops[1], ou les voix et les mains qui font retentir le théâtre quand le peuple voit tout à coup paraître le visage de César. Je n'en veux pas autant que Lesbie, gagnée par les prières de l'harmonieux poète, en donna à Catulle[2*] : il n'en souhaite pas beaucoup, celui qui est capable de les compter !

XXXV

Tu réclamais à grands cris sept clepsydres, et le juge, Caecilianus, te les a accordées, bien qu'à contre-cœur[3*]. Mais voici que tu parles aussi abondamment que longuement et, à demi renversé en arrière, tu avales l'eau tiède enfermée dans des flacons de verre. Pour assouvir enfin ta faconde et ta soif, je t'en prie, Caecilianus, bois donc à la clepsydre !

XXXVI

Ton membre, Papylus, égale ton nez en longueur : à chaque érection l'un peut flairer l'autre.

1. Le mont Hymette.

XXXIII

Nil miserabilius, Matho, pedicone Sabello
uidisti, quo nil laetius ante fuit.
Furta, fugae, mortes seruorum, incendia, luctus
adfligunt hominem, iam miser et futuit.

XXXIV

Basia da nobis, Diadumene, pressa. « Quo*t* ? » inquis.
Oceani fluctus me numerare iubes
et maris Aegaei sparsas per litora conchas
et quae Cecropio monte uagantur apes,
quaeque sonant pleno uocesque manusque theatro
cum populus subiti Caesaris ora uidet.
Nolo quo*t* arguto dedit exorata Catullo
Lesbia : pauca cupit qui numerare potest.

XXXV

Septem clepsydras magna tibi uoce petenti
arbiter inuitus, Caeciliane, dedit.
At tu multa diu dicis uitreisque tepentem
ampullis potas semisupinus aquam.
Vt tandem saties uocemque sitimque, rogamus
iam de clepsydra, Caeciliane, bibas.

XXXVI

Mentula tam magna est quantus tibi, Papyle, nasus,
ut possis, quotiens arrigis, olfacere.

XXXIII 4 iam γ : tam β
XXXIV *hab. TR* || 1 *et* 7 quot *edd.* : quod *codd.* || 2 me ω : mene R [*an pro* men ?]
XXXV *hab. TR* || 3 dicis βγ *R* : du- *T* L^1
XXXVI *hab. TR* || 1 quantus ω : tan- γ || Papyle αγ : Pamphile β

XXXVII

De son anus fendu jusqu'au nombril, Charinus n'a point gardé de vestige ; et cependant une démangeaison le brûle jusqu'au nombril. Quel prurit que celui dont le malheureux est travaillé ! Il n'a plus de postérieur, et il a tout de même des goûts contre nature !

XXXVIII

Voyez-vous comme ce jeune Régulus, dont les trois ans ne sont pas encore achevés, applaudit lui aussi les plaidoiries de son père ? Comme en l'apercevant il abandonne le giron maternel et comprend que la gloire de son père est aussi la sienne ? Déjà les acclamations, le tribunal des centumvirs, la foule qui fait cercle, et la basilique Julienne font la joie de cet enfant. Tel le rejeton d'un coursier ardent aime le nuage de poussière, tel le jeune taureau aspire aux combats malgré son front encore sans armes. Dieux, conservez, je vous en supplie, à une mère et à un père l'objet de leurs tendres vœux, pour que Régulus puisse un jour entendre son fils, et la mère tous les deux[1] !

XXXIX

Marulla t'a rendu, Cinna, sept fois père, mais nul de tes enfants n'est de sang libre : car aucun d'eux n'est de toi, non plus d'ailleurs que d'un ami ou d'un voisins Conçus sur des grabats ou des nattes, ils trahissent par leurs traits les fautes de leur mère. Celui-ci, ce maure qui s'avance avec ses cheveux frisés, porte sur la figure qu'il est le rejeton du cuisinier Santra. Celui-là, avec son nez épaté et ses lèvres lippues, est tout le portrait du lutteur

1. Ce vœu ne se réalisa pas : l'enfant mourut dans l'adolescence. Cf. Pline, Lettres, IV, 2.

XXXVII

Secti podicis usque ad umbilicum
nullas relliquias habet Charinus,
et prurit tamen usque ad umbilicum.
O quanta scabie miser laborat !
culum non habet, est tamen cinaedus.

XXXVIII

Aspicis ut paruus nec adhuc trieteride plena
Regulus auditum laudet et ipse patrem ?
maternosque sinus uiso genitore relinquat
et patrias laudes sentiat esse suas ?
Iam clamor centumque uiri densumque corona
uolgus et infanti Iulia tecta placent.
Acris equi suboles magno sic puluere gaudet,
sic uitulus molli proelia fronte cupit.
Di, seruate, precor, matri sua uota patrique,
audiat ut natum Regulus, illa duos.

XXXIX

Pater ex Marulla, Cinna, factus es septem
non liberorum : namque nec tuus quisquam
nec est amici filiusue uicini,
sed in grabatis tegetibusque concepti
materna produnt capitibus suis furta.
Hic qui retorto crine Maurus incedit
subolem fatetur esse se coci Santrae ;
at ille sima nare, turgidis labris
ipsa est imago Pannychi palaestritae.

XXXVIII 7 suboles *edd.* : sob- *codd.*
XXXIX 3 -ue γ : qui β || 7 subolem *edd.* : sob- *codd.* [*ut uidetur*] || coci Santrae *Schryver edd.* : cogis antrae *codd.*

Pannychus. Comment ignorer que le troisième est le fils du boulanger, quand on connaît et que l'on considère le chassieux Dama ? Le quatrième, avec son air vicieux et son teint pâle, t'est né des œuvres de ton mignon Lygdus : tu peux en user avec le fils comme avec le père, si l'envie t'en prend, sans commettre de crime. Cet autre, avec sa tête en pointe et ses longues oreilles, mobiles comme celles des ânons, comment se refuser à voir en lui le fils du bouffon Cyrta ? Les deux sœurs, l'une noire et l'autre rousse, sont les filles du flûtiste Crotus et du fermier Carpus. Et tu aurais déjà une maisonnée d'esclaves aussi nombreuse que les enfants de Niobé [1], si Coresus et Dindymus n'étaient pas des eunuques.

XL

Aucune femme n'aurait pu jadis être mise au-dessus de toi, Lycoris : aucune femme ne peut aujourd'hui être mise au-dessus de Glycère. Celle-ci sera un jour ce que tu es toi, tu ne saurais être ce qu'elle est. Telle est l'œuvre du temps : je la désire, je t'ai désirée.

XLI

Lire en public, la gorge et le cou enveloppés de laine, c'est déclarer qu'on est à la fois incapable de parler et de se taire.

XLII

Si tu ne vas te baigner aux thermes d'Etruscus, tu mourras sans avoir pris de bain, Oppianus. Jamais eaux ne te caresseront ainsi, ni la source Aponus [2] que fuient

1. Ce nombre varie avec les mythologues, mais le chiffre ordinairement adopté était de sept garçons et de sept filles.

2. Près de Padoue (cf. 1, 61, 3). Les femmes du pays ne s'y baignaient pas, soit par superstition, soit par l'effet d'une pudeur dont la sévérité était connue.

Pistoris esse tertium quis ignorat,
quicumque lippum nouit et uidet Damam?
Quartus cinaeda fronte, candido uoltu
ex concubino natus est tibi Lygdo :
percide, si uis, filium : nefas non est.
Hunc uero acuto capite et auribus longis,
quae sic mouentur ut solent asellorum,
quis morionis filium negat Cyrtae?
Duae sorores, illa nigra et haec rufa,
Croti choraulae uilicique sunt Carpi.
Iam Niobidarum grex tibi foret plenus
si spado Coresus Dindymusque non esset.

XL

Femina praeferri potuit tibi nulla, Lycori :
praeferri Glycerae femina nulla potest.
Haec erit hoc quod tu : tu non potes esse quod haec est.
Tempora quid faciunt! hanc uolo, te uolui.

XLI

Qui recitat lana fauces et colla reuinctus,
hic se posse loqui, posse tacere negat.

XLII

Etrusci nisi thermulis lauaris,
inlotus morieris, Oppiane.
Nullae sic tibi blandientur undae,
non fontes Aponi rudes puellis,

XXXIX 17 negat *codd.* : -et ς || **20** iam Niobidarum β *Lindsay Heraeus* iamni ubida pruit γ iamque hybridarum ς *Gilbert*
XL *hab. TR* || **3** Quod haec est ω : est *om.* γ
XLI 2 tacere ω : fa- β
XLII 4 non β : nec γ

les jeunes femmes, ni la douce Sinuessa [1], ni la nappe chaude du Passer [2], ni l'altier Anxur [3], non plus que les flots d'Apollon [4] ou même Baïes, reine des stations. Nulle part la clarté n'est si vive par beau temps; la lumière elle-même y est d'une durée plus longue et il n'est pas de lieu dont le jour se retire plus tardivement. Là, les carrières du Taygète mettent leurs teintes vertes [5*], et l'on voit rivaliser par la beauté diverse de leurs nuances les blocs que le phrygien [6*] et le libyen [7*] ont taillés dans une couche plus profonde [8*]. L'albâtre opaque [9*] y halète d'une chaleur sèche et les ophites [10*] s'y échauffent d'un feu subtil [11*]. Si les coutumes lacédémoniennes [12*] t'agréent, tu peux te contenter de te soumettre à une chaleur sèche et te plonger ensuite dans l'eau Vierge ou l'eau de Marcius [13*] telles que les fournit la nature; et ces flots sont si clairs, si transparents, que tu ne soupçonnerais jamais la présence de l'eau en cet endroit et que tu croirais que le marbre de Paros y brille à vide. Mais tu ne fais pas attention à mes paroles, et voici déjà longtemps que tu m'écoutes d'une oreille distraite, comme si tu n'y prenais aucun intérêt. Tu mourras sans avoir pris de bain, Oppianus!

XLIII

Tandis que l'heureuse Baïes te prodigue ses plaisirs, Castricus, et que la nymphe que pâlit le soufre de ses eaux te laisse t'ébattre dans ses bassins, pour ma part, le repos de ma campagne de Nomentum et un humble logis

1. Sur les frontières de la Campanie et au bord de la mer : dans le voisinage étaient les célèbres *Aquæ Sinuessanæ*.
2. En Étrurie.
3. Anxur, plus tard Tarracina, dans le Latium, sur la voie Appia et sur la côte, à 58 milles de Rome.
4. Les *Aquæ Apollinares*, situées en Étrurie, aujourd'hui Bagni di Vicarello.

non mollis Sinuessa feruidique
fluctus Passeris aut superbus Anxur,
non Phoebi uada principesque Baiae.
Nusquam tam nitidum uacat serenum :
lux ipsa est ibi longior, diesque
nullo tardius a loco recedit.
Illic Taygeti uirent metalla
et certant uario decore saxa,
quae Phryx et Libys altius cecidit.
Siccos pinguis onyx anhelat aestus
et flamma tenui calent ophitae :
ritus si placeant tibi Laconum,
contentus potes arido vapore
cruda Virgine Marciaue mergi ;
quae tam candida, tam serena lucet
ut nullas ibi suspiceris undas
et credas uacuam nitere lygdon.
Non adtendis et aure me supina
iam dudum quasi neglegenter audis :
inlotus morieris, Oppiane.

XLIII

Dum tibi felices indulgent, Castrice, Baiae
canaque sulphureis nympha natatur aquis,
me Nomentani confirmant otia ruris
et casa iugeribus non onerosa suis.
Hoc mihi Baiani soles mollisque Lucrinus,
hoc uestrae mihi sunt, Castrice, diuitiae.

XLII 8 uacat γ *edd.* : micat β || **18** -ue β : -que γ
XLIII *hab.* *T* || **1** indulgent *codd.* : <se> indulgent *Munro* || **2** nympha βγ : unda α limpha *N* || **6** uestrae mihi sunt βγ : mihi sunt uestrae α || **9** urbis αβ : -i γ

nullement à charge aux champs qui en dépendent[1] me rendent la santé. Voilà mon soleil de Baïes et mon voluptueux Lucrin : vos trésors à vous, riches, voilà ce qui m'en tient lieu, Castricus. Jadis, dès que j'entendais parler d'eaux réputées, j'y courais avec empressement et sans craindre les longs voyages : à présent les alentours de Rome me charment avec leurs retraites à ma portée et je trouve satisfait, s'il m'est permis de ne rien faire.

XLIV

Tu crois plaisanter avec agrément, Calliodore, et te figures que, seul au monde, tu as de l'esprit jusqu'au bout des ongles. Tu ris au nez de chacun et tes brocards n'épargnent personne : c'est ainsi que tu comptes passer pour un compagnon de table charmant. Mais si, moi, je fais certaine remarque, — ce ne sera pas joli, mais ce sera exact — tu ne trouveras personne, Calliodore, pour boire à ta santé[2].

XLV

Vous avez pris du plaisir, il suffit : épousez, vagins lascifs ! on ne vous permet plus que de chastes amours[3]*. Mais sont-ce là de chastes amours ? Laetoria se marie avec Lygdus : elle sera plus honteusement épouse qu'elle ne fut naguère adultère.

XLVI

Le fouet s'abat sans repos sur ce quadrige de la faction des Bleus[4]*, et pourtant il ne court pas : le cocher accomplit un prodige, Catianus.

1. C'est-à-dire qu'il ne saurait épuiser les produits du sol, soit à cause de leur abondance, soit plutôt en raison de la frugalité de Martial.
2. Parce qu'il faudrait boire dans la même coupe. Cf. II, 15, et XII, 74.

Quondam laudatas quocumque libebat ad undas
currere nec longas pertimuisse vias,
nunc urbis uicina iuuant facilesque recessus,
et satis est pigro si licet esse mihi.

XLIV

Festiue credis te, Calliodore, iocari
et solum multo permaduisse sale.
Omnibus adrides, dicteria dicis in omnis ;
sic te conuiuam posse placere putas.
At si ego non belle, sed uere dixero quiddam,
nemo propinabit, Calliodore, tibi.

XLV

Lusistis, satis est : lasciui nubite cunni :
permissa est uobis non nisi casta Venus.
Haec est casta Venus ? nubit Laetoria Lygdo :
turpius uxor erit quam modo moecha fuit.

XLVI

Vapulat adsiduo ueneti quadriga flagello
nec currit : magnam rem, Catiane, facit.

XLIV *hab. T*
XLV *3-4 hab. TR* || **2** uobis β [*ut uidetur*] *edd.* : no- γ || **4** turpius βγ *Heraeus* : -ior α *Gilbert Lindsay*
XLVI *hab. T* || **1** adsiduo β : -ue αγ *Gilbert Lindsay Heraeus* || **2** facit βγ : -is α

XLVII [1*]

Nymphe qui habites la demeure de mon cher Stella, toi qui t'échappes d'une source pure et visites l'atrium, orné de pierres rares [2*], de ton maître, soit que l'épouse de Numa [3*] t'ait envoyée des grottes de Diane [4*], soit que tu te sois détachée, neuvième muse, du chœur des Camènes [5*], par cette truie encore vierge Marcus s'acquitte envers toi de son vœu, étant tombé malade pour avoir bu de ton eau sans y être autorisé [6*]. Qu'il te suffise désormais que j'aie péché et laisse-moi jouir en toute sécurité de ta source délicieuse : que ma soif ne porte pas atteinte à ma santé.

XLVIII

La foule des clients qui t'acclament t'adresse d'immenses bravos ; mais ne t'y trompe pas, Pomponius : ce n'est pas toi, c'est ton dîner qui est éloquent.

XLIX

Je n'ai pas été taillé à la hache [7*] dans un ormeau peu solide, et ma colonne, que redressent des veines roidies, n'est pas faite de n'importe quel bois : elle est née d'un cyprès vivace, qui ne redoute ni des cycles d'années cent fois révolus, ni la décomposition d'une longue vieillesse. Crains-la, ô chenapan, qui que tu sois, car si ta main prompte aux larcins touche le moindre raisin de ce vignoble, il te viendra, — malgré toutes tes dénégations — greffée sur toi par ce cyprès, une grappe de figues [8*].

XLVII

Nympha, mei Stellae quae fonte domestica puro
laberis et domini gemmea tecta subis,
siue Numae coniunx Triuiae te misit ab antris
siue Camenarum de grege nona uenis :
exoluit uotis hac se tibi uirgine porca
Marcus, furtiuam quod bibit, aeger, aquam.
Tu contenta meo iam crimine gaudia fontis
da secura tui : sit mihi sana sitis.

XLVIII

Quod tam grande sophos clamat tibi turba togata,
non tu, Pomponi, cena diserta tua est.

XLIX

Non sum de fragili dolatus ulmo,
nec quae stat rigida supina uena
de ligno mihi quolibet columna est,
sed uiua generata de cupressu :
quae nec saecula centiens peracta
nec longae cariem timet senectae.
Hanc tu, quisquis es o malus, timeto :
nam si uel minimos manu rapaci
hoc de palmite laeseris racemos,
nascetur, licet hoc uelis negare,
inserta tibi ficus a cupressu.

XLVII *hab. T* || **2** laberis ω : lauaris *T* || **4** nona ω : noua β || **6** *sic dist. Gilbert Lindsay* : bibit aeger aquam *Friedlaender interpretans « quod bibit per corporis aegritudinem aquam nimis frigidam a medico uetitam », cf. VI, 86.*
XLVIII *hab. T*
XLIX 4 *et* **11** cupressu β : -o γ || **11** a β : in γ

L

A l'époque où Télésinus dans le dénuement ne cultivait que d'honnêtes amitiés, il errait, l'air misérable, en grelottant de froid sous une mauvaise toge ; depuis qu'il s'est entiché de débauchés aux mœurs infâmes, il achète plus que personne argenterie, tables, propriétés. Tu veux devenir riche, Bithynicus ? Sois complice. D'honnêtes baisers ne te procureront même pas un liard.

LI

Puisque tu donnes si souvent à dîner, Lupercus, sans m'inviter, j'ai trouvé le moyen de te jouer un vilain tour. Je suis fâché : tu auras beau m'inviter, envoyer après moi, me supplier... — « Que feras-tu ? » demandes-tu. — Ce que je ferai ? Je viendrai.

LII

Dans cette tombe gît, enlevé à l'âge le plus tendre, Pantagathus, la tendresse et la douleur de son maître, habile à couper les cheveux errants d'un fer qui les effleurait à peine et à polir les joues hérissées de poils. Tu auras beau, terre, lui être, comme tu le dois, douce et légère, tu ne peux être plus légère que sa main d'artiste.

LIII

Il s'est baigné avec nous, il a dîné gaiement, et pourtant, au matin, Andragoras a été trouvé mort. Veux-tu savoir, Faustinus, la cause d'un décès si soudain ? Il avait vu en songe le médecin Hermocrate [1].

1. Imité d'une épigramme grecque. *Anthol. Palatine*, XI, 257.

L

Cum coleret puros pauper Telesinus amicos,
errabat gelida sordidus in togula :
obscenos ex quo coepit curare cinaedos,
argentum, mensas, praedia solus emit.
Vis fieri diues, Bitynice ? consci us esto.
Nil tibi uel minimum basia pura dabunt.

LI

Quod conuiuaris sine me tam saepe, Luperce,
inueni noceam qua ratione tibi.
Irascor : licet usque uoces mittasque rogesque —
« Quid facies ? » inquis. Quid faciam ? ueniam.

LII

Hoc iacet in tumulo raptus puerilibus annis
Pantagathus, domini cura dolorque sui,
nix tangente uagos ferro resecare capillos
doctus et hirsutas excoluisse genas.
Sis licet, ut debes, tellus, placata leuisque,
arificis leuior non potes esse manu.

LIII

Lotus nobiscum est, hilaris cenauit, et idem
inuentus mane est mortuus Andrgoras.
Tam subitae mortis causam, Faustine, requiris ?
In somnis medicum uiderat Hermocraten.

L *hab. T* || **1** puros ω : pueros β || **3** ex quo *Reeverland* : ex co α *om.* βγ
LI *hab. T* || **4** inquis β *Gilbert Heraeus* : -it αγ *Lindsay Duff*
LII *hab. TR* || **5** ut debes ω : uidebis γ
LIII *hab. T* || **2** Andragoras ω *edd.* : -rus γ [*ut uidetur*]

LIV

Défends à Sextilianus de dire « si gros » et « si grosses » Aulus, et le malheureux aura peine à joindre trois mots ensemble. — « Que veut-il dire ? » demandes-tu. — Je vais te révéler mes soupçons : c'est que Sextilianus aime les « si gros » et les « si grosses [1] ».

LV

Parce que, le teint toujours bistré par la cannelle, le cinname et les parfums tirés du nid de l'oiseau merveilleux [2], tu fleures toutes les essences des vases de plomb de Niceros [3], tu me railles, Coracinus, moi qui ne sens rien du tout. J'aime mieux ne rien sentir que sentir bon [4].

LVI

Avec tes jambes hérissées de poils et ta poitrine velue tu comptes, Charidémus, en faire accroire à la Renommée. Fais disparaître, crois-moi, les poils de tout ton corps et prouve que tu épiles tes fesses. « Pourquoi cela ? » fais-tu. Tu le sais, bien des gens disent bien des choses : fais en sorte, Charidémus, qu'ils te prennent pour un inverti [5].

LVII

Tu veux nous tromper, Phébus, avec les faux cheveux que te fait ta pommade, et ton crâne nu et sale se couvre d'une toison peinte. Il n'est pas nécessaire d'avoir recours au rasoir pour ta tête : une éponge, Phébus, fera mieux l'affaire.

1. Id est draucos eorumque mentulas.
2. Le phénix dont le nid était fait de plantes aromatiques, notamment la cannelle et le cinname. Cf. Pline, H. N., XII, 42.
3. Célèbre parfumeur de l'époque.
4. Cela présuppose que l'on a quelque vilaine odeur à cacher. Cf. II, 12.
5. De peur qu'on ne suppose pire encore.

LIV

Tantos et tantas si dicere Sextilianum,
 Aule, uetes, iunget uix tria verba miser.
« Quid sibi uolt ? » inquis. Dicam quid suspicer esse :
 tantos et tantas Sextilianus amat.

LV

Quod semper casiaque cinnamoque
et nido niger alitis superbae
fragras plumbea Nicerotiana,
rides nos, Coracine, nil olentis :
malo quam bene olere nil olere.

LVI

Qnod tibi crura rigent saetis et pectora uillis,
 uerba putas famae te, Charideme, dare ?
Extirpa, mihi crede, pilos de corpore toto
 teque pilare tuas testificare natis.
« Quae ratio est ? » inquis. Scis multos dicere multa :
 fac pedicari te, Charideme, putent.

LVII

Mentiris fictos unguento, Phoebe, capillos
 et tegitur pictis sordida calua comis.
Tonsorem capiti non est adhibere necesse :
 radere te melius spongea, Phoebe, potest.

LVI *hab.* *T* || **3** extirpa [exst-] ω : -es γ || **5** multa ω : -is γ
LVII *hab.* *TR* || **3** capiti ω : -is *R*

LVIII

Tandis que tu te plais, Aulus, à contempler de près l'attelage de l'Ourse arcadienne et les astres engourdis du ciel de la Gétie, oh ! combien il s'en est fallu de peu qu'enlevé à ton amitié je ne fusse entraîné vers les eaux du Styx et les sombres brouillards du séjour Élyséen ! Malgré leur lassitude, mes yeux cherchaient ton visage et le nom de Pudens revenait sans cesse sur mes lèvres glacées. Si les Sœurs qui ourdissent nos destinées n'étirent pas pour moi des fils de deuil et si ma présente prière ne trouve pas les dieux sourds à ma voix, bien portant je te reverrai bien portant dans les villes latines et, récompensé par le grade de primipilaire, tu feras en outre un illustre chevalier [1].

LIX

Baccara est désolé, Baccara se lamente de n'avoir pas la chance qu'il fasse froid ; et cela, en raison de ses innombrables manteaux. Il souhaite les jours sombres, et le vent, et la neige, et il déteste les journées d'hiver où l'air vient à s'attiédir. Quel mal t'a donc fait, cœur féroce, mon manteau, qu'une brise légère a la force d'enlever de mes épaules ? Combien il serait plus franc, combien plus humain, de revêtir même au mois d'août tes lourdes pelisses !

LX (LXI)

Rome loue, goûte, redit sans cesse mes vers : chacun m'enferme dans sa poche ou me porte à la main. Mais voici quelqu'un qui rougit, pâlit, s'effare, bâille, maugrée : c'est là ce que je souhaitais : à présent, mes vers sont tout à fait à mon goût.

1. Ce dernier vœu ne semble pas s'être réalisé : Martial n'en parle plus.

LVIII

Cernere Parrhasios dum te iuuat, Aule, triones
comminus et Getici sidera pigra poli,
o quam paene tibi Stygias ego raptus ad undas
Elysiae uidi nubila fusca plagae !
Quamuis lassa tuos quaerebant lumina uoltus
atque erat in gelido plurimus ore Pudens.
Si mihi lanificae ducunt non pulla sorores
stamina nec surdos uox habet ista deos,
sospite me sospes Latias reueheris ad urbes
et referes pili praemia clarus eques.

LIX

Et dolet et queritur sibi non contingere frigus
propter sescentas Baccara gausapinas,
optat et obscuras luces uentosque niuesque
odit et hibernos, si tepuere, dies.
Quid fecere mali nostrae tibi, saeue, lacernae
tollere de scapulis quas leuis aura potest ?
Quanto simplicius, quanto est humanius illud,
mense uel Augusto sumere gausapinas !

LX (LXI)

Laudat, amat, cantat nostros mea Roma libellos,
meque sinus omnes, me manus omnis habet.
Ecce rubet quidam, pallet, stupet, oscitat, odit.
Hoc uolo : nunc nobis carmina nostra placent.

LVIII 2 pigra β *Gilbert Lindsay* : ferre γ *Schneidewin Heraeus*
LX *hab. TR* || 4 nobis ω : uo- β

LXI (LX)

Le vœu de Pompullus est accompli, Faustinus : on le lira et son nom sera répandu dans tout l'univers. — « Puisse fleurir ainsi la race perfide des blonds Usipiens et tous ceux qui haïssent la domination de l'Ausonie [1]. » — On dit pourtant que les écrits de Pompullus attestent un esprit distingué. — « Mais cela, crois-moi, ne suffit pas à la Renommée : combien d'écrivains au style facile alimentent les mites et les vers! Seuls, les cuisiniers achètent leurs chefs-d'œuvre poétiques. Il faut quelque chose de plus pour donner l'immortalité aux écrits : pour vivre à jamais, un livre ne saurait se passer de Génie [2]. »

LXII

Salanus était père : il a perdu son fils unique, et tu hésites à lui faire des cadeaux, Oppianus? O cruauté monstrueuse! O malignité de la destinée! A quel vautour ce cadavre va-t-il appartenir [3] * ?

LXIII

Tu sais qu'on te pourchasse [4]*, tu sais la cupidité de celui qui te pourchasse, et tu sais, Marianus, le but que vise celui qui te pourchasse. Tu ne l'en fais pas moins, grand sot, figurer comme héritier sur ton testament, et tu as la démence de vouloir qu'il prenne ta place. — « Il m'a offert, quoi qu'on dise, des présents magnifiques. » — Oui, mais au bout d'un hameçon : or, le poisson peut-il aimer le pêcheur? Se peut-il que cet homme pleure ta mort avec un chagrin sincère? Si tu veux qu'il gémisse, ne lui lègue rien, Marianus.

1. C'est-à-dire puissent-ils périr aussi vrai que les œuvres de Pompullus périront.

2. Martial fait dauber sur Pompullus par son interlocuteur : procédé habile. Il y a, en outre, un jeu de mots probable sur *genius*, le génie familier, et *ingenium*, l'inspiration divine.

LXI (LX)

Rem factam Pompullus habet , Faustine : legetur
et nomen toto sparget in orbe suum.
« Sic leue flauorum ualeat genus Vsiporum
quisquis et Ausonium non amat imperium. »
Ingeniosa tamen Pompulli scripta feruntur :
« Sed famae non est hoc, mihi crede. satis :
quam multi tineas pascunt blattasque diserti
et redimunt soli carmina docta coci !
Nescioquid plus est, quod donat saecula chartis :
uicturus genium debet habere liber. »

LXII

Amisit pater unicum Salanus :
cessas munera mittere, Oppiane ?
Heu crudele nefas malaeque Parcae !
Cuius uulturis hoc erit cadauer ?

LXIII

Scis te captari, scis hunc qui captat, auarum,
et scis qui captat quid, Mariane, uelit.
Tu tamen hunc tabulis heredem, stulte, supremis
scribis et esse tuo uis, furiose, loco.
« Munera magna tamen misit. » Sed misit in hamo ;
et piscatorem piscis amare potest ?
Hicine deflebit uero tua fata dolore ?
si cupis ut ploret, des, Mariane, nihil.

LXI *hab. T* || **2** sparget γ : -it αβ || **3** Usiporum *edd.* : usipiorum γ uisiporum *T* || **9** nescioquid plus est ω : nescio quod plus sit α || donat ω : -ant βγ || **10** uicturus ω : -um β

LXII 1 Salanus γ *edd. recentiores* : Si- β *Schryver Friedlaender* || munera mittere β : mittere munera γ || Oppiane γ : pp - β

LXIII *hab. T*

LXIV

Tu n'es pas sorti de l'austère lignée des Fabius, et tu n'as rien de commun avec ce fils que, tandis qu'elle portait à manger à son mari au labour, la femme rougeaude de Curius [1] lui donna sous un chêne touffu ; non, tu es issu d'un père rasé au miroir [2] et d'une mère qui porte la toge [3], et ta femme pourrait t'appeler sa femme. Pourtant tu t'arroges le droit de critiquer mes petits livres, bien connus de la Renommée, et de censurer mes heureuses bagatelles, — alors que ces bagatelles, dis-je, les plus grands personnages de la politique et du barreau ne leur refusent pas une oreille pleinement attentive ; que l'immortel Silius [4] leur fait l'honneur de les placer dans sa bibliothèque ; que la bouche éloquente de Régulus les redit tant de fois ; que Sura [5] les vante, Sura qui voit de tout près les combats du Grand Cirque et a pour voisine la Diane de l'Aventin, et alors que lui-même, le maître de l'Empire, malgré la lourdeur de sa tâche, alors que César ne dédaigne pas de les relire deux ou trois fois. Mais toi, tu as plus d'esprit qu'eux ; Minerve a aiguisé ton intelligence, et par sa finesse Athènes a formé en toi un goût plus délicat. Que je meure si, en fait de goût, il n'y en a pas cent fois davantage [6] dans ce cœur faisandé qu'avec une panse largement étalée, des pattes énormes et des poumons rouges, vrai fléau des narines, un boucher sans pitié promène par tous les carrefours. Tu as aussi l'audace

1. Les Fabius et les Curius symbolisent ici les Romains de la vieille roche.

2. Signe de mollesse efféminée.

3. C'est-à-dire d'une courtisane ou adultère avérée. Cf. II, 39, 2.

4. Silius Italicus.

5. L'avocat L. Licinius Sura, ami de Trajan qui le fit trois fois consul. Sa maison, proche du temple de Diane sur l'Aventin, dominait sans doute le creux (entre l'Aventin et le Palatin) où se trouvait le Cirque.

6. Jeu de mots sur *sapere*, « avoir de la saveur », et, au figuré, « être doué d'intelligence et d'un sens droit. »

LXIV

Cum sis nec rigida Fabiorum gente creatus
nec qualem Curio, dum prandia portat aranti,
hirsuta peperit rubicunda sub ilice coniunx,
sed patris ad speculum tonsi matrisque togatae
filius et possit sponsam te sponsa uocare :
emendare meos, quos nouit fama, libellos
et tibi permittis felicis carpere nugas, —
has, inquam, nugas, quibus aurem aduertere totam
non aspernantur proceres urbisque forique,
quas et perpetui dignantur scrinia Sili
et repetit totiens facundo Regulus ore,
quique uidet propius magni certamina Circi
laudat Auentinae uicinus Sura Dianae,
ipse etiam tanto dominus sub pondere rerum
non dedignatur bis terque reuoluere Caesar.
Sed tibi plus mentis, tibi cor limante Minerua
acrius et tenues finxerunt pectus Athenae.
Ne ualeam, si non multo sapit altius illud,
quod cum panticibus laxis et cum pede grandi
et rubro pulmone uetus nasisque timendum
omnia crudelis lanius per compita portat.
Audes praeterea, quos nullus nouerit, in me
scribere uersiculos miseras et perdere chartas.
At si quid nostrae tibi bilis inusserit ardor,
suiuet et haerebit totoque legetur in orbe
stigmata nec uafra delebit Cinnamus arte.
Sed miserere tui rabido nec perditus ore

LXIV *hab. T* || **3** rubicunda βγ *Lindsay Heraeus* : deprensa α *Gilbert Duff Giarratano* || **8** quibus βγ : quis α || **12** propius βγ : totiens α [*cf. u. 11*] || **18** ne αγ : nec β || **20** timendum ω : -us β || **22** quos βγ : quod α || nouerit βγ : -at α || **24** si quid γ : si quis β si qui α || nostrae ω : -ter β || **25** totoque... orbe βγ : totaque... urbe α **27** rabido β : rap- αγ

d'écrire contre moi de petits vers que personne ne veut connaître et de gaspiller de la sorte un malheureux papier. Mais si ma bile brûlante te marque au fer rouge, ce sera pour toujours : mes vers s'attacheront à toi, se feront lire par toute la ville, et Cinnamus [1*] aura beau faire appel à toutes les ressources de son art, la flétrissure sera indélébile. Aie plutôt pitié de toi-même et ne pousse pas l'égarement jusqu'à essayer, d'une dent mue par la rage, d'entamer le mufle fumant de courroux d'un ours plein de vie. Sans doute, il est doux de caractère, il lèche les doigts et les mains : mais si une bile échauffée par la colère, si un légitime ressentiment l'y contraignent, ce sera un ours. Épuise donc l'effort de tes dents sur une simple peau, et tâche de trouver pour y mordre une chair condamnée au silence.

LXV

« Une épigramme en hexamètres [2*] ! », se récrie, je le sais, Tucca. Tucca, cela n'est pas contre l'usage ; Tucca, cela n'est pas contre les règles. — « Cependant celle-ci est bien longue ! » — Cela non plus, Tucca, n'est contraire ni à l'usage, ni aux règles : s'il te faut des pièces plus courtes, ne lis que les distiques. Faisons une convention : tu seras libre de passer les épigrammes longues, et moi, Tucca, de les écrire.

LXVI

C'était une fille de réputation plutôt fâcheuse — dans le genre de celles que l'on voit assises en plein quartier de Subure — que vendait récemment le commissaire-priseur Gellianus : aussi l'enchère s'attardait-elle dans les offres les plus modiques. Voulant prouver à tous la pureté de la donzelle, Gellianus l'attira à lui, malgré ses refus, par la main et l'embrassa à deux, trois, quatre reprises. Que gagna-t-il par ses baisers ? Le voici : celui qui en donnait six cents sesterces retira son offre [3*] !

fumantem nasum uiui temptaueris ursi.
Sit placidus licet et lambat digitosque manusque,
si dolor et bilis, si iusta coegerit ira,
ursus erit : uacua dentes in pelle fatiges
et tacitam quaeras, quam possis rodere, carnem.

LXV

« Hexametris epigramma facis » scio dicere Tuccam.
Tucca, solet fieri, denique, Tucca, licet.
« Sed tamen hoc longum est. » Solet hoc quoque, Tucca, licetque :
si breuiora probas, disticha sola legas.
Conueniat nobis ut fas epigrammata longa
sit transire tibi, scribere, Tucca, mihi.

LXVI

Famae non nimium bonae puellam,
quales in media sedent Subura,
uendebat modo praeco Gellianus.
Paruo cum pretio diu liceret,
dum puram cupit adprobare cunctis,
adtraxit prope se manu negantem
et bis terque quaterque basiauit.
Quid profecerit osculo requiris ?
Sescentos modo qui dabat negauit.

LXIV 28 nasum uiui αγ : uiui nasum β || **32** tacitam αβ : -us γ
LXV *hab. TR* || **3** licetque αγ : licere β
LXVI 4 liceret *codd.* : -ent *Gronov* || **6** manu γ : -um β

LXVII

Pourquoi ta chère Caelia n'a-t-elle pour la servir que des eunuques ? Tu veux le savoir, Pannychus ? C'est que Caelia veut être besognée, mais elle ne veut pas d'enfant.

LXVIII

Pleurez votre crime, oui, pleurez-le sur le lac Lucrin tout entier, Naïades, et que Thétis [1]* elle-même perçoive vos lamentations. Près de Baïes, un enfant a péri entraîné par les vagues : c'était cet Eutychus, ton compagnon chéri, Castricus. Tu l'avais associé à tes travaux littéraires, qu'il allégeait avec tant de gentillesse ; tu l'aimais, il était l'Alexis de notre poète inspiré. La nymphe amoureuse a-t-elle vu sa chair nue à travers le cristal des flots, et a-t-elle renvoyé Hylas à Hercule ? Ou la déesse éprise de l'efféminé Hermaphrodite [2]* ne veut-elle plus de lui désormais et rêve-t-elle de l'étreinte d'un viril adolescent ? Quoi qu'il en soit et quelle que soit la cause d'un si brusque enlèvement, fasse le ciel que la terre et l'eau te soient également douces !

LXIX

Je ne m'étonne point que ta Bassa boive de l'eau, Catullus : ce qui m'étonne, c'est que boive de l'eau la fille de Bassa [3]*.

LXX

Cotta a déjà vu, Marcianus, s'achever sa soixantième moisson et même, je crois, deux autres encore, sans qu'il se souvienne d'avoir jamais eu à endurer la lassitude d'un lit moite de fièvre, fût-ce pendant un seul jour. Il montre le doigt — et même le doigt insultant — à Alcon, à

LXVII

Cur tantum eunuchos habeat tua Gellia quaeris,
Pannyche ? uolt futui Gellia nec parere.

LXVIII

Flete nefas uestrum, sed toto flete Lucrino,
Naides, et luctus sentiat ipsa Thetis.
Inter Baianas raptus puer occidit undas
Eutychos ille, tuum, Castrice, dulce latus.
Hic tibi curarum socius blandumque leuamen,
hic amor, hic nostri uatis Alexis erat.
Numquid te uitreis nudum lasciua sub undis
uidit et Alcidae nympha remisit Hylan ?
an dea femineum iam neglegit Hermaphroditum
amplexu teneri sollicita uiri ?
Quidquid id est, subitae quaecumque est causa rapinae,
sit, precor, et tellus mitis et unda tibi.

LXIX

Non miror quod potat aquam tua Bassa, Catulle :
miror quod Bassae filia potet aquam,

LXX

Sexagesima, Marciane, messis
acta est et, puto, iam secunda Cottae
nec se taedia lectuli calentis
expertum meminit die uel uno.
Ostendit digitum, sed inpudicum,

LXVII *hab.* *T* || **1-2** Gellia γ *Lindsay* : Gelia β Caelia *T Schneidewin Gilbert Giarratano Heraeus* || **2** futui ω : subigi α
LXVIII *hab.* *T*
LXIX 2 Bassae *edd.* : basse β bassi γ || potet γ : -tat β

Dasius et à Symmachus [1]. Quant à nous, faisons le compte exact de nos années et retranchons les jours que nous ont ravis les sombres fièvres, les malaises accablants ou les souffrances cruelles, de la part la meilleure de notre existence ; nous voici des enfants avec l'apparence de la vieillesse. Regarder la vie de Priam ou celle de Nestor comme longue, Marcianus, c'est se faire illusion et se tromper lourdement. La vraie vie, ce n'est pas le fait de vivre, c'est la santé.

LXXI

Habile à prendre des poses lascives au son des castagnettes de la Bétique et à se trémousser suivant les rythmes de Gadès, capable de rendre la vigueur aux membres tremblants de Pélias et d'émoustiller l'époux d'Hécube auprès du bûcher d'Hector [2], Téléthusa torture et consume son ancien maître : il l'a vendue jadis comme servante, il la rachète à présent comme maîtresse.

LXXII

Voleur d'une rapacité bien connue, un Cilicien [3] voulait dépouiller un jardin; mais, bien qu'il s'étendît à perte de de vue, celui-ci, Fabullus, ne renfermait qu'un Priape de marbre. Ne voulant pas revenir les mains vides, notre Cilicien emporta le Priape lui-même.

1. Trois médecins réputés de ce temps-là. Pour le geste, cf. II, 28, 2.

2. Pélias, père de Jason, et Priam, père d'Hector, symbolisent ici la vieillesse caduque.

3. Les Ciliciens étaient réputés à la fois comme voleurs et comme jardiniers. Pompée en avait transporté un peu partout dans le monde romain et notamment en Italie. Cf. l'épisode du vieillard de Tarente dans Virgile.

Alconti Dasioque Symmachoque.
At nostri bene computentur anni
et quantum tetricae tulere febres
aut languor grauis aut mali dolores
a vita meliore separe*t*ur :
infantes sumus et senes uidemur.
Aetatem Priamique Nestorisque
longam qui putat esse, Marciane,
multum decipiturque falliturque.
Non est uiuere, sed ualere uita est.

LXXI

Edere lasciuos ad Baetica crusmata gestus
et Gaditanis ludere docta modis,
tendere quae tremulum Pelian Hecubaeque maritum
posset ad Hectoreos sollicitare rogos,
urit et excruciat dominum Telethusa priorem :
uendidit ancillam, nunc red*i*mit dominam.

LXXII

Fur notae nimium rapacitatis
compilare Cilix uolebat hortum,
ingenti sed erat, Fabulle, in horto
praeter marmoreum nihil Priapum.
Dum non uolt uacua manu redire,
ipsum subripuit Cilix Priapum.

LXX **10** separetur *Duff probat Heraeus in adn.* : -entur *codd. edd.* || **15** uita est ω : uita [*om.* est] *P*

LXXI **4** sollicitare *C Gilbert Giarratano Heraeus* : -tata βγ *Lindsay* || **6** redimit *edd.* : redemit β redimet γ

LXXIII

Ce n'est pas un grossier paysan qui m'a façonné d'une serpe sans art[1] : vous voyez ici l'ouvrage distingué d'un intendant : car c'est le plus riche cultivateur du sol de Caeré, Hilarus, qui possède ces collines et ces riants coteaux. Regardez comme ma physionomie est nette, comme personne ne me croirait de bois, comme je porte à mon aine un dard qui n'est point voué au feu ; mieux encore, comme, assuré de l'immortalité grâce à un cyprès impérissable, mon membre se roidit, digne du ciseau de Phidias. Voisins, je vous le recommande, rendez hommage au vénérable Priape et respectez ces quatorze arpents.

LXXIV

Ce convive qui occupe la place du bas au lit du milieu, avec ses trois cheveux sur un crâne lisse où la pommade trace des sentiers, et qui fourgonne ses mâchoires entrebâillées avec des épines de lentisque, nous en impose, Aefulanus : il n'a pas de dents !

LXXV

Toutes les fois que tu m'envoies une grive ou une portion de gâteau ou une cuisse de lièvre, ou quelque chose d'analogue, tu déclares, Pontia, m'avoir envoyé tes meilleurs morceaux. Je me garderai bien, moi, Pontia[2], de les envoyer ailleurs, mais aussi de les manger.

LXXVI

Ce gardien d'une personne sacrée[3]*, de notre Mars en toge[4]*, auquel fut confié le camp du Chef Suprême, repose

1. C'est une statue de Priape qui est censée parler.
2. C'était une empoisonneuse célèbre. Cf. II, 34.

LXXIII

Non rudis indocta fecit me falce colonus :
dispensatoris nobile cernis opus.
Nam Caeretani cultor ditissimus agri
hos Hilarus colles et iuga laeta tenet.
Aspice quam certo uidear non ligneus ore
nec deuota focis inguinis arma geram,
sed mihi perpetua numquam moritura cupresso
Phidiaca rigeat mentula digna manu.
Vicini, moneo, sanctum celebrate Priapum
et bis septenis parcite iugeribus.

LXXIV

Medio recumbit imus ille qui lecto,
caluam trifilem semitatus unguento,
foditque tonsit ora laxa lentiscis,
mentitur, Aefulane : non habet dentes.

LXXV

Cum mittis turdumue mihi quadramue placentae,
siue femur leporis siue quid his simile est,
buccellas misisse tuas te, Pontia, dicis.
Has ego non mittam, Pontia, sed nec edam.

LXXVI

Ille sacri lateris custos Martisque togati,
credita cui summi castra fuere ducis,

LXXIII 3 ditissimus β : not- γ || **7** cupresso *codd.* :-u (?) *Schneidewin Friedlaender* [*cf. VI, 49, 4 et 11*]

LXXIV 1 imus ω *edd.* : unus *PQFf* || **2** semitatus *codd. edd.* : -tectus *Buecheler*

LXXV *hab. T* || **1** turdumue αβ : -que γ || **2** simile est α : simile βγ || **4** non ω : nec A

LXXVI *hab. T*

ici. Nous pouvons, Fortune, le dire hautement : cette pierre ne redoute plus les menaces de l'ennemi. La nuque du Dace dompté s'est pliée à notre joug puissant, et l'ombre victorieuse de Fuscus est maîtresse d'un bosquet asservi.

LXXVII

Tu es plus pauvre que le mendiant Iros[1]*, plus jeune même que Parthénopée[2]*, plus vigoureux qu'Artémidore au jour même où il fut vainqueur[3]* : quel plaisir peux-tu prendre à faire de toi le fardeau de six Cappadociens[4]* ? On se moque de toi et l'on te montre au doigt bien plus, Afer, que si tu te promenais tout nu en plein forum. On s'arrête pareillement devant un géant monté sur un bardot[5]* nain ou devant un éléphant noir de Lybie portant son cornac de même couleur. Veux-tu savoir à quel point ta litière est choquante ? Même mort, tu ne saurais être porté en hexaphore.

LXXVIII

Buveur notoire, Phryx n'y voyait point d'un œil, Aulus, et il avait l'autre chassieux. Son médecin Héras lui dit : « Garde-toi de boire : si tu bois, le vin te fera perdre entièrement la vue. » Avec un éclat de rire, Phryx dit à son œil : « Adieu ! » Et sur-le-champ il se fait préparer des coupes trois fois plus grandes[7]*, et il les vide maintes fois. Veux-tu savoir le résultat ? Phryx a bu le vin et son œil le poison.

LXXIX

Tu es triste au sein des prospérités. Prends garde que la Fortune ne vienne à le savoir : elle te dira ingrat, Lupus, si elle le sait.

hic situs est Fuscus. Licet hoc, Fortuna, fateri :
non timet hostilis iam lapis iste minas ;
grande iugum domita Dacus ceruice recepit
et famulum uictrix possidet umbra nemus.

LXXVII

Cum sis tam pauper quam nec miserabilis Iros,
tam iuuenis quam nec Parthenopaeus erat,
tam fortis quam nec cum vinceret Artemidorus,
quid te Cappadocum sex onus esse iuuat ?
Rideris multoque magis traduceris, Afer,
quam nudus medio si spatiere foro.
Non aliter monstratur Atlans cum compare ginno
quaeque uehit similem belua nigra Libyn.
Invidiosa tibi quam sit lectica requiris ?
Non debes ferri mortuus hexaphoro.

LXXVIII

Potor nobilis, Aule, lumine uno
luscus Phryx erat alteroque lippus.
Huic Heras medicus « Bibas caueto :
uinum si biberis, nihil uidebis. »
Ridens Phryx oculo « Valebis » inquit.
Misceri sibi protinus deunces,
sed crebros iubet. Exitum requiris ?
Vinum Phryx, oculus bibit uenenum.

LXXIX

Tristis es et felix. Sciat hoc Fortuna caueto :
ingratum dicet te, Lupe, si scierit.

LXXVII *1-6 hab. T* || **1** Iros *Heinsius edd.* : Irus βγ heros *T* || **7** ginno *Schryver edd.* : gybbo [gi-] γ mulo β

LXXX

Comme un rare [1]* présent, César, la terre du Nil t'avait, dans sa présomption, envoyé des roses d'hiver. Mais le marin de Memphis s'est moqué des jardins de l'Égypte, à peine a-t-il eu franchi le seuil de ta ville : telle y était la beauté du printemps, tant la gracieuse Flore y parfumait l'air, tellement la gloire des champs de Paestum [2]* s'y étalait ; à tel point, de quelque côté qu'il promenât ses pas et ses regards, toutes les voies s'empourpraient de roses en guirlandes [3]*. Mais toi, qui es désormais invité à céder le pas à l'hiver romain, envoie-nous tes moissons, ô Nil, et reçois nos roses.

LXXXI

On dirait que tu en veux aux gens, Charidème, quand tu te baignes : à tel point tu mets ton bas-ventre en contact avec toute l'eau de la piscine [4]*. Même ta tête, Charidème, je ne voudrais pas que tu t'y baignes de la sorte. — Mais voici que tu y baignes aussi ta tête ! Je préfère que tu y baignes ton bas-ventre [5]*.

LXXXII

L'autre jour, Rufus, un quidam, après m'avoir soigneusement passé en revue, comme le ferait un acheteur d'esclaves ou un enrôleur de gladiateurs, et m'avoir furtivement noté de l'œil et du doigt : « Est-ce toi, me dit-il, est-ce bien toi, ce Martial dont les plaisanteries et les badinages sont connus de quiconque n'a pas une oreille batave [6]* ? » Je souris doucement, et d'un léger signe de tête je reconnus être celui qu'il avait dit. « Pourquoi donc, fit-il alors, portes-tu un mauvais manteau ? ». Je répondis : « Parce que je suis un mauvais poète ! » Pour que ce désagrément n'arrive pas plus souvent au poète, envoie-moi, Rufus, un bon manteau.

LXXX

Vt noua dona tibi, Caesar, Nilotica tellus
miserat hibernas ambitiosa rosas.
Nauita derisit Pharios Memphiticus hortos,
urbis ut intrauit limina prima tuae :
tantus ueris honos et odorae gratia Florae
tantaque Paestani gloria ruris erat ;
sic, quacumque uagus gressumque oculosque ferebat,
tonsilibus sertis omne rubebat iter.
At tu Romanae iussus iam cedere brumae
mitte tuas messes, accipe, Nile, rosas,

LXXXI

Iratus tamquam populo, Charideme, lauaris :
inguina sic toto subluis in solio.
nec caput hic uellem sic te, Charideme, lauare.
Et caput ecce lauas : inguina malo laues.

LXXXII

Quidam me modo, Rufe, diligenter
inspectum, uelut emptor aut lanista,
cum uoltu digitoque subnotasset,
« Tune es, tune » ait « ille Martialis,
cuius nequitias iocosque nouit
aurem qui modo non habet Batavam ? »
Subrisi modice, leuique nutu
me quem dixerat esse non negaui.
« Cur ergo » inquit « habes malas lacernas ? »
Respondi : « quia sum malus poeta. »
Hoc ne saepius accidat poetae,
mittas, Rufe, mihi bonas lacernas.

LXXX *hab. TR* || 7 uagus ω : -os *T* || 8 tonsilibus αβ : **texti-** γ
LXXXII 2 inspectum γ : -tor β

LXXXIII

Autant le père d'Etruscus doit son heureuse fortune à la tendre sollicitude de son fils [1]*, autant, ô le plus grand des princes, le père et le fils te sont redevables : car tu as ramené en arrière la foudre lancée par ta main, et il serait à souhaiter que les feux dont s'arme Jupiter connussent la même clémence ! Si jamais, César, le tout-puissant maître du tonnerre adopte ton caractère, sa main usera rarement de toute l'énergie de sa foudre. Étruscus se déclare ton obligé pour un double bienfait : il a eu le bonheur d'accompagner son père et de le ramener.

LXXXIV

En pleine santé, Avitus, il faut à Philippus une litière à huit porteurs. Si tu le crois sain [2]*, Avitus, c'est que toi-même tu es fou.

LXXXV

Voici que mon sixième livre va paraître sans que tu sois là, Camonius Rufus, et il ne peut plus espérer, ami, t'avoir pour lecteur. La terre inhumaine de la Cappadoce, que tu avais visitée sous de sinistres présages, rend à ton père des cendres et des os. Répands tes larmes, Bologne, privée de ton Rufus, et que les lamentations retentissent sur tout le parcours de la voie Aemilia ! Hélas ! quelle piété filiale, hélas ! quelle trop brève existence n'est plus ! Il n'avait compté que cinq fois les récompenses que voit distribuer la plaine de l'Alphée [3]* Toi qui te plaisais, Rufus, à réciter par cœur mes badinages, toi qui retenais des épigrammes entières, reçois avec ses pleurs le court poème de ton ami désolé, et regarde ces vers comme un encens qui te serait offert de loin.

LXXXIII

Quantum sollicito fortuna parentis Etrusco,
tantum, summe ducum, debet uterque tibi.
Nam tu missa tua reuocasti fulmina dextra :
hos cuperem mores ignibus esse Iouis ;
si tua sit summo, Caesar, natura Tonanti,
utetur toto fulmine rara manus.
Muneris hoc utrumque tui testatur Etruscus,
esse quod et comiti contigit et reduci.

LXXXIV

Octaphoro sanus portatur, Auite, Philippus.
Hunc tu si sanum credis, Auite, furis.

LXXXV

Editur en sextus sine te mihi, Rufe Camoni,
nec te lectorem sperat, amice, liber :
impia Cappadocum tellus et numine laeuo
uisa tibi cineres reddit et ossa patri.
Funde tuo lacrimas orbata Bononia Rufo,
et resonet tota planctus in Aemilia :
heu qualis pietas, heu quam breuis occidit aetas !
uiderat Alphei praemia quinta modo.
Pectore tu memori nostros euoluere lusus,
tu solitus totos, Rufe, tenere iocos,
accipe cum fletu maesti breue carmen amici
atque haec absentis tura fuisse puta.

LXXXIV *hab.* *TR* || **2** Auite βγ : amice α
LXXXV *hab.* *T* || **1** editur en αγ : editus est β || **8** quinta α : quinque γ quanta β

LXXXVI

O vin de Sétia, ô neiges et coupes souvent remplies, de ma noble protectrice [1], quand vous boirai-je sans que mon médecin me le défende ? Stupide, ingrat et indigne d'un tel présent, quiconque préférerait à cela l'héritage de l'opulent Midas ! Qu'il possède les moissons de la Libye et tout l'or de l'Hermus et du Tage, celui qui me jalouse — et qu'il boive de l'eau chaude !

LXXXVII

Puissent les dieux, César, puisses-tu toi-même t'accorder toutes les faveurs que tu mérites ; puissent les dieux et toi-même m'accorder ce que je désire, si je l'ai mérité [2].

LXXXVIII

Ce matin, je t'ai salué fortuitement par ton propre nom, Caecilianus, au lieu de t'appeler « mon seigneur ». Tu veux savoir ce que me coûte un pareil sans-gêne ? Il m'a privé d'une centaine de liards [3].

LXXXIX

Ivre, Panaretus réclamait — il était déjà minuit — un pot de chambre tardif en faisant claquer ses doigts : on lui présenta une jarre à vin de Spolète, jarre qu'il avait mise à sec lui-même, sans que, tout entière pour lui seul, elle lui eût suffi. Mais lui, en restituant, avec une scrupuleuse exactitude, à l'amphore le vin qu'elle avait renfermé, il remplit le vase d'une charge rigoureusement équivalente. Tu t'étonnes que la jarre ait pu contenir tout ce qu'il avait bu ? Cesse de t'étonner, Rufus : il avait bu son vin pur !

1. D'autres entendent : « Neiges souveraines, sans rivales ».
2. Cf. VI, 10.
3. C'était le montant de la sportule.

LXXXVI

Setinum dominaeque niues densique trientes,
quando ego uos medico non prohibente bibam ?
Stultus et ingratus nec tanto munere dignus
qui mauult heres diuitis esse Midae.
Possideat Libycas messis Hermumque Tagumque,
et potet caldam, qui mihi liuet, aquam.

LXXXVII

Di tibi dent et tu, Caesar, quaecumque mereris :
di mihi dent et tu quae uolo, si merui.

LXXXVIII

Mane salutaui vero te nomine casu
nec dixi dominum, Caeciliane, meum.
Quanti libertas constet mihi tanta requiris ?
Centum quadrantes abstulit illa mihi.

LXXXIX

Cum peteret seram media iam nocte matellam
arguto madidus pollice Panaretus,
Spoletina data est, sed quam siccauerat ipse,
nec fuerat soli tota lagona satis.
Ille fide summa testae sua uina remensus
reddidit oenophori pondera plena sui.
Miraris, quantum biberat, cepisse lagonam ?
Desine mirari, Rufe : merum biberat.

LXXXVI *hab. T* || **1** dominaeque *codd. edd.* : domitaeque *Heinsius* || **6** liuet *edd.* : libet *codd.*

LXXXVIII *hab. T* || **2** Caeciliane αγ : Sosibiane β || **3** constet βγ [*praeter*] *X*] *Heraeus* : -at α*XBL* [*ante corr.*] *Gilbert Lindsay Giarratano*

LXXXIX *hab.* **T** || **4** tota αβ : tanta γ

XC

Gellia a un amant, mais elle n'en a qu'un. — C'est bien plus vilain : elle est bigame.

XCI

L'édit sacré, l'édit censorial du Maître de l'Empire[1] interdit formellement l'adultère. Félicite-toi, Zoïle, tu ne besognes pas les femmes.

CXII

Tu possèdes, Ammianus, une coupe où l'art de Myron a ciselé un serpent, et tu y bois du vin du Vatican : c'est boire du venin[2].

XCIII

Thaïs sent plus mauvais qu'une vieille jarre de foulon avare qui vient de se briser au milieu de la rue[3]*; plus mauvais qu'un bouc qui vient de faire l'amour, que la gueule d'un lion, qu'une peau arrachée à la voracité d'un chien dans le quartier d'au delà du Tibre[4]*; qu'un poulet décomposé dans un œuf qui n'a pu éclore; qu'une amphore gâtée par de la saumure pourrie. Afin de substituer fallacieusement une autre odeur à ce relent pestilentiel, toutes les fois qu'elle a ôté ses vêtements pour prendre un bain, elle se verdit de pommade épilatoire ou bien elle disparaît sous un enduit de craie délayée dans du vinaigre, ou bien encore elle se couvre d'une triple ou quadruple couche d'onctueuse farine de fèves. Mais lorsqu'elle s'imagine pouvoir être bien tranquille, grâce à ses mille artifices, quand elle a tout essayé, — Thaïs sent encore Thaïs.

1. Cf. V, 75 ; VI, 7.
2. Le vin du Vatican était fort médiocre : Martial insinue en plaisantant que le serpent a empoisonné le vin.

XC

Moechum Gellia non habet nisi unum.
Turpe est hoc magis : uxor est duorum.

XCI

Sancta ducis summi prohibet censura uetatque
moechari. Gaude, Zoile, non futuis.

XCII

Caelatus tibi cum sit, Anniane,
serpens in patera Myronos arte,
Vaticana bibis : bibis uenenum.

XCIII

Tam male Thais olet quam non fullonis auari
testa uetus media, sed modo fracta uia,
non ab amore recens hircus, non ora leonis,
non detracta cani transtiberina cutis,
pullus abortiuo nec cum putrescit in ouo,
amphora corrupto nec uitiata garo.
Virus ut hoc alio fallax permutet odore,
deposita quotiens balnea ueste petit,
psilothro uiret aut acida latet oblita creta
aut tegitur pingui terque quaterque faba.
Cum bene se tutam per fraudes mille putauit,
omnia cum fecit, Thaida Thais olet.

XCI 2 futuis ω : -es γ
XCII 2 arte β : -es γ [*fortasse ex IV, 39, 2*]
XCIII *hab. T*

XCIV

On sert toujours Calpetanus dans des plats à ciselures d'or, qu'il prenne son repas hors du logis ou dans sa maison de ville. Il ne dîne jamais autrement à l'auberge ni autrement aux champs. — « Il n'a donc pas d'autre vaisselle? » — C'est plutôt qu'il n'en a pas à lui [1].

1. Calpetanus étale d'autant plus volontiers cette vaisselle qu'il l'a empruntée. Cf. II, 58.

XCIV

Ponuntur semper chrysendeta Calpetano
  siue foris seu cum cenat in urbe domi.
Sic etiam in stabulo semper, sic cenat in agro.
  Non habet ergo aliud? Non habet immo suum.

XCIV 1 Calpetano *B*[2] *C Heraeus* : Pal- γ [*ut uidetur*] Calpetiano *Gilbert Lindsay Giarratano*

LIVRE VII

ÉPIGRAMMES DE MARTIAL

LIVRE VII

I

Revêts cette cuirasse [1], faite d'un cuir brut [2], de la belliqueuse Minerve, toi qui inspires l'effroi même à la chevelure furieuse de Méduse [3]*. Aussi longtemps qu'elle ne servira point, on pourra, César, lui donner le nom de cuirasse : mais dès qu'elle protégera ta poitrine sacrée, elle sera une égide.

II

Cuirasse de notre souverain maître, impénétrable aux flèches des Sarmates et plus sûre que le bouclier gétique de Mars, toi qui peux défier même les coups de la lance étolienne [4]*, avec ton tissu formé des ongles polis d'innombrables sangliers, que ton sort est digne d'envie ! Tu auras le droit de toucher la poitrine sacrée de notre dieu [5]* et de t'échauffer à la chaleur de sa pensée. Sois partout sa compagne, gagne-lui, intacte, de magnifiques triomphes, et rends, rends promptement le chef de nos armées à la toge brodée de palmes [6]*.

III

Pourquoi je ne t'adresse pas mes livres, Pontilianus ? C'est, Pontilianus, pour que tu ne m'adresses pas les tiens.

1. Il s'agit d'une cuirasse, faite à l'imitation de l'égide de Minerve (cf. Virgile, *En.*, VIII, 435), portée par Domitien dans son expédition contre les Sarmates en 92 après J.-C.

2. *Crudam* : d'après d'autres « fraîchement ouvrée » ou bien encore « qui n'a pas servi, vierge encore ».

M. VALERI MARTIALIS EPIGRAMMATON

LIBER VII

I

Accipe belligerae crudum thoraca Mineruae,
ipsa Medusaeae quem timet ira comae.
Dum uacat, haec, Caesar, poterit lorica uocari :
pectore cum sacro sederit, aegis erit.

II

Inuia Sarmaticis domini lorica sagittis
et Martis Getico tergore fida magis,
quam uel ad Aetolae securam cuspidis ictus
texuit innumeri lubricus unguis apri :
felix sorte tua, sacram cui tangere pectus
fas erit et nostri mente calere dei.
I comes et magnos inlaesa merere triumphos
palmataeque ducem, sed cito, redde togae.

III

Cur non mitto meos tibi, Pontiliane, libellos ?
Ne mihi tu mittas, Pontiliane, tuos.

I 2 comae β : deae γ
II *hab. R* || 3 uel ad ω : uel *R*
III *hab. R* || 2 ne β : nec αγ || mittas αβ : -is γ

IV

A la vue de son teint livide, voici, Castricus, qu'Oppianus s'est mis à faire des vers [1]*.

V

Si tu as égard, ô César, aux regrets du peuple et du sénat, et aux joies véritables des citoyens romains, rends notre dieu [2]* à nos vœux qui le réclament. Rome porte envie à ses ennemis, malgré toutes les lettres enguirlandées de laurier [3]* qui nous arrivent : le maître du monde est vu de plus près par eux et ton visage fait à la fois la terreur et la joie des barbares.

VI

Se peut-il que, se tournant vers nous des bords hyperboréens, César songe enfin à fouler les routes de l'Ausonie ? Personne ne s'en porte garant, mais toutes les voix proclament la nouvelle : j'ai foi en toi, Renommée, car tu dis vrai d'ordinaire. Les bulletins de victoire attestent l'allégresse générale, et le laurier verdoie à la pointe des javelots de nos guerriers. De nouveau, ô joie ! Rome acclame tes glorieux triomphes, et ton nom d'Invincible, César, fait vibrer les échos de la cité. Mais pour que nous nous abandonnions à notre joie avec plus de confiance encore, viens toi-même nous annoncer tes victoires sur les Sarmates.

VII

L'Ourse hivernale, et la sauvage Peucé [4]* et l'Hister qu'échauffe le heurt des sabots des chevaux, et le Rhin dont les cornes présomptueuses ont déjà trois fois été

IV

Esset, Castrice, cum mali coloris,
uersus scribere coepit Oppianus.

V

Si desiderium, Caesar, populique patrumque
respicis et Latiae gaudia uera togae,
redde deum uotis poscentibus. Inuidet hosti
Roma suo, ueniat laurea multa licet :
terrarum dominum propius uidet ille tuoque
terretur uoltu barbarus et fruitur.

VI

Ecquid Hyperboreis ad nos conuersus ab oris
Ausonias Caesar iam parat ire uias ?
Certus abest auctor, sed uox hoc nuntiat omnis :
credo tibi, uerum dicere, Fama, soles.
Publica uictrices testantur gaudia chartae,
Martia laurigera cuspide pila uirent.
Rursus, io, magnos clamat tibi Roma triumphos
INVICTVSque tua, Caesar, in urbe sonas ;
sed iam laetitiae quo sit fiducia maior,
Sarmaticae laurus nuntius ipse ueni.

VII

Hiberna quamuis Arctos et rudis Peuce
et ungularum pulsibus calens Hister
fractusque cornu iam ter inprobo Rhenus

IV 2 Oppianus γ : App- β
V 3 hosti ς : -is *codd.*
VI *3-10 hab.* *T* || **8** inuictusque βγ : inuitusque α

brisées, ont beau te retenir, occupé à subjuguer le royaume d'un peuple perfide, tu ne peux, ô Maître suprême de l'Univers et père de notre globe [1]*, te soustraire pourtant à nos prières. C'est là-bas, ô César, que sont nos yeux et nos cœurs ; et tu possèdes si uniquement tous les esprits que même la foule qui se presse dans l'immense Cirque ne sait plus si c'est Passerinus qui court ou bien Tigris [2]*.

VIII

Joyeusement aujourd'hui, si jamais vous fûtes gaies pour moi, aujourd'hui ébattez-vous, ô Muses : en triomphateur notre dieu nous revient du monde odryséen. Tu es le premier, ô décembre, à certifier l'accomplissement des prières du peuple : nous pouvons désormais crier à tous les échos : « Il vient ». Béni sois-tu ! Tu aurais pu ne pas le céder au mois de Janus, si tu nous avais valu les joies qu'il nous donnera. Le front couronné, le soldat malicieux va lancer ses joyeux brocards, quand il escortera les chevaux chargés de lauriers. Permis à toi aussi, César, d'écouter mes badinages et des vers un peu légers, si le triomphe lui-même goûte la plaisanterie.

IX

A l'âge de soixante ans, Cascellius donne des marques de talent : quand sera-t-il un orateur accompli ?

X

Eros prostitue son corps, Linus sa bouche : Olus, que t'importe l'usage que l'un ou l'autre fait de sa propre peau ? Mathon besogne en payant cent mille sesterces : Olus, que t'importe ? Ce n'est pas toi pour cela, c'est Mathon qui se ruinera. Sertorius prolonge ses soupers

teneat domantem regna perfidae gentis
te, summe mundi rector *et* parens orbis :
abesse nostris non tamen potes uotis.
Illic et oculis et animis sumus, Caesar,
adeoque mentes omnium tenes unus
ut ipsa magni turba nesciat Circi
utrumne currat Passerinus an Tigris.

VIII

Nunc hilares, si quando mihi, nunc ludite, Musae :
uictor ab Odrysio redditur orbe deus.
Certa facis populi tu primus uota, December :
iam licet ingenti dicere uoce « Venit ! »
Felix sorte tua ! poteras non cedere Iano,
gaudia si nobis quae dabit ille dares.
Festa coronatus ludet conuicia miles,
inter laurigeros cum comes ibit equos.
Fas audire iocos leuioraque carmina, Caesar,
et tibi, si lusus ipse triumphus amat.

IX

Cum sexaginta numeret Cascellius annos,
ingeniosus homo est : quando disertus erit ?

X

Pedicatur Eros, fellat Linus : Ole, quid ad te
de cute quid faciant ille uel ille sua ?
Centenis futuit Matho milibus : Ole, quid ad te ?
non tu propterea, sed Matho pauper erit.

VII 3 inprobo γ : -bus β || **5** *om.* β || summe ς : -mi *codd.* || et ς : te *codd.* : || **10** Passerinus γ : Passa- β || an β : aut γ
VIII 2 redditur ω : -us *XA*
IX *hab. R*

jusqu'à l'aube : Olus, que t'importe, quand tu peux ronfler toute la nuit ? Lupus doit sept cent mille sesterces à Titus : Olus, que t'importe ? Ne donne, ne prête pas un as à Lupus. Mais tu veux ignorer ce qui te regarde, Olus, et dont tu devrais prendre plus de souci que de tout cela. Te voilà endetté pour ta pauvre toge : cela te regarde, Olus. Personne ne consent plus à te faire crédit d'une obole : cela te regarde aussi. Ta femme est une catin : cela te regarde, Olus, Déjà ta fille adulte réclame une dot : cela te regarde encore. Quinze fois je pourrais dire ce qui te regarde : mais ce que tu fais ne me regarde point, Olus.

XI

Tu veux que pour toi, Pudens, de ma plume et de ma propre main, je corrige mes petits livres. Comme c'est me manifester trop d'estime et d'affection, que de vouloir posséder mes bluettes en autographe !

XII

Puisse, Faustinus, notre maître me lire sans froncer les sourcils et prêter à mes badinages une oreille aussi indulgente que de coutume, aussi vrai que mon livre n'a jamais blessé même ceux que j'ai le droit de haïr, aussi vrai que je déteste la renommée acquise en jetant le rouge de la honte sur le visage d'autrui. A quoi bon, puisque certains souhaitent faire passer pour miens tous les traits qu'imprègne le sang de Lycambe [1], et que, sous mon nom, vomit son venin de vipère celui qui se refuse à affronter les rayons du soleil et la lumière ? Mes badinages sont innocents, tu le sais fort bien : je le jure

1. C'est-à-dire tous les traits envenimés de la méchanceté humaine. Lycambe fut poussé au suicide par les âpres satires d'Archiloque.

In lucem cenat Sertorius : Ole, quid ad te,
cum liceat tota stertere nocte tibi ?
Septingenta Tito debet Lupus : Ole, quid ad te ?
assem ne dederis credideris ue Lupo.
Illud dissimulas ad te quod pertinet, Ole,
quodque magis curae conuenit esse tuae.
Pro togula debes : hoc ad te pertinet, Ole.
Quadrantem nemo iam tibi credit : et hoc.
Vxor moecha tibi est : hoc ad te pertinet, Ole.
Poscit iam dotem filia grandis : et hoc.
Dicere quindecies poteram quod pertinet ad te :
sed quid agas ad me pertinet, Ole, nihil.

XI

Cogis me calamo manuque nostra
emendare meos, Pudens, libellos.
O quam me nimium probas amasque
qui uis archetypas habere nugas !

XII

Sic me fronte legat dominus, Faustine, serena
excipiatque meos qua solet aure iocos,
ut mea nec iuste quos odit pagina laesit
et mihi de nullo fama rubore placet.
Quid prodest, cupiant cum quidam nostra uideri,
si qua Lycambeo sanguine tela madent,
uipereumque uomat nostro sub nomine uirus,
qui Phoebi radios ferre diemque negat ?

X *hab. R* [*om. u. 10*] || **2** faciant ω : -at *RQ* || **3** futuit ω : subegit α || **9** quod α : quid βγ [*ut uidetur*] || **11** ad te αγ : ad te quod β
XI 1 nostra ω *edd* . sinistra *P*
XII *1-4, 9-12 hab. T ; 1-2 hab. R* || **7** uomat ω *Gilbert Lindsay Heraeus* : -ant γ *Q F Schryver Schneidewin* || **8** negat ω *Gilbert Lindsay Heraeus* : -ant *Q Schryver Schneidewin*

par le génie de la puissante Renommée[1] et le chœur des vierges de Castalie[2], ainsi que par tes oreilles, à toi qui es pour moi comme une divinité puissante, lecteur affranchi d'une envie qui n'a rien d'humain.

XIII

Ayant entendu dire que le soleil de Tibur blanchissait l'ivoire des vieilles dents, la brune Lycoris[3] s'en est venue vers les collines d'Hercule[4]. O pouvoir de l'air des hauteurs de Tibur ! au bout de quelques jours, elle s'en est retournée toute noire.

XIV

Un horrible malheur, Aulus, vient d'arriver à ma maîtresse : elle a perdu sa joie et ses délices ; non point comme Lesbie, l'amie du voluptueux Catulle, privée des gentillesses de son moineau ; non point comme Ianthis, chantée par mon ami Stella, dont la colombe tant pleurée vole toute noire dans l'Élysée : non, ma bien-aimée n'est pas sensible à des bagatelles ni à de telles passions, et de semblables pertes n'émeuvent pas le cœur de ma maîtresse : elle a perdu un jeune esclave qui comptait vingt années et dont le membre n'atteignait pas encore un pied et demi de longueur.

XV[5]*

Quel est ce jeune garçon qui se tient à l'écart de la source limpide d'Ianthis ? Est-ce Hylas qui a échappé à la

1. Expression bizarre. On peut l'expliquer par analogie avec les expressions « per genium Caesaris », « per genium meum » ou « eius » : mais cette personnification de la Renommée n'en est pas moins singulière.
2. Les Muses.
3. Cf. IV, 62.
4. Hercule était le fondateur mythique de Tibur.

Ludimus innocui : scis hoc bene : iuro potentis
per genium Famae Castaliumque gregem
perque tuas aures, magni mihi numinis instar,
lector inhumana liber ab inuidia.

XIII

Dum Tiburtinis albescere solibus audit
antiqui dentis fusca Lycoris ebur,
uenit in Herculeos colles. Quid Tiburis alti
aura ualet ! paruo tempore nigra redit.

XIV

Accidit infandum nostrae scelus, Aule, puellae :
amisit lusus deliciasque suas :
non quales teneri plotaui amica Catulli
Lesbia, nequitiis passeris orba sui,
uel Stellae cantata meo quas fleuit Ianthis,
cuius in Elysio nigra columba uolat :
lux mea non capitur nugis neque moribus istis
nec dominae pectus talia damna mouent :
bis denos puerum numerantem perdidit annos,
mentula cui nondum sesquipedalis erat.

XV

Quis puer hic nitidis absistit Ianthidos undis ?
effugit dominam Naida numquid Hylas ?

XIII 1 solibus β : coll- γ

XIV 5 stellae β :-la γ || **7** neque moribus *EA edd.* : nec moribus *uel* nec amoribus ς neque amoribus *L. Müller* || **9** denos ω *Gilbert Lindsay Heraeus* : se- *Q Heinsius Schneidewin Duff*

XV 1 absistit γ *edd.* : ass- β || **2** effugit β *Lindsay Giarratano Heraeus* : et fugit γ et fugitat *Gronov Schneidewin Friedlaender Gilbert* (undis Et fugitat d. N.? n. H ?) || **4** tam ω : iam β || **6** facient β : -iunt γ

Naïade maîtresse de ce lieu[1] ? Quel bonheur pour toi que le héros de Tirynthe soit honoré dans ce bocage et qu'il veille de si près sur ces eaux amoureuses ! Tu peux, Argynnus, en toute tranquillité, nous en servir le flot : les Nymphes ne te feront aucun mal : mais prends garde au dieu lui-même !

XVI

Pas un sou vaillant dans mon logis ! Il ne me reste plus, Régulus, qu'à vendre tes cadeaux : es-tu acheteur ?

XVII

Bibliothèque d'une élégante villa, d'où le lecteur voit Rome à sa portée, si, entre des poèmes plus sévères, il y a quelque place pour les folâtreries de ma Thalie, niche-les dans le casier même le plus bas, ces sept livres que nous t'avons envoyés, amendés de la propre main de leur auteur : ces corrections leur donnent du prix. Mais toi qui, pour l'humble présent que je te dédie[2], seras célébrée et connue dans l'univers entier, protège ce gage de mes sentiments, ô bibliothèque de Julius Martialis !

XVIII

Tu as un visage dont même une femme ne saurait médire, aucune imperfection ne dépare ton corps ; et pourtant bien rare est l'amant qui tient à te besogner ou à te posséder de nouveau. Tu t'en étonnes ? C'est que tu

1. Ou peut-être : « de sa personne ».
2. La leçon *delicata* se traduirait par : « merveille d'élégance ».

O bene quod silua colitur Tirynthius ista
et quod amatrices tam prope seruat aquas !
Securus licet hos fontes, Argynne, ministres :
nil facient Nymphae ; ne uelit ipse caue.

XVI

Aera domi non sunt, superest hoc, Regule, solum
ut tua uendamus munera : numquid emis ?

XVII

Ruris bibliotheca delicati,
uicinam uidet unde lector urbem,
inter carmina sanctiora si quis
lasciuae fuerit locus Thaliae,
hos nido licet inseras vel imo
septem quos tibi misimus libellos
auctoris calamo sui notatos :
haec illis pretium facit litura.
At tu munere dedicata parvo
quae cantaberis orbe nota toto,
pignus pectoris hoc mei tuere,
Iuli bibliotheca Martialis.

XVIII

Cum tibi sit facies de qua nec femina possit
dicere, cum corpus nulla litura notet,
cur te tam rarus cupiat repetatque fututor
miraris ? Vitium est non leue, Galla, tibi.

XVI *hab. R*
XVII 9 dedicata β *Schryver Heraeus* : deli- γ *Gilbert Lindsay Giarratano*

as un défaut, Galla, et il n'est pas léger. Toutes les fois que je m'approche de toi pour l'œuvre d'amour, et que nous nous démenons, les hanches unies, ton vagin se met à bruire tandis que tu gardes toi-même le silence. Pourquoi les dieux n'ont-ils pas voulu que ce soit toi qui parles, et lui qui se taise ? Je suis choqué de la loquacité de ton vagin. Je préférerais t'entendre péter ; car, au dire de Symmachus [1*], ce n'est point là chose sans profit pour la santé, et en même temps cela fait naître le rire. Mais comment rire aux gargouillements d'un stupide vagin ? Quand il bredouille, qui ne sent tomber et sa vigueur et son envie ? Au moins, dis-nous quelque chose, et couvre la voix de ton bruyant vagin ; ou, si tu es tout à fait muette, apprends à parler même par là.

XIX

Ce débris que tu prends pour un bois sans valeur ni utilité, il appartient à la première quille qui affronta une mer inconnue [2*]. Elle que jadis ni le choc des Roches Azurées [3*], ni la fureur plus redoutable encore de la mer de Scythie [4*] n'a pu mettre en pièces, les siècles en ont eu raison : mais bien qu'elle ait succombé au poids des ans, plus vénérable est cette humble planche que ne le serait le navire encore intact.

XX

Il n'est ni misère, ni goinfrerie pareilles à celles de Santra. Quand, invité à un dîner de cérémonie, il y court après l'avoir convoité pendant tant de jours et de nuits, il demande trois fois des glandes de sanglier, quatre fois du filet, les deux cuisses du lièvre ainsi que ses deux épaules, et il ne rougit pas de faire un faux serment pour une grive [5*] ni de rafler les filaments blanchâtres des huîtres [6*]. Il souille sa serviette en y cachant des bouchées de gâteau ; là il enfouit aussi des raisins de conserve

Accessi quotiens ad opus mixtisque mouemur
inguinibus, cunnus non tacet, ipsa taces.
Di facerent ut tu loquereris et ille taceret :
offendor cunni garrulitate tui.
Pedere te mallem : namque hoc nec inutile dicit
Symmachus et risum res mouet ista simul.
Quis ridere potest fatui poppysmata cunni ?
cum sonat hic, cui non mentula mensque cadit ?
Dic aliquid saltem clamosoque obstrepe cunno
et, si adeo muta es, disce uel inde loqui.

XIX

Fragmentum quod uile putas et inutile lignum,
haec fuit ignoti prima carina maris,
quam nec Cyaneae quondam potuere ruinae
frangere nec Scythici tristior ira freti.
Saecula uicerunt : sed quamuis cesserit annis,
sanctior est salua parua tabella rate.

XX

Nihil est miserius neque gulosius Santra.
Rectam uocatus cum *cu*currit ad cenam,
quam tot diebus noctibusque captauit,
ter poscit apri glandulas, quater lumbum,
et utramque coxam leporis et duos armos,
nec erubescit peierare de turdo
et ostreorum rapere liuidos cirros.
Buccis placentae sordidam linit mappam ;
illic et uuae conlocantur ollares

XVIII *hab. T* || **3** fututor ω : salitor α || **5** mixtisque ω : -tique γ || mouemur ω : -etur α || *6, 8, 11, 13* cunnus [-i -o] ω : monstrum [-i -o] α || **9** mallem β : uel- αγ || **10** simul β : semel αγ
XIX *hab. T* || **5** annis ω : nauis β

mêlés à quelques grains de grenade, avec la peau dégoûtante d'une vulve de truie vidée de son hachis, une figue chassieuse [1]* et un bolet flasque. Mais lorsque sa serviette est près d'éclater sous la pression de mille larcins, il cache dans la tiédeur de sa poitrine des côtelettes déjà rongées et une tourterelle mutilée dont il a gloutonnement avalé la tête. Il ne voit pas de honte à ramasser, d'une main qui s'allonge, les reliefs et tous les débris dont les chiens n'ont pas voulu. Encore ce qui se mange n'est-il pas pour sa voracité un butin suffisant : il remplit derrière lui une bouteille de vin trempé d'eau [2]*. Après avoir gravi deux cents [3]* échelles pour monter ces provisions chez lui, il s'enferme à clef dans son galetas ; — et notre glouton, le lendemain, va les vendre.

XXI

Voici le jour fameux qui, témoin d'une naissance illustre, a donné Lucain à l'humanité et à toi, Polla. Ah ! cruel Néron, qu'aucune autre de tes victimes n'a rendu plus odieux, ce crime tout au moins n'aurait pas dû t'être permis.

XXII

Il revient, le jour illustré par la glorieuse naissance du chantre d'Apollon : vierges d'Aonie, soyez propices à nos pieuses cérémonies. Il a mérité ces hommages, ce jour-là, en te donnant au monde, Lucain, afin que le Baetis pût mêler ses eaux à celles de Castalie [4]*.

XXIII

Phébus, viens, mais viens aussi grand que tu parus le jour où tu remis toi-même au poète tonnant de la guerre le second archet de la lyre latine [5]*. Quelle prière peut convenir à un jour si beau ? Souhaitons, Polla, que bien des fois [6]* tu portes ton hommage à l'Ombre de ton mari, et qu'il soit, lui, sensible à cet hommage.

et Punicorum pauca grana malorum
et excauatae pellis indecens uoluae
et lippa ficus debilisque boletus.
Sed mappa cum iam mille rumpitur furtis,
rosos tepenti spondylos sinu condit
et deuorato capite turturem truncum.
Colligere longa turpe nec putat dextra
analecta quidquid et canes reliquerunt.
Nec esculenta sufficit gulae praeda :
mixto lagonam replet ad pedes uino.
Haec per ducentas cum domum tulit scalas
seque obserata clusit anxius cella
gulosus ille, postero die uendit.

XXI

Haec est illa dies, magni quae conscia partus
Lucanum populis et tibi, Polla, dedit.
Heu ! Nero crudelis nullaque inuisior umbra,
debuit hoc saltem non licuisse tibi.

XXII

Vatis Apollinei magno memorabilis ortu
lux redit : Aonidum turba, fauete sacris.
Haec meruit, cum te terris, Lucane, dedisset,
mixtus Castaliae Baetis ut esset aquae.

XXIII

Phoebe, ueni, sed quantus eras cum bella tonanti
ipse dares Latiae plectra secunda lyrae.
Quid tanta pro luce precer ? Tu, Polla, maritum
saepe colas et se sentiat ille coli.

XX 2 cucurrit ς : currit *codd.* || **8** buccis placentae *Schryver edd.* : dulcis placenta γ buccis plangentem β || **16** putat ω : pudet γ [*ut uidetur*] || **20** domum ω *edd.* : -mo γ *Heinsius*
XXI *hab. R* || **1** magni quae β : quae magni αγ
XXIII 1 tonanti γ : canenti β || **3** precer γ : -or β [*ut uidetur*]

XXIV

Toi qui essaies de me brouiller avec mon cher Juvénal, que n'oseras-tu pas dire, langue perfide ? Par tes inventions criminelles, Oreste eût haï Pylade, la tendresse de Pirithoüs eût manqué à Thésée, tu aurais été capable de séparer les frères Siciliens [1], les fils d'Atrée au nom plus illustre [2] et les enfants de Léda [3]. Pour prix de tes services et pour d'aussi audacieuses tentatives, voici mon vœu : que tu fasses, langue, ce que je présume que tu fais [4].

XXV

Avec tes épigrammes où règne une sempiternelle fadeur et plus blanches qu'une peau passée au blanc de céruse, qui n'ont ni grain de sel ni goutte de fiel amer, ô insensé, tu veux pourtant te faire lire ! La nourriture elle-même ne nous fait aucun plaisir si on la frustre de sa pointe de vinaigre, et un visage n'a point de charme si le rire n'y met sa fossette. Donne à un marmot les pommes mielleuses et les insipides marisques : pour moi, la figue de Chio, avec sa saveur piquante, a du goût [5].

XXVI

Rends visite à mon ami Apollinaris, vers scazon [6*], et, s'il est libre (ne t'approche pas pour l'importuner), tu lui remettras ce présent, quelle qu'en soit la valeur, auquel lui-même a pris quelque part [7*] : que cette oreille soit la

1. Amphinomus et Anapius, modèles d'amour fraternel autant que de piété filiale. Cf. Strabon, VI, 2.
2. Agamemnon et Ménélas.
3. Castor et Pollux.
4. C'est-à-dire des obscénités.
5. Opinion analogue dans Catulle, XVI, 4-11.

XXIV

Cum Iuvenale meo quae me committere temptas,
quid non audebis, perfida lingua, loqui ?
Te fingente nefas Pyladen odisset Orestes,
Thesea Pirithoi destituisset amor,
tu Siculos fratres et maius nomen Atridas
et Ledae poteras dissociare genus.
Hoc tibi pro meritis et talibus inprecor ausis,
ut facias illud quod, puto, lingua, facis.

XXV

Dulcia cum tantum scribas epigrammata semper
et cerussata candidiora cute,
nullaque mica salis neç amari fellis in illis
gutta sit, o demens, uis tamen illa legi !
Nec cibus ipse iuuat morsu fraudatus aceti,
nec grata est facies cui gelasinus abest.
Infanti melimela dato fatuasque mariscas :
nam mihi, quae nouit pungere, Chia sapit.

XXVI

Apollinarem conueni meum, scazon,
et si uacabit — ne molestus accedas, —
hoc qualecumque, cuius aliqua pars ipse est,
dabis : haec facetum carmen inbuant aures.

XXIV *hab. T ; 1-2 hab. R* || **1** quae me βγ : quid tu α || **3** Pyladen ... Oestes ω : -Pylades... Oresten β || **5** tu βγ et α || **6** poteras αβ : -is γ

XXV *hab. T*

XXVI **2** uacabit ω : -auit γ [*ut uidetur*] || **3** hoc ω : haec γ || **4** haec ω *Lindsay* [*qui uerba* « facetum carmen » *ad* « haec » *per parenthesin refert*] *Heraeus* [*qui* haec (= hae) aures *coniungit*] : hoc *Q* ς hae *Gilbert* || facetum *codd.* : -tae [*cum* hoc] *Gronov Giarratano* [*cum* hae] *Gilbert* || **9** cupis β : potes γ

première à connaître mes vers badins. Si tu te vois accueilli sans que son sourcil se fronce aucunement, tu le prieras de te soutenir de son crédit bien connu. Tu sais de quel amour il brûle pour mes bagatelles : moi-même, il ne m'est pas possible de t'aimer davantage. Si tu veux être à l'abri des critiques malveillants, rends visite à mon ami Apollinaris, vers scazon.

XXVII

Ce sanglier qui ravageait les glands de l'Étrurie, déjà alourdi par le produit de tant de chênes, lui dont la renommée vient après celle du monstre d'Étolie [1*], la lance resplendissante de mon ami Dexter l'a transpercé et le voici étendu sans vie, proie enviée, à mon foyer [2*]. Que mes pénates s'engraissent joyeusement à la vapeur de son fumet et qu'on déboise une hauteur pour le feu de ma cuisine en fête ! — Il est vrai que mon cuisinier va dépenser un gigantesque tas de poivre, auquel s'ajoutera du falerne joint à du garum [3*] secrètement tenu en réserve. Retourne vers ton maître, mon foyer est trop petit pour toi, sanglier qui mènes à la banqueroute : il m'en coûte moins d'avoir faim [4*].

XXVIII

Puisse croître à Tibur ton bois de Diane, et tes arbres, souvent élagués, être prompts à repousser ; puisse ton huile ne pas le céder, Fuscus, à celle des pressoirs de Tartessus et tes gigantesques cuves te donner d'excellent vin doux ; puisses-tu faire l'admiration des forums [5*] et recueillir les éloges du palais impérial, tandis que mille palmes [6*] décoreront la porte à deux battants de ta demeure ! En retour, pendant que le milieu de décembre [7*] te procure de menus loisirs, examine, mais en cri-

Si te receptum fronte uideris tota,
noto rogabis ut fauore sustentet.
Quanto mearum scis amore nugarum
flagret : nec ipse plus amare te possum.
Contra malignos esse si cupis tutus,
Apollinarem conueni meum, scazon.

XXVII

Tuscae glandis aper populator et ilice multa
iam piger, Aetolae fama secunda ferae,
quem meus intravit splendenti cuspide Dexter,
praeda iacet nostris inuidiosa focis.
Pinguescant madido laeti nidore penates,
flagret et exciso festa culina iugo.
Sed cocus ingentem piperis consumet aceruum
addet et arcano mixta Falerna garo :
ad dominum redeas, noster te non capit ignis,
conturbator aper : uilius esurio.

XXVIII

Sic Tiburtinae crescat tibi silua Dianae
et properet caesum saepe redire nemus,
nec Tartesiacis Pallas tua, Fusce, trapetis
cedat et inmodici dent bona musta lacus ;
sic fora mirentur, sic te Palatia laudent,
excolat et geminas plurima palma fores :

XXVII 2 iam piger ω : impiger β || **5** laeti ς : -to γ tetri [teti *f*] β
XXVIII 3 fusce ω : fauce γ [*ut uidetur*] fauste *AG*

tique infaillible, les badinages que tu lis. — « Aimes-tu à savoir la vérité ? C'est là chose malaisée ». — Sans doute, mais ce que tu veux qu'on te dise, Fuscus, tu peux bien me le dire.

XXIX

Thestylus, cher tourment de Voconius Victor, le plus connu [1] * de tous les jeunes garçons qui soient au monde puisses-tu être aimé dans toute ta beauté même après avoir coupé ta chevelure et qu'aucune femme ne soit au goût du poète qui t'a chanté ! En retour de ce vœu, mets de côté pour quelque temps les doctes ouvrages de ton maître, pour me permettre de lire mes petits poèmes à ton cher Victor. Mécène lui-même, bien que Virgile célébrât son Alexis, tenait pourtant à connaître la brune Melaenis de Marsus [2] *.

XXX

Tu te donnes à des Parthes, tu te donnes à des Germains, tu te donnes, Célia, à des Daces, sans dédaigner pour cela la couche des Ciliciens et des Cappadociens ; pour toi, pour te besogner, l'homme de Memphis quitte sa ville d'Égypte et prend la mer, tandis que le noir Indien s'élance des bords de la Mer Rouge [3] * ; tu n'as pas de dégoût pour l'aine des juifs circoncis, et l'Alain sur son cheval sarmate ne passe point devant ta maison sans entrer. Comment se fait-il donc qu'étant née Romaine, tu ne trouves de charmes au sexe d'aucun Romain ?

XXXI

Volailles de la bruyante basse-cour, œufs de mères-poules, figues de Chios jaunies par une chaleur insuffisante [4] *, produit grossier de la chèvre bêlante, olives déjà

otia dum medius praestat tibi parua December,
  exige, sed certa, quos legis, aure iocos.
« Scire libet uerum ? res est haec ardua. » Sed tu
  quod tibi uis dici dicere, Fusce, potes.

XXIX

Thestyle, Victoris tormentum dulce Voconi,
  quo nemo est toto notior orbe puer,
sic etiam positis formonsus amere capillis
  et placeat uati nulla puella tuo :
paulisper domini doctos sepone libellos,
  carmina Victori dum lego parua tuo.
Et Maecenati, Maro cum cantaret Alexin,
  nota tamen Marsi fusca Melaenis erat.

XXX

Das Parthis, das Germanis, das, Caelia, Dacis,
  nec Cilicum spernis Cappadocumque toros ;
et tibi de Pharia Memphiticus urbe fututor
  nauigat, a rubris et niger Indus aquis ;
nec recutitorum fugis inguina Iudaeorum,
  nec te Sarmatico transit Alanus equo.
Qua ratione facis, cum sis Romana puella,
  quod Romana tibi mentula nulla placet ?

XXXI

Raucae chortis aues et ova matrum
et flauas medio uapore Chias

XXIX 1 Victoris ς : uicturi *codd.* || **2** toto ω *edd*: -ta *Q* || orbe γ *L edd.* : ur- *PQf* [*unde* tota... urbe *Schneidewin*] || **3** amere ω : ama- γ

XXX *hab. T* || **3** fututor ω : salitor α

hors d'état de supporter les froids, légumes blanchis par le givre glacial, tous ces présents, tu crois qu'ils t'arrivent de ma campagne ? Comme, Régulus, tu te trompes du tout au tout ! Ma terre ne porte rien, en dehors de ma personne. Tout ce que t'envoie ton intendant ou ton fermier d'Ombrie, ce qui te vient de ta campagne que marque la troisième pierre milliaire [1]* ou de ton domaine d'Étrurie ou de Tusculum, tout cela pousse pour moi d'un bout à l'autre de la Subura [2]*.

XXXII

Atticus, toi qui fais revivre les grands noms d'une éloquente famille, et ne souffres pas qu'une illustre maison tombe dans le silence, c'est à toi que s'attachent respectueusement les fidèles de la Minerve d'Athènes, c'est toi que les amis des loisirs cloîtrés [3]*, que tous les philosophes chérissent ; tandis que les autres jeunes gens sont courtisés par le maître de boxe à l'oreille broyée et que le masseur malpropre rafle grâce à eux une fortune dont il n'est pas digne. On ne voit ni la paume, ni le ballon, ni la pelote rustique [4]* te préparer aux bains chauds, non plus que les coups d'une épée émoussée contre un poteau sans défense [5]* ; tu n'étends pas des bras arqués enduits d'une pommade visqueuse [6]*, tu ne t'élances pas non plus de côté et d'autre pour saisir au vol l'harpastum poudreux ; mais tu te contentes de courir tout près des flots de l'Eau Vierge [7]*, ou bien là où le divin Taureau brûle d'amour pour la princesse phénicienne [8]*. Se livrer aux divers genres d'exercices auxquels n'importe quel terrain de jeux est consacré, quand on peut courir, c'est pure paresse.

XXXIII

Ta toge est plus sale que la boue, mais ta chaussure est plus blanche, Cinna, que la neige vierge : pourquoi donc,

et fetum querulae rudem capellae
nec iam frigoribus pares oliuas
et canum gelidis holus pruinis
de nostro tibi missa rure credis?
O quam, Regule, diligenter erras!
nil nostri, nisi me, ferunt agelli.
Quidquid uilicus Vmber aut colonus
aut rus marmore tertio notatum
aut Tusci tibi Tusculiue mittunt,
id tota mihi nascitur Subura.

XXXII

Attice, facundae renouas qui nomina gentis
nec sinis ingentem conticuisse domum,
te pia Cecropiae comitatur turba Mineruae,
te secreta quies, te sophos omnis amat.
At iuuenes alios fracta colit aure magister
et rapit inmeritas sordidus unctor opes.
Non pila, non follis, non te paganica thermis
praeparat aut nudi stipitis ictus hebes,
uara nec in lento ceromate bracchia tendis,
non harpasta uagus puluerulenta rapis,
sed curris niueas tantum prope Virginis undas
aut ubi Sidonio taurus amore calet.
Per uarias artes, omnis quibus area seruit,
ludere, cum liceat currere, pigritia est.

XXXIII

Sordidior caeno cum sit toga, calceus autem
candidior prima sit tibi, Cinna, niue,

XXXI *1-3, 5-8 hab. T* || **6** missa rure α : rure missa βγ || **9** colonus *codd.* : Cale- *Heinsius Schneidewin* [2] || **12** id γ : in β
XXXII 4 sophos [*uel* phos] ω : chorus *C* || **13** seruit *codd.* : feruet *Rutgers Schneidewin*
XXXIII *hab. T* || **3** deiecto α : neglecto β delecto γ

grand sot, fais-tu descendre ton vêtement sur tes pieds qu'il couvre ? Retrousse, Cinna, ta toge, ou bien ta chaussure est perdue.

XXXIV

Comment peut-il se faire, Severus, que le plus grand coquin de la terre, Charinus, ait accompli une bonne action ? Tu le demandes ? Je vais te le dire, et même en peu de mots. Qu'y a-t-il de pire que Néron ? Qu'y a-t-il pourtant de meilleur que les bains chauds de Néron ? Je vois aussitôt venir, je le vois d'ici, un de nos esprits malveillants pour me parler ainsi d'un ton aigre : « Que mets-tu au-dessus de tant de monuments élevés par notre dieu et maître ? »[1*]. Je mets les thermes de Néron au-dessus des bains d'un prostitué.

XXXV

Les aines cachées sous une bande de cuir noir, un esclave se tient debout près de toi toutes les fois que tu te plonges toute dans l'eau chaude. Mais mon esclave, — pour ne rien dire de moi-même, Lécania —, porte à découvert[2*] une masse d'organes digne d'un juif[3*]; mais c'est tout nus que se baignent avec toi les jeunes gens et les vieillards. Serait-ce que le membre de ton esclave est seul authentique ? Est-ce que, ô matrone, tu fréquentes les lieux réservés aux femmes ? Est-ce que, ô vagin, tu te baignes dans une eau qui n'est que pour toi[4*] ?

XXXVI

Ma ferme grossièrement bâtie se refusait à tenir contre les orages et le ciel pluvieux ; l'hiver, elle baignait dans l'eau. De nombreuses tuiles, destinées à déverser loin d'elle les averses subites, me sont alors arrivées, envoi

deiecto quid, inepte, pedes perfundis amictu?
Collige, Cinna, togam; calceus ecce perit.

XXXIV

Quo possit fieri modo, Seuere,
ut uir pessimus omnium Charinus
unam rem bene fecerit, requiris?
Dicam, sed cito. Quid Nerone peius?
quid thermis melius Neronianis?
Non dest protinus, ecce, de malignis
qui sic rancidulo loquatur ore:
« Quid tu tot domini deique nostri
praefers muneribus? » — Neronianas
Thermas praefero balneis cinaedi.

XXXV

Inguina succinctus nigra tibi seruos aluta
stat, quotiens calidis tota foueris aquis;
sed meus, ut de me taceam, Laecania, seruos
Iudaeum nuda sub cute pondus habet,
sed nudi tecum iuuenesque senesque lauantur.
An sola est serui mentula uera tui?
Ecquid femineos sequeris, matrona, recessus,
secretusque tua, cunne, lauaris aqua?

XXXVI

Cum pluuias madidumque Iouem perferre negaret
et rudis hibernis uilla nataret aquis,

XXXIV 8-9 Quid tu tot... muneribus? Neronianas *Gruter Housman Heraens* : Quid te tot.... neronianis β ut [*om. EAG*] quid tu.... neronianas? γ *Gilbert Lindsay Giarratano*

XXXV *1-6 hab. T* || **4** nuda α *edd.* : nulla βγ || **5** sed αγ : et β || lauantur ω : -amur P || **7** ecquid α : et quid β et qui γ [*an* ecqui?]

dû à ta générosité. Mais voici que, hérissé de frimas, décembre retentit des sifflements du vent du Nord : Stella, tu couvres la ferme, ne veux-tu pas couvrir le cultivateur [1]* ?

XXXVII

Connais-tu, Castricus, le signal de mort inventé par le questeur [2]* ? Il vaut la peine d'apprendre ce genre inédit d'ordre d'exécution. Toutes les fois qu'il essuyait son nez que le froid humectait de rosée, ce geste devait être le signal de la mise à mort. Or, une roupie dégoûtante pendait à son nez haïssable, car le terrible décembre soufflait de son gosier humide : ses assesseurs lui ont alors tenu les mains. A quoi bon en dire davantage ? Le malheureux, Castricus, n'a pas pu se moucher [3]*.

XXXVIII

Tu es si énorme et si laid, Polyphème, esclave de mon ami Sévère, que tu pourrais étonner le Cyclope lui-même ; mais Scylla [4]* non plus ne te le cède pas. Que si on accouple ces deux êtres sauvagement monstrueux, chacun d'eux deviendra la terreur de l'autre.

XXXIX

Les courses de tout genre, les visites errantes du matin, l'accueil dédaigneux et le sec bonjour des riches patrons, Caelius ne pouvait plus supporter et endurer tout cela : alors il s'est mis à simuler la goutte. Mais il apportait trop de zèle à la faire passer pour véritable : à force d'enduire d'onguent et d'emmaillotter ses pieds indemnes, à force d'affecter une démarche pénible — ô pouvoir de la volonté et de l'art de cultiver la souffrance ! — Caelius a cessé de simuler la goutte.

plurima, quae posset subitos effundere nimbos,
muneribus uenit tegula missa tuis.
Horridus, ecce, sonat Boreae stridore December :
Stella, tegis uillam, non tegis agricolam?

XXXVII

Nosti mortiferum quaestoris, Castrice, signum ?
Est operae pretium discere theta nouum :
exprimeret quotiens rorantem frigore nasum,
letalem iuguli iusserat esse notam.
Turpis ab inuiso pendebat stiria naso,
cum flaret madida fauce December atrox :
collegae tenuere manus. Quid plura requiris ?
emungi misero, Castrice, non licuit.

XXXVIII

Tantus es et talis, nostri Polypheme Seueri,
ut te mirari possit et ipse Cyclops :
sed nec Scylla minor. Quod si fera monstra duorum
iunxeris, alterius fiet uterque timor.

XXXIX

Discursus uarios uagumque mane
et fastus et haue potentiorum
cum perferre patique iam negaret,
coepit fingere Caelius podagram.
Quam dum uolt nimis adprobare ueram
et sanas linit obligatque plantas
inceditque gradu laborioso,
— quantum cura potest et ars doloris ! —
desît fingere Caelius podagram.

XXXVI *hab. T* **6** *interrogatiue nos* : *negatiue cett. edd.*
XXXVII *hab. T* ; *5-6 hab. R* || **5** pendebat ω : uendebant β [ueniebat Q]||**6** madida βγ *Schryver Schneidewin* [1] *Lindsay Heraeus* : media α *Schneidewin* [2] *Gilbert Duff*
XXXIX 5 dum uolt γ : uult dum β

XL

Ci-gît ce vieillard célèbre à la cour impériale, et qui éprouva avec tant de dignité la faveur et la défaveur de notre dieu [1]. La tendresse de ses fils l'a uni aux Mânes vénérables de son épouse ; les bocages de l'Élysée les possèdent tous les deux. Elle est morte la première, injustement privée de sa verte jeunesse : lui, il a presque vécu trois fois six Olympiades [2]. Mais tous ceux-là l'ont cru prématurément ravi à ton affection, qui ont vu couler tes larmes, Etruscus.

XLI

Tu te crois toujours, Sempronius Tucca, élégamment parfumé ; mais des parfums, Sempronius, il en est autant de mauvais que de bons [3]*.

XLII

Si quelqu'un veut rivaliser avec toi en fait de cadeaux, qu'il s'aventure, Castricus, à lutter aussi avec toi en poésie. Pour moi, je suis assez mal loti sur ces deux points, et préparé à la défaite : voilà pourquoi le sommeil fait mes délices ainsi que le profond repos. Pourquoi donc, demandes-tu, t'ai-je adressé des vers si mauvais ? — T'imagines-tu que personne n'a jamais donné de fruits à Alcinoüs [4]* ?

XLIII

En premier lieu, tu devrais dire oui, Cinna, quand je t'adresse quelque requête ; en second lieu, tu devrais, Cinna, être prompt à dire non. J'aime qui dit oui ; je ne hais pas, Cinna, qui dit non. Mais toi, tu ne sais ni dire oui, ni, Cinna, tout de suite dire non.

1. Claudius Etruscus avait été exilé sur ses vieux jours en Campanie par Domitien, puis rappelé par lui. Cf. Stace, *Silves*, III, 3.
2. Près de 90 ans. Martial compte généralement une olympiade pour 5 ans.

XL

Hic iacet ille senex Augusta notus in aula,
pectore non humili passus utrumque deum ;
natorum pietas sanctis quem coniugis umbris
miscuit : Elysium possidet ambo nemus.
Occidit illa prior uiridi fraudata iuuenta :
hic prope ter senas uixit Olympiadas.
Sed festinatis raptum tibi credidit annis,
aspexit lacrimas quisquis, Etrusce, tuas.

XLI

Cosmicos esse tibi, Semproni Tucca, uideris :
cosmica, Semproni, tam mala quam bona sunt.

XLII

Muneribus cupiat si quis contendere tecum,
audeat hic etiam, Castrice, carminibus.
Nos tenues in utroque sumus uincique parati :
inde sopor nobis et placet alta quies.
Tam mala cur igitur dederim tibi carmina, quaeris?
Alcinoo nullum poma dedisse putas?

XLIII

Primum est ut praestes, si quid te, Cinna, rogabo ;
illud deinde sequens ut cito, Cinna, neges.
Diligo praestantem ; non odi, Cinna, negantem :
sed tu nec praestas nec cito, Cinna, negas.

XL *hab. T* || **6** senas ω : de- γ || uixit αβ : uidit γ [uiuit *A*]
XLII *hab. T* || **2** audeat hic ω : audebit β
XLIII *hab. R* || **1** primum ω : -mo γ || rogabo αγ : -aro *QFf* -auo *L* -ato *P*

XLIV

Le voici, Ovidius, ton grand ami, ce Caesonius Maximus dont une cire vivante conserve encore les traits. Néron le condamna ; mais toi, tu osas condamner Néron et suivre la fortune d'un exilé, non la tienne ; à travers les flots où règne Scylla [1*], ta grande âme a accompagné un banni, dont tu avais naguère refusé de te faire le compagnon quand il était consul [2*]. S'ils doivent vivre, ces noms qui sont confiés à mes pages, si le destin veut que je survive à mes cendres, les peuples présents et à venir apprendront ceci, que tu fus pour lui ce qu'il fut lui-même pour son ami Sénèque [3*].

XLV

Ami puissant de l'éloquent Sénèque qui le mettait dans son affection tout de suite après Sérénus ou même avant lui, le voici, ce fameux Maximus, qu'à tant de pages salue la lettre bénie [4*]. Pour le suivre à travers la mer de Sicile, Ovidius, toi dont aucune bouche ne doit taire le nom, tu as bravé la colère d'un despote hors de lui. Que l'antiquité admire son Pylade, qui se fit l'inséparable de celui qu'avait banni sa mère [5*] ! Qui songerait à comparer les périls encourus par vous deux ? Tu t'es fait l'inséparable de celui qu'avait banni Néron.

XLVI

Tu veux rehausser à mes yeux ton cadeau par un poème et tu vises à t'exprimer avec plus d'art que le poète de Méonie [6*] : mais par là tu nous mets tous deux également à la torture pendant bien des jours, et ta Thalie [7*], Priscus, se tait à mes dépens [8*]. Loisible à toi d'adresser aux riches des vers et des élégies sonores : quant aux pauvres, envoie-leur de prosaïques [9*] présents.

XLIV

Maximus ille tuus, Ouidi, Caesonius hic est,
cuius adhuc uultum uiuida cera tenet.
Hunc Nero damnauit : sed tu damnare Neronem
ausus es et profugi, non tua, fata sequi ;
aequora per Scyllae magnus comes exulis isti,
qui modo nolueras consulis ire comes.
Si uictura meis mandantur nomina chartis
et fas est cineri me superesse meo,
audiet hoc praesens uenturaque turba fuisse
illi te, Senecae quod fuit ille suo.

XLV

Facundi Senecae potens amicus,
caro proximus aut prior Sereno,
hic est Maximus ille, quem frequenti
felix littera pagina salutat.
Hunc tu per Siculas secutus undas,
o nullis, Ouidi, tacende linguis,
spreuisti domini furentis iras.
Miretur Pyladen suum uetustas,
haesit qui comes exuli parentis.
Quis discrimina comparet duorum ?
Haesisti comes exuli Neronis.

XLVI

Commendare tuum dum uis mihi carmine munus
Maeonioque cupis doctius ore loqui,
excrucias multis pariter me teque diebus,
et tua de nostro, Prisce, Thalia tacet.
Diuitibus poteris musas elegosque sonantes
mittere : pauperibus munera *πεζά* dato.

XLIV 7 si ς : sic *codd.*
XLVI *hab. R* || **6** *πεζά Palmer edd.* : pisce [*corr.* prisce] *R* pexa β plena γ *N*

XLVII

O le plus célèbre des érudits, Licinius Sura, toi dont le style archaïque nous a ramené nos mâles aïeux, tu nous reviens — ah ! par quel bienfait du destin ! —, rendu à notre affection quand tu avais presque goûté aux eaux du Léthé. Déjà nos cœurs en prières ne connaissaient plus l'angoisse ; notre tristesse pleurait avec une parfaite certitude, et nos larmes disaient que c'en était déjà fait de toi. Mais le souverain du silencieux Averne n'a pu supporter nos reproches et il a de lui-même rendu aux Destinées la quenouille dont le fil avait été tranché. Tu sais donc quels regrets ta fausse mort a partout éveillés et tu jouis de ta propre survie. Profite de l'existence comme d'un bien dérobé et cueille ses joies passagères : que la vie qui t'a été restituée ne compte aucune journée perdue.

XLVIII

Quoiqu'il possède peut-être trois cents tables, Annius remplace les tables par des domestiques : les plats défilent à la course et les assiettes ne font que voler [1]. Gardez pour vous-mêmes de pareils festins, ô riches : pour moi, je suis offusqué par un repas ambulant.

XLIX

Je t'envoie ces menus présents de mon jardin suburbain : des œufs pour ta faim, Severus, des fruits pour ta gourmandise.

1. Jadis les esclaves plaçaient les mets sur un guéridon disposé dans le fer à cheval du *triclinium*, et les convives pouvaient en prendre à volonté : à présent, la coutume s'étant introduite de faire servir directement les invités par les domestiques, les plats ne font que passer et disparaître. Les mots *gabatae* et *lances* désignent respectivement des plats creux et des plats circulaires sans profondeur.

XLVII

Doctorum Licini celeberrime Sura uirorum,
cuius prisca grauis lingua reduxit auos,
redderis — heu, quanto fatorum munere ! — nobis
gustata Lethes paene remissus aqua.
Perdiderant iam uota metum securaque flebat
tristities lacrimis iamque peractus eras :
non tulit inuidiam taciti regnator Auerni
et ruptas Fatis reddidit ipse colus.
Scis igitur quantas hominum mors falsa querelas
mouerit et frueris posteritate tua.
Viue uelut rapto fugitiuaque gaudia carpe :
perdiderit nullum uita reuersa diem.

XLVIII

Cum mensas habeat fere trecentas,
pro mensis habet Annius ministros :
transcurrunt gabatae uolantque lances.
Has uobis epulas habete, lauti :
nos offendimur ambulante cena.

XLIX

Parua suburbani munuscula mittimus horti :
faucibus oua tuis, poma, Seuere, gulae.

XLVII 1 Sura β : summe γ || **6** tristities *Housman Giarratano* : tristitia [tristia *PQ*] et *codd. Gilbert Lindsay* (††) *Heraeus* tristitia a *Munro alia alii* || **8** ruptas *Gronovius probat Heraeus in adn.* : raptas *codd. edd.* [*cf. VII, 96, 4* ; *XI 36, 3*] || **11** rapto γ : -tor β
XLVIII 4 habete ω : cauete β
XLIX 1 parua γ : pauca β

L

Fontaine de la maîtresse de céans [1]*, qui fais la joie d'Ianthis, reine de ces lieux, ô gloire et délices d'une illustre demeure, lorsque tes bords se parent de tant de jeunes esclaves au teint de neige et que tes flots reflètent un essaim de Ganymèdes, que fait l'Hercule consacré dans le bois qui t'avoisine ? Pourquoi le dieu occupe-t-il une grotte si proche de toi ? Est-ce que, connaissant leurs amours, il surveille les nymphes, de peur que tant d'Hylas ne soient pareillement ravis ?

LI

Si tu n'as pas envie, Urbicus, d'acheter mes bluettes, tout en désirant connaître mes vers badins, tu n'as qu'à demander Pompeius Auctus, que d'ailleurs tu connais peut-être : il est assis à l'entrée du temple de Mars Vengeur [2]* : il est tout imprégné de droit et rompu à toutes les pratiques du barreau. Cet homme n'est pas un lecteur de mon livre, Urbicus : il est mon livre lui-même. Il possède si bien mes petits volumes, il les déclame si bien, malgré qu'ils soient loin de lui, que pas une lettre de mes pages n'est perdue ; en un mot, si la fantaisie l'en avait pris, il eût pu passer pour en être l'auteur ; mais il préfère travailler à ma renommée. Tu peux l'aller trouver à partir de la dixième heure (jusque-là, en effet, il n'aura pas assez de loisir) : une toute petite salle à manger [3]* vous recevra tous deux : il lira ; toi, tu boiras. Quand bien même cela te déplairait, il fera sonner mes vers ; et lorsque tu auras dit : « En voilà assez ! », il lira encore !

LII

Je me félicite que tu lises mes petits livres à Céler [4]*, Auctus — si toutefois cette lecture, Auctus, agrée aussi à

L

Fons dominae, regina loci quo gaudet Ianthis,
gloria conspicuae deliciumque domus,
cum tua tot niueis ornetur ripa ministris
et Ganymedeo luceat unda choro,
quid facit Alcides silua sacratus in ista ?
Tam uicina tibi cur tenet antra deus ?
Numquid Nympharum notos obseruat amores,
tam multi pariter ne rapiantur Hylae ?

LI

Mercari nostras si te piget, Vrbice, nugas
et lasciua tamen carmina nosse libet,
Pompeium quaeres — et nosti forsitan — Auctum ;
Vltoris prima Martis in aede sedet :
iure madens uarioque togae limatus in usu
non lector meus hic, Vrbice, sed liber est.
Sic tenet absentes nostros cantatque libellos
ut pereat chartis littera nulla meis :
denique, si uellet, poterat scripsisse uideri ;
sed famae mauult ille fauere meae.
Hunc licet a decuma — neque enim satis ante uacabit —
sollicites, capiet cenula parua duos ;
ille leget, bibe tu ; nolis licet, ille sonabit :
et cum « Iam satis est » dixeris, ille leget.

LII

Gratum est quod Celeri nostros legis, Aucte, libellos,
si tamen et Celerem quod legis, Aucte, iuuat.

L 6 tibi β : tui γ
LI 13 nolis β : nolles γ
LII *1-2, 5-6 hab. T* || **1** legis αγ : -es β

Céler. Il a gouverné mes compatriotes et les populations de la Celtibérie ; et notre monde n'a pas connu plus parfait honnête homme. Je n'en suis que plus confondu de respect, et je regarde ses oreilles comme celles non d'un auditeur, mais d'un juge.

LIII

Tu m'as envoyé pour les Saturnales, Umber, tous les présents que t'avaient rapportés ces cinq jours [1] : douze tablettes à trois feuillets et sept cure-dents. A cela tu as ajouté une éponge, une serviette, une coupe, un demi-boisseau de fèves avec un panier d'olives du Picenum et un flacon noir de moût de Lalétanie. J'ai reçu encore de toi de petites figues de Syrie avec des pruneaux secs et une jarre alourdie par le poids de figues de Lybie. J'estime à peine à trente sesterces la valeur totale de ces cadeaux que huit Syriens gigantesques m'ont apportés. Combien plus à propos, sans nulle fatigue, un jeune esclave eût pu me remettre cinq livres d'argenterie !

LIV

Tous les matins tu me racontes des rêves, rien que des rêves à mon sujet, bien faits pour troubler et inquiéter mon esprit. Déjà mon vin de l'an passé et même celui de cette année-ci ont été épuisés jusqu'à la lie pour permettre à une sorcière de conjurer pour moi les présages de tes nuits ; j'ai acheté des gâteaux salés, j'ai dépensé des monceaux d'encens ; mes troupeaux ont diminué par la mise à mort sans cesse renouvelée d'un agneau : je n'ai plus ni porcs, ni oiseaux de basse-cour, ni œufs. Reste donc éveillé, Nasidianus, ou rêve sur toi-même !

1. La durée officielle des saturnales était de cinq jours : Umber a attendu jusqu'à la fin du dernier, sans doute pour utiliser de même les maigres cadeaux reçus. Faste et lésinerie, voilà ce que lui reproche Martial.

Ille meas gentes et Celtas rexit Hiberos,
nec fuit in nostro certior orbe fides.
Maior me tanto reuerentia turbat et aures
non auditoris, iudicis esse puto.

LIII

Omnia misisti mihi Saturnalibus, Vmber,
munera, contulerant quae tibi quinque dies :
bis senos triplices et dentiscalpia septem ;
his comes accessit spongea, mappa, calix,
semodiusque fabae cum uimine Picenarum
et Laletanae nigra lagona sapae ;
paruaque cum canis uenerunt cottana prunis
et Libycae fici pondere testa grauis.
Vix puto triginta nummorum tota fuisse
munera, quae grandes octo tulere Syri.
Quanto commodius nullo mihi ferre labore
argenti potuit pondera quinque puer !

LIV

Semper mane mihi de me mera somnia narras,
quae moueant animum sollicitentque meum.
Iam prior ad faecem, sed et haec uindemia uenit,
exorat noctes dum mihi saga tuas ;
consumpsi salsasque molas et turis aceruos ;
decreuere greges, dum cadit agna frequens ;
non porcus, non chortis aues, non oua supersunt.
Aut uigila aut dormi, Nasidiane, tibi.

LIII 6 Laletanae *codd. edd.* : Lace- *Friedlaender* [*cf. ad* I, 49,22
LIV *hab. T* || **1** mera αγ : mihi β mala *Gilbert* nigra *Fr. Schoell* tua *Schneidewin* [2] [« *an* fera ? » *Gilbert*] || **8** Nasidiane *TP*γ [*praeter G*] *Lindsay Heraeus* : Nasidiene *G Schryver Schneidewin* [*cf. Hor. Sat.*] *II, 8, 1*]

LV

Si tu ne fais, Chrestus, échange de cadeaux avec personne, ne m'offre et ne me rends aucun présent à moi non plus : je te jugerai assez généreux. Mais si tu rends leurs cadeaux à Apicius et à Lupus et à Gallus et à Titius et à Caesius, tu lécheras — non ma verge, car elle est honnête et de proportions modestes — mais celle d'un juif échappé à l'incendie [1*] de Jérusalem et tout récemment condamné à payer tribut.

LVI

Le ciel avec ses étoiles, telle a été, Rabirius [2*], la conception de ton esprit pieusement dévoué, toi dont l'art merveilleux bâtit en ce moment, sur la colline d'Evandre [3*], la demeure impériale. Si jamais la ville de Pise [4*] songe à donner au Jupiter de Phidias un temple digne de lui, elle demandera à notre dieu tonnant [5*] de lui prêter tes mains.

LVII

De Pollux qu'il était, Gabinia a transformé Achillas en Castor. Il était Pyxagathos : à présent il sera Hippodamos [6*].

LVIII

Tu as déjà, Galla, épousé six ou sept prostitués : tu étais folle de leur chevelure et de leur barbe bien peignée. Puis, — expérience faite de leur peu de virilité et de leur organe pareil à du cuir trempé dans l'eau, que ta main s'est épuisée en vain à exciter, — tu ne veux plus d'une couche qui ignore les combats d'amour, ni d'un mari sans nerf, et cela, pour retomber sans fin dans les mêmes amours qu'auparavant ! Cherche un homme qui n'ait à la bouche que les noms des Curius et des Fabius, qui ait le poil hérissé et auquel une âpre rusticité donne l'air farouche : tu le rencontreras ; mais la troupe aux visages chagrins [7*] a elle-même ses invertis : il est difficile, Galla, d'épouser un homme vraiment homme.

LV

Nulli munera, Chreste, si remittis,
nec nobis dederis remiserisque :
credam te satis esse liberalem.
Sed si reddis Apicio Lupoque
et Gallo Titioque Caesioque,
linges non mihi — nam proba et pusilla est —
sed quae de Solymis uenit perustis
damnatam modo mentulam tributis.

LVI

Astra polumque pia cepisti mente, Rabiri,
Parrhasiam mira qui struis arte domum.
Phidiaco si digna Ioui dare templa para*b*it,
has petet a nostro Pisa Tonante manus.

LVII

Castora de Polluce Gabinia fecit Achillan :
πὺξ ἀγαθός fuerat, nunc erit ἱππόδαμος.

LVIII

Iam sex aut septem nupsisti, Galla, cinaedis,
dum coma te nimium pexaque barba iuuat ;
deinde experta latus madidoque simillima loro
inguina nec lassa stare coacta manu,
deseris inbelles thalamos mollemque maritum,
rursus et in similes decidis usque toros.
Quaere aliquem Curios semper Fabiosque loquentem,
hirsutum et dura rusticitate trucem :
inuenies ; sed habet tristis quoque turba cinaedos :
difficile est uero nubere, Galla, uiro.

LV 6 linges γ : — is β || pusilla γ : puella β
LVI 1 pia c. *PQf Gilbert Heraeus* : pie c. *L Lindsay* precepisti γ [*ut uidetur*] || **3** parabit *edd.* : -auit *codd.* || **4** petet β : -at γ

LIX

L'ami Caecilianus ne dîne jamais, Titus, sans un sanglier. Le joli convive pour Caecilianus [1]* !

LX

Dieu vénérable qui règnes sur la cour Tarpéienne [2]*, toi qui te manifestes à nos yeux comme le Maître du tonnerre en protégeant les jours de notre empereur [3]*, chacun te fatigue de ses prières pour lui-même et sollicite de toi les dons que vous autres, dieux, pouvez accorder ; pour moi, Jupiter, si je ne te demande rien pour moi-même, ne t'irrite pas contre moi en me prenant pour un orgueilleux. Toi, c'est pour César que je dois t'invoquer ; pour moi-même, je dois invoquer César.

LXI

Le boutiquier sans vergogne [4]* avait fini par nous priver de Rome tout entière et nulle part où devait être un seuil n'apparaissait de seuil [5]*. Tu as enjoint, ô Germanique, à nos ruelles étroites de s'élargir, et ce qui n'était naguère qu'un sentier est devenu une route. On ne voit plus de piliers entourés de bouteilles enchaînées [6]*, et le préteur n'est plus forcé de marcher en pleine boue ; plus de rasoir brandi à l'aveugle au sein d'une foule dense, plus de noires gargotes qui encombrent les voies publiques tout entières ! Barbier, cabaretier, cuisinier, boucher s'en tiennent à leur propre seuil. A présent, Rome existe ; naguère, ce n'était qu'une vaste boutique.

LXII

C'est la porte ouverte, Amillus, que tu embroches tes mignons déjà adultes, et tu souhaites d'être surpris dans

LIX

Non cenat sine apro noster, Tite, Caecilianus :
bellum conuiuam Caecilianus habet.

LX

Tarpeiae uenerande rector aulae,
quem saluo duce credimus Tonantem,
cum uotis sibi quisque te fatiget
et poscat dare quae dei potestis :
nil pro me mihi, Iuppiter, petenti
ne suscensueris uelut superbo.
Te pro Caesare debeo rogare :
pro me debeo Caesarem rogare.

LXI

Abstulerat totam temerarius institor urbem
inque suo nullum limine limen erat.
Iussisti tenuis, Germanice, crescere uicos,
et modo quae fuerat semita, facta uia est.
Nulla catenatis pila est praecincta lagonis
nec praetor medio cogitur ire luto,
stringitur in densa nec caeca nouacula turba
occupat aut totas nigra popina uias.
Tonsor, copo, cocus, lanius sua limina seruant.
Nunc Roma est, nuper magna taberna fuit.

LXII

Reclusis foribus grandes percidis, Amille,
et te deprendi, cum facis ista, cupis,

LIX *hab. T*
LX 3 te ω : se γ
LXI *1-4, 9-10 hab. T*
LXII 1 *et* **5** Amille ω *edd.* : anulle γ Hamille *Friedlaender* || **5** se qui γ : q̄ui se β

cette occupation : tu crains que tes affranchis, les esclaves que t'a légués ton père et un client, dangereux par ses propos malins, n'aillent bavarder... Celui-là, Amillus, qui veut prouver par témoins qu'il ne se prostitue pas, fait souvent ce qu'il fait sans témoins.

LXIII

O toi qui lis les impérissables ouvrages de l'immortel Silius et ses vers dignes de la toge romaine [1*], te figures-tu que ce poète n'a jamais aimé que les retraites des Muses, et les couronnes de lierre sur une chevelure Aonienne ? Il ne s'est pas essayé à l'art sacré de Virgile que chausse le cothurne [2*] avant d'avoir rempli la carrière du grand Cicéron [3*] ; la majestueuse lance des Centumvirs [4*] l'admire encore aujourd'hui, et bien des clients parlent de lui sur le ton de la reconnaissance. Après avoir, de ses douze faisceaux, gouverné la grande année que rend sacrée la liberté rendue au monde [5*], il consacra aux Muses et à Phébus ses années de vétéran et, à la place du forum qui lui était familier, il fréquente à présent l'Hélicon.

LXIV

Toi qui étais le plus connu de tous les barbiers de Rome et devins ensuite chevalier grâce à la générosité de ta patronne [6*], tu as gagné les villes de Sicile et la contrée où règne l'Etna, Cinnamus, pour échapper à la rigueur des lois du forum [7*]. Par quelles occupations vas-tu à présent, être inutile, supporter le poids des années ? A quoi sert le repos dans les tourments de l'exil ? Rhéteur, grammairien, maître d'école, tu ne peux rien être de cela ; tu ne peux pas davantage te faire philosophe cynique ou stoïcien, ni vendre tes acclamations et tes applaudissements aux théâtres de la Sicile. Il ne te reste qu'une ressource : reprends le rasoir, Cinnamus.

ne quid liberti narrent seruique paterni
et niger obliqua garrulitate cliens.
Non pedicari se qui testatur, Amille,
illud saepe facit quod sine teste facit.

LXIII

Perpetui numquam moritura uolumina Sili
qui legis et Latia carmina digna toga,
Pierios tantum uati placuisse recessus
credis et Aoniae Bacchica serta comae?
Sacra cothurnati non attigit ante Maronis
impleuit magni quam Ciceronis opus :
hunc miratur adhuc centum grauis hasta uirorum,
hnnc loquitur grato plurimus ore cliens.
Postquam bis senis ingentem fascibus annum
rexerat adserto qui sacer orbe fuit,
meritos Musis et Phoebo tradidit annos
proque suo celebrat nunc Helicona foro.

LXIV

Qui tonsor fueras tota notissimus urbe
et post hoc dominae munere factus eques,
icanias urbes Aet*nae*aque regna petisti,
Cinname, cum fugeres tristia iura fori.
Qua nunc arte graues tolerabis inutilis annos ?
Quid facit infelix et fugitiua quies ?
Non rhetor, non grammaticus ludiue magister,
non Cynicus, non tu Stoicus esse potes,
uendere nec uocem Siculis plausumque theatris :
quod superest, iterum, Cinname, tonsor eris.

LXIII 10 orbe γ : ur- β
LXIV *hab. T* || **1** fueras tota βγ : tota fueras α || **3** Aetnaeaque *edd.* : atheniaque β aeternaque γ

LXV

Un procès, pendant que tu additionnes les frimas de vingt hivers, te consume, Gargilianus, devant trois tribunaux. Ah ! malheureux et fou que tu es ! Se peut-il que l'on plaide vingt années durant, quand il est si facile, Gargilianus, de perdre son procès ?

LXVI

Fabius a fait de Labiénus son légataire universel : malgré cela, Labiénus prétend qu'il méritait davantage [1].

LXVII

La tribade Philaenis sodomise de jeunes garçons et, plus furieuse qu'un mâle en ses emportements, elle épuise de ses caresses onze jeunes filles en un seul jour. Elle se retrousse, en outre, pour manier l'harpastum [2] ; elle est toute blonde du sable dont elle se frotte, et elle fait tourner, d'un bras aisé, des haltères trop lourdes pour des mignons ; puis, le corps sali par la palestre poudreuse, elle se fait masser à tour de bras par le maître de gymnastique à la peau huilée. Elle ne dîne, elle ne se met à table qu'après avoir vomi sept setiers de vin pur, et elle croit pouvoir revenir à ce chiffre lorsqu'elle a absorbé seize pains de régime pour athlètes. Mise en rut par tout cela, elle ne [s'adresse pas à l'homme] (cela lui paraît peu viril), mais ses lèvres s'attachent avec frénésie au ventre des jeunes filles. Puissent les dieux, Philaenis, te donner une mentalité en rapport avec ton sexe, à toi qui vois de la virilité à lécher un vagin !

1. Sans doute Labiénus avait-il fait à Fabius des cadeaux qu'il regardait comme supérieurs en valeur aux biens de ce dernier.
2. Cf. IV, 19, 6, et VII, 32, 10.

LXV

Lis te bis decumae numerantem frigora brumae
conterit una tribus, Gargiliane, foris.
Ah miser et demens ! uiginti litigat annis
quisquam cui uinci, Gargiliane, licet ?

LXVI

Heredem Fabius Labienum ex asse reliquit :
plus meruisse tamen se Labienus ait.

LXVII

Pedicat pueros tribas Philaenis
et tentigine saeuior mariti
undenas dol*a*t in die puellas.
Harpasto quoque subligata ludit
et flauescit haphe, grauesque drauc*i*s
halteras facili rotat lacerto,
et putri lutulenta de palaestra
uncti uerbere uapulat magistri :
nec cenat prius aut recumbit ante
quam septem uomuit meros deunces ;
ad quos fas sibi tunc putat redire,
cum coloephia sedecim comedit.
Post haec omnia cum libidinatur,
non fellat — putat hoc parum uirile —,
sed plane medias uorat puellas.
Di mentem tibi dent tuam, Philaeni,
cunnum lingere quae putas uirile.

LXV *hab. T*

LXVII 3 dolat *Gruter edd.* : -et β uorat γ || **5** draucis ς : -cos β -ces γ || **11** redire β : reuerti γ || **12** sedecim ω : saepe clam β || **15** plane γ : sa- β

LXVIII

Instantius Rufus, épargne-toi, je t'en prie, le soin de recommander ma muse à ton beau-père : peut-être aime-t-il les œuvres sévères. Mais s'il fait lui aussi bon accueil à mes vers folâtres, alors je me hasarderai à les lire même à Curius et à Fabricius [1]*.

LXIX

La voici, Canius, cette Theophila [2]*, ta fiancée, dont l'esprit est naturellement imprégné de la philosophie grecque. A bon droit le jardin du glorieux vieillard d'Athènes [3]* la réclamerait, et le groupe des stoïciens ne voudrait pas avec moins de force la compter parmi ses adeptes. Il est sûr de vivre, tout ouvrage que tu auras fait passer par son oreille : tellement son jugement est au-dessus de son sexe et du vulgaire. Ta Pantaenis [4]*, quoiqu'elle soit bien connue du chœur des Muses, ne saurait se croire supérieure à elle. L'amoureuse Sapho accordait ses éloges aux poésies de Pantaenis : Theophila est plus chaste, sans être moins savante que Pantaenis.

LXX

Tribade des tribades elles-mêmes, Philaenis, c'est avec raison que tu appelles « ton amie » celle que tu besognes [5]*.

LXXI

La femme a des fics [6]*, le mari lui aussi a des fics, la fille a des fics, ainsi que le gendre et le petit-fils ; ni l'intendant ni le fermier ne sont exempts de ce répugnant genre d'excroissance, non plus que le rude terrassier ou le laboureur. Du moment que jeunes et vieux ont pareillement des fics, c'est grande merveille que, seul, leur domaine n'en porte point.

LXVIII

Commendare meas, Instanti Rufe, Camenas
parce, precor, socero : seria forsan amat.
Quod si lasciuos admittit et ille libellos,
haec ego uel Curio Fabricioque legam.

LXIX

Haec est illa tibi promissa Theophila, Cani,
cuius Cecropia pectora dote madent.
Hanc sibi iure petat magni senis Atticus hortus,
nec minus esse suam Stoica turba uelit.
Viuet opus quodcumque per has emiseris aures ;
tam non femineum nec populare sapit.
Non tua Pantaenis nimium se praeferat illi,
quamuis Pierio sit bene nota choro.
Carmina fingentem Sappho laudabat amatrix :
castior haec et non doctior illa fuit.

LXX

Ipsarum tribadum tribas, Philaeni,
recte, quam futuis, uocas amicam.

LXXI

Ficosa est uxor, ficosus et ipse maritus,
filia ficosa est et gener atque nepos,
nec dispensator nec uilicus ulcere turpi
nec rigidus fossor, sed nec arator eget.
Cum sint ficosi pariter iuuenesque senesque,
res mira est, ficos non habet unus ager.

LXIX 2 dote γ : voce β || **3** petat ω : pu- β || **5** has β : istas γ || **6** tam γ : iam β || **9** laudabat β : -auit γ
LXX 1 tribadum γ : triuiarum β
LXXI *hab. R* || **2** nepos αβ : socer γ*n*

LXXII

Que le mois de décembre, Paulus, fasse ta joie : qu'il ne t'apporte ni tablettes à trois feuillets [1] sans valeur, ni serviettes trop courtes, ni trop légères demi-livres d'encens : mais plutôt que quelque accusé de marque ou quelque ami fortuné t'offre des plats et des coupes remontant à nos aïeux ; ou — ce qui te plaît et te séduit davantage — puisses-tu battre Novius et Publius [2], après les avoir bloqués avec tes pions et ton soldat de cristal [3]*. Puisse encore le jugement favorable des lutteurs frottés d'huile, attroupés devant le spectacle, t'octroyer la palme du trigon [4]* sur tes compétiteurs nus, et qu'on ne vante pas davantage les coups de la main gauche [5]* familiers à Polybius [6]*. En retour, si quelque esprit malveillant m'attribue des vers infectés d'un noir venin, prête-moi ta voix d'avocat, et, de toutes tes forces, sans t'arrêter, crie : « Mon ami Martial n'a pas écrit ces vilenies. »

LXXIII

Tu as une maison aux Esquilies, une autre sur la colline de Diane [7]*, et la rue des Patriciens [8]* compte un toit qui t'appartient ; d'ici tu as vue sur le sanctuaire de Cybèle, la veuve divine [9]*, de là sur celui de Vesta ; d'un côté, tu vois le nouveau temple de Jupiter [10]*, et de l'autre son antique séjour [11]*. Dis-moi où je peux te rejoindre, dis-moi où je dois te chercher : qui habite partout, Maximus, n'habite nulle part.

LXXIV

Gloire du mont Cyllène [12]* et du Ciel, éloquent héraut des dieux, toi dont la baguette d'or verdoie de serpents

1. Cf. VII, 53, 3 ; X, 87, 6.
2. Habiles joueurs inconnus.

LXXII

Gratus sic tibi, Paule, sit December
nec uani triplices breuesque mappae
nec turis ueniant leues selibrae,
sed lances ferat et scyphos auorum
aut grandis reus aut potens amicus,
seu quod te potius iuuat capitque ;
sic uincas Nouiumque Publiumque
mandris et uitreo latrone clusos ;
sic palmam tibi de trigone nudo
unctae det fauor arbiter coronae
nec laudet Polybi magis sinistras :
si quisquam mea dixerit malignus
atro carmina quae madent ueneno,
ut uocem mihi commodes patronam
et quantum poteris, sed usque, clames :
« Non scripsit meus ista Martialis. »

LXXIII

Esquiliis domus est, domus est tibi colle Dianae,
  et tua patricius culmina uicus habet ;
hinc uiduae Cybeles, illinc sacraria Vestae,
  inde nouum, ueterem prospicis inde Iouem.
Dic ubi conueniam, dic qua te parte requiram ;
  quisquis ubique habitat, Maxime, nusquam habitat.

LXXIV

Cyllenes caelique decus, facunde minister,
  aurea cui torto uirga dracone uiret :

LXXII 3 turis γ : turpes β || leues selibrae *edd.* : leuessue [esue] β breues selibrae γ || **4** et β : aut γ || **5-6** amicus, seu... capitque *Gilbert Heraeus* : amicus : seu... capitque, *Friedlaender Lindsay* || **6** seu γ : sed β [« *Malim* seu quid » *Gilbert*]
LXXIII *hab. T; 5-6 hab. R* || **1** Esquiliis αγ : Esquiliae β

enlacés [1*], puisses-tu trouver à ton gré l'occasion d'amoureux larcins, soit que ton désir se porte sur la déesse de Paphos [2*], soit que tu brûles pour Ganymède ; que les ides de ta mère [3*] se parent de rameaux sacrés et que ton aïeul si âgé [4*] soit épargné par le poids qui l'accable. En retour, que Norbana, avec son époux Carpus, honore à jamais dans la joie ce jour où, pour la première fois, le lit conjugal les a réunis. En pontife pieux, il apporte ses offrandes à la Sagesse, il t'invoque en te présentant de l'encens, et il est fidèle, lui aussi, à Jupiter [5*].

LXXV

Tu veux te faire besogner gratis, malgré ta laideur et ta vieillesse. La prétention est tout à fait ridicule : tu veux te donner sans donner [6*].

LXXVI

Parce que les riches se disputent ta compagnie dans les banquets, sous les portiques, dans les théâtres, et qu'avec toi, toutes les fois que tu les rencontres à point, ils aiment à aller en litière ou à se baigner, ne va pas te faire une trop haute idée de toi-même. Tu amuses, Philomusus : tu n'inspires pas d'affection.

LXXVII

Tu insistes, Tucca, pour que je te fasse cadeau de mes œuvres. Je n'en ferai rien : tu veux les vendre, non les lire.

LXXVIII

Tandis qu'on te sert une queue de maquereau de Saxetanum [7*] et, — quand tu te régales, — une bouillie de fèves à l'huile, tu envoies comme cadeaux des tétines de truie, du sanglier, du lièvre, des bolets, des huîtres, des surmulets : tu n'as, Papylus, ni bon sens ni goût.

sic tibi lasciui non desit copia furti,
siue cupis Paphien seu Ganymede cales ;
maternaeque sacris ornentur frondibus Idus
et senior parca mole prematur auus :
hunc semper Norbana diem cum coniuge Carpo
laeta colat, primis quo coiere toris.
Hic pius antistes sophiae sua dona ministrat,
hic te ture uocat fidus et ipse Ioui.

LXXV

Vis futui gratis, cum sis deformis anusque.
Res perridicula est : uis dare nec dare uis.

LXXVI

Quod te diripiunt potentiores
per conuiuia, porticus, theatra,
et tecum, quotiens ita incidisti,
gestari iuuat, et iuuat lauari :
nolito nimium tibi placere.
Delectas, Philomuse, non amaris.

LXXVII

Exigis ut nostros donem tibi, Tucca, libellos.
Non faciam : nam uis uendere, non legere.

LXXVIII

Cum Saxetani ponatur coda lacerti
et, bene si cenas, conchis inuncta tibi,
sumen, aprum, leporem, boletos, ostrea, mullos
mittis : habes nec cor, Papyle, nec genium.

LXXIV 4 cales β : -co- γ || **7** Carpo γ *edd.* : caro β *Schryver Friedlaender*
LXXV *hab. R* || **1** futui gratis αγ : gratis futui β
LXXVII *hab. R*
LXXVIII 4 Papyle γ *edd.* : Pamphile β

LXXIX

J'ai bu tout récemment un vin consulaire[1]. Tu veux savoir combien il était vieux et généreux ? Il avait été mis en bouteilles sous un ancien consul [2]* ; et au surplus celui qui nous le faisait servir, Severus, était consul.

LXXX

Puisque la paix romaine réduit désormais au calme le Nord peuplé par les Thraces et que les effrayantes trompettes guerrières sont devenues silencieuses, tu pourras, Faustinus, envoyer ce petit livre à Marcellinus [3]* : le voilà enfin de loisir pour mes vers, pour mes badinages. Mais si tu veux rehausser l'humble présent de ton ami, que ce soit un jeune esclave qui lui apporte mes vers : non point du genre de ceux qui, bourrés du lait d'une vache gétique, jouent avec un cerceau [4]* sarmate sur la glace de leur fleuve [5]*, mais l'éphèbe au teint de rose d'un marchand d'esclaves de Mitylène, ou un lacédémonien que sa mère n'a pas encore fait fouetter *[6]. Quant à toi, tu recevras des bords de l'Hister asservi un jeune garçon capable de mener au pâturage tes brebis de Tibur.

LXXXI

« Dans l'ensemble, ton livre renferme trente épigrammes mauvaises ». — S'il en renferme autant de bonnes, Lausus, le livre est bon.

LXXXII

Une si large fibule [7]* voile les parties de Menophilus qu'elle suffirait à elle seule pour tous les comédiens

1. On enfermait les vins généreux dans des jarres où l'on inscrivait les noms des consuls de l'année : c'est pourquoi l'expression « vin consulaire » signifiait « vin de marque ». Martial joue sur le mot : son vin consulaire l'était deux fois.

LXXIX

Potaui modo consulare uinum.
Quaeris quam uetus atque liberale ?
Prisco consule conditum : sed ipse
qui ponebat erat, Seuere, consul.

LXXX

Quatenus Odrysios iam pax Romana triones
temperat et tetricae conticuere tubae,
hunc Marcellino poteris, Faustine, libellum
mittere : iam chartis, iam uacat ille iocis.
Sed si parua tui munuscula quaeris amici
commendare, ferat carmina nostra puer :
non qualis Geticae satiatus lacte iuuencae
Sarmatica rigido ludit in amne rota,
sed Mitylenaei roseus mangonis ephebus
uel non caesus adhuc matre iubente Lacon.
At tibi captiuo famulus mittetur ab Histro
qui Tiburtinas pascere possit oues.

LXXXI

« Triginta toto mala sunt epigrammata libro. »
Si totidem bona sunt, Lause, bonus liber est.

LXXXII

Menophili penem tam grandis fibula uestit
ut sit comoedis omnibus una satis.

LXXIX 3 prisco *Housman Heraeus* : ipso *codd. uulg.*
LXXX 6 ferat γ : -et β || **8** rigido β *edd.* : gelido γ *Schneidewin*

ensemble. Je me figurais (car nous nous baignons souvent ensemble) qu'il était soucieux, Flaccus, de préserver sa voix : mais comme il s'exerçait en pleine palestre sous les yeux de la foule, la fibule du malheureux a glissé jusqu'à terre : il était circoncis !

LXXXIII

Pendant que le barbier Eutrapelus fait le tour du visage de Lupercus et qu'il rase ses joues, une seconde barbe pousse à son client [1*].

LXXXIV

Tandis que prend forme mon portrait destiné à Caecilius Secundus [2*], et que la mince planchette [3*] respire sous l'habile main du peintre, dirige-toi, mon livre, vers la Peucé [4*] gétique et l'Hister vaincu : telles sont les contrées qu'il gouverne avec leurs peuples domptés. Modeste sera le cadeau fait à mon cher camarade, mais il l'accueillera avec joie : plus précise encore apparaîtra ma physionomie dans mes vers. Ces traits-là, ni les accidents de la vie, ni les années ne les effaceront jamais : ils vivront quand périra l'œuvre d'Apelle.

LXXXV

Si tu écris non sans esprit certains quatrains, si tu tournes joliment quelques distiques, Sabellus, j'applaudis sans être surpris. Il est aisé de tourner agréablement des épigrammes : mais en composer tout un livre, voilà qui est malaisé !

LXXXVI

Tu m'invitais au repas donné pour l'anniversaire de ta naissance, quoique je ne fusse pas, Sextus, de tes intimes.

Hunc ego credideram—nam saepe lauamur in unum—
sollicitum uoci parcere, Flacce, suae :
dum ludit media populo spectante palaestra,
delapsa est misero fibula : uerpus erat.

LXXXIII

Eutrapelus tonsor dum circuit ora Luperci
expingitque genas, altera barba subit.

LXXXIV

Dum mea Caecilio formatur imago Secundo
spirat et arguta picta tabella manu,
i, liber, ad Geticam Peucen Histrumque iacentem :
haec loca perdomitis gentibus ille tenet.
Parua dabis caro, sed dulcia, dona sodali :
certior in nostro carmine uoltus erit ;
casibus hic nullis, nullis delebilis annis
uiuet, Apelleum cum morietur opus.

LXXXV

Quod non insulse scribis tetrasticha quaedam,
disticha quod belle pauca, Sabelle, facis,
laudo nec admiror. Facile est epigrammata belle
scribere. sed librum scribere difficile est.

LXXXVI

Ad natalicias dapes uocabar,
essem cum tibi, Sexte, non amicus.

LXXXII *5-6 hab. T* || **3** unum β *edd.* : uno γ *Schneidewin*
LXXXIII *hab. T*
LXXXIV 3 iacentem γ : tac-β
LXXXV *hab. R*

Qu'est-il arrivé, dis-moi, qu'est-il tout à coup arrivé, après tant de gages de sympathie échangés entre nous, après tant d'années, pour que j'aie été oublié, moi, ton vieux camarade? Mais le motif m'est connu. Il ne t'est venu de ma part ni une livre d'argent d'Espagne épuré, ni une toge au tissu uni, ni un manteau neuf. Il n'y a plus de sportule là où se révèle une spéculation intéressée : tu repais les cadeaux, Sextus, non les amis. Il est vrai que tu vas me dire : « Je ferai fouetter l'esclave chargé des invitations [1].»

LXXXVII

Si mon ami Flaccus est heureux de posséder un lynx aux longues oreilles, si un noir éthiopien fait le bonheur de Canius, si Publius se passionne pour une toute petite chienne, si Cronius aime un singe à longue queue aussi laid que lui-même ; si un redoutable [2] ichneumon fait la joie de Marius; si une pie qui sait saluer te charme, Lausus; si Glaucilla enlace à son cou un serpent glacé ; si Telesilla a élevé un monument à son rossignol, — pourquoi n'aimerait-il pas le séduisant visage de Labyrtas, beau comme Cupidon, celui qui voit ces monstruosités faire le caprice de leurs maîtres?

LXXXVIII

On me dit que mes livres, si ce bruit est exact, font les délices de la charmante Vienne. Là, tout le monde me lit : les vieux, les jeunes, les adolescents, et la chaste jeune femme sous les yeux de son austère époux. J'aime mieux cela que si les populations qui boivent directement les

1. Comme si c'était lui le coupable !

2. Cet animal inoffensif, originaire d'Égypte, est sans doute ainsi qualifié parce qu'il passait pour faire une guerre à mort à l'aspic et au crocodile. Cf. Pline, *H. N.*, VIII, 36-7.

Quid factum est, rogo, quid repente factum est,
post tot pignora nostra, post tot annos
quod sum praeteritus uetus sodalis ?
Sed causam scio. Nulla uenit a me
Hispani tibi libra pustulati
nec leuis toga nec rudes lacernae.
Non est sportula quae negotiatur ;
pascis munera, Sexte, non amicos.
Iam dices mihi « Vapulet uocator. »

LXXXVII

Si meus aurita gaudet laga*l*opece Flaccus,
si fruitur tristi Canius Aethiope ;
Publius exiguae si flagrat amore catellae,
si Cronius similen cercopithecon amat ;
delectat Marium si perniciosus ichneumon,
pica salutatrix si tibi, Lause, placet ;
si gelidum collo nectit *C*adilla draconem,
luscinio tumulum si Telesilla dedit :
blanda Cupidinei cur non amet ora Labyrtae
qui uidet haec dominis monstra placere suis ?

LXXXVIII

Fertur habere meos, si uera est fama, libellos
inter delicias pulchra Vienna suas.
Me legit omnis ibi senior iuuenisque puerque,
et coram tetrico casta puella viro.

LXXXVI 7 Hispani β *edd.* : argenti γ *Schneidewin*[1] || **8** leuis γ : tenuis β || **9** quae negotiatur ω : neque negotiator β **11** dices γ : -is β || uocator *edd.* : -tur *codd.*

LXXXVII 1 lagalopece *edd.* : lagao- γ lagagocepe β [*fortasse ex glagalops cf. Heraeus ad h. l.*] || **7** Cadilla *Heraeus* : gad- β glacia γ Glaucilla *Lindsay* Gladilla *Friedlaender* || **8** Telesilla β : Telesina γ || dedit γ : facit β || **9** Labyrtae β *Heraeus* : -bycae γ *uulg.* || **10** suis ω : sua γ

eaux du Nil à sa source même récitaient mes vers, que si mon propre Tage me rassasiait d'or espagnol, que si l'Hybla, que si l'Hymette nourrissaient mes abeilles. Je suis donc quelque chose et je ne suis pas trompé par les complaisances d'une langue flatteuse : c'est bien le moment, je crois, d'ajouter foi à tes propos, Lausus [1] !

LXXXIX

Va, heureuse rose, ceindre de tes souples guirlandes la chevelure de mon ami Apollinaris. Souviens-toi de la couronner aussi quand elle sera blanche, — mais après bien des années : et pour récompense, sois toujours chérie de Vénus.

XC

Mathon va partout disant que j'ai composé un livre inégal : s'il en est ainsi, Mathon fait l'éloge de mes vers. Calvinus et Umber écrivent des livres qui ne sont pas inégaux : un livre qui n'est pas inégal, Creticus, c'est celui qui est mauvais.

XCI

De mon petit domaine, éloquent Juvénal, je t'adresse, regarde, ces noix de Saturnales. Quant aux autres fruits, l'incontinent désir du dieu leur gardien [2] en a fait cadeau à de folâtres jeunes filles.

XCII

« S'il te faut quelque chose, tu sais que tu n'as pas besoin de me le demander [3] », voilà ce que tu me dis,

1. Ironique. Lausus critiquait Martial. Cf. VII, 81.
2. Priape.
3. Tant je serai empressé à satisfaire ton désir !

Hoc ego maluerim quam si mea carmina cantent
qui Nilum ex ipso protinus ore bibunt ;
quam meus Hispano si me Tagus impleat auro
pascat et Hybla meas, pascat Hymettos apes.
Non nihil ergo sumus nec blandae munere linguae
decipimur : credam iam puto, Lause, tibi.

LXXXIX

I, felix rosa, mollibusque sertis
nostri cinge comas Apollinaris ;
quas tu nectere candidas, sed olim,
sic te semper amet Venus, memento.

XC

Iactat inaequalem Matho me fecisse libellum :
si uerum est, laudat carmina nostra Matho.
Aequales scribit libros Caluinus et Vmber :
aequalis liber est, Cretice, qui malus est.

XCI

De nostro, facunde, tibi, Iuuenalis, agello
Saturnalicias mittimus, ecce, nuces.
Cetera lasciuis donauit poma puellis
mentula custodis luxuriosa dei.

XCII

« Si quid opus fuerit, scis me non esse rogandum »
uno bis dicis, Baccara, terque die.

LXXXVIII *hab.* *T* || **6** ipso ω : illo γ || **7** Hispano ω : -nus β || **9** blandae β : -di γ magnae α
LXXXIX **2** nostri β : -is γ
XC *hab.* *T* || **3** Caluinus ω *edd.* : Caluianus *T* Cluvienus *Schneidewin Philol. III, 331 cf. Iuuen. Sat. I, 80.*

Baccara, deux ou trois fois par jour. Or le fâcheux Secundus[1*] m'importune de sa voix impitoyable : tu l'entends, — et tu ne sais pas, Baccara, ce qu'il me faut. Devant toi, on me réclame le prix de mon loyer, à haute et claire voix : tu l'entends, — et tu ne sais pas, Baccara, ce qu'il me faut. Je me plains que mon manteau usé laisse passer le froid : tu l'entends, — et tu ne sais pas, Baccara, ce qu'il me faut. Ce qu'il me faut, c'est qu'un coup du destin te rende subitement muet, pour que tu ne puisses plus me dire, Baccara : « S'il te faut quelque chose ».

XCIII

Narnia, qu'une rivière blanchâtre[2*] encercle de ses tourbillons sulfureux, et dont la double hauteur est à peine accessible, pourquoi te plais-tu à m'arracher si souvent mon ami Quintus et à le garder pendant de si longues périodes ? Pourquoi me fais-tu perdre les avantages de mon petit domaine de Nomentum, que son voisinage me rendait précieux ? Mais épargne-moi désormais, Narnia, et ne prends pas jusqu'au bout les loisirs de Quintus. Puisses-tu, en récompense, jouir à jamais de ton pont[3*].

XCIV

C'était un parfum que le petit flacon d'onyx renfermait naguère ; depuis que Papylus l'a respiré, voyez, c'est du garum[4*] !

XCV

C'est l'hiver, et l'affreux décembre est roidi par le gel : tu n'hésites pourtant pas, avec tes baisers glacés, à retenir de côté et d'autre tous ceux que tu rencontres et à baiser, Linus, Rome tout entière. Quelle vengeance plus

Appellat rigida tristis me uoce Secundus :
audis et nescis, Baccara, quid sit opus.
Pensio te coram petitur clareque palamque :
audis et nescis, Baccara, quid sit opus.
Esse queror gelidasque mihi tritasque lacernas :
audis et nescis, Baccara, quid sit opus.
Hoc opus est, subito fias ut sidere mutus,
dicere ne possis, Baccara : « Si quid opus ».

XCIII

Narnia, sulphureo quam gurgite candidus amnis
circuit, ancipiti uix adeunda iugo,
quid tam saepe meum nobis abducere Quintum
te iuuat et lenta detinuisse mora ?
Quid Nomentani causam mihi perdis agelli,
propter uicinum qui pretiosus erat ?
Sed iam parce mihi, nec abutere, Narnia, Quinto :
perpetuo liceat sic tibi ponte frui.

XCIV

Vnguentum fuerat, quod onyx modo parua gerebat :
olfecit postquam Papylus, ecce, garumst.

XCV

Bruma est et riget horridus December :
audes tu tamen osculo niuali
omnes obuius hinc et hinc tenere
et totam, Line, basiare Romam.

XCII *hab.* *T* || **1** scis αγ : tibi β || **2** uno bis αγ : bis nobis β || **10** ne ω : nec α *VB* non *E* || si quid opus *Gilbert edd.* : quid sit opus *codd.*

XCIII *hab.* *T* || **4** detinuisse ω : dete- *T*

XCIV *hab.* *T* || **1** gerebat βγ : fe- α || **2** Papylus αγ : Pamphilus β || garum est ω : garum *T* carum est PL gratum est Q

dure et plus cruelle pourrais-tu exercer, si tu avais été frappé et roué de coups ? Par ce froid, ni ma femme, ni mon innocente fille aux lèvres caressantes, ne consentiraient à m'embrasser ; mais tu es apparemment plus agréable et plus raffiné que moi, toi dont les grosses narines de chien laissent pendre un glaçon blafard et dont la barbe est aussi roide que celle que, avec ses ciseaux tournés vers le haut, un tondeur cilicien fauche à un bouc de Cinyphus[1]. J'aimerais mieux rencontrer cent cunnilingues et je redoute moins un prêtre de Cybèle qui vient de subir sa mutilation[2]. C'est pourquoi, si tu as quelque bon sens et quelque pudeur, Linus, ajourne, je t'en prie, tes baisers d'hiver jusqu'au mois d'avril.

XCVI

C'est ici que je suis enseveli pour le désespoir de Bassus, moi, le petit Urbicus, qui dois à la puissante Rome et ma race et mon nom. Six mois manquaient encore à mes premiers trois ans, quand les impitoyables déesses ont cruellement[3] rompu la trame de ma destinée. De quoi m'ont servi ma beauté, mon babil, ma jeunesse ? Donne des larmes, toi qui lis ces vers, à ma tombe. En retour, puisse ne pas aborder aux rives du Léthé avant d'avoir dépassé l'âge de Nestor, tout être humain auquel tu souhaiteras de te survivre !

XCVII

Si tu connais bien, ô mon petit livre, Caesius Sabinus, honneur de la montagneuse Ombrie et compatriote de

1. Cf. VIII, 51, 11.
2. Cf. III, 81.
3. *Male*. (Les mss ont *mala*, qui à la rigueur peut s'expliquer par « injustes » (on ne lui a pas fait son poids).

Quid posses grauiusque saeuiusque
percussus facere atque uerberatus ?
Hoc me frigore basiet nec uxor
blandis filia nec rudis labellis,
sed tu dulcior elegantiorque,
cuius liuida naribus caninis
dependet glacies rigetque barba,
qualem forficibus metit supinis
tonsor Cinyphio Cilix marito.
Centum occurrere malo cunnilingis
et Gallum timeo minus recentem.
Quare si tibi sensus est pudorque,
hibernas, Line, basiationes
in mensem rogo differas Aprilem.

XCVI

Conditus hic ego sum Bassi dolor, Vrbicus infans,
cui genus et nomen maxima Roma dedit.
Sex mihi de prima derant trieteride menses,
ruperunt tetricae cum male pensa deae.
Quid species, quid lingua mihi, quid profuit aetas ?
Da lacrimas tumulo, qui legis ista, meo :
sic ad Lethaeas, nisi Nestore serior, undas
non eat, optabis quem superesse tibi.

XCVII

Nosti si bene Caesium, libelle,
montanae decus Vmbriae Sabinum,

XCV *1-5*, *7-8*, *17-18* *hab. T* || **3** obuius *edd.* : -os *codd.* [us *A*] || **5** posses β : -is γ || **7** nec ω : ne β

XCVI *1-6* *hab. R* || **1** hic ω : hinc γ [*ut uidetur*] || **3** derant ω : dederant γ || **4** male *Heinsius edd. plerique* : -la *codd. Heraeus* || **7** serior β *Lindsay Giarratano Heraeus* : -ius γ *Gilbert*

mon ami Aulus Pudens, tu lui remettras ceci, même s'il est affairé. Les soucis auront beau l'assiéger et l'accabler, il trouvera pourtant du loisir pour lire mes vers : car il me chérit, et me lit tout de suite après les célèbres satires de Turnus [1]. Oh ! quelle réputation t'est réservée ! Quelle gloire ! Quelle foule d'admirateurs ! Ton nom va retentir dans les festins, sur le forum, dans les maisons, les carrefours, les portiques, les librairies. Tu n'es adressé qu'à un seul homme, tu seras lu par tous.

XCVIII

Tu achètes tout, Castor : il en résultera que tu vendras tout.

XCIX

Puisses-tu, Crispinus [2], voir toujours serein le visage du Maître du tonnerre [3] et ne pas être moins aimé de Rome que de Memphis, ta patrie ! Si mes vers sont lus dans le palais bâti sur la colline d'Evandre [4] (car ils ont coutume de parvenir jusqu'à l'oreille sacrée de l'empereur), aventure-toi à lui dire à mon sujet, en lecteur de bonne foi : « Il fait quelque honneur à ton époque, et il n'est pas trop inférieur à Marsus ni au docte [5] Catulle. » Cela suffit : pour le reste je m'en remets au dieu lui-même.

1. Poète inconnu, dont il est encore question XI, 10, 1.
2. Riche affranchi, très en faveur auprès de Néron et, plus tard, de Domitien ; détesté par Juvénal (Sat. I, 26 sq. ; IV, 1-24 et 108).
3. Domitien.
4. Le palais de Domitien, sur le Palatin. Cf. VII, 56, 2.
5. L'épithète de *doctus*, appliquée à Catulle, nous surprend toujours un peu. C'est que les anciens semblent avoir surtout admiré en lui l'imitateur des Alexandrins et l'habile versificateur. Cf. Lafaye, *Catulle*, introd., p. XXIII, *in fine*.

Auli municipem mei Pudentis,
illi tu dabis haec uel occupato :
instent mille licet premantque curae,
nostris carminibus tamen uacabit :
nam me diligit ille proximumque
Turni nobilibus legit libellis.
O quantum tibi nominis paratur !
o quae gloria ! quam frequens amator !
Te conuiuia, te forum sonabit,
aedes, compita, porticus, tabernae :
uni mitteris, omnibus legeris.

XCVIII

Omnia, Castor, emis : sic fiet ut omnia uendas.

XCIX

Sic placidum uideas semper, Crispine, Tonantem
nec te Roma minus quam tua Memphis amet :
carmina Parrhasia si nostra legentur in aula,
— namque solent sacra Caesaris aure frui —
dicere de nobis ut lector candidus aude :
« Temporibus praestat non nihil iste tuis,
nec Marso nimium minor est doctoque Catullo. »
Hoc satis est : ipsi cetera mando deo.

XCVII 7 diligit β : -et γ || proximumque β : -mus- γ [*ut uidetur*] || **8** Turni β : curni γ || legit β : -et γ || **9** tibi β : mihi γ
XCVIII fiet ω : -at *L*
XCIX *hab. T* || **3** legentur βγ : -untur α || **6** iste ω : ille *P* || **8** ipsi ω : ipsa γ

APPENDICE

[*Notes qui n'ont pu trouver place au bas de la traduction.*]

1. Faute d'autre nourriture, les Sarmates, au cours de leurs longs P. 3.
voyages, piquaient les veines des jambes de leurs chevaux et en buvaient le sang mêlé à du lait. Pline, H. N. XVIII, 100.

2. Allusion aux pluies de safran que l'on projetait sur la scène et sur les spectateurs. Le safran de Corycos, dans la Cilicia Aspera, était réputé.

3. Cf. Tacite, *Germ.* 38.

4. En supprimant la délation, l'empereur privait son trésor particulier d'une source importante de revenus.

1. Même sujet probablement traité dans l'épigramme XXII, à P. 5.
moins d'admettre avec Friedlaender que cette dernière se réfère aux jeux de 85 ou 86. — On jetait dans l'arène des mannequins aux taureaux et aux bêtes féroces pour les rendre plus furieux.

1. C'est-à-dire que, avec ce procédé, le gibier terrestre n'a plus P. 6.
qu'à voler.

2. A la mort de Sémélé, Bacchus n'était pas encore viable : Jupiter le recueillit du sein de sa mère et le plaça dans sa cuisse jusqu'à ce que le temps nécessaire à la gestation fût révolu.

3. Diane, qui était la déesse de la chasse, présidait aussi aux accouchements sous le nom de Lucine.

1. Parce que c'est l'empereur-dieu qui les donne. P. 10.

2. On avait inondé l'amphithéâtre pour simuler un combat naval.

3. Il s'agit d'une représentation nocturne, dans l'amphithéâtre illuminé.

4. Sans doute des tableaux vivants représentés dans l'amphithéâtre avec jeux de lumière.

5. Les Dioscures.

6. C'est-à-dire : ou Thétis a instruit Titus, ou c'est Titus qui a instruit Thétis.

4. Médée, sans l'assistance de laquelle Jason eût échoué. P. 11.

5. Le taureau auquel elle s'unit et le Minotaure dont elle fut mère.

6. La première fut délivrée par Hercule, la seconde par Persée.

7. Dans la *Naumachia Augusti*, vaste bassin creusé par Auguste et utilisé par Néron et par Titus. Voir le *Lex. de topogr. rom.* de L. Homo, s. v.

P. 11. 8. La déesse de la mer et les Néréides.

9. Les bêtes fauves que l'on chassait dans les eaux.

10. Les roues tournaient si vite que, malgré leur contact avec l'eau, elles s'échauffaient : hyperbole et antithèse dans le goût de Martial, du moins quand il flatte l'empereur. M. Ker prend le mot *ferventes* au moral « dans une chaude rivalité ».

11. Nérée dirigeait sans doute le combat du haut de quelque plate-forme sur laquelle il marchait, ou peut-être mobile : en sa qualité de divinité marine, cela ne lui plaisait guère (*horruit*) ; il était comme un poisson hors de l'eau.

P. 12. 1. Claude avait donné un formidable combat naval sur le lac Fucin (cf. Tacite, *Ann.*, XII, 56) ; et Néron avait antérieurement à Titus donné une fête nautique dans le même bassin qu'Auguste (Suét., *Néron*, XII). Peut-être pourrait-on aussi songer à l'étang de Néron dans la Maison Dorée, où avaient également eu lieu des fêtes nautiques.

2. C'était l'usage de faire des cadeaux aux gladiateurs dont on était particulièrement satisfait. Ils consistaient surtout dans des sommes d'argent mises dans un plat de valeur, qui faisait lui-même partie du don.

P. 15. 1. Cf. introd., p. 10.

2. Cf. introd., pp. 2 et 10.

3. Comme nous disons parfois « parler français », c'est-à-dire sans pruderie et en ne ménageant pas les expressions.

4. La fête de Flore était célébrée du 28 avril au 3 mai : elle donnait lieu à des réjouissances d'un caractère assez licencieux, qui alla en s'aggravant avec le temps.

5. Allusion à une anecdote rapportée par Valère Maxime (II, 10, 8). Caton d'Utique, constatant que sa présence dans l'auditoire gênait à la fois les spectateurs et les acteurs, sortit du théâtre.

P. 16. 1. Cf. introd., p. X, note 3. Allusion à des copies de Martial qui couraient partout.

2. D'autres entendent « bienveillant ».

3. Plus exactement les boîtes rondes où l'on enfermait les rouleaux de parchemin.

4. Bâti par Vespasien sur le *Forum Pacis*.

5. Il s'agit du ***Forum transitorium***, plus tard Forum Nervae : dans sa partie nord se trouvait un temple de Minerve. Derrière ces constructions s'étendait le quartier de l'Argilète (on y accédait par plusieurs passages), où abondaient les boutiques de libraires.

6. « Avoir du nez » était une expression employée pour désigner l'esprit critique et railleur (nous disons un peu dans le même sens « avoir le nez pointu ») : la comparaison avec la corne du rhinocéros, pris ici comme le symbole de l'humeur agressive, renforce très plaisamment l'expression proverbiale.

5. Sur un lion dressé à recevoir un lièvre dans sa gueule sans lui faire de mal. Cf. 14 ; 22, etc. « Ces épigr. rappellent vraisemblablement les fêtes célébrées lors du premier triomphe sur les Cattes, à la fin de 83 » (Gsell, *Domitien*, p. 121). P. 17.

6. L. Arruntius Stella, protecteur du poète et poète lui-même. Cette pièce est imitée de Catulle, 49. Cf. introd. p. 14, note 4.

7. La patrie de Catulle.

1. C'est, avec plus de force, la morale d'Horace : *carpe diem.* P. 20

2. C'est-à-dire : « Je suis aussi peu fait pour le barreau que pour l'agriculture ». Selon Friedlaender, Martial insinuerait que le don d'un domaine agricole lui vaudrait mieux qu'un bon conseil.

3. Le vin du mont Vatican était peu estimé.

4. C'est-à-dire : ni le falerne ne mérite ce dédain, ni le vin du Vatican cet honneur.

2. Les vins du territoire des Paeligni, ceux d'Étrurie, comme plus bas le vin espagnol de Lalétanie, étaient des crus médiocres : le massique était au contraire fort réputé. Quant au vin d'Opimius, (consul en 121 avant J.-C.), c'était un vieux vin, rare et précieux, analogue à notre « vin de la comète ». Le nom était devenu générique pour désigner les vieux vins les meilleurs. Martial veut dire que ces crus fameux sont peu faits pour un pareil goinfre. P. 32.

3. Martial détourne plaisamment de sa signification normale un proverbe grec qui ne vise que les écarts de langage.

4. Mot à mot : « authentiquée par le portrait fidèle de son auteur ». Allusion à la coutume qu'avaient les écrivains anciens de faire dessiner leur portrait en tête des exemplaires qu'ils destinaient à leurs amis. P. 32

5. Le mot « traducere » signifie « mettre sous les yeux, donner en spectacle » (cf. *Spect.*, 4, 3). Il s'applique au propre aux captifs et aux trophées qui figuraient dans les triomphes. Il signifie aussi parfois « ridiculiser ».

6. C'était un peuple de la Gaule Celtique (capitale Langres).

7. Le rossignol. Allusion à la légende de Philomèle.

1. D'autres : « boiteuse ». P. 33.

2. C'est-à-dire « la cendre provenant d'un feu de bois bien à vous ».

3. D'autres entendent : « la toge passée à la craie », c'est-à-dire « en tenue officielle ».

2. La *sportula* était primitivement un petit panier de pêche. On avait coutume de placer certains comestibles dans un panier de ce genre ; par suite, le mot désigna le panier de provisions que les riches patrons faisaient remettre chaque matin à leurs clients. Ce don en nature fut plus tard remplacé par une somme d'argent qui semble avoir été normalement (cf. VIII, I, 42) de cent *quadrantes* P. 34.

(à peu près la valeur de 1 fr. 75 or, somme évidemment ridicule pour une « plage à la mode » comme Baïes où se donnait rendez-vous la meilleure société de Rome).

3. C'étaient des établissements de bains privés peu confortables. Cf. II, 14, 12.

4. Les anciens, à notre différence, semblent avoir vu principalement en Catulle l'imitateur de la poésie alexandrine et le métricien hors de pair : ils n'étaient pas sensibles comme nous à son originalité propre.

5. C'est-à-dire Padoue, près de laquelle se trouvait une source thermale dont parlent Pline et Suétone.

P. 36. 3. Texte de αβ avec corr. de *qui* en *quis* (Wagner). Cerylus était un riche affranchi qui voulait se faire passer pour *ingenuus* (cf. Suet. *Vesp.*, 23); mais, insinue M., il ne trompait personne. Le texte de W. Lindsay donnerait à peu près : « Tu me dis trop libre en paroles, et je le serais si je m'aventurais à attaquer un personnage aussi puissant que toi. » La « pointe » serait insignifiante. Avec l'interprétation adoptée, il y a un jeu de mots très vif sur *liber*, = d'abord « libre en ses propos, licencieux » et ensuite « de naissance libre ». La « pointe » porte à merveille. Heraeus comprend : « Tu m'accuses d'être trop libre : mais quand c'est toi qu'on attaque, peut-on mériter ce reproche (c'est-à-dire être taxé d'effronterie ou d'impudence) ? »

P. 37. 1. D'après certains interprètes, Naevia et son amant ont lu ou entendu ensemble les vers 1-6 de l'épigramme. Ici, Naevia a ri, et son amant en a un accès de fureur que le poète veut calmer en lui faisant observer qu'il y a d'autres Naevia. Cf. III, 11. — D'autres entendent : « Rufus aime follement Naevia, mais elle rit de sa passion. » Et le poète de dire à Rufus : « Naevia n'est pas unique ; d'autres la valent bien : au lieu de t'abandonner à ta folie, remplace-la ». Il nous paraît plus simple d'admettre que Naevia lit, par-dessus l'épaule de Rufus, ce que vient d'écrire son amant, et a de la peine à dissimuler son rire. Alors le poète intervient : « Quel sot tu fais ! Dis-toi bien qu'il n'y a pas que Naevia (expression reprise des vers 3-4), et qu'il reste que tu es fou à lier ». Cf. I, 106.

2. Epigr. obscure pour nous. D'après le texte adopté, il s'agit d'une partie du Champ de Mars appelée Tarentos (*Romuleus Tarentos*, dit Martial, IV) 1, 8), peut-être parce qu'elle était particulièrement bien ensoleillée. Il est à supposer qu'il s'y trouvait une statue de Pan riant que Canius (cf. III, 20) a éclipsée par sa gaieté. — Mais d'autres comme M. Housman (*Journal of Philology*, XXX regardent *Tarentos* comme une forme littéraire de Tarentum (*Tarentus* est dans Silius Italicus). Dans le 1er cas, il faut, avec l'édition de 1473, corriger le *quæ* des manuscrits en *qui* ; mais dans le 2e, il semble qu'il faudrait corriger *Tarentos* en *Tarentus* (car pourquoi Martial eût-il usé d'une désinence *grecque* contraire à l'usage ?). De plus, il faut supposer un séjour de Canius à Tarente dont il n'est nullement question par ailleurs.

3. Canius, par sa perpétuelle bonne humeur de joyeux vivant, est d'une notoriété publique : il fait oublier à Tarentos sa fameuse statue. P. 37

4. Peut-être une partie de la *Via Sacra* elle-même : plus probablement un embranchement.

5. Cf. *Spectacles* 2, note 8. La statue se dressait alors au sommet de la Voie Sacrée.

6. Il y avait bien sur le Palatin un temple de Cybèle ou Magna Mater, mais non à l'endroit que semble indiquer Martial, bien que l'emplacement exact du temple de Bacchus soit ignoré. On suppose qu'il s'agit ici de quelque sanctuaire inconnu, surmonté d'une coupole et orné de fresques (*picto*).

7. Ou peut-être « bien connue, illustre ».

3. Le sens de *faenerare* avec l'acc. = « prêter de l'argent à » n'est autorisé que par un passage fort douteux de Pétrone (*Sat.*, 76) : « cœpi libertos faenerare » : c'est pourquoi Friedlaender et d'autres entendent par *deos* « les dons des dieux », c'est-à-dire le pouvoir, la beauté, la sagesse, etc. (comme on dit Bacchus, Cérès pour le vin, le blé), en donnant à *faenerare* le sens de « fournir, procurer » : mais cela est bien subtil, et n'a pas grand sens du point de vue de l'idée générale : il s'agit d'argent et non de dons naturels. P. 39.

4. Sans doute Flaccus écrivait-il pour le théâtre.

5. La feuille de l'olivier est verte par-dessus, argentée pardessous : l'olive est noire quand elle est mûre. M. veut dire la même chose qu'au vers 5 : la profession d'avocat est lucrative.

6. Port de Delphes, situé dans le golfe de Salone, et consacré à Apollon.

7. Petit fleuve de Thessalie dont la source était sur l'Hélicon.

8. Il s'agit ici des lectures publiques, fort à la mode sous l'Empire.

9. Et il n'en rougit point !

4. Jeu de mots intraduisible sur les divers sens du verbe latin *agere* : plaider (une cause), faire, conduire, pousser (le dernier soupir). P. 40.

5. Cf. épigr. 59, note 1.

6. Des clients très actifs tâchaient d'avoir plusieurs patrons, et de toucher ainsi plusieurs sportules. Martial dit « la dernière nuit » au lieu du dernier jour, parce que pour cela Canus était forcé de se lever de très bonne heure.

7. Jeu de mots sur le mot *dominus* qui peut être un titre honorifique (c'est ce qu'entend Sosibianus) ou désigner le maître par rapport à l'esclave.

1. Les rivaux de gloire, en général, ne s'aiment pas — surtout dans la vie militaire (*vita laudata*). P. 45.

2. Littéralement « scazon ». Cf. introduction, p. XXX.

3. C'était la couleur préférée des femmes de mauvaise vie et des hommes efféminés.

P. 53. 7. A peu près 4 fr. or : c'est une édition de luxe ; les autres coûtaient moitié moins (Cf. XIII, 3, 1).

8. Allusion à un mot célèbre prêté à Callimaque : « Μέγα βίβλιον, μέγα κακόν ». (Grand livre, grand fléau.)

P. 56. 2. Il s'agit ici de Q. Metellus Creticus, le conquérant de la Crète (69-67 av. J.-C.), et de Scipion l'Africain le Jeune qui détruisit Carthage en 146 av. J.-C., ou peut-être des deux Scipions (Maior et Minor).

3. Domitien avait pris part en 70 à une expédition contre les Chattes ; mais il ne prit le surnom de Germanicus qu'en 84.

4. Allusion à la prise de Jérusalem en 70.

P. 59. 1. La recherche de l'esprit amène ici de l'obscurité. « Naevia n'a pas répondu, songe Martial : elle n'a pas dit oui, donc elle ne viendra pas. Mais, se dit-il d'autre part, elle avait lu ma lettre (quand elle s'est refusée à répondre) : elle n'a pas dit non : donc elle consentira. »

2. Sans doute le portique d'Europe. Cf. épigr. II, 14, 3 et 15.

P. 60. 2. Situé dans le Champ de Mars, près des Saepta. Lieu de promenade fréquenté, il était orné d'une fresque représentant l'enlèvement d'Europe par Jupiter. Les sportsmen de l'époque (tel Paulinus) s'y donnaient rendez-vous pour s'exercer à la course (Cf. VII, 32, 12).

3. Les *Saepta Julia* dans la partie méridionale du Champ de Mars. L'édifice fut commencé par César en 54 et achevé par Agrippa. Il servait à divers usages : spectacles, auditions, combats de gladiateurs. C'était un des lieux de promenade les plus fréquentés de Rome. Pline (*H.N.*, 36, 29) nous apprend qu'il était orné d'un groupe représentant Chiron (le fils de Philyra) et Achille le fils d'Aeson (Jason) figurait parmi les œuvres d'art du Portique des Argonautes tout proche.

4. Le temple d'Isis et de Sérapis, entre les Saepta et les Thermes d'Agrippa. Ses vastes dimensions en avaient fait un musée de l'art grec et égyptien. La partie centrale formait une pelouse. La déesse Isis, représentée par les Égyptiens sous la forme d'une vache ou avec des cornes de vache, fut de très bonne heure identifiée avec Io par la mythologie gréco-romaine.

5. L'Hécatostylon, au centre du Champ de Mars : long portique à cent colonnes bâti par Pompée.

6. Le portique de Pompée (à côté de son Théâtre) orné de deux bosquets.

7. C'étaient des bains privés (cf. I, 59, 3) peu confortables ; dans ceux de Lupus devaient régner de violents courants d'air.

8. Les Thermes d'Agrippa, de Néron et de Titus.

9. Martial prie le Jupiter de la fresque d'en débarrasser Rome en le faisant mourir. D'après Friedlaender, Martial souhaite que Selius soit exposé à un taureau dans l'arène : mais les taureaux ne dévorent pas leurs victimes et le mot *cena* ne s'expliquerait guère.

10. Sans doute son haleine est-elle empoisonnée : on buvait dans la même coupe que le « propinator ».

2. La pourpre : elle sentait très fort. P. 61.

3. C'est-à-dire les médecins, ainsi nommés de Machaon, fils d'Esculape, le premier des médecins de l'armée grecque devant Troie.

4. C'est un peu ce que dit la fable de « la Goutte et l'Araignée ».

5. C'était la posture familière aux courtisanes.

6. Cf. Homo : *Lexique*, s.v.

7. Ils étaient établis sur la limite des deux quartiers, qui se faisaient suite, l'Argilète constituant la grande voie de communication entre le Forum et la Subura. Quant aux fouets en question, c'étaient ceux des exécuteurs publics, que l'on tenait suspendus à un poteau ou accrochés à un mur pour effrayer les malhonnêtes gens ; d'autres croient cependant qu'il s'agit de fabricants ou de marchands de fouets, *cruenta* étant à prendre au sens de : « les fouets cruels ». *Tortor* semble indiquer plutôt le 1er sens.)

Jeu de mots obscène (sc. glubit).

1. Schneidewin met *multum est* entre guillemets et y voit une exclamation échappée à Candidus « C'est trop ! ». P. 63.

2. Galla a coutume de faire le contraire de ce qu'elle dit : si donc elle dit nettement non, elle se donnera.

3. Cf. I, 10.

4. D'autres entendent : « Mauvais coup à parer ! (= bien touché !) » : mais *nequam* a généralement chez Martial le sens de notre expression familière « petit coquin ! » ou « petit fripon ! ». Cf. II, 41, 16. Ces termes rappellent d'ailleurs les jeux de l'escrime familière aux gladiateurs. — Certains, dont Friedlaender, regardent les exclamations « cito » et « nequiter » comme proférées au tribunal et dirigées contre l'adversaire de l'avocat. Ils traduisent « cito » par « paix ! silence ! » (cf. italien zitto !) et « nequiter » par « cela ne vaut rien ! Mauvais argument ! ». Mais le mot *laudantem* en tête semble bien indiquer une suite ininterrompue d'éloges. Enfin Gilbert et Lindsay ferment les premiers guillemets après *hoc uolui*, dont ils font une dernière approbation.

2. Scilicet *fellare* et *glubere*. P. 64.

3. Il était réservé aux sénateurs.

4. Les étoffes de pourpre étaient d'autant plus estimées qu'elles avaient été trempées plusieurs fois dans un bain de murex.

5. Commencé par César et terminé par Auguste, qui le dédia au nom de son neveu Marcellus. D'autres voient ici une allusion aux pluies de safran dont on arrosait théâtre et spectateurs.

6. Cf. I, 49, 31 note.

7. Elles lui servent à dissimuler les marques du fer, dues à sa condition première d'esclave.

8. Il y a dans le texte un terme difficile, *flagellat*, que l'on explique et traduit diversement. On y voit généralement un renouvellement, en plus fort, de l'expression *vexat opes* qui se trouve

IX, 59, 2 et est déjà dans Salluste (*Catil.*, XX, 12) : « tirailler en tous sens, tourmenter » : mais le contexte appelle le sens de « tenir serré, enfermé, emprisonné ». *Laxas* = débordantes, surabondantes. Cf. III, 22, 2. On ne peut songer à corriger le texte. Cf. V, 13, 6; Perse, IV, 49 et Pline, *H.N.* 33, 164.

P. 65. 1. C'était une obligation morale pour le patron de défendre en justice ses clients : mais Ponticus a trop le souci de ménager tout le monde pour remplir ses obligations.

2. Les noms cités sont fictifs, mais choisis de manière à suggérer l'idée de grands personnages.

3. Cf. II, 18, 7-8.

4. Cf. épigr. 63, 2 où l'on voit un homme se ruiner par l'achat d'une esclave qu'il aime : c'est la contre-partie. D'autres entendent « racheté de l'esclavage, affranchi. »

5. Celle-ci avait empoisonné ses deux fils : c'était une criminelle célèbre. Cf. Juv., VI, 638.

P. 66. 2. La *mitra* est la coiffure des Phrygiens. On peut le voir par une gravure dans Rich-Chéruel, représentant Pâris. C'était la coiffure des Galles, qui étaient glabres (peut-être aussi des Phrygiens, voir la gravure citée). Les accusés, au contraire, laissaient pousser leur barbe sans la soigner, en signe de deuil.

3. C'est-à-dire de prostitué.

4. Soit un mulet servi par moitié, soit un mulet à demi mangé déjà. C'étaient là des poissons fort appréciés des Romains.

5. Caecilianus se propose de se régaler le lendemain avec ses provisions. Pour un type de goinfre analogue, cf. Santra, VII, 20. (Mais là, il y a une variante : Santra est un pauvre hère forcé par le dénûment à vendre ses vivres au lieu de s'en nourrir.)

6. Cf. introd., p. XIII.

P. 67. 2. C'est-à-dire que Tongilius fait le malade pour se faire gâter par ses amis, ceux du moins qui convoitent son héritage.

3. Ovide. Ce passage ne se trouve pas dans les ouvrages que nous possédons de lui.

4. On suppose qu'il s'agit de deux élégants dont le premier (comme le fat Marinus de X, 83, 2) craignait sans cesse qu'un coup de vent ne bouleversât sa chevelure, et le second (comme le « bellus homo » de III, 63, 10) qu'un passant ne vînt à déranger les plis harmonieux de sa toge en le heurtant. Hortensius, au dire de Macrobe (*Saturn.* II, 9), fit un procès à un de ses collègues qui l'avait offensé par une maladresse de ce genre.

P. 68. 6. Cf. *Spect.* 9, 4 note. On conçoit aisément que le premier mannequin lancé dans l'arène fût plus lacéré que tous les autres.

7. La Phénicie, patrie de Cadmus, fils d'Agénor.

8. Les tables sur lesquelles on plaçait les mets étaient très basses. D'autres entendent : « est étayée d'un tesson » (parce que boiteuse) : mais le contraste paraît ainsi moins accusé.

1. Peut-être l'ami du vers 7. P. 70.

2. Texte et interprétation de Friedländer. Ceux qui gardent le texte des mss comprennent : « et le froid que ressent ton client t'inspire de la crainte (ou de la sollicitude) » ; ce que contredit *lentus*. Pour résoudre la difficulté, on suppose chez le patron une double attitude : indifférent quand le client est éloigné, il affecterait de la sollicitude quand celui-ci est à ses côtés. Cela est bien subtil.

3. Avec le texte de T (*metuis*), on aurait : « Pourquoi t'effrayer ? ».

4. Petite ville du fond de la Calabre qui était le type du « petit trou perdu », quelque chose comme notre Quimper-Corentin.

2. Et non le falerne ou le massique. P. 71.

3. Tant le linteau est peu élevé !

4. C'est-à-dire : que le despote le plus soucieux de son indépendance.

8. C'est ce que nous appelons « la misère dorée ». P. 72.

9. Tandis que Zoïle doit encore le prix de sa toge.

1. Il s'agit d'un pavillon, la *Mica Aurea*, construit par Domitien, P. 73.
et qui existait encore au IVe siècle ap. J.-C. Emplacement incertain. On croit généralement qu'elle avait vue sur le Mausolée d'Auguste (Caesareus tholus) bâti en 27, et qui resta sépulture impériale jusqu'à ce que Domitien eût fait élever le *templum Flaviae gentis*. Le centre du Mausolée était formé par une rotonde : d'où son nom. D'autres placent la *Mica Aurea* sur le Caelius et par *Caesareus tholus* entendent le palais du mont Palatin.

2. C'est Auguste, enseveli dans le tholus, qui lui dit ce « carpe diem ».

3. Allusion à l'édit par lequel Domitien avait défendu de faire des castrats. Suet., *Dom.*, 7.

4. Dans la salle chaude des bains (caldarium) se trouvait un bas- P. 76.
sin rectangulaire ou circulaire (alveus, solium, piscina calida) fait de dimension à recevoir en général dix baigneurs à la fois.

5. Et par suite l'eau sera pareillement *irrumata*.

1. C'étaient là des acteurs de mimes connus de tous. Panniculus P. 77.
jouait le rôle du clown qui « encaisse » les soufflets.

2. Sans doute en quelque circonstance Lyris, jouant l'innocence, aura demandé : « Qu'est-ce que j'ai fait (ou je fais) ? » : Martial comprend autrement la question. Dans le texte adopté par Gilbert, Lindsay, Heraeus, Lyris demanderait ce qu'elle fait (étant ivre), et Martial de répondre : « Ce qu'elle fait sans être ivre : elle... » : mais l'ellipse de *ebria*, nécessitée par leur interprétation, est bien étrange.

3. Après son acquittement l'accusé s'empresse de couper sa barbe hirsute (*barba reorum* II, 36, 3) pour l'offrir à un dieu en manière d'ex-voto. Le sens de *alta* est difficile à préciser : peut-être s'agit-il du temple de Jupiter Capitolin qui dominait Rome. D'autres entendent « les temples des grands dieux ».

4. Il s'agit probablement, d'après Friedländer, de deux banquiers, et cela veut dire que Saufeius se ruine par amour de l'apparat.

5. Il s'agit des petits employés de l'amphithéâtre.

6. La louve romaine qui sauva Romulus et Rémus en les allaitant.

P. 78. 5. L. Albinovanus Pedo. Cf. Introd., p. 2.

6. Un vice de construction, ou l'avarice de leur propriétaire qui veut économiser le bois, doit les empêcher de chauffer pendant l'hiver. Ils ne sont propres qu'à servir de garde-manger l'été.

7. Fannius Caepio, accusé par Tibère et condamné pour avoir conspiré contre Auguste. Cf. Suet. Aug. 19 et Tib. 8.

P. 79. 4. Eryx, fils de Vénus, était un roi de Sicile. Il osa imprudemment provoquer Hercule au combat du ceste et fut tué par lui. La tradition voulait qu'il eût été enseveli sur le mont Eryx. Martial insinue que l'auteur de la mort d'Eryx serait en réalité Sertorius : et Vénus venge sur lui Eryx comme elle a vengé Pâris sur Philoctète. On fait généralement de *Siculus* un cognomen : la mention d'Eryx et l'idée générale semblent exiger que ce soit un nom d'origine.

P. 80. 1. Martial proteste ici contre l'admiration qu'inspirent à des niais des tours de force puérils et qui n'ont rien à voir avec la poésie.

2. Ce sont des vers que l'on peut lire indifféremment de gauche à droite ou de droite à gauche : tel celui-ci, cité par Sidoine Apollinaire : « Roma tibi subito motibus ibit amor ». C'étaient les *versus recurrentes* dont on distinguait d'ailleurs trois espèces.

3. Sotadès était un poète alexandrin du IIIe siècle av. J.-C., qui s'était fait une spécialité de l'obscénité. Il avait notamment composé des vers qui, lus de droite à gauche, donnaient un sens obscène : on les appelait κίναιδοι. Il nous reste sous son nom un certain nombre de petits poèmes dans l'Anthologie grecque.

4. Il s'agit des *versus echoici* dans lesquels une ou plusieurs syllabes riment avec une partie précédente du vers.

5. Allusion au poème 63 de Catulle. Le vers galliambique est le vers des Galles ou prêtres de Cybèle. Cf. Havet : Métrique § 423.

6. Coureur célèbre par ses victoires aux jeux olympiques ou peut-être un coureur nommé d'après lui. Cf. X, 100, 5.

7. Grammairien et improvisateur qui recherchait les mètres compliqués et extraordinaires. Cf. Suétone, de Gramm. 22.

8. Cf. Pline, Lettres, III, 12.

9. Juvénal (X, 122) raille les prétentions de Cicéron à la poésie.

10. Antoine, le triumvir, était un ivrogne invétéré. Cf. Cicéron, *Phil.* II, 25, 63.

11. Cf. II, 69, 3 note.

4. La loi Papia Poppaea, promulguée par Auguste en l'an 9, comportait, pour les pères de trois enfants, nombre d'exemptions et de privilèges. Aussi le *ius trium liberum* était-il recherché des citoyens mariés sans enfants et même des célibataires. L'ayant obtenu, Martial déclare, dans l'épigramme suivante, qu'il n'a plus besoin de prendre femme : les trois enfants, le Maître les lui a donnés ! P. 81.

1. Martial avait fait un voyage dans la Gaule cispadane (cf. introd., p. XIII). Il fait ici allusion au nom de *Gallia togata* que portait la partie méridionale de la Gaule cisalpine. L'épigramme s'adresse au lecteur. P. 84.

2. Il semble, d'après *priorem*, que les livres I-II aient été publiés ensemble. (Cf. introd., p. XXVII) : mais sans doute y avait-il eu aussi une édition séparée des deux livres.

3. C'était dans les boutiques des marchands de poisson et dans les épiceries que venait échouer le papier de rebut.

4. Quand le rouleau de papyrus était terminé, on fixait à la dernière page une baguette (*umbilicus*), dont les deux bouts (*umbilici*) étaient peints en noir ou ornés de disques (*cornua*). Les bords du rouleau étaient passés à la pierre ponce, et le verso recevait une légère couche d'huile de cèdre destinée à le préserver de l'humidité et des mites. Un titre (*index* ou *titulus*), portant le nom de l'auteur et le titre de l'ouvrage, et écrit sur parchemin à l'encre écarlate ou au vermillon, était attaché au rouleau ; puis on plaçait le tout dans une enveloppe de parchemin, que l'on coloriait ensuite en pourpre ou en jaune d'or.

5. M. Valerius Probus, de Béryte, grammairien, critique et éditeur. Cf. Suétone, *de Gramm.* 24. Il devait être minutieux.

1. Authenticité douteuse. P. 85.

2. Il est censé écrit dans la *Gallia Togata*.

3. Elle conduisait de Rimini à Plaisance. *Forum Cornelii* est aujourd'hui Imola.

4. M. veut parler des obligations peu lucratives (*vanae*) imposées aux clients (*turba togata*).

5. Cela veut dire qu'on gagne plus à être musicien que poète. Cf. V, 56, 8.

6. Julius Martialis.

7. Sorte de long portique qui s'étendait entre la Voie Flaminienne et le Tibre. Emplacement exact inconnu.

1. Philomusus aura vite fait de se ruiner. P. 87.

2. Cf. III, 8.

3. Jeu de mots sur Quintus (le 5e) et Sextus (le 6e).

4. Épigramme peu claire, mais qui est la suite et la conséquence de l'épigr. 8. Un certain Quintus s'est cru visé et s'est fâché (tel le Rufus de I, 68). Le poète proteste : « Ta maîtrese n'est ni Thaïs ni borgne... ».—« Mais, reprend Quintus, il y a quelque rapport... »

— « Ai-je dit, réplique Martial, Thaïs pour Laïs ? En ce cas, tu aurais peut-être raison : mais ta maîtresse s'appelle Hermione !... Il est vrai que tu te nommes Quintus : mais, si tu veux, je mettrai Sextus. » C'est là berner les gens, mais non sans élégance.

5. Allusion à l'usage de parfumer les cadavres.

6. Jéu de mots intraduisible sur le double sens de *crudus* : 1° non cuit ; — 2° qui a l'estomac embarrassé.

P. 88. 4. C'est-à-dire de rester dans ta condition. M. joue sur les mots *ludere* (*ludi*) et *corium* : il prend deux proverbes où figure le mot « *peau* » (*ludere corio suo*, « s'amuser aux dépens de sa propre peau », et *continere se intra pelliculam suam* [cf. Porphyrion ad Horat. Sat. I. 6, 22], « se renfermer à l'intérieur de sa peau »), et les entend à la fois au propre et au figuré.

P. 89. 5. Phèdre le fabuliste. On a supposé qu'il s'agissait de quelque ouvrage perdu de Phèdre ou même d'un autre Phèdre. Il ne semble pas. Il est probable que Martial fait allusion ici à certaines fables du livre III exclues des recueils scolaires, et qu'*improbus* a le sens de « polisson ». Cf. Havet, éd. de Phèdre, p. 267. Quant au mot *joci*, c'est celui dont se sert Phèdre lui-même pour caractériser son genre.

6. Il s'agit d'un club littéraire qui se tenait peut-être dans la *Schola Octaviae*, laquelle faisait partie du portique de Livie et d'Octavie. Cf. IV, 61, 3.

P. 90. 2. Le *Portique des Argonautes*. Cf. Homo, *Lexique*. Les objets d'art qui s'y trouvaient en foule attiraient les curieux.

3. Cf. II, 14, 3 note.

4. Le préfet du prétoire de Néron. Cf. Tacite, *Hist*. I, 72.

5. Les deux frères inséparables. Cf. I, 36 note.

6. Peut-être le chanteur mentionné dans IV, 61, 9.

7. C'est la réponse de la Muse au poète.

8. Seul un méchant homme avait pu traiter ainsi un esclave aussi dévoué. Il s'agit d'un certain Antius Restio, proscrit en 43 av. J.-C. par les triumvirs. Cf. Macrobe I, 11 et Valère Maxime, VI, 8.

9. Ce jour-là, il a tout sacrifié à sa gourmandise.

10. Cf. II, 37 et VII, 20.

P. 91. 1. On châtrait les chevreaux destinés à la table. Cf. Aulu-Gelle, IX, 9.

2. Sans doute un amateur de bains très chauds.

3. C'était ce qu'il y avait de mieux dans le genre. Cf. VII, 34, 4. Jeu de mots sur la froideur de l'eau et celle du style.

4. Cf. II, 43.

5. Vases précieux qui venaient d'Orient : peut être des porce laines de Chine, peut-être de l'agate.

1. Cf. épigr. 17. L'haleine de Nestor a des effets presque aussi pernicieux que celle de Sabidius. P. 92.
2. Il porte à présent l'anneau de chevalier. Cf. XI, 37, 3. — Les esclaves affranchis consacraient leurs fers à Saturne, en souvenir des Saturnales.
3. Cf. épigr. 7.
4. Jeu de mots sur *ratio* pris d'abord dans le sens de « ordre, économie », et ensuite dans celui de « raison d'être, motif ». (On pourrait aussi, au vers 6, songer au sens général de « sagesse, bon sens. ») En tout cas, le sens est : « Tu devrais disparaître, recourir au suicide ».

1. Il y avait près d'une heure de marche des uns aux autres. P. 94.
2. Quand on est mécontent, il est naturel qu'on ne soit pas généreux.
3. Ce sera un pur accident.
4. Ganymède.

2. C'était dans cet affluent du Tibre que les prêtres de Cybèle lavaient au mois de mars la statue de leur déesse ainsi que le couteau des sacrifices. P. 97.
3. Ils avaient été ensevelis à l'endroit même où ils avaient combattu, et leurs tombes étaient dans un espace gazonné.
4. Le *porrum sectivum* et le *porrum capitatum*.

2. Le sens généralement adopté est : « J'aime mieux sentir ma coupe que la boire ». Mais on peut rapporter *haec* à *Massica* : M. préfère l'odeur fine que dégage la coupe de son hôte au liquide très médiocre qui emplit la sienne. P. 98.
3. C'était l'usage, avant de se placer sur le lit, d'ôter ses chaussures que l'on remettait à son groom (*puer*).
4. Cf. III, 2, 4-5 et IV, 86, 8.

1. Le phénicoptère ou flamant. P. 100.
2. Les pintades.
3. Allusion à Médée, meurtrière de son frère Absyrtus, de ses deux enfants et de la jeune femme de Jason.
4. Ou : chargée de graisse. Cf. III, 60, 7.

1. Cf. III, 7. P. 102
2. Il a dû exécuter ce travail lui-même : le maître n'a pas daigné faire préparer ces moules par ses cuisiniers.
3. Ou simplement « une blanche tourterelle ». Cf. épigr. 58, 19.
4. Jeu de mots sur *nil* analogue à celui qu'on prête à Ulysse sur *nemo* (οὐδείς).
5. Amusante hyperbole.

2. Il a peur que son vêtement ne soit ainsi sali. P. 103.
3. Cf. Juvénal, VIII, 62.
4. « Voilà en quelques vers un portrait achevé et qui nous met le personnage sous les yeux ». G. Boissier, *Tacite*, p. 305.

P. 104. 1. Antoine fit mettre à mort Cicéron, et Pothin, eunuque de Ptolémée, fit assassiner Pompée.

2. Ce sont deux affluents du Pô.

3. Pris ici pour le Soleil.

4. Un des chevaux du char du Soleil.

5. Jeu de mots sur le nom propre *Argonautae* auquel le poète donne plaisamment une fausse étymologie : ἀργοὶ ναῦται, des matelots paresseux.

P. 105. 1. Au mois d'août, les dames romaines fidèles au culte d'Isis apportaient solennellement un phallus au temple de Vénus Erycine.

2. Allusion à la statue de Priape.

P. 108. 2. Plusieurs éditeurs font de Gallus un nom propre : à tort selon nous, le jeu de mots ne portant pas sur le nom du castrat, mais sur la contradiction qu'il y a entre ses goûts et sa mutilation.

3. Ce quartier (orthographe et étymologie douteuses) était fort mal habité. Cf. I, 34, 6.

4. Nom de courtisane.

5. Tous les détails indiquent le luxe le plus insolent.

P. 109. 1. Comme cure-dents quand il a mangé (*ructanti*).

2. Ou peut-être : raffinée.

3. C'est-à-dire « derrière lui ». Les convives étaient allongés, le visage tourné vers le guéridon chargé des plats, et les pieds du côté opposé du lit ; en sorte qu'ils avaient derrière eux les gens préposés à leur service. Cf. III, 23, 2 et Rich-Chéruel, s. v. *pluteus*, n° 4, fig.

4. C'étaient là des morceaux particulièrement délicats dont il eût dû faire bénéficier ses hôtes.

5. Cf. X, 36, 1. Les Marseillais croyaient donner du moelleux à leur vin en le tenant dans des pièces où des tuyaux amenaient la fumée des fourneaux de la maison : il s'en ressentait toujours.

6. Cf. I, 26, 7 note.

7. Cf. III, 26, 2 note.

8. C'était l'usage de fournir des parfums à ses invités.

9. Sans doute à la manière de Catulle (XVI) auquel Martial semble penser ici.

10. Celle-ci abrégeait le plus possible l'acte vénérien. Cf. III, 87 et 97.

P. 113. 1. Cf. III, 13.

2. Titus et Domitien. Cf. introd., p. 5.

3. C'était l'appariteur des jeux publics, chargé de veiller à ce que les assistants n'usurpassent pas leurs places.

P. 116 1. Domitien était né le 24 octobre de l'an 51 ; il avait donc 37 ans.

2. Nestor, roi de Pylos, qui, au temps de la guerre de Troie, avait déjà régné sur trois générations.

3. Minerve ou Pallas, née, d'après la mythologie gréco-égyptienne, sur les bords du lac Triton, près de la petite Syrte. P. 116.

4. Domitien, qui se piquait de goût pour la poésie, avait institué deux concours poétiques en l'honneur de Minerve : l'un, annuel, dans sa villa d'Albe, et l'autre qui se célébrait tous les quatre ans au Capitole. Le prix consistait dans une couronne d'or qui était en feuilles d'olivier dans le premier cas, et en feuilles de chêne dans le second.

5. Allusion aux *Ludi Saeculares* célébrés par Domitien en 88, pour la troisième fois depuis Auguste, et qui en principe étaient séculaires. Célébrés très irrégulièrement, ils le furent pour la dernière fois par l'empereur Philippe en 247 après J.-C.

6. Cf. I, 69, 2.

7. Domitien. Cf. introd., p. 11, note 2.

8. Auguste avait interdit le port de la *lacerna* sur le forum et les lieux attenants : plus tard, il fut autorisé par mauvais temps. La teinte de la *lacerna* était variable, jusqu'au jour où Domitien exigea qu'elle fût blanche aux spectacles. Il semble pourtant que les couleurs pourpre et écarlate n'étaient pas prohibées.

4. Ce bain sentait très fort la marée. P. 117.

5. La croyance populaire attribue encore aujourd'hui au renard l'habitude, quand il se sent serré de près par les chiens, d'arrêter leur poursuite en émettant des vents pestilentiels.

6. Cf. III, 38.

2. Expression proverbiale pour : promettre à prix d'argent son influence à la cour de l'Empereur. P. 118.

3. Deux musiciens à la mode.

4. Riche affranchi de réputation douteuse. Cf. III, 31, 6.

5. C'est-à-dire apparemment en distiques élégiaques. Sans doute s'agit-il de poèmes dans le genre de ceux que nous a conservés le *Liber Priapeorum* (nos 82 et 83 Buecheler) sous le nom de Tibulle, et dont le premier est justement formé de distiques.

6. La cinquième heure est consacrée au *prandium*, la sixième à la sieste.

5. Silius Italicus, auteur des *Punica*. P. 120.

6. Les Muses, ainsi nommées de la fontaine Castalie sur le Permesse.

3. Manière particulière de jouer aux dés, dont 4 faces étaient marquées au lieu de six. Cf. Pollux, *Onom.*, IX, 193. P. 121.

4. D'autres entendent : « plus fripons que ceux du jeu ordinaire, qui étaient lancés avec un cornet, non par une main plus ou moins loyale », ou encore « assez fripons ».

5. Allusion au poème II de Catulle. Cette tradition est d'ailleurs fausse : Virgile était dans l'adolescence au moment de la mort de Catulle.

P. 122. 1. Il ne peut être ici question du même endroit que dans III, 47, 1, la porte Capène étant au sud de Rome et le portique d'Agrippa au nord. Il s'agit d'un arc-de-voûte de l'aqueduc qui amenait l'*Aqua Virgo* et qu'on appelait la *porta pluens*. Les colonnes d'Agrippa étaient probablement une dépendance de son portique, ajoutée au temps des Flaviens. Cf. Homo, *Lexique* s.v. *Porticus Agrippae*.

2. « Large couverture d'étoffe de laine grossière, dans laquelle on avait l'habitude de s'envelopper le corps pour ne pas s'exposer au froid après les mouvements violents des exercices gymnastiques ». (Rich-Chéruel).

3. Ou encore : « soit que tu foules l'onctueux céroma », c'est-à-dire soit que tu fréquentes les gymnases. Métonymie. Cf. III, 20, 10 : *porticum terit* et Sénèque, *de Brevit. Vitae*, 12 ; Pline, *H. N.*, 35, 2, 2. En ce cas *trigona* (v. 5) devrait s'entendre aussi par métonymie du lieu où l'on joue.

4. Mélange d'huile et de craie dont les athlètes enduisaient leurs membres.

5. Petite balle durement rembourrée et couverte de cuir. Le jeu auquel elle servait comportait probablement trois joueurs munis chacun de deux balles. Ce jeu exigeait beaucoup d'activité et par suite de sueur : d'où *tepidum*.

6. Balle de grosseur moyenne. Le jeu qu'elle désigne comportait un nombre quelconque de joueurs. Il fallait ramasser la balle dans la poussière et les joueurs se la disputaient avec furie.

7. Le *follis* était un gros ballon gonflé d'air. Il était très léger et se lançait à l'aide du bras droit enveloppé d'une mince bande de cuir. Il était peut-être garni de duvet et c'est ainsi que l'on peut entendre *plumea*. On peut enfin prendre *partiri* dans le sens de « mesurer et calculer l'élan à donner au ballon suivant la distance à parcourir » (Schrevel, Friedlaender).

8. Coureur inconnu.

9. On croyait que l'arc-en-ciel (en mythologie, Iris) absorbait les eaux : le poète suppose qu'il les rend à la terre sous forme d'averses.

10. C'est-à-dire de précieuses étoffes de luxe.

P. 124. 4. Une tradition (cf. Pline, *H.N.* III, 128) voulait que le navire Argo eût été conduit par le Timave à l'Adriatique; probablement prêtait-elle un rôle particulier aux Dioscures ainsi qu'à leur cheval Cyllare. Virgile (*En.* I, 24) attribue neuf embouchures au Timave.

P. 125. 1. Cf. introd. p. 5.

2. Les eaux du Galèse passaient pour donner un éclat particulier à la laine des troupeaux qui s'y baignaient.

3. Allusion à la coutume qu'avaient les Luperques ou prêtres de Pan de parcourir dévêtus les rues de Rome à certains jours de l'année.

4. Jeu de mots sur *nuda* qui signifie « dépouillée de ses vêtements », et « dépouillée de son avoir ».

5. L auteur des *Satires*. P. 125.

6. Martial paraît avoir fort goûté Marsus comme auteur d'épigrammes, mais nullement comme poète épique.

2. D'autres entendent « au cœur insensible ». P. 126.

3. On a supposé qu'il s'agit d'une dame romaine portant le nom de Domitia Caballina ou quelque autre analogue ne pouvant guère entrer dans un vers. Peut-être cependant le nom d'Hippodame (= la chevaucheuse) est-il écarté comme prêtant à un calembour obscène. Cf. XI, 104, 14. (C'est l'opinion d'Heraeus.)

1. Ambiguïté voulue : tu devrais être déjà édité, et aussi tu devrais être déjà mort. P. 127.

2. Jeu de mots sur *niueam* = « blanche comme neige » et « froide comme neige ». Cf. l'expression « gelidis lacernis » III, 38, 9.

3. Il s'agit d'un incident qui défraya quelque temps les conversations. Cf. IV, 74.

4. D'autres entendent : « Alterum tantum », c'est-à-dire deux millions.

4. Jeu de mots intraduisible. L'adj. *purum* est pris dans deux sens : « uni, sans ornement » et « chaste, honnête ». M. insinue que Charinus (peut-être le même que I, 77) est un débauché dont les lèvres souillent ces vases précieux. P. 128.

5. C'est-à-dire avant la conjuration de Pison (65) dans laquelle fut compromise la famille des Annaei aux trois noms illustres : Sénèque le Philosophe, Junius Gallio, et Annaeus Mela. Cf. introd. p. 3.

1. Chiffre un peu exagéré. P. 129.

2. Sans doute le lecteur souffre-t-il de la gorge.

3. Pour ne pas t'entendre.

2. Empoisonneur inconnu par ailleurs. P. 130.

3. Serment amusant, mais peu clair pour nous. Martial paraît faire allusion à une croyance populaire d'après laquelle Isis, honorée en Syrie comme en Égypte, rendait hydropiques les parjures (Cf. Perse, Sat. V, 187) : s'il ment, il consent à devenir hydropique ou eunuque.

4. Forme populaire du nom du Vésuve dont la fameuse éruption de l'an 79 détruisit Pompéi et Herculanum.

5. Le lacryma Christi actuel.

6. Dans l'Inde, d'où le culte de Bacchus était originaire.

7. Vénus était la patronne de Pompéi et Herculanum était consacré à Hercule. Le temple que la déesse avait à Sparte est célèbre.

8. Encore ici, M. donne aux lustres et aux Olympiades la même valeur : cinq ans.

P. 131. 5. Ironique : on sculpte l'or et l'argent, mais non l'argile.

6. Grosse maladresse, puisque ce cadeau ne pouvait convenir qu'à un sénateur. Tout ce passage est particulièrement ironique.

7. Jeu de mots assez froid sur καύειν, brûler. Une légende voulait que le corps de Phaéton eût été brûlé dans la plaine du Pô. Cf. IV, 25.

P. 132. 1. D'autres entendent : « cruel » : mais ce fut Atrée qui se montra cruel, non Thyeste. Pour le sens, cf. III, 13, 4.

2. Peut-être faut-il voir là une critique dirigée contre Stace. Cf. introduction, p. x.

P. 133. 1. C'est-à-dire « ficus à chèvres ». Jeu de mots bien alambiqué. Le mot *ficus* désigne un figuier (ou une figue) ainsi que des hémorroïdes; le mot *caprificus* signifie un figuier sauvage, mais le mot *caper* (ou *capra*) y entre comme élément.

2. Il s'agit ici du temple bâti par Domitien en l'honneur de Minerve pour laquelle il avait une vénération particulière, que Rome entière partage d'après Martial.

3. Le *templum Divi Augusti*, sur la pente du Palatin faisant face au Capitole.

4. Jeu de mots sur κυνικός et κύων.

5. C'est-à-dire décernée au Capitole. Cf. I, 1, 6.

6. Soit au 1er concours institué par Domitien, soit simplement en gagnant le 1er prix. D'autres entendent : « la 1re de toutes les couronnes », la plus haute récompense possible.

7. Sans doute L. Licinianus.

8. Cf. I, 19, 5.

9. M. paraît confondre Arpi, ville d'Apulie, et Arpinum, patrie de Cicéron (Licinianus était avocat). D'autres pensent qu'Arpi est mis pour Venouse et croient qu'il est fait allusion à Horace ; en ce cas, le Lucius du vers 1 serait un poète.

P. 135. 1. Catillus, fondateur mythique de Tibur.

2. Allusion à une étoile particulièrement brillante de la constellation du Lion qu'on appelle « le cœur du Lion » ou Régulus. Le soleil entrait dans cette constellation en juillet : c'était en Mars-Avril que la saison battait son plein à Baïes.

3. Hercule était le patron de Tibur.

4. Apparemment en raison de ses trop nombreuses infidélités d'épouse.

5. Le texte dit : « les rameaux des Héliades ». Les Héliades étaient les sœurs de Phaéton, métamorphosées en peupliers à la mort de leur frère tandis que leurs larmes devenaient de l'ambre.

6. Cette vipère devait être bien petite. Cf. Pline, H. N, 37, 11. Épigrammes analogues : IV, 32 et VI, 15.

P. 136. 1. Cf. I, 99.

2. Renommée pour son insalubrité.

3. Cf. III, 20, 8. P. 136.
4. Deux aigues-marines.
5. Célèbre joueur de cithare.
6. Comme le récit d'un cadeau fait avec ces richesses.
7. Les émanations sulfureuses de certaines sources passaient pour blanchir les objets, notamment l'ivoire.

1. Ces esclaves revenaient évidemment beaucoup plus cher que ceux qui étaient nés au logis, les « vernae ». P. 139.
2. Les tessères avaient 6 côtés plats et marqués ; les dés n'en avaient que quatre. Les tessères servaient pour les gros enjeux. Cf. XIV, 15 et 19 (18).
3. Il lui manquait le quart du cens équestre.
4. Les préteurs avaient alors la charge des jeux et des spectacles. Bien que l'État leur avançât de grosses sommes, les réjouissances publiques leur causaient des dépenses considérables, notamment pour l'achat des chevaux de courses. Juvénal appelle le préteur « praeda caballorum » (Sat. XI, 195).
5. Conducteurs de chars célèbres.
6. Cf. VI, 11.

1. Secrétaires de l'empereur.
2. Parce qu'on a le délire. Jeu de mots sur *res magna* qui signifie « chose considérable, d'importance » et « chose difficile » : Maron pense la première, et Martial la seconde. P. 142.

1. Allusion à la *tunica molesta*, robe enduite de poix et de résine, dont on revêtait les grands criminels condamnés au feu (c'était au moyen âge la « chemise soufrée ») ; allusion en outre à l'emploi que faisaient les épiciers et les marchands de poisson des livres qui ne se vendaient pas. P. 144.
2. Caligula avait porté de trois à cinq jours la durée officielle de la fête des Saturnales, mais le public l'allongeait encore de deux jours.
3. 6 gr. 82. L'argenterie de ce fondeur n'était pas de très bon aloi. Cf. VIII, 71.
4. C'étaient des conserves de thon haché dans la saumure.
5. Cf. I, 43, 8.

1. Allusion au concours poétique institué là par Domitien. Cf. IV, 1, 5. P. 147.
2. Le temple célèbre de Diana Nemorensis, à Aricie.
3. La Méditerranée.
4. Il y avait à Antium, antique ville située sur un promontoire de la côte d'Étrurie, un temple fameux dédié à la Fortune, où se dressaient deux statues représentant cette déesse. Elles passaient pour rendre des oracles, et Martial suppose que c'est l'empereur-dieu qui les inspire.
5. C'est-à-dire Caieta (Gaète) ou Circeii, qui tiraient leurs noms l'une de la nourrice d'Énée, l'autre, Circé, fille du Soleil.

P. 147. 6. Allusion à la couleur des eaux sulfureuses. On peut aussi entendre : « Anxur avec ses roches blanches ». Cf. Hor. Sat. I, V, 26.

7. Domitien avait en 69 défendu le Capitole contre les Vitelliens et rebâti le temple de Jupiter Capitolin incendié par eux. Ses campagnes contre les Germains, contre les Chattes et contre les Daces avaient encore rehaussé son nom.

8. César (*Bell. Gall.* IV, 5) note l'extrême crédulité des Gaulois.

P. 148. 2. Ou, si l'on préfère : « elle mêle artificieusement ».

3. C'est-à-dire « est inspirée » : la prêtresse d'Apollon à Delphes mâchait du laurier pour faire venir l'inspiration. En réalité, si Myrtale divague, c'est sous l'influence de l'ivresse : mais le poète s'exprime avec une feinte bonhomie.

4. C'était sans doute le bibliothécaire de l'empereur.

5. Domitien avait du goût pour la poésie et des prétentions au titre de poète : il avait composé un poème lyrique sur le siège du Capitole par les Vitelliens, en 69.

6. Cf. Introduction, p. 2.

7. Ce secrétaire de Domitien avait aussi des prétentions à la poésie. Cf. IV, 45, et XI, 1.

P. 149. 6. Allusion aux amours de Mars et de Vénus et au piège de Vulcain.

P. 150. 4. Il s'agit du temple de Jupiter sur le Capitole, détruit par le feu en 84 av. J.-C. et médiocrement restauré en 62 par Q. Lutatius Catulus.

5. Homère.

P. 152. 1. Cf. V, 8, 3 note.

2. Deux noms pris au hasard.

3. Cf. V, 8, 12 note.

P. 153. 1. C'est-à-dire « mettre mon talent d'avocat à la disposition du Trésor », auquel le temple de Saturne servait de local. Les avocats étaient sans doute largement rétribués sur le produit des amendes. Quant au nom de Tonans (= armé de la foudre), employé dans le texte pour désigner Saturne, il a lieu de nous surprendre, la foudre n'étant nullement l'attribut de Saturne. On le trouve pourtant appliqué à Pluton (Stace, Thébaïde, XI, 209), ou encore à Jupiter et Junon à la fois (« Tonantes » Sénèque, Médée, 59). Ne peut-on pas en conclure que Martial l'a pris aussi dans le sens générique de *deus* ? Quant à la faux ou plutôt la faucille, elle est l'attribut naturel de Saturne, en sa qualité de dieu des champs présidant en particulier aux vendanges et à la moisson. Plus tard on lui donna une autre signification.

2. L'esclave Alexis, donné à Virgile par Mécène. Cf. VIII, 4, 12.

3. C'est-à-dire « tu me rejetteras vers les professions lucratives. »

4. Soit un portefaix, soit un de ces prêtres de rang inférieur qui portaient les attributs de la divinité dans les cortèges religieux (on

pourrait peut-être traduire, en ce cas, par « un sacristain »). On s'est même demandé si Martial ne voudrait pas désigner ainsi un juif. Cf. Juvénal, III, 14.

4. Il s'agit ici de scrupules d'or qui avaient cours à cette époque (Cf. Wex, Métrologie, trad. fr., p. 130) et qui valaient 20 sesterces. Cela met le prix d'une toge à 200 sesterces (= 54 fr.). P. 154.

5. Le texte dit : quelques jolis *aurei*. L'aureus valait 25 francs or.

1. Il s'agit du temple de Flore et du *Capitolium Vetus*, dédié à Jupiter, Junon et Minerve, visible du côté du Quirinal, où demeurait Martial. P. 156.

2. Cf. V, 8, 14, 25 et 38.

3. Autre ordonnateur des spectacles, comme Leitus.

4. Cf. II, 57.

5. Helius et Advolans sont des gladiateurs fameux.

1. Toujours vainqueur et infatigable, il rend inutile le remplaçant, le *suppositicius*. P. 157.

2. Parce qu'elles tremblent toujours de voir leurs maris aux prises avec lui. D'autres entendent : « l'objet de l'amour et des préoccupations des femmes de gladiateurs. » Dans ce dernier cas, il vaudrait peut-être mieux donner à *ludia* le sens de « danseuse de théâtre », comme le font les dictionnaires.

3. C'est-à-dire dans le rôle de rétiaire.

4. En qualité de *Samnis*, porteur d' « un casque à visière, avec crête et cimier de plumes » (Cagnat-Goyau).

5. Cf. V, 8, 12.

6. Son acte de générosité éternisera son nom.

7. Cf. Spect. III, 8.

8. Pour qu'on lui élève des statues en or. Cf. X, 1 et 53.

9. Cf. II, 57.

2. Cf. I, 36. P. 158.

3. Le futur empereur. Cf. VIII, 70, 1.

4. Inconnu.

5. Ami de Martial, curateur de la Voie Appienne, plus tard légat de l'empereur en Dalmatie.

6. Inconnu.

7. Cf. Index.

8. Inconnu.

9. Allusion à une croyance populaire. Cf. Pline H. N., XXVIII, 19.

10. Peut-être P. Tullius Varron (Friedländer).

11. Auteur de mimes ou de pièces comiques.

3. C'est-à-dire rendre une chose sans valeur en la fractionnant; proverbe grec. P. 161.

4. C'est-à-dire : tu aurais été chevalier, Castor étant le cavalier et Pollux le pugiliste. Cf. Homère, Il., III, 237.

5. Sur le même cheval, ou peut-être plutôt au théâtre, à cause

« surge » qui suit : le solécisme est dans la phrase (sedebis duo) et il est aussi dans la conduite.

P. 162. 6. Aux ides de juillet, les chevaliers faisaient une procession (equitum transvectio), vêtus de la trabea et couronnés d'olivier.

7. Il s'en faisait de très riches pour les personnes de distinction. Elles servaient notamment à accrocher les manteaux (mais non la toge) sur les épaules ; il en était de spéciales (VII, 82).

8. Auguste avait réservé des sièges au théâtre aux hommes mariés. Martial insinue que Didyme a perdu sa virilité.

P. 167. 2. Flûtiste accompagnant les chœurs, dont il soutenait et dirigeait les voix. Cf. III, 4.

3. Cf. I, 15.

4. Cf. V, 18.

P. 168. 3. Affranchi connu comme homme de loi. Cf. Index.

4. C'étaient là deux acteurs de mimes, dont le second symbolisait la stupidité et était sans cesse rossé par le premier. Cf. II, 72, 4.

5. Littéralement : « Ce ne sont pas les affaires de ta femme qu'il fait, ce sont les tiennes ».

P. 169. 1. Cf. Rich-Chéruel s. v. fascia.

2. Les vœux de Ponticus, supposant chez Martial une sincérité absente, n'ont aucune valeur : de là l'ironie de la réponse. La poésie de Ponticus et l'admiration de Martial sont d'aussi mauvais aloi l'une que l'autre : elles ne méritent donc aucune récompense ni considération.

3. Le cyathe = 0 l, 045.

4. Le mausolée d'Auguste. Cf. II, 59.

5. Junon. L'appellation *noverca* est plaisante.

6. Antée.

7. Cf. Virgile En. V, 402 seq.

P. 170. 1. Géryon.

2. Carpophore. Cf. Spect. XV, etc.

3. Les crocodiles.

4. C'est la formule du salut aux morts, et cela veut dire : tu n'existeras plus à mes yeux.

5. Les hirondelles, ainsi dites de Procné, fille du roi d'Athènes Pandion.

P. 171. 1. Cf. III, 66.

2. Probablement ceux qui sont cités II, 14, 11-12. On conçoit que les cabarets eussent une tendance à se grouper autour des bains.

3. Dans les tavernes (*popinae*), on mangeait assis sur des tabourets (*sellae*) : dans la bonne société, les convives étaient servis étendus sur des lits (*cubantes*). Ce qui surprend le poète, ce n'est pas tant l'énormité de la somme dépensée pour la bouche que le fait qu'elle l'a été non en de somptueux repas (*rectae cenae*), mais dans

des gargotes fréquentées par les gens de basse condition. Cf. Fougères, La Vie p. et pr. des Gr. et des Rom. p. 51, gravures 329 et 325.

4. Petite ville située dans les montagnes de la Sabine.

5. La constellation du Lion, qui annonçait les ardeurs de l'été.

6. Vent du sud-ouest, humide et frais.

7. C'est-à-dire chaud. Tibur était pourtant renommé pour sa fraîcheur. Cf. IV, 57, 10.

8. Allusion à la naissance de Bacchus.

9. Raillerie dirigée sans doute contre quelque poète amateur d'expressions étranges.

2. Cf. V, 75, et II, 60. P. 177.

3. Écrit à propos de la naissance attendue d'un fils de Domitien.

4. C'est-à-dire au peuple romain.

5. C'est l'expression de Virgile, Buc., IV, 49.

6. La cousine de l'enfant, fille de Titus, déifiée après sa mort, survenue en 89 : elle est censée devoir veiller sur l'enfant et filer sa vie comme les Parques.

7. La toison d'or. Le bélier merveilleux porta Phrixus avec Hellé à travers l'Hellespont.

1. Cf. épigr. 2. P. 178.

3. Martial rougit parce que la faiblesse même de sa demande prouve qu'il n'est qu'un pauvre hère ; un refus opposé à une demande plus importante l'eût moins humilié. Cf. XI, 68. P. 179.

4. Cf. V, 3.

5. Pour le triomphe.

6. Minerve.

7. Ou sa cuirasse. Cf. Virgile, Én., VII, 435. C'est là un geste pacifique.

8. Il est peu probable que Domitien se soit laissé attendrir. Cf. introduction, p. XII.

5. Vénus, comme présidant à la source Acidalia où se baignaient les Grâces, ses filles. Il semble que Julia était représentée en Vénus avec le *cestos* ou ceinture de Vénus, qu'elle avait prise au cou de Cupidon placé à côté d'elle. P. 180.

1. Cf. IV, 32. Dans le texte : « l'arbre des Héliades. » P. 181.

2. Ils ont peur d'être émasculés par lui. Il s'agit d'un Priape gardien de jardins.

3. C'est-à-dire de voleur.

4. Terentius Priscus, ami inséparable de Saloninus.

1. Par crainte de la Némésis, contre laquelle on portait même des amulettes. P. 185.

2. Tu veux être empoisonné.

3. L'existence de l'enfant préservait son père des pièges des captateurs d'héritages.

4. C'est la course à l'héritage.

P. 186. 2. Catulle, V et VII.

3. Pour abréger la longueur des procès, on avait pris l'habitude de régler la durée des plaidoiries.

P. 189. 5. Les marbres verts de Laconie. Cf. IX, 75, 9.

6. Il s'agit ici du *marmor synnadicum*, blanc avec des raies violettes.

7. Le marbre jaune de Numidie.

8. Et qui sont par suite de qualité supérieure.

9. Pour ce sens, Cf. Pline, H.N., 36, 59 *translucidus*.

10. Genre de marbres tachetés comme la peau du serpent. Cf. Pline, H. N., XXXVI, 7, 11.

11. Il s'agit du *caldarium*.

12. Un bain de vapeur suivi d'un bain froid.

13. C'étaient les eaux les plus fraîches de Rome. Elles y étaient amenées par deux aqueducs construits l'un par Agrippa, en 19 av. J.-C., et l'autre par Q. Marcius Rex, en 144 av. J.C.

P. 190. 3. Cf. VI, 4 et 7.

4. Il y avait au Cirque quatre factions rivales : la rouge, la blanche, la verte et la bleue (Domitien en ajouta deux : la dorée et la pourpre). La bleue était très mal vue de l'empereur. C'est pour quoi le cocher des bleus ne tient pas du tout à triompher.

P. 191. 1. Cette épigramme est assez obscure. Il semble que Martial, un jour, ait fait prendre de l'eau à la source que Stella avait chez lui (c'était le grand luxe des riches demeures) sans la permission expresse du maître du logis, probablement absent. Tombé malade, il offre un sacrifice à la nymphe de la source (cf. Horace, Od., III, 13) pour l'apaiser et faire excuser son audace. Mais d'autres, s'appuyant sur VI, 86, croient que Martial a bu de cette eau malgré la défense de son médecin et entendent *furtivam* du vers 6 dans le sens de « en cachette du médecin ».

2. Sans doute des pierres de valeur dont on revêtait les parois antérieures de l'atrium ; peut-être aussi s'agit-il d'une grotte artificielle.

3. La nymphe Égérie.

4. C'est-à-dire d'Aricie, où la Diane des carrefors (Trivia) avait un bois sacré fameux.

5. Ces vieilles divinités latines avaient fini par se confondre avec les Muses. La neuvième Muse est Calliope, qui préside à l'épopée. Ce détail semble indiquer que Stella méditait quelque poème épique.

6. Autre interprétation : « parce qu'il a, étant malade, bu de ton eau malgré la défense de son médecin ».

7. C'est une statue de Priape qui est censée parler.

8. Des tumeurs ou des hémorroïdes. Cf. I, 65 ; IV, 52.

1. Le coiffeur et parfumeur célèbre. P. 197.
2. Par exemple la précédente.
3. Sans doute Gellianus avait-il une haleine empestée, comme le Sabidius de III, 17.

1. La déesse de la mer. P. 198.
2. Salmacis, proprement nymphe d'une source de Carie, identifiée ici comme X, 30 avec la nymphe du Lucrin.
3. Cette épigramme s'explique par II, 50.

3. Cette épigramme est considérée comme une épitaphe destinée à la tombe, en Dacie, de Cornelius Fuscus, ancien capitaine de la garde prétorienne de Domitien à Rome. Ce Fuscus fut battu et tué en 87 dans une expédition contre les Daces, mais il fut vengé par la suite et les Daces se soumirent. Cf. Juvénal, Sat. IV, 3. P. 200.
4. L'empereur en sa double qualité de chef d'État et de chef de guerre.

1. Le mendiant de l'Odyssée, XVII. P. 201
2. Fils de Méléagre et d'Atalante, un des sept Chefs. Eschyle en fait le type de la jeunesse et de la beauté (Sept contre Thèbes, 533).
3. Athlète grec, vainqueur aux premières joutes du Capitole en 86 ap. J.-C.
4. Célèbres pour leur force et leur haute taille.
5. Produit du cheval et de l'ânesse, plus petit que le mulet.
6. Les cadavres des pauvres gens étaient portés sur une *sandapila* qui ne demandait que quatre porteurs.
7. Il boit des *deunces* à la place des ordinaires *trientes*. Cf. VI, 84, et I, 108.

1. D'autres entendent « nouveau, ajouté à tant d'autres » ; mais le sens de « extraordinaire » paraît mieux convenir au contexte. P. 202.
2. Les roses de Paestum étaient célèbres et on en apportait à Rome des quantités prodigieuses pour les dîners, pour parer les autels et les statues des dieux, etc. L'expression est empruntée à Virgile (G., I, 168), mais renouvelée par une application différente. Cf. IX, 60, 4.
3. Il s'agit de fleurs mises en vente aux devantures des magasins.
4. C'est-à-dire qu'il semble faire exprès de la souiller toute. Cf. II, 42 et 70.
5. Cf. VI, 56. L'eau serait moins sale.
6. C'est-à-dire « de barbare ». Pour le sens de *auris*, cf. IV, 86, 1 ; VI, 1, 3 ; 12, 11, etc.

1. Il avait accompagné son père en exil. Cf. VII, 40. P. 203.
2. Jeu de mots sur *sanus*, « sain de corps » et « sain d'esprit ».
3. C'est-à-dire il avait vingt ans. Cf. IX, 76, 3. Ailleurs Martial attribue à une olympiade la durée d'un lustre, c'est-à-dire de cinq ans.

P. 205. 3. Les foulons employaient l'urine dans leur industrie et, à l'effet de s'en procurer, ils déposaient au coin des rues des jarres qu'ils enlevaient ensuite.

4. Les tanneurs habitaient dans ce quartier (cf. I, 41, 3). Il faut entendre que le chien s'est emparé de la peau chez le tanneur et la ronge : on la lui reprend. D'autres entendent : « la peau d'un chien écorché dans le Transtévère ».

P. 208. 3. C'est-à-dire aux serpents qui formaient une chevelure à Méduse et s'agitaient en sifflant autour de sa tête.

4. C'est-à-dire de Méléagre, vainqueur du sanglier de Calydon.

5. Les anciens plaçaient dans le cœur aussi bien que dans le cerveau le siège de la pensée.

6. C'est-à-dire triomphale (elle était de pourpre brodée d'or).

P. 209. 1. La pâleur des poètes étant proverbiale, elle a paru à Oppianus le signe caractéristique de l'inspiration.

2. Domitien rentra en janvier 93.

3. C'était l'usage d'enlacer de laurier les tablettes annonçant des victoires.

4. Ile située à l'embouchure de l'Hister ou Danube. Cf. VII, 84.

P. 210. 1. Titre plus glorieux encore que celui de *pater patriae*.

2. Chevaux de course célèbres. Cf. XII, 36, 12.

P. 212. 5. Cette épigr. a trait à une statue représentant un jeune garçon et placée dans le jardin de Stella, non loin de la source célébrée par Martial (cf. VI, 47 et VII, 50). Peut-être représentait-elle Argynnus, le favori d'Agamemnon ; peut-être un esclave de Stella portant le même nom. Gilbert pense toutefois que Martial interpelle sous ce nom le *servulus* de Stella ; et il a peut-être raison.

P. 214. 1. Médecin réputé du temps.

2. Le navire Argo. D'après la tradition, Jason, après son expédition, le fit tirer sur le sable à l'isthme de Corinthe et le consacra au dieu de la mer.

3. Les Symplégades, à l'entrée du Bosphore, terreur des navigateurs.

4. Le Pont-Euxin.

5. C'est-à-dire de nier par un faux serment en avoir pris ou mangé.

6. On les servait dégagées de leurs écailles.

P. 215. 1. C'est-à-dire « qui fait la goutte », comme on dit dans le Midi.

2. Comme si l'eau valait la peine d'être emportée !

3. Hyperbole plaisante. Pour le sens de *scalae*, cf. I, 117, 7.

4. Cordoue, patrie de Lucain, s'élevait sur les bords du Baetis. La pensée de Martial est que l'Espagne en produisant Lucain a autant fait pour la poésie que la Grèce.

5. Cela veut dire : « Inspire-moi, comme tu inspiras Lucain, le premier après Virgile ».
6. C'est-à-dire « pendant de nombreuses années ».

6. Ou vers boiteux. Cf. Plessis, Métrique, § 189-196. P. 216.
7. Sans doute parce qu'il avait donné des conseils et indiqué des corrections à faire (cf. IV, 86) ; peut-être simplement parce que son nom figurait dans le recueil (cf. VII, 89).

1. Le sanglier de Calydon abattu par Méléagre. P. 217.
2. D'autres entendent : « abhorré de mon foyer », en raison des dépenses dont il sera la cause ; mais c'est anticiper sur la fin.
3. C'était une sauce coûteuse, sorte de caviar, préparée avec les entrailles d'un petit poisson appelé *scomber* ou *garos*.
4. Cf. Ovide, *Pontiques*, I, 10, 10 : « Nil ibi, quod nobis esuriatur, erit ». D'autres entendent : « une plus vile nourriture est mon lot » ; cf. V, 78, 2.
5. Les trois forums (cf. III, 38, 4) : c'était donc un avocat.
6. Des palmes étaient clouées à la porte des avocats après un brillant succès. Cf. Juv., VII, 117.
7. Le temps des Saturnales.

1. En raison des vers que lui a consacrés son maître. P. 218.
2. Cf. I Epist. ; IV, 29, 8.
3. On sait que le *Mare Rubrum* des anciens ne correspond pas du tout à notre Mer Rouge.
4. D'autres entendent : « une chaleur modérée », ou encore « la chaleur du fort de l'été » : mais il faut remarquer que Martial a quelque tendance à déprécier les dons qu'il fait, pour prouver qu'il est peu fortuné.

1. C'est-à-dire située à trois milles de Rome. P. 219.
2. C'était la rue la plus marchande de Rome. Martial veut dire qu'il doit tout acheter au marché. Cf. X, 94.
3. Les gens studieux (M. a mis l'abstrait pour le concret).
4. Cf. IV, 19, 6-7. La *paganica* était une petite balle, garnie de duvet et enduite de cuir, plus grosse que le *trigon* et plus petite que le *follis* : c'est la campagne qui semble l'avoir fait connaître à la ville.
5. La pratique de l'escrime.
6. D'autres entendent *ceroma* dans le sens de « gymnase, lieu d'exercice », et voient dans *lento* une hypallage : le gymnase serait dit visqueux à cause de la pommade dont s'oignent les athlètes.
7. Il y avait peut-être un terrain pour cela dans les environs de l'*Aqua Virgo*. (Cf. II, 14, 4.)
8. Sous le portique d'Europe, fille du roi Agénor. (Cf. II, 14, 3 ; III, 20, 12.)

P. 220. 1. L « esprit malveillant » cherche tout de suite à compromettre Martial aux yeux de Domitien : mais le poète, trop fin pour se laisser prendre, répond à côté.

2. Texte de A (*cute* désigne la peau de l'esclave) : avec la leçon « nulla sub cute », *cute* désigne l'*aluta* du vers 1.

3. Cf. VII, 55, 7-8.

4. Donc, pourquoi cette pudeur sur un détail particulier?

P. 221. 1. Il est impossible de mendier avec plus d'esprit.

2. Sans doute le président des *Triumviri rerum capitalium*, qui exerçaient une juridiction sommaire sur les esclaves et les malfaiteurs publics.

3. Et le condamné a ainsi échappé à la mort.

4. Femme esclave appartenant au même Sévère.

P. 222. 3. Cette épigramme n'est pas très claire. Martial semble viser un élégant qui employait les parfums de façon peu judicieuse. Peut-être aussi joue-t-il sur le nom du fameux parfumeur Cosmus; en ce cas, *cosmica* signifierait « les essences de chez Cosmus ».

4. Qui les a acceptés bien qu'il en eût lui-même à revendre.

P. 223. 1. Le détroit de Messine (pour aller en Afrique).

2. Caesonius avait antérieurement été en Afrique comme proconsul, et Ovidius n'avait pas accepté l'offre alléchante de faire partie de son escorte.

3. Cela pourrait signifier qu'Ovidius accompagna Caesonius en exil comme ce dernier avait accompagné Sénèque en Corse ; mais comme ce dernier fait n'est mentionné nulle part, Martial peut vouloir dire simplement que tous deux furent des amis parfaits.

4. L'S initiale du mot *salutem*. On n'a pas conservé ces lettres de Sénèque à Caesonius.

5. Oreste, banni par Clytemnestre après le meurtre d'Agamemnon.

6. Homère.

7. Muse de l'épigramme. Cf. IV, 3, 12, etc.

8. Pendant que Priscus rêve à son poème, Martial attend son cadeau : et ceci est pour lui l'essentiel.

9. Friedländer suggère aussi pour πεζά le sens de ψιλά « sans accompagnement », c'est-à-dire, ici, « sans un poème qui les accompagne » ; mais cette équivalence est fondée sur un vers de Sophocle (frag. 15) où le sens de πεζός est bien douteux.

P. 225. 1. Cf. VI, 47; VII, 15. Des statues de marbre représentant de jeunes échansons se dressaient tout autour de cette fontaine.

2. Comme membre d'un tribunal ou plutôt comme avocat consultant. Le temple de Mars Ultor était situé sur le forum d'Auguste, où se traitaient presque toutes les affaires de Rome où des questions de droit étaient en jeu.

3. C'est ainsi que j'entends *cenula* (cf. Pline, *Epist.*, XII, 1, 5), le sens de « modeste repas » ne va guère avec *capiet*.

4. Peut-être M. Maecius Celer, propréteur en Espagne.

1. Allumé par Titus en 70. Pour l'idée, cf. VII, 35, 4. Ce Chrestus P. 227.
semble revenir IX, 27.

2. Architecte de Domitien. Allusion au plafond de la coupole dont il avait orné le palais bâti pour l'empereur en 92.

3. Le mont Palatin, au pied duquel Évandre, à la tête d'une troupe de Pélasges venus d'Arcadie, passait pour avoir fondé une ville, Pallantium, 60 ans avant la guerre de Troie. Cf. Denys d'Halicarnasse, I, 33 ; Tite-Live, I, 5 et Virgile, *En.* IX, 9.

4. En Élide.

5. Domitien.

6. Jeu de mots assez froid. Dans Homère (*Il.*, III, 237), Pollux, le pugiliste d'entre les deux frères, est qualifié de Pyxagathos, tandis que Castor est dit Hippodamos en sa qualité de cavalier. Martial veut dire que, en lui donnant de l'argent, Gabinia a fait élever un pugiliste au rang de chevalier.

7. Les philosophes qui affectent l'austérité.

1. Il est sous-entendu que Caecilianus dîne seul, par gloutonnerie. P. 228.
Cf. Juv., I, 140.

2. Martial désigne ainsi le Temple de Jupiter sur le Capitole, près de la roche Tarpéienne.

3. Même idée II, 91, 1.

4. Les marchands avaient progressivement envahi la voie publique au point de gêner fortement la circulation : Domitien y mit ordre par un édit.

5. Expression un peu contournée pour dire que l'étalage des marchandises occupait le seuil des maisons voisines de chaque boutique.

6. Il s'agit de boutiques de marchands de vin, qui attachaient les bouteilles pour qu'elles ne disparussent pas. Quant au mot *pila*, il paraît désigner une sorte de pilier ou de colonne mobile servant à l'étalage ou à l'affichage. Cf. Horace, *Sat.*, I, 4, 71.

1. Allusion au souffle patriotique qui anime l'œuvre de Silius P. 229.
Italicus. Cf. IV, 14.

2. C'est-à-dire le plus majestueux des poètes (allusion à l'Énéide).

3. C'est-à-dire d'avoir plaidé comme lui.

4. Comme les causes réservées aux Centumvirs avaient trait à la *possessio* et aux titres de propriété, ce tribunal avait pour insigne une lance fichée dans le sol.

5. Après avoir parcouru le *cursus honorum*, Silius fut consul en 68, — l'année de la mort de Néron.

6. Celle-ci ne l'avait pas seulement affranchi, elle lui avait donné les 400.000 sesterces exigés pour le cens équestre.

7. Sans doute pour fuir une enquête judiciaire sur sa situation légale.

P. 231. 1. C'est-à-dire aux hommes les plus graves et les plus sérieux.

2. Sans doute ces vers accompagnaient-ils un portrait de Theophila.

3. Épicure ou peut-être Platon.

4. Amie et rivale de Sapho : sans doute Canius avait-il fait son éloge (*tua*). D'autres font de Pantaenis une poétesse inconnue de l'époque de Martial, et rapportent à Sapho le pronom *illa* du vers 10 ; en ce cas, *carmina fingentem* signifierait simplement « la femme-poète ».

5. Cf. épigr. 67. Jeu de mots sur *amica*, à la fois « amie » et « maîtresse ».

6. Des tumeurs ou des hémorrhoïdes. Cf. I, 65 ; IV, 52 ; XIV, 86. Jeu de mots habituel à Martial sur *ficus*, « fic » et « figue ».

P. 232. 3. C'est-à-dire au jeu des *latrunculi* analogue à notre damier. Le *latro* ou soldat était une pièce supérieure aux simples pions (*mandrae*) et faite en verre (*vitreus*).

4. Cf. IV, 19, 5, et VII, 32, 7.

5. Une des habiletés du jeu. Cf. XIV, 46, 1.

6. Inconnu.

7. L'Aventin, où Diane avait un temple.

8. Au pied de l'Esquilin.

9. Allusion à la mort d'Attis.

10. Sur le Capitole.

11. Sur le Quirinal. Ces quatre points de vue ne cadrant pas très bien avec les indications fournies sur les trois maisons précitées, des commentateurs ont été amenés à appliquer à des maisons nouvelles les quatre adverbes de lieu qui suivent le vers 2 : ce qui ferait sept maisons au lieu de trois. Cette interprétation paraît la meilleure.

12. Mercure était né sur le mont Cyllène, en Arcadie.

P. 233. 1. Les serpents se détachent en vert sur le caducée jaune.

2. Vénus qui, d'après la légende, avait abordé à Paphos après sa naissance.

3. Le mois de mai, consacré à Maïa, mère de Mercure. Le 15, avaient lieu de grandes fêtes en l'honneur de Maïa et de Mercure. Cf. Marquardt, Le Culte, trad. fr., p. 365.

4. Atlas.

5. Il honore Domitien, comme Mercure honore le père des dieux

6. Jeu de mots sur *dare*, « se donner » et « payer ».

7. Ville de Bétique, célèbre par ses conserves de poisson de mer.

P. 234. 2. Ou bien « sous le consulat de Priscus » : jeu de mots.

3. Il faisait campagne en Dacie. Cf. VI, 25.

4. D'autres entendent « avec la roue d'un chariot », et, prenant la partie pour le tout, « avec un chariot ». Cf. XIV, 168.

5. Le Danube.

6. On connaît l'usage des Spartiates de faire fouetter les adolescents pour les endurcir à la souffrance : sans doute attendaient-ils que l'enfant fût assez fort et assez âgé.

7. La *fibula* était une espèce de ceinture de chasteté que portaient les athlètes, les acteurs et les chanteurs pour préserver leur vigueur ou leur voix en écartant les tentations charnelles. Cf. XI, 75, 3 ; XIV, 225, et Juv., Sat. VI, 73 et 380.

1. Plaisanterie sur le nom du barbier, qui, en grec, veut dire « le dégourdi », autant que sur le système pileux de Lupercus. Cf. VIII, 52. P. 235.

2. Il est tout à fait douteux qu'il s'agisse de Pline le Jeune. Cf. Mommsen, Étude sur la Vie de Pline le Jeune (trad. fr.), p. 52, n. 5.

3. C'était de préférence une mince planche de mélèze, qu'on enfermait entre deux volets pour la protéger.

4. Cf. VII, 7, 1.

1. Cf. II, 44, 7.

2. Le Nar. Cf. Virgile, Énéide, VII, 517. P. 238.

3. Un pont, dont il reste, paraît-il, des vestiges encore, réunissait les deux hauteurs séparées par le Nar (Narnia est aujourd'hui Narni, dans l'Ombrie).

4. Cela sent le poisson pourri. Sur Papylus, cf. III, 47, et III, 28.

TABLE DES MATIÈRES

Ce volume,
le soixantième
de la série latine
de la Collection des Universités de France,
publié aux Éditions Les Belles Lettres,
a été achevé d'imprimer
en juin 2012
sur presse rotative numérique
de Jouve
11, bd de Sébastopol, 75001 Paris

N° d'édition : 7464
Dépôt légal : juillet 2012

Imprimé en France